그리스도인의 계획, 어떻게 세울 것인가?

제1편 … 이론편

그리스도인의 계획,
어떻게 세울 것인가?

이진섭 지음

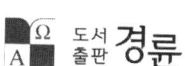

그리스도인의 계획, 어떻게 세울 것인가?

지은이 · 이진섭
판권 · ⓒ 이진섭 2000
펴낸이 · 이진섭
교정 · 김진기, 정현정, 박대영
교열 · 박대영
독자관리 · 이용우, 이향미
펴낸곳 · 도서출판 경륜

초판발행 · 2000년 11월 18일

등록 · 제5-163호(2000. 8. 21)
주소 · 138-170 서울시 용산구 이태원 2동 255-50
전화 & 팩스 · (02) 794-2292
E-mail · baraman@lineone.net
ISBN 89-951-6961-3 04230
　　　　89-951-6960-5 (세트)

이 책은 저작권법의 보호를 받습니다.
무단 전재와 무단 복제를 할 수 없습니다.

값 10,000원

지은이 소개

서울대학교 공과대학을 졸업하고, 효성그룹 컴퓨터 사업부 기획실과 E-land 그룹 기획실에서 근무하였다. 영국의 Redcliffe Bible College에서 공부한 후, 에스라 성경 연구원(Ezra Bible Institute) 설립에 참여하여 기획이사로 봉사하였다. 그후 다시 영국에 가서 London Bible College를 졸업하고, 지금은 같은 대학에서 로마서를 가지고 박사 과정 진행 중이다.

역서로「성경공부 어떻게 할 것인가?」(Brian Abshire, 성서유니온 선교회),「은사와 섬김」(Stephen Gaukroger, 성서유니온 선교회)이 있다.

도서출판 경륜

"영원부터 만물을 창조하신 하나님 속에 감취었던 비밀의 경륜이 어떠한 것을 드러내게 하려 하심이라"(엡 3:9)
"내가 교회 일꾼 된 것은 하나님이 너희를 위하여 내게 주신 경륜을 따라 하나님의 말씀을 이루려 함이니라"(골 1:25)

도서출판 경륜, 만물을 창조하신 하나님의 비밀의 경륜을 따라(엡 3:9) 하나님 말씀을 수고하며 전했던 바울의 삶과 정신을(골 1:25; 엡 3:2) 이어받고자 합니다. 출판의 방향과 목표는 크게 세 가지입니다. ① 올바른 성경 해석과 적용을 통해 교회를 유일하게 하고, ② 개인과 교회의 실제적이고 현실적인 문제를 도우며, ③ 이를 통해 그리스도인의 바른 삶과 교회 개혁에 기여하고자 합니다.

저자서문

이 책은 그리스도인들이 살아가면서 날마다 겪는 문제를 해결하는 데 조그마한 도움이 되기 위해 썼습니다. '그리스도인은 계획을 세워야 되는가, 세우면 안 되는가?', '계획을 세운다면 어떻게 세워야 하는가?' 등의 질문을 염두에 두었습니다. 이런 질문은 신앙과 신학의 근본적이고 본질적인 부분과도 관련되어 있기에, 이 작은 책에서 다 다루기가 쉽지 않았습니다. 너무 이론적으로만 논의할 수도 없었고, 또 너무 실제적인 답만 언급할 수도 없었습니다. 그래서 이론편과 실제편을 동시에 집필하기로 했습니다. 이론편에서는 가능하면 이론적인 논점과 학문적인 결과를 반영하려 했지만, 너무 전문적이 되는 것은 피했습니다. 실제편에서는 그런 내용을 구체적인 방법에 반영시키려고 노력하였습니다. 뼈만 있고 살이 없어 죽은 모습이 되는 것을 피하려 했고, 또 뼈가 없고 살만 있어 제대로 서지 못하는 일이 없도록 노력했습니다.

글을 쓰면서 참 모르는 것이 많고 능력도 부족하다는 것을 자주 느꼈습니다. 글을 써나가면서 하나님께 도움을 자주 요청해야만 했습니다. 중요한 논점이 나올 때마다 주님의 도우심을 간구하며 자판을 두드렸고, 글이 막힐 때마다 하나님의 은혜를 바라면서 기도했습니다. 그런 과정을 통해서 필자 자신에게 먼저 하나님의 도우심과 은혜가 많았습니다. 독자분들에게도 하나님의 은혜와 도우심이 있었으면 좋겠습니다.

그리스도인의 계획이란 주제에 대해 책을 쓰면서 줄곧 바울의 고백이 필자의 것이 되도록 힘썼습니다. 이 작업을 통해 독자분들이 조금이라도 더 하나님께 가까이 가신다면, 그것은 하나님께서 주신 은혜일 것입니다.

"이를 위하여 나도 내 속에서 능력으로 역사하시는 이의 역사를 따라 힘을 다하여 수고하노라" (골 1:29)

2000년 9월
이 진 섭

감사의 말

이 작은 책이 나오기까지는 오랜 시간이 걸렸습니다. 물론 실제 집필에 들었던 시간은 얼마 안되지만, 집필이 가능하기까지 준비한 기간은 결코 짧지 않았습니다. 기간이 길었던 만큼 이 책을 쓰는 데 도움을 준 분들도 많습니다. 감사를 드려야 할 분들입니다.

계획과 행정에 대한 필자의 공적(公的)인 훈련은 군 시절부터 시작됩니다. 통신병으로 있다가 사무실로 근무지를 옮기면서 행정의 기초를 익힐 수 있었습니다. 그때 엄격함과 사랑을 함께 보여 주셨던 조준희 소령님께 (그 당시 계급임) 이 자리를 빌어 감사를 드리고 싶습니다. 군 제대 후 효성 컴퓨터 기획실에서 경영과 기획 수업을 받은 것도 잊지 못할 일입니다. 그 당시 기획실의 오종석 과장님과 천일규 과장님의 본보기가 (그 당시의 직급임) 도움이 많이 되었습니다. 지금도 어디에 계시든 중요하게 기여하고 계시겠지요. 이·랜드에서의 시간은 즐거움이었습니다. 기획 일을 할 수 있는 장(場)을 열어 주었고, 또 변변치 않은 필자에게 기획할 수 있는 기회를 많이 주었습니다. 이런 기회를 주셨던 많은 분들에게 감사드립니다. 특별히 그 당시 기획실의 김정수 실장님(현 심포니 네이처 사장)과 이웅복 사장님, 박성수 회장님의 호의에 감사드립니다. 신규 기획, 장기 계획, 경영 기획팀에서 같이 일하며 도와 주었던 동료들의 수고를 생각하면, 지금도 잔잔한 미소를 머금게 됩니다.

영국 London Bible College에서 공부할 때 베풀어 주셨던 선생님들의 도움도 잊을 수 없습니다. 특별히 Professor Max Turner, Dr Steve Motyer, Robert Willoughby교수님의 배려와 도움에 감사드립니다. 그리고 이 기간 중에 재정적으로나 정신적으로 많은 후원을 해 주셨던 한국의 광야 교회 성도들과 개인적인 후원자들께 정중한 감사를 표해야 할 것입니다. 이분들의 수고가 없었으면 지금의 자리는 있을 수 없었을 것입니다. 특별히 에스라 성경연구원 윤종하 원장님께 감사드립니다. 삶으로 보여 주신 본을 잘 새기는 것이 그 은혜에 보답하는 길이라 생각합니다. 또한 연구원 이사장이셨던 백정란 선생님의 사랑과 관심이 필자에게 많은 격려가 되었습니다. 에스라 성경연구원을 기획할 때 그분과 함께 했던 시간은 벌써 그리움으로 남아 있습니다. 강북 교회의 권춘자 전도사님에게는 여러 면에서 감사를 드려야 합니다. 부족한 필자를 도우시느라 많은 어려움을 겪으셨습니다. 필자의 건강을 늘 염려해 주신 김영원 원장님과 이강희 자매님께도 마찬가지입니다. 일마다 때마다 사랑으로 돌보아 주셨습니다. 이분들께도 이 자리를 빌어 감사의 마음을 드립니다. 또 재정적 염려를 도맡아 해 주었던 OMF선교회의 김진선 간사님과, 강연숙 자매님, 김효관 형제에게도 잊을 수 없는 은혜를 입었습니다. 이 이외에도 이름을 다 밝힐 수 없는 많은 분들의 수고에 감사드립니다.

이 책이 출판되는 과정에도 여러 분들의 사랑이 스며들어 있습니다. Mr Kevin Ashman, Mrs Margaret Ashman 부부는 필자에게 런던(London)에서 집필할 수 있는 좋은 공간을 마련해 주었습니다. 그분들의 친절한 관심과 사랑에 감사드립니다. 책이 출판되기까지 한무리 교회의 임세일 목사님은 많은 조언과 실제적인 도움을 주셨습니다. 감사하다는 말로는 부족할 것입니다. 경륜 출판사 회원분들도 갖가지 도움을 주셨습니다. 특별히 이 책의 구상과 집필 과정에도 좋은 의견을 개진해 주시고 기도해 주신 것에 감사드립니다. 원고를 검토하고 교정을 하는 일에도 고마움을 전해야 하는 손길들이 있었습니다. 믿음의 친구인 이·랜드의 구영삼 차장은 바쁜 중에도 필자에게 도움말을 주었습니다. 영국의 York 대학 경제학 박사 과정에 있는 김진기 형제와 그의 아내 이수영 자매도 원고를 읽고 교정과 평가를 아끼지 않았습니다. 또한 한국성서유니온의 박대영 간사는 바쁜 중에도 필자의 원고를 끝까지 읽고 여러 행정 처리를 감당해 주었습니다. 모두에게 깊은 감사를 표합니다. 출판이 되는 과정 속에 보여 준 배한성 집사님의 배려와 이용우, 이향미 집사님의 수고에 특별히 감사드립니다. 이분들의 사랑이 없었다면 이 책은 빛을 보지 못했을 것입니다.

친지와 가족들에게 감사해야 할 것입니다. 외국 생활을 늘 염려해 주시는 양가 부모님들, 그리고 형제들에게 감사를 드립니다. 집필이 어려워질 때 아들 선민이가 많은 위로와 기쁨을 주었습니다. 그리고 무엇보다도 늘 필자 옆에서 참고 위로하며 같이 기도해 준 아내에게 고마움을 표하고 싶습니다. 아내는 필자의 글을 여러 번 읽고서 칭찬과 함께 따끔한 비평을 해 주었습니다. 글이 다듬어진 것은 아내의 몫일 것입니다.

이런 글을 쓰게 해 주신 하나님 아버지께 감사드립니다.
이 조그만 작업이 오히려 하나님의 영광을 가리지 않기를 바라면서.

책의 구성과 사용방법

책의 구성

이 책은 이론편과 실제편으로 구성되어 있습니다. 이론편은 계획에 대한 그리스도인의 바른 관점과 태도를 성경적인 면에서 주로 다루고 있고, 실제편은 이론편의 토대 위에서 바른 계획을 세우는 실제적인 원리와 구체적 방법을 다루고 있습니다. 그러므로 독자 여러분들은 가능하면 이론편부터 읽으시는 것이 좋습니다. 실제편에서는 이론편에서 설명한 기본적 내용들을 다시 설명하지 않고 넘어가기 때문에, 그냥 실제편만 읽으시면 보다 견실한 계획세우기 방법을 터득하기가 어려울 것입니다. 또는 그 반대로 이론편만 읽고 마는 경우에도 문제가 있습니다. 이론은 결국 현실적 결과로 나타나야 하기 때문입니다. 이 경우는 머리만 커지고 실제 삶과 생활에는 반영이 안될 수 있기 때문에, 신앙 생활에 불균형을 초래할 가능성이 있습니다. 성경에서 배운 바른 원리가 나의 현실적 삶에서 잘 드러나도록 노력하시면 좋을 것입니다.

핵심 요약

각 장(章)의 맨 앞에는 그 장에서 다룰 내용을 간략히 정리한 핵심요약이 있습니다. 각 장을 읽기 전에 먼저 이 핵심요약을 읽어 보십시오. 그리고 각자 나름대로 이 장에서 어떤 내용이 전개될지를 먼저 생각해 보시기 바랍니다. 그런 과정 속에서 자신에게 떠오르는 생각이나 의문점이 있으시면 적어 두십시오. 그런 후에 각 장의 내용을 읽어 가시기 바랍니다. 읽어 가면서 의문을 가졌던 부분이 나오거나 자신이 먼저 생각했던 것과 다른 내용이 나올 때는 표시를 해 두시면 좋습니다. 다 읽고 나서는 그 장에서 말한 내용이 무엇인지 스스로 간단히 정리해 보십시오. 그 후에 앞에 있는 핵심요약을 다시 보시기 바랍니다. 자신이 정리한 내용과 핵심요약이 비슷한지, 혹은 다른지 살펴보십시오. 다른 점이 있으면 왜 그런 결과가 났는지 생각해 보십시오. 자신이 놓쳤다고 생각하는 내용이 있으면, 그 부분을 찾아서 다시 잠깐 읽어 보시면 더 좋습니다. 그리고 나서 질문으로 넘어 가십시오.

질문

각 장의 맨 끝에는 질문 부분이 있습니다. 이것은 그 장에서 설명하고 논의한 내용을 더 잘 이해하기 위해 마련한 것입니다. 조그만 노트나 바인더를 준비하셔서 이 질문들에 대한 답을 간단히 기록해 보시기 바랍니다. 답변이 잘 떠오르지 않을 때는, 그에 해당하는 부분을 다시 펴서 잠깐 훑어 보셔도 좋습니다. 이 질문을 혼자서 답해 보셔도 좋지만, 가능하면 다른 사람들과 같이 풀어 보시는 편이 더 유익합니다. 부부가 같이 읽고 답해 볼 수도 있고, 교회의 구역 모임에서나 대학 청년부 모임에서 사용할 수도 있을 것입니다. 가령 주중(週中)에 1-2장 정도를 각자 읽고 와서, 교회 모임 때에 그 질문을 가지고 같이 토의할 수 있습니다. 다만 이때 중요한 것은 각자가 이해한 부분을 서로 말해 보고, 특별히 자신에게 관련된 점들을 나누어 보는 것입니다.

이론편

이론편의 I부에서는 먼저 그리스도인의 바른 계획은 어떤 것인지를 이론적이고 논리적으로 살펴봅니다. 다양한 입장들 중에서 특별히 능동적이고 적극적으로 계획을 하려는 부류와 수동적이고 소극적인 입장을 살펴보며 그 주장과 한계를 검토합니다. 그리고 나서 그리스도인의 바른 입장은 과연 어떤 것인지를 성경 본문의 도움을 통해 찾게 됩니다. 그러므로 독자분들은 이 부분을 읽으면서, 자신의 입장이 어떤 것과 유사한지 잘 생각해 보는 것이 좋습니다. 그리고 자신에게 강한 부분과 약한 부분은 어떤 것인지, 그것을 어떻게 하면 잘 극복할 수 있는지 새겨 보는 것이 필요합니다.

이어서 II부에서는 I부에서 정리한 바른 계획의 관점이 과연 성경의 인물들에게 어떻게 나타났는지를 자세히 살펴봅니다. 하나님께서 성경을 통해 보여 주신 그분의 계획이 무엇이며, 그 하나님의 계획과 뜻에 따라 어떻게 신앙의 위인들이 자신의 삶을 계획하고 실행해 나갔는지를 다룹니다. 그러므로 이 부분을 읽으시면서는 이 분들의 삶의 모습을 통해 독자분들이 동기 부여를 받는 것이 중요합니다. 그뿐 아니라 I부에서 설명한 원리가 성경의 인물들에게 어떻게 작용되고 있는지를 눈여겨 볼 필요가 있습니다.

실제편

실제편은 III부와 IV로 구성되어 있습니다. III부에서는 특별히 하나님의 뜻을 따라 자신의 계획을 세우는 방법과 원리를 7가지로 정리하여 설명합니다. 그래서 이 부분은 이해만 하는 것으로 끝나서는 안 됩니다. 오히려 자신의 삶과 생활을 비추어 보면서, 자신에게 지금 필요한 부분과 내용에 맞게 적용해 두는 것이 중요합니다. 각 장에서는 중요한 원리와 보다 구체적인 방법이 제시될 것입니다. 그 방법이 모든 사람에게 똑같이 효과적인 것은 아닙니다. 그렇기 때문에 특별히 자신에게 유효하고 맞는 방법을 구체적으로 실제화시키는 것이 필요합니다. 각 장 끝에 있는 질문을 통해 자신에게 마땅한 방법을 잘 판별하시고 또 실습을 해 보십시오. 다른 시간을 내서 하려고 하시기보다는 각 장을 읽고 끝낼 때마다 실행하는 것이 중요합니다. 이런 이유 때문에 하루 이틀에 책을 다 읽는 것보다, 하루에 한 장 정도씩 읽는 것이 좋을 것입니다.

Ⅲ부를 통해서 계획 세우는 삶이 어느 정도 정리가 되었으면, 그 훈련된 것을 Ⅳ부를 통해 보다 다듬는 것이 필요합니다. 아마 이론편부터 실제편의 Ⅲ부까지를 잘 읽고 실습해 오신 분이라면, Ⅳ에서 언급하는 의문점들과 논점들을 더 실제적으로 느끼게 될 것입니다. Ⅲ부까지의 내용을 통해서 집을 모두 지었다면, Ⅳ부는 그 집안을 자신에게 맞는 색으로 칠하고 꾸미는 것에 비유할 수 있습니다. 같은 내용을 읽고도 그 현실적 계획의 방법과 모습이 사람에 따라 약간씩 다를 수 있습니다. 같은 구조의 집에 살아도 그 안의 벽지나 디자인이 다를 수 있는 것과 유사할지 모르겠습니다. 각자의 수준이나 처지, 또 신분이나 직업에 따라 다를 수 있기 때문에, 특별히 Ⅳ부를 읽으실 때는 너무 획일적인 답을 찾으려 하지 마시기 바랍니다. 그리고 각자가 적용하고 실행해 가는 모습을 함께 토의해 보는 것이 이 단계에서는 더욱 중요합니다.

책 사용 방법

이 책을 다양한 방법으로 사용하실 수 있습니다. 먼저 개인적으로 책을 읽고 스스로 적용하여 실습할 수 있습니다. 책 자체가 자세한 안내를 겸하고 있기 때문에 그다지 불편하지 않을 것입니다. 가장 기본적인 설명과 논의는 본문에 나타나 있고, 좀더 구체적이고 전문적 내용은 각주에 기록하였습니다. 그래서 대개는 각주를 읽지 않고 넘어가도 이해하시는 데 큰 어려움은 없을 것입니다. 좀더 상세히 알고 싶거나 다른 책을 참고하시고 싶은 분들은 각주를 잘 참고하십시오 (하지만 책의 성격상 필요한 모든 정보를 각주에 넣지 않았습니다).

그 외에도 그룹으로 이 책을 읽으면서 사용하실 수 있습니다. 특별히 이 책이 단순한 경건 서적이나 이론 서적이 아니기 때문에, 현장에서 나타나는 여러 가지 사례와 여러 사람의 생각을 잘 듣고 토의하는 것이 유익할 것입니다. 구성원 각자가 책을 읽고 와서, 이 책의 각 장(章) 맨 뒤에 있는 질문을 사용하면서 서로 이해한 것을 나누고 함께 토의할 수 있습니다. 직장의 신우회 모임에서 사용할 수도 있고, 교회의 구역 모임이나 대학 청년부에서 쓸 수도 있습니다. 특별히 선교 단체 간사나 신학생 훈련 프로그램으로 사용하여도 좋고, 대학생 선교 단체에서 훈련용으로 채택하여도 적절할 듯 합니다. 어떤 용도로 사용하시든지 중요한 것은, 단순히 한 번 이해하고 마는 것이 아니라 각자의 실제 신앙 생활과 삶에 적용하고 실습해 보는 것입니다.

약어표

BDB	F. Brown, S. R. Driver and C. A. Briggs, *Hebrew-English Lexicon of the Old Testament*, 1907.
CIED	Comptons Interactive Encyclopedia Deluxe, The Learning Company, 1999.
DJG	Joel B. Green eds., *Dictionary of Jesus and the Gospels*, Leicester: IVP, 1992.
DPL	Gerald F. Hawthorne eds., *Dictionary of Paul and His Letters*, Leicester: IVP, 1993.
ICC	International Critical Commentary
IVP 성경사전	Derek Williams eds., New Concise Bible Dictionary, IVP (**IVP 성경사전**, 서울: 한국 IVP, 1992.)
KJV	King James Version
NASB	New American Standard Bible
NIBC	New International Biblical Commentary
NIV	New International Version
NKJV	New King James Version
NRSV	New Revised Standard Version of the Bible
RSV	Revised Standard Version of the Bible
TNTC	Tyndale New Testament Commentaries
TOTC	Tyndale Old Testament Commentaries
WBC	Word Biblical Commentary

요약 목차

그리스도인의 계획, 어떻게 세울 것인가?

제❶권 ··· 이론편

제I부 ··· 그리스도인과 계획 세우기

1. 문제 제기: 계획을 세워야 하나, 말아야 하나?
2. 능동적이고 적극적인 계획파
3. 수동적이고 소극적인 계획파
4. 그리스도인의 바른 계획

제II부 ··· 하나님의 기획과 인간의 계획

1. 참 기획자이신 하나님: 그리스도 안에 있는 복을 기획하심
2. 요셉: 치밀한 계획과 면밀한 실행
3. 모세: 계획의 실패자인가?
4. 예수님: 구속과 새창조의 계획
5. 바울: 바른 계획 세우기의 본보기

제❷권 ··· 실제편

제Ⅲ부 ··· 계획의 7가지 기본 원리와 방법

1. 하나님(과)의 동행
2. 성경 묵상과 기도
3. 성경의 교훈
4. 조건과 상황
5. 공동체
6. 상식
7. 계획의 기술

제Ⅳ부 ··· 계획의 실제

1. 계획의 시점
2. 계획의 범위
3. 대상별 계획

세부 목차

그리스도인의 계획, 어떻게 세울 것인가?

―※ 제❶권 ※―

제 I 부 ··· 그리스도인과 계획 세우기

제1장 ··· 문제 제기: 계획을 세워야 하나, 말아야 하나?

1. 세 동업자의 생각 ······ 26
   (1) 김씨의 갈등 (2) 장씨의 입장 (3) 양씨의 입장
2. 누구나 계획을 한다. 다만 정도의 차이이다. ······ 30
   (1) 무엇이 문제인가?: 계획에 대한 이해 (2) 우리는 계획을 떠날 수 없다
3. 다양한 견해 ······ 34
   (1) 견해1: 계획과 신앙은 비례한다 (2) 견해2: 계획 세우는 것은 비신앙적이다
   (3) 견해3: 중도의 입장 (4) 문제의 심각성과 복합성
4. 질문 ······ 39

제2장 ··· 능동적이고 적극적인 계획파

1. 능동적이고 적극적인 계획파 ······ 42
2. 지나친 주장과 문제점 ······ 43

(1) 분명한 비전을(Vision) 갖는 것이 필수이다   (2) 적극적 사고방식이 필요하다
   (3) 계획을 세우고 세게 기도하면 이루어진다   (4) 계획의 기술이 우선적으로 중요하다
3. 바른 계획: 하나님의 뜻에 맞는 계획 ··· **66**
   (1) 하나님으로부터 온 비전과 목표를 따라 계획해야 한다   (2) 하나님의 생각을 따라 긍부정을 판단하고 계획해야 한다   (3) 하나님 나라의 진행을 따라 계획해야 한다   (4) 계획의 기술보다 주의 뜻 분별이 더 중요하다
4. 질문 ·· **70**

제3장 ··· 수동적이고 소극적인 계획파

1. 수동적이고 소극적인 계획파 ·· **72**
2. 지나친 주장과 문제점 ·· **72**
   (1) 잘못된 대비: 인간의 생각은 악하기 때문에 계획을 해서는 안된다   (2) 기다림의 미학: 나서지 말고 소극적으로 있으면서 기다려야 한다   (3) 약해지는 기도: 기도를 소홀히 하게 된다   (4) 인도하심의 이데올로기: 하나님 인도로 모든 것을 말하려 한다(계획 세우는 것은 하나님 인도와 반대되는 길이다)
3. 바른 계획: 하나님의 뜻에 맞게 계획 ·· **91**
   (1) 바른 대비: 인간의 생각이 악하기 때문에, 하나님의 뜻을 따라 계획해야 한다   (2) 반응의 미학: 계획은 하나님의 요구에 대한 우리의 적극적 반응의 첫열매다   (3) 강청하는 기도: 계획은 말씀의 토양 위에서 기도의 거름을 먹고 자란다   (4) 인도하심은 계획이다: 계획세우는 것은 하나님의 인도와 같은 방향에 있다(하나님의 인도는 계획 세우기로 연결된다)
4. 질문 ·· **95**

제4장 ··· 그리스도인의 바른 계획

1. 그리스도인의 계획: 하나님의 뜻대로 계획 세우기 ·· **98**
   (1) 하나님 뜻이 분명해질수록 계획을 잘 세워야 한다   (2) 피조적 적극성을 (적극적

반응의 태도를) 띠어야 한다 (3) 하나님 뜻을 따른 계획은 강청해야 한다 (4) 하나님의 뜻을 잘 깨달아야 한다
2. 주의 사항 ··· 111
　(1) 하나님 뜻이 아닌 것으로 판명되면, 100% 내려 놓을 수 있어야 한다 (2) 계획을 세운 후에도 하나님의 뜻을 계속 추구해야 한다 (3) 계획이 이루어지지 않았더라도, 그 계획은 하나님의 뜻일 수 있다
3. 질문 ··· 122

제Ⅱ부 ··· 하나님의 기획과 인간의 계획

제1장 ··· 참 기획자이신 하나님: 그리스도 안에 있는 복을 기획하심

1. 복(福) 주실 하나님의 계획 ··· 129
　(1) 복(福)을 구하는 것은 잘못인가? (2) 복(福) 주실 하나님의 계획 (3) 누가 복을 받는가?
2. 구원과 새창조의 계획 ··· 139
　(1) 출애굽과 죄의 패러다임 (2) 새출애굽: 죄사함과 새창조 (3) 예수 그리스도의 구속을 통한 새창조
3. 하나님의 거대한 계획을 살펴본 이유 ··· 161
4. 질문 ··· 164

제2장 ··· 요셉: 치밀한 계획과 면밀한 실행

1. 하나님께서 보여 주신 꿈 ··· 168
　(1) 요셉의 꿈에 대한 오해 (2) 요셉에게 하나님의 계획을 보이심
2. 요셉의 계획과 실행 ··· 175
　(1) 요셉의 초기 태도 (2) 요셉의 인내와 인식 (3) 요셉의 치밀한 계획과 면밀한

실행
3. 요셉의 예가 의미하는 바 ··· 203
   (1) 하나님과 동행하는 것이 필요하다 (2) 하나님의 뜻 안에 있는 고난은 영광의 옆자리이다 (3) 하나님의 뜻을 따른 계획은 치밀해야 한다 (4) 하나님의 거대한 계획 속에 있게 된다
4. 질문 ··· 209

제3장 ··· 모세: 계획의 실패자인가?

1. 모세와 요셉 ··· 214
   (1) 요셉과 모세의 대조 (2) 동일한 점: 하나님의 뜻을 따라 산 사람들
2. 모세의 첫 번째 출애굽 계획 ·· 218
   (1) 40세의 모세를 부정적으로 보는 견해 (2) 문제점 (3) 모세의 인식: 왕족 배경과 하나님의 약속 (4) 모세의 계획은 하나님의 뜻을 따라 세운 것 (5) 문제는 이스라엘 백성의 거부와 불순종
3. 출애굽을 실행하는 모세 ··· 248
   (1) 모세에게 나타나시는 하나님 (2) 출애굽 후 모세는 계획을 세우지 않았는가?
4. 질문 ··· 264

제4장 ··· 예수님: 구속과 새창조의 계획

1. 하나님의 계획에 대한 예수님의 인식 ·· 268
   (1) 하나님의 구속사의 최고 정점: 완전케 하러 오심 (2) 대속물(代贖物)로 주려 하심 (3) 새창조를 이루러 오심 (4) 인자(人子)
2. 예수님의 계획과 그 실행 ·· 283
   (1) 예수님의 계획과 행동1: 십자가와 부활 (2) 예수님의 계획과 행동2: 피하심 (3) 예수님의 계획과 행동3: 적극적으로 나아가심 (4) 예수님의 계획과 행동4: 때를 따라 나아가심

3. 질문 303

제5장 ··· 바울: 바른 계획 세우기의 본보기

1. 하나님의 계획을 깨달음 307
   (1) 예수 그리스도의 복음을 깨달음 (2) 자신에게 향한 하나님의 계획을 깨달음
2. 바울의 계획과 실행 317
   (1) 계획1: 다메섹과 아라비아에서 즉각적 복음 전파. 유대인에게 복음 전파 시작
   (2) 계획2: 복음 전파의 새 패러다임. 이방인에게 복음 전파 시작 (3) 계획3: 안디옥을 중심으로 한 선교. 유대인, 이방인, 왕들에게 (4) 계획4: 바울의 로마행과 서반구 선교 계획 (5) 계획5: 바울의 예루살렘행과 구제 헌금 전달 계획
3. 질문 375

제 I 부
그리스도인과 계획 세우기

제1장

문제 제기:
계획을 세워야 하나, 말아야 하나?

♠ 핵심 요약

1. 계획에 대한 그리스도인의 태도와 입장은 일상 생활에 여러 가지로 영향을 미치고 있습니다.
2. 누구나 계획을 세웁니다. 다만 정도의 차이가 있을 뿐입니다.
3. 계획에 대한 그리스도인의 태도는 다양합니다
   (1) 보다 적극적으로 계획을 세워야 한다는 입장이 있습니다.
   (2) 그와 반대로 계획 세우는 것을 부정적으로 보는 입장도 있습니다.
   (3) 그 중간의 입장을 생각할 수 있습니다. 이 입장은 보다 자세하게 여러 관점으로 나눌 수 있습니다.
4. 계획에 대한 그리스도인의 바른 입장을 이해하기 위해서는 많은 논의가 필요합니다.

♠ 내용 분해

1. 세 동업자의 생각
   (1) 김씨의 갈등
   (2) 장씨의 입장
   (3) 양씨의 입장

2. 누구나 계획을 한다. 다만 정도의 차이가 있을 뿐이다
   (1) 무엇이 문제인가?: 계획에 대한 이해
   (2) 우리는 계획을 떠날 수 없다

3. 다양한 견해
   (1) 견해1: 계획과 신앙은 비례한다
   (2) 견해2: 계획 세우는 것은 비신앙적이다
   (3) 견해3: 중도 입장
   (4) 문제의 심각성과 복합성

4. 질문

메모

※ 핵심 요약과 내용 분해를 읽고 본문이 어떻게 전개될지 생각해 보세요.

1. 세 동업자의 생각

(1) 김씨의 갈등

　K교회에서 열심이 있다고 인정받는 김 집사는, 현재 무역업에 종사하고 있습니다. 원래는 대기업에 입사하여 총무과와 기획과에서 일했습니다. 그러다가 중소 오파상으로 직장을 옮겨 무역 실무를 좀 배운 후, 그리스도인 친구 몇 사람과 의기 투합하여 무역업에 뛰어 들었습니다. 창업 후 열심히 일한 덕택에 점차 사업이 안정되어 갔고, 여러 모로 일이 커지는 추세에 있었습니다. 사업의 안정과 확장을 동업자들과 상의하다가, 결국 자신이 홍콩에 일년 정도 파견 나가 있으면서 지사를 설립해야겠다는 결론에 이르게 되었습니다. 사업의 안정과 장래를 위해서 좋을 것이라고 판단한 것입니다. 그런데 마침 회사에서 그런 회의가 있던 바로 그 주 주일날, 김 집사는 교회 목사님의 설교를 듣고는 갈등에 휩싸였습니다. 목사님은 야고보서 4장 13-17절을 본문으로 삼아 '너희의 헛된 계획을 버리라' 는 제목으로 설교하셨습니다. 김씨는 마치 설교 내용이 자신을 지적하는 것 같다는 생각을 하게 되었고, 자신이 외국에 나가서 사업하려는 것을 하나님께서 반대하시는 것이 아닌가 하는 의구심을 갖게 되었습니다.

　　"들으라 너희 중에 말하기를 오늘이나 내일이나 우리가 아무 도시에 가서 거기서 일년을 유하며 장사하여 이(利)를 보리라 하는 자들아 내일 일을 너희가 알지 못하는도다 너희 생명이 무엇이뇨 너희는 잠깐 보이다가 없어지는 안개니라"
　　(약 4:13-14)

　어떤 도시(홍콩)에 일년 나가서 사업의 이득을 위해 일하려는 계획에 대해, 야고보서 본문이 김 집사를 꼬집는 듯이 느껴졌습니다. 그래서 김 집사는 혹 자신이 무엇을 잘못하는 것은 없는지 생각해 보았습니다. 장사를 하는 것이 잘못된 것인지, 아니면 돈을 벌려고 굳이 외국에까지 나가는 것이 잘못된 것인지 의문이 생겼습니다. 그것도 아니라면 바로 앞일도 잘 알지 못하는 안개 같은 존재이면서 굳이 일년 동안 이득을 낼 계획을 세운 것이 잘못된 것인지, 김 집사는 판단하기 어려워졌습니다. 더군다나 목사님은 장사하는 것에 아주 열심인 성도들의 모습을 비판하셨을 뿐 아니라, 실제 앞일도 모르면서 길게 자신의 계획을 세우는 것에 대해 안 좋게 말씀하셨기 때문에, 이런 문제를 가지고 목사님에게 찾아가서 상담하기는 더 불편한 상황이었습니다.

(2) 장씨의 입장

김 집사와 같이 동업을 하는 친구 장씨도, 또 다른 교회에서 집사의 직분을 맡고 있습니다. 장 집사도 원래 대기업의 영업부에서 근무를 했었습니다. 거기서 그는 지나친 업무량과 실적에 대한 스트레스를 많이 받았습니다. 특히 회사 영업 일로 사람을 만나 접대할 때마다 술을 마셔야 하는 부담이 있었습니다. 그래서 그 회사를 그만 두고 그리스도인 친구들과 동업을 하게 되었습니다. 장 집사는 돈을 많이 벌기보다는, 그냥 편안하게 일하는 것을 더 원했습니다. 그래서 그는 이번 홍콩 파견 문제에 부정적인 견해를 보였었습니다. 새로운 계획, 더군다나 앞으로 몇 년간의 계획을 세워서 사업을 진행하기보다는, 그냥 앞에 주어지는 것에 그때그때 최선을 다하는 것이, 하나님 앞에서 바르다고 믿고 있었습니다. 이런 그의 생각은 그가 다니는 교회의 성향과 아주 깊이 관련되어 있었습니다. 그가 다니는 교회는 인간이 계획을 세우기보다 하나님의 행하심을 기다려야 한다고 가르치고 있었습니다. 하나님께서 살아계셔서 매일 매일 우리를 잘 살펴보시기 때문에, 우리는 그분의 행하심을 눈여겨 보아야 한다는 것입니다. 우리 인간의 생각이나 계획이 그런 하나님의 행하심을 가로막기 때문에, 인간의 계획을 내려놓고 하나님의 인도하심을 잘 따라야 한다는 것이었습니다. 이런 생각이 있었던 장씨는, 대학 친구였던 동업자 김씨가 지사 설립 계획에 약간 주저하는 것을 보고 잘된 일이라고 생각하였습니다.

(3) 양씨의 입장

또 다른 친구인 양씨는 장씨와는 신앙의 성향이 아주 달랐습니다. 경영학을 전공하고 또 대학 시절 기독교 선교 단체 간사 경험이 있었던 양씨는, 동업을 할 때부터 장씨와는 아주 다른 이유로 친구들과 합류하게 되었습니다. 그는 소위 평신도 사역자(Tentmaker)에 관심이 많았었는데, 동업을 할 때 바로 그 꿈(Vision)을 안고 시작했습니다. 그는, 우리는 할 수 있는 한 최선을 다해서 하나님 앞에 헌신하고 또 실천할 수 있어야 한다고 생각하는 사람이었습니다. 대학 시절에 배웠던 "위대한 하나님을 위해서 위대한 계획을 꿈꾸라"는 말이 그에게 아주 큰 영향을 미쳤습니다. 그러한 열정을 안고, 그는 그리스도인 친구들과 사업을 시작했습니다. 또한 그동안 자신들이 열심히 뛰었기 때문에, 그 결과로 어느 정도 사업이 안정되어 간다고 생각하고 있었습니다. 하지만 이것은 어디까지나 시작이었습니다. 그는 이것을 토대로 주님께서 원하시는 일을 향해 더 나아가야 한다고 믿고 있었습니다. 그러기에 이번 홍콩 파견 계획은 주님이 주신 꿈을 실현하는 데 더할 나위 없는 기회였습니다. 환경 변화에 대한 아무런 대책도 없이 마구잡이로 사업을 하면 망하기 십상이란 것을, 그는 경영학을 공부하였기에 잘 알고 있었습니다. 그래서 그는 그냥 앞에 주어지는 상황과 환경에 따라 만족하며 일하자고 주장하는 장씨의 견해에 흡족할 수 없었습니다. 어떻게 보면 지금 이 사업이 어느 정도 안정된 데는, 소극적인 장씨보다는 김씨의 기획력과 자신의 경영 수완에 힘입은 바 크다고 양씨는 믿고 있었습니다. 그리고 지금의 안정도 환경이 바뀌어서 앞으로 1-2년 사이에 역전될지 모른다고 생각했습니다. 그래서 지금 홍콩으로 김씨를 파견하는 것은, 경영학적 입장에서 볼 때나 또 주님이 주신 꿈을 생각해 볼 때, 절대적으로 필요하다고 양씨는 생각했던 것입니다.

이번 회의 때에도 장씨가 여러 모로 반대해서 힘들기는 했지만, 양씨는 자기 나름대로 확신을 갖고 있었습니다. 경건의 시간 책자 본문이 마침 출애굽기였는데, 그 회의가 한창일 즈음에 자신에게 주어졌던 성경 본문이 크게 힘을 주었습니다.

"내가 열방을 네 앞에서 쫓아내고 네 지경을 넓히리니 네가 매년 세 번씩 여호와 너희 하나님께 보이러 올 때에 아무 사람도 네 땅을 탐내어 엿보지 못하리라" (출 34:24).

양씨는 이런 무역업을 통해서 궁극적으로는 선교사가 들어가기 힘든 접근 제한 지역으로 가서 스스로 평신도 선교사가 될 뿐 아니라, 다른 사람을 평신도 선교사로 파송하려는 꿈을 갖고 있었습니다. 이렇듯이 하나님의 일을 위해 주어진 절호의 기회를 진구 장씨가 부정적으로 보고 있는 것이 안타까웠습니다. 더구나 기획력이 강한 김씨마저 생각이 흔들리는 것이 마땅치 않았습니다. 하나님을 위해서 좀더 나은 일을 계획할 수 있는데, 왜 그냥 무기력하게 가만 있어야 하는지 이해할 수 없었습니다. 잘 계획하여 성취하는 것은, 하나님을 섬길 수 있는 복이자 특권이라고 양씨는 생각하고 있었습니다. 그래서 그것을 포기하려는 장씨가 이해가 되질 않았습니다.

2. 누구나 계획을 한다. 다만 정도의 차이가 있을 뿐이다

(1) 무엇이 문제인가? : 계획에 대한 다른 이해

위에 있는 갈등의 예는 우리의 일상 생활에서 쉽게 볼 수 있습니다. 개인의 내면적인 신앙 생활이나 가정 생활에서도 이와 비슷한 여러 상황을 생각할 수 있을 것입니다. 또 특히 직장 생활 속에서는 비슷한 상황이 빈번히 있을 수 있습니다. 어떻게 보면 위의 갈등은 그리스도인들 사이의 성경 해석이나 신앙관의 차이에서 기인한다고도 볼 수 있습니다. 김씨가 속해 있던 교회 목사님의 성향과 또 장씨가 속해 있는 교회의 가르침, 그리고 양씨가 훈련받고 영향받았던 선교단체의 사상 등이 서로 다르기 때문에 나타나는 문제입니다. 또 한편으로는 양씨가 성경을 묵상하는 방법이, 김씨가 속해 있던 교회의 목사님이 야고보서를 해석하여 설교하는 방법과 다르기 때문에, 이러한 어려움이 생길 수도 있습니다. 이에 대한 자세한 원인 분석은 좀더 복잡한 설명을 필요로 할 것입니다.[1]

하지만 문제의 궁극적 원인에 대해서 모두 논의하지 않더라도, 앞의 예가 가지고 있는 본질적인 주제를 우리는 살펴볼 수 있습니다. 그것은 다름 아닌 그리스도인과 계획에 대한 우리들의 생각입니다. 앞의 예에서 장 집사는 그리스도인이 계획을 세우는 것에 대해 매우 소극적이었습니다. 물론 그것이 주로 그가 소속된 교회의 영향 때문인지, 아니면 그 이전에 그가 가진 소극적 성격 때문인지는 위의 정보만으로 알기 힘들 것입니다. 장씨는 처음 다니던 회사에서도 문제를 피해가려는 성향을 보였습니다. 새롭게 창업에 가담하는 이유도 적극적이고

---

[1] 성경 해석과 적용이라는 커다란 주제에 대해서는 현재 나와 있는 많은 성경 해석학 도서를 참조하십시오.

긍정적인 뜻에서이기보다는, 일단 자신이 있던 이전 직장을 떠나려는 생각 때문이었습니다. 이런 장씨의 성향이 교회를 선택할 때 영향을 주었을 수도 있습니다. 하지만 또 거꾸로 자신의 교회에서 배운 사상이 직장 선택이나 직장 생활의 모습에 영향을 주었을 수도 있습니다. 분명한 것은 계획에 대한 장씨의 기본적인 생각이 일차적으로 부정적이라는 사실입니다. 인간의 계획은 대부분 안좋고, 그래서 하나님의 인도를 먼저 기다려야 한다는 것입니다. 우리가 하나님 앞에서 어떤 것을 나서서 하기보다는, 하나님께서 먼저 우리를 인도하시는 것을 잘 보고 따라야 한다는 것이 장 집사의 생각입니다. 장씨는 그런 생각으로 직장 생활을 하였기에, 그는 이미 주어졌고 앞에 닥친 일은 성실하게 잘 수행하는 편이었습니다. 하지만 무엇인가 새로운 것을 계획하여 나아가는 면에는 소극적이고 부정적이었습니다.

이에 비해서 양씨가 가진 태도는 어떤 면에서 장씨와는 정반대입니다. 장씨가 계획을 부정적으로 보는 데 반해, 양씨는 그 계획을 통해서 하나님을 더 잘 섬길 수 있다는 전제를 갖고 있는 듯 합니다. 그리스도인이 계획하는 것은 하나님을 더 잘 섬기려는 성실한 추구이고, 또 마땅히 해야 할 도리라고 이해하고 있는 것입니다. 하나님이 모든 것을 다 해 주시겠거니 하고 앉아서 기다리기보다, 하나님이 원하시는 것을 보다 적극적으로 추구해야 한다고 생각하고 있습니다. 만일 장씨처럼 가만히 주어진 것에만 안주하고 계획을 세우지 않는다면, 회사도 언젠가는 상황이 안좋아질지 모릅니다. 그뿐 아니라 하나님의 나라를 위해 할 수 있는 많은 것들을 시도해야 한다는 것이 양씨의 생각입니다. 그러니 양씨에게 있어서 그리스도인이 계획 세우는 것은 하나님을 섬기는 데 절대적이고 필수적인 항목인 셈입니다.

이런 양쪽의 대립된 시각 사이에 김 집사의 입장이 걸려 있는 듯 합니다. 김씨는 이미 회사에서 기획 업무를 많이 해왔을 뿐 아니라, 새로 창업하는 일에도 자신의 기획력을 충분히 발휘하였습니다. 그래서 회사가 점점 안정되어 가는 상황이었는데, 목사님의 설교로 인해 자신이 계획하고 있는 것이 혹시 안좋은 것은 아닌지 의심하게 되었습니다. 한편으로는 계획을 진행하고 있지만, 또 한편으로는 그렇게 계획하는 것이 혹 잘못된 것은 아닌지 고민하게 된 것입니다. 장씨 생각에도 일리가 있는 듯 했고, 또 양씨의 주장에도 거부하기 힘든 부분이 있다고 느껴졌던 것입니다.

(2) 우리는 계획을 떠날 수 없다

어쩌면 계획에 대한 나의 생각과 입장은 위의 세 사람의 견해 사이 어딘가에 있을지 모릅니다. 장씨의 생각에 가까운 사람이 있는가 하면, 양씨의 견해에 더 호감이 갈 수도 있을 것입니다. 아니면 그 사이에 있는 김 집사의 입장일 수도 있고, 이 세 사람의 생각을 약간씩 혼합해서 취할 수도 있을 것입니다. 과거에는 양씨 입장이었다가 장씨의 생각으로 돌아선 분도 있을 수 있고, 또 그 반대 흐름으로 가고 있는 분도 있을지 모르겠습니다. 또 어쩌면 어떨 때는 장씨 입장이었다가, 또 다른 상황에서는 양씨 태도를 취할 수도 있을 것입니다. 개인적인 신앙 생활이란 면만 생각할 때는 장씨처럼 수동적으로 있다가, 회사나 일과 관련될 때는 양씨처럼 능동적으로 행동하는 경우도 있을 것입니다. 아니면 그 반대로 직장에서는 장씨처럼 아주 소극적으로 있지만, 교회 행사에서는 양씨처럼 아주 적극적으로 나서는 사람일 수도 있습니다.

내 입장이 어떤 것이라 하더라도 부인할 수 없는 점은, 우리 자신은 계획을 떠나서는 살 수 없다는 것입니다. 우리는 알든지 모르든지 계획을 하면서 살아갑니다. 살 집을 구하려고 할 때, 우리는 미리 어느 지역에 가서 집을 찾아볼까 하고 생각합니다. 결혼을 하여 집을 구해야 할 때, 어느 지역에 집을 구하는 것이 좋을지 미리 생각하는 것이 자연스러운 태도입니다. 그것이 바로 계획입니다. 직장이 가까운 곳으로 찾아야겠다는 계획을 할 수도 있고, 교회 근처로 찾아야겠다는 계획을 할 수도 있을 것입니다. 자기 집이 없는 사람들은 자기 집을 구할 계획을 장기적으로 생각하고 진행하는 것이 보통입니다. 물려받은 재산이 아주 많다든지, 특별한 사건이 생겨서 돈을 많이 가지고 있는 경우는 다를 수 있습니다. 하지만 우리 대부분은 집을 금새 살 수 있을 만큼 재정적으로 넉넉하지는 않을 것입니다. 그렇다면 집을 구하기 위해 적어도 5-20년의 장기적인 계획을 세워야 할 지 모릅니다. 자신의 진로에 대해서 계획을 세우는 사람도 있습니다. 다른 기업에서 일정 기간 일하다가 스스로 독립할 계획을 세우는 사람도 있을 것이고, 또 학자로서 학계에 남을 생각으로 공부를 하고 있는 사람도 있을 것입니다. 또는 선교사로 가기 위해 계획을 세워 그 과정을 밟는 사람도 있을지 모르며, 목회자나 신학자가 되기 위해 신학교를 갈 계획을 세워 추진하는 사람도 있을 수 있습니다.

위의 예는 보다 커다란 계획을 생각해 본 것이지만, 그 보다 규모가 조금 작은 계획도 우리 주위에는 얼마든지 있습니다. 여름 휴가를 가려면 계획을 세우는 것이 보통입니다. 외국 여행을 가려고 해도 계획이 필요합니다. 연말 연시가 되어 일년을 돌아보며 새해 계획을 세우는 것은 누구나 한 번은 해본 일일 것입니다. 교회 수련회 때가 되어 준비 위원들이 수련회 계획을 세우는 것은 아주 쉽게 볼 수 있는 일입니다.

그보다 더 조그만 계획들이 있을 수 있습니다. 대부분은 매일 무슨 일을 할지 생각할 것입니다. 직장인들에게는 아주 일상적인 일이겠지요. 퇴근 후 저녁 8시에 친구를 만날 약속을 하는 사람도 있을 것이고, 앞에 닥친 시험을 위해서 공부할 시간 계획을 세우는 학생들도 있을 것입니다. 오늘 저녁 식단은 무엇으로 할지를 고민하는 주부들의 예도 아주 흔하게 볼 수 있습니다. 손님 초대를 하려 하는데, 무슨 음식을 준비할지를 미리 생각하는 것도 일종의 계획입니다.

3. 다양한 견해

이렇게 조금만 생각해 보면, 우리는 계획을 떠나서는 살기 힘들다는 것을 금새 알 수 있습니다. 그렇다면 계획에 대한 그리스도인의 입장은 어떤 것일까요? 이를 위해서 다양한 입장과 견해를 간단히 정리해 봅시다.

(1) 견해1: 신앙과 계획은 비례한다

첫째, 모든 계획을 철저히 잘 해야 한다고 주장하는 사람들이 있습니다. 큰 계획이든 작은 계획이든 간에 계획을 잘 해서 그것을 바르게 실행하는 것이, 곧 신앙과 직결된다고 믿는 견해입니다.

이 생각의 가장 커다란 문제는 개인의 능력과 신앙심을 직접 연결할 소지가 있다는 것입니다. 계획을 잘하는 것이 하나의 기술과 능력과 관계된다면, 그런 능력이 부족한 사람들을 곧 신앙심이 부족한 사람으로 낙인찍어 버릴 수 있다는 것입니다.

(2) 견해2: 계획 세우는 것은 비신앙적이다

두 번째 견해는 첫 번째와 정반대의 입장입니다. 인간의 계획은 악한 것이기 때문에, 우리는 가능한 한 계획을 하지 않고 지내는 것이 좋다는 것입니다. 하나님께서 주시고 말씀하시는 것에 대해, 그때 그때 성실하게 반응하는 것이 가장 최선이라는 견해입니다.

이런 견해의 가장 커다란 약점은, 우리가 앞에서 이미 언급한 것처럼 인간은 계획을 세우지 않고는 살 수 없다는 데 있습니다. 계획을 세우지 않아야 된다고 스스로 생각하더라도, 실제 생활 속에서는 나름대로의 계획을 세우며 살고 있기 때문입니다.

(3) 견해3: 중도적 입장

세 번째 견해는 앞의 두 견해의 중도적 입장을 취하는 태도입니다. 계획을 어느 정도 하면서도 계획에 대해 부정적 입장을 취하는 것입니다. 아마 많은 사람이 어떤 면에서는 이런 입장에 서 있을지 모릅니다. 이 견해도 좀더 자세하게 나눌 수 있습니다.

① 첫째는, 계획을 아예 무시할 수 없으니 인정하기는 하지만, 근본적으로는 부정적인 태도를 갖는 것입니다. 이런 분들은 대체적으로 앞에서 예를 든 작은 계획늘은(예를 들어 시간 약속 계획을 하는 것은) 용납하지만, 보다 큰 계획은 (예를 들어 자신의 진로에 대한 계획은) 하지 말아야 한다고 생각하시는 분들입니다. 작은 계획은 세울 수 있지만, 큰 계획은 안된다는 것입니다.

② 둘째는, 그와 반대 입장입니다. 큰 계획을 세워 진행하는 것은 바른 신앙과 관계되지만, 아주 작은 계획을 세우는 것은 우리 신앙과 그다지 관계가 없다고 보는 입장입니다. 신앙적인 이유로 회사의 지사 설립 계획을 세우는 것은 하나님 나라의 확장과 관련되기에 아주 중요하지만, 실제 가정에서 아내가 된장찌개를 끓이는 것은 하나님 나라와 별로 상관이 없다고 보는 것입니다.

③ 중도적 입장의 세 번째 견해는, 계획의 영역에 따라 긍정과 부정을 판단하는 입장입니다. 회사의 일과 관련된 계획은 인간의 생각과 관련된 것이기 때문에 부정적으로 보되, 교회와 관련된 계획에 대해서는 긍정적인 태도를 취하는 경우입니다. 가령 홍콩에 지사를 설립하여 돈을 벌려는 계획은 탐탁치 않게 생각하는 반면, 교회의 큰 집회나 수련회 계획은 중요하게 생각하는 것입니다. 또는 회사에서 돈을 벌고 일하는 것도 결국 하나님의 일과 관련된다고 생각하여, 회사의 장사 계획도 결국 하나님 나라와 관련된 계획이라고 긍정적으로 보는 경우도 있습니다. 양씨는 자신의 사업을 결국 평신도 선교 사역과 연결시키려는 생각이 있었습니다. 그랬기 때문에 회사의 지사 설립 계획이 결국 교회에서 진행되는 다른 계획과 본질적으로 그다지 다르지 않다고 보고 있는지도 모릅니다.

④ 네 번째 중도적인 입장은 하나님의 개입을 염두에 두는 생각입니다. 계획을 해야 하는지 안 해야 하는지를 하나님의 직접적 개입 여부로 판단하는 분들입니다. 이런 분들의 생각 속에는 하나님께서 어떤 특별한 방법으로 분명히 자신에게 알려 주신다는 확신이 숨어 있습니다. 그래서 그런 지시를 따라 계획의 여부를 결정한다는 것입니다. 예를 들면, 특별히 진로를 생각할 때 하나님이 개입하시는 듯한 분명한 사건이나 표적이 없으면 계획을 세우지 않는다는 것입니다.[2]

그런데 이런 중도의 입장들에도 문제들은 여전히 남아 있습니다. 만일 일의 크기를 따라서 그런 구분을 한다면, 도대체 어떤 것이 큰 일이고 어떤 일이 작은 일인지를 구분하기가 용이하지 않습니다. 돈의 규모를 갖고 그 일의 크기를 평가하려는 사람이 있을 수 있고, 사건의 규모를 가지고 평가하려는 사람이 있을

---

[2] 어떤 것이 하나님이 개입하셔서 말씀하시는 것이냐 하는 점에도, 사람에 따라 여러 가지 다양한 입장이 있습니다. 어떤 사람은 성령님이 직접 음성으로 말씀하신다고 하고, 어떤 사람은 설교를 들을 때 하나님께서 말씀을 하신다고 합니다. 또 다른 분들은 경건의 시간에 말씀하신다고도 합니다.

수도 있습니다. 또는 공동체가 관련되면 큰 일이라고 평가하는 사람도 있습니다. 돈만 갖고 생각할 때도 어려움은 마찬가지입니다. 100만원 정도가 관련된 일이 부자에게는 그다지 큰 일이 아닐 수 있지만, 학생들에게는 100만원 정도면 큰 일의 부류에 들어갈 수도 있기 때문입니다.

마찬가지로 교회와 관련된 일인가 아닌가 하는 것으로 판단할 때도, 그 판단의 기준이 모호할 수 있습니다. 자신의 무역 사업을 하나님 나라를 위해서 진행한다고 생각하지만 사실 그렇지 않을 수도 있으며, 또 하나님을 위해서 교회와 관련된 일을 한다고 하지만 때로는 자신의 욕심을 위해서 일할 수도 있기 때문입니다. 사실 적지 않은 사람들이 자신의 이름을 위해 교회를 크게 하는 경우도 있습니다. 하나님의 개입을 따라 판단한다는 것도 그리 간단한 해결책은 아닌 듯 싶습니다. 왜냐 하면 하나님이 개입하신 것인지 아닌지를 어떻게 아느냐 하는 문제는 더 큰 모호함을 낳을 수 있기 때문입니다.

(4) 문제의 심각성과 복합성

그렇기 때문에 결국 계획에 대한 그리스도인의 바른 입장을 살펴본다는 것은 그다지 쉬운 일이 아닙니다. 또 위의 여러 견해들은 자신이 소속된 교회의 전통이 어떤 것이냐에 따라 여러 가지로 다양하게 펼쳐질 수 있을 것입니다. 예를 들면, 하나님의 주권을 보다 강조하는 교회일수록 인간의 계획에 대해 부정적인 태도를 취할 것입니다. 반대로 인간의 반응을 강조할수록 계획을 보다 긍정적으로 보려고 할 것입니다. 자신의 교회가 칼빈주의적 성향이 있느냐 알미니안주의적 성향이 있느냐에 따라서도 관점이 바뀔 것입니다.[3] 또한 교회에 나이 드신 분

---

3) 칼빈주의와 알미니안주의에 대한 논쟁은 아직도 끊이지 않고 있습니다. 이에 대한 간략한

이 많을수록 그 교회는 계획에 대해 소극적일 수 있고, 젊은 사람이 많을수록 계획에 대해 긍정적으로 볼 가능성이 많을지도 모릅니다. 계획에 대한 그리스도인의 바른 태도를 가늠한다는 것은 그렇게 쉬운 일이 아닙니다. 따라서 이 주제를 다루다 보면 결국 우리 자신의 신앙과 사상의 깊은 부분들을 같이 살펴보아야 할 것입니다. 또한 이런 질문과 견해에 대한 답을 정리해 보려는 시도는 꽤 의미 있는 일일 것입니다. 왜냐 하면 계획하는 것이 우리 생활에 아주 가까이 있는 만큼, 그에 대한 바른 답변도 그리스도인의 생활에 적지 않은 영향을 미칠 것이기 때문입니다. 그래서 다음 장에서부터는 그리스도인과 계획에 대한 이런 논점들을 하나씩 생각해 보려고 합니다.

이해를 위해서는 다음 책을 참조하시는 것이 좋을 듯 합니다(M. J. Erickson, *Christian Theology*, Grand Rapids: Baker Book House, 1996. Unabridged, one-volume edition, pp. 354-362, 914-921. 신경수 옮김, **복음주의 조직신학 上**, 서울: 크리스챤 다이제스트, pp.402-411; **복음주의 조직신학 下**, pp.92-100).

4. 질문

그리스도인과 계획에 대한 논의를 더 진행하기에 앞서, 먼저 스스로 아래의 질문에 답해 보는 것이 필요할 것입니다. 쓸 것을 준비하시고 답을 기록해 보십시오. (가능하면 조그만 노트나 바인더를 사용하시는 것이 좋습니다)

1. 나는 일상 생활에서 주로 어떤 계획을 하고 있습니까?
   · 가정 생활에서:

   · 교회 생활에서:

   · 직장 생활에서:

   · 학업에서(학교생활 포함):

2. 1장에 등장한 세 사람의 예 중에서(김씨, 장씨, 양씨) 나는 누구에게 가장 좋은 느낌을 가지고 있습니까? (굳이 모든 것에 동의하지 않더라도, 가장 호감이 가는 인물을 적어 보십시오) 그 이유는 무엇입니까?
   · 인물:
   · 그 이유:

3. 그리스도인이 계획하는 것에 대해 나는 어떻게 생각합니까?

제 2 장

능동적이고 적극적인 계획파

♠ 핵심 요약

1. 능동적이고 적극적으로 계획을 세우려는 사람이 있을 수 있습니다. 조심해야 할 것은 적극적이고 진취적인 태도가 곧바로 신앙의 바른 자태(姿態)와 연결되는 것은 아니라는 점입니다.
2. 적극적 계획파가 자칫하면 갖기 쉬운 네 가지 잘못된 생각이 있습니다.
   (1) 그리스도인은 자신의 인생에 대해 분명한 비전과 계획을 가져야 한다. 미래에 대한 비전이 없는 백성은 망하기 때문이다.
   (2) 부정적 사고 방식을 버리고 불가능은 없다는 식의 적극적 사고방식을 가져야 한다. 이 사고 방식으로 계획을 세우고 실행해야 한다.
   (3) 나의 계획을 세우고, 세게 기도해야 한다. 왜냐 하면 기도는 계획을 실행시키는 연료탱크이기 때문이다.
   (4) 계획이 온전해지기 위해서는, 계획을 세우는 기술과 방법을 잘 배우고 연마하는 것이 일차적으로 중요하다.
3. 가장 중요한 점은 하나님의 뜻을 따라 계획을 세워야 한다는 것입니다.

♠ 내용 분해

1. 능동적이고 적극적인 계획

2. 지나친 주장과 문제점
   (1) 분명한 비전(Vision)을 갖는 것이 필수다
   (2) 적극적 사고방식이 필요하다
   (3) 계획을 세우고 세게 기도하면 이루어진다
   (4) 계획의 기술이 우선적으로 중요하다

3. 바른 계획: 하나님의 뜻에 맞는 계획
   (1) 하나님으로부터 온 비전과 목표를 따라 계획해야 한다
   (2) 하나님의 생각을 따라 긍정과 부정을 판단하고 계획해야 한다
   (3) 하나님 나라의 진행을 따라 계획해야 한다
   (4) 계획의 기술보다 주의 뜻 분별이 더 중요하다

4. 질문

메모

※ 핵심 요약과 내용 분해를 읽고 본문이 어떻게 전개될지 생각해 보세요.

1. 능동적이고 적극적인 계획파

계획에 대한 각각의 견해를 좀더 자세히 살펴보는 것이 좋을 것입니다. 먼저 생각할 수 있는 견해는, 능동적이고 적극적인 계획파의 생각입니다. I부 1장의 예에서 양씨는 자신의 사업을 통해서 평신도 사역자를 배출하려는 계획을 갖고 있을 뿐 아니라, 자신도 결국 그런 사역자가 되기를 원했습니다. 그래서 그 커다란 계획에 맞추어 홍콩에 지사를 세우려는 신규 계획을 진행하려고 했었습니다. 이처럼 자신의 일뿐 아니라 신앙 생활에도 계획을 철저히 세우려는 사람이 있을 수 있습니다.

이런 부류의 사람들은 보통 교회에서나 직장에서 두드러지게 드러나는 경향이 있습니다. 자신이 이미 갖고 있는 계획이 있기 때문에, 어떤 일을 할 때에 다른 사람보다 적극적입니다. 또 다른 사람들이 어떤 결정을 하기 위해 생각에 잠길 때, 자신에게 이미 서 있는 계획에 비추어 빨리 결정을 내릴 수도 있습니다. 그뿐 아니라 어려운 일에 부딪쳐서도, 자신의 계획에 대한 확신 때문에 갈등이나 장애물들을 잘 극복해 나갑니다. 보통 사람들이 장애물이 생겼을 때 쉽사리 낙심하거나 주저하는 것과는 아주 대조적인 행동을 보이는 것입니다.

종종 이런 분들은 매우 진취적이고 많은 일을 이루기 때문에, 종종 교회나 직장에서 유명해지거나 많은 사람들의 선망이 되기도 합니다. 이런 사람들에게서 본받을 점이 적잖이 있을 것입니다. 어려움을 잘 인내하며 자신을 관리하는 면이 탁월합니다. 다른 사람과의 관계에서도 철저하게 신의를 지키며, 무슨 일에든지 성실하게 행동을 하기도 합니다.

그러나 이런 적극적이고 진취적인 태도가 그리스도인의 신앙과 관련하여 언제나 좋은 것만은 아니라는 데 문제가 있습니다. 문제는 일반 사회에서 성공한 사람들의 교훈이나 큰 회사의 경영자들이 가진 진취적인 성향이 신앙 생활에 그대로 반영될 수 있는가 하는 것입니다. 왜냐 하면 이런 진취적 성향의 어떤 면들은 본질상 그리스도인의 속성과 신앙의 태도와는 자연스럽게 결부되지 못하기 때문입니다. 그래서 우리는 능동적이고 적극적인 계획을 주장하는 분들의 견해 중에서 다소 왜곡되거나 지나친 면들을 살펴볼 필요가 있을 것입니다.

2. 지나친 주장과 문제점

(1) 분명한 비전을(Vision) 갖는 것이 필수다

비전에 대한 지나친 강조

첫 번째로 살펴볼 주장은 아무래도 분명한 비전에 대한 강조라고 말할 수 있습니다. 그리스도인들은 분명하게 자신의 비전을 갖고 있어야 하는데, 특별히 신앙이 더 고결한 사람일수록 또 하나님을 위해 헌신한 사람일수록 이런 분명한 비전이 있어야 한다고 믿는 것입니다. 그래서 비전이 있다는 말은 곧 하나님께 헌신한 정도를 나타내는 표적으로 은연 중에 통용되기도 합니다. 뭔가 조금 열심이 있는 그리스도인이라면 분명한 비전을 가져야 한다고 생각합니다.

이러한 비전에 대한 강조는, 한편으로는 일반 사회에서 영향을 받은 듯 합니다. 자신의 뚜렷한 인생 목표(비전)에 대한 확고한 신념이 자신의 인생사에 커다란 영향을 주는 예를 우리는 주위에서 자주 볼 수 있습니다. 예를 들면, 큰 회사를 성공시킨 초대 경영자들은 인생 초기에서부터 야심적이고 철저한 목표로 초지일관했던 분들이 많습니다. 대학 시절부터 철저하게 목표를 세우고 준비해서 높은 위치에 오른 정치인도 있습니다. 이런 분들의 성공담들이 그리스도인의 생각에도 자연스레 영향을 미칠 수 있다는 말입니다.

뿐만 아니라 요즘에는 종종 비전과 목표의식을 교회의 지도자론에 첫째가는 요소로 제시합니다. 지도자는 비전을 제시할 줄 알아야 한다는 것입니다. 그래서 교회의 비전을 확고하게 제시하는 것이 21세기에 교회를 성공시키는 절대적인 요소라고 설명하기도 합니다.

물론 철저한 목표의식이나 자기 관리가 개인의 인생이나 사회의 조직에 큰 영향을 줄 것입니다. 비전 제시가 바로 지도자들의 몫이라는 점도 그다지 어렵지 않게 이해할 수 있습니다. 그러나 문제는 이러한 철저한 목표의식에 대한 전체적인 평가가 과연 신앙의 영역에서도 아무런 여과 없이 그대로 반영될 수 있는가 하는 데 있습니다.

잠언 29:18을 하나의 근거로

혹자는 잠언 29:18a에 있는 구절을 통해서 이런 주장의 정당성을 얻으려 할지 모릅니다.

"묵시가 없으면 백성이 방자히 행하거니와"(잠 29:18a)

여기서 '묵시'라는 말이 몇 가지 영역본[1]에서는 vision이라고 번역되어 있습니다. 여기서 vision(비전)을 '미래에 대한 계획이나 장래성'이란 뜻으로 생각하는 것입니다. 흠정역본(King James Version)에서는 이 구절이 아래와 같이 번역

---

1) King James Version, American Standard Version, The Darby Bible 등

되어 있습니다.

"Where there is no vision, the people perish"

이것을 요즈음 말로 번역해 보자면 '비전이 없는 백성은 망한다' 라고 할 수 있을지 모릅니다. 그리고 이때의 비전이란 뜻도 미래에 대한 계획이나 구상 같은 것으로 보는 것입니다. 그렇게 되면 앞의 잠언 구절은, '미래에 대한 장기적 계획이나 구상(혹은 앞을 내다보고 행동하는 식의 삶의 패턴)이 없는 사람은 결국 성공하지 못할 것이다' 는 뜻이 되어 버립니다. 그래서 분명한 비전을 강조하는 사람들에겐 이런 구절이 중요하게 보일지 모르겠습니다.

성경 해석의 오류: 현대의 개념으로 과거 단어를 읽음

하지만 이것은 성경 해석에 있어 아주 분명한 오류입니다. 단어의 현재적 의미로 과거의 단어 개념을 유추해 내기 때문입니다.[2] 물론 어떤 단어는 과거의 의미가 현재 의미와 근본적으로 다르지 않은 경우도 있습니다. 하지만 단어라는 것이(크게는 언어가) 역사성과 사회성을 지니기 때문에, 새로운 개념이 생겨나기도 하고 있던 개념이 사라지기도 합니다. 특별히 현대 사회의 독특한 상황으로 인해, 어떤 단어나 문장들은 아주 새로운 의미로 변모하기도 합니다. 그래서 새롭게 생겨난 개념들을 가지고 고대의 문서인 성경의 단어를 이해하려 할 때는 오류가 발생할 수 있는 것입니다.[3]

---

[2] 가령, 삼상 9:9에서 사무엘상 저자가 선견자와 선지자라는 단어 뜻에 대해 사족을 달은 예를 참고해 보십시오.

[3] 예를 들어 '다이나마이트' 란 단어 뜻을 가지고 헬라어의 'δύναμις' 란 단어의 뜻을 설명하려는 시도들이 교회 강단에서 비일비재했습니다. 그러나 이런 해석은 바로 단어의 어원을 연구할 때, 시간적 우선순위를 잘못 생각한 대표적인 예입니다. 단어 연구를 잘못해서 생기는 오류에 대한 간략한 설명에 대해서는 D.A. Carson, *Exegetical Fallacies*, Grand Rapids: Baker Book House, 1984. chap. 1. Word-Study Fallacies를 참조하십시오.

이것을 좀더 분명히 설명하기 위해, 조금 더 구분이 명확한 예를 들어보겠습니다. 성경 본문에 아래와 같은 구절이 있습니다.

"Death has come up into our windows" (렘 9:21a)
(대저 사망이 우리 윈도우에 올라오며)

어떤 사람이 이 구절을 읽다가 'windows'라는 단어를 본 순간, 자신이 늘상 컴퓨터를 사용할 때 보았던 그 윈도우 운영 체계를 생각했다고 합시다. 그리고 성경의 말씀이 그 윈도우 운영체계에 대해 부정적으로 말한다고 생각할 수 있습니다. 그러나 사실 말이 안 되는 이야기입니다. 어느 누구도 쉽게 이 구절을 이런 식으로 해석하지는 않을 것입니다(더구나 영어가 아니라 한국말을 쓰는 우리는 더 말할 나위가 없지요). 이런 해석의 예가 갖는 오류가 무엇입니까? 바로 현대인에게 새롭게 알려진 단어의 의미를 가지고 과거의 단어 뜻을 이해하려 한다는 것입니다. 이런 점에서 이런 실수나 잠언 29:18a를 앞에서와 같이 해석하는 오류는 근본적으로 동일합니다. 그래서 결국 잠언 29:18a에 있는 'vision'이란 단어를 현대적인 의미에서 읽으려 하는 것은 잘못입니다.

잠언 29:18a에 쓰인 묵시(꿈, vision)라는 말의 원래 히브리어 단어는 חָזוֹן(hazon)입니다. 이 말은 보통 '꿈(vision)', '신탁', '예언'이란 뜻으로 사용되던 단어라고 합니다.[4] 그런데 이런 사전적 정의의 뜻을 바로 이해하기 위해서는, 잠언을 쓰던 저자에게 이 단어가 어떤 의미였는지를 살펴볼 필요가 있습니

---

4) BDB Lexicon, # 02963. Cf. Willem A. VanGemeren, eds., *New International Dictionary of Old Testament Theology & Exegesis*, Vol 2, Carlisle: Paternoster, 1996, #2600, pp.58-59.

다. 물론 엄밀하게는 잠언 저자가 누구이며, 이 글이 어떤 과정을 통해 기록되었는지 자세히 연구해야 합니다. 하지만 그런 깊은 논의를 하지 않고서라도, 구약의 이스라엘 백성의 배경 속에서 보통 꿈, 신탁, 예언이란 뜻이 어떤 의미로 쓰였는지 우리는 쉽게 생각해 볼 수 있을 것입니다. 그들에게 있어서 이 단어는 그냥 우리가 계획을 세워서 갖게 되는 장래성이란 의미가 아닙니다. 오히려 구약의 하나님이 그의 백성들에게 보여주시는 꿈이나, 말씀, 또는 지시 같은 것을 지칭하는 말일 것입니다. 그렇다면 잠언 29:18a의 뜻은 앞에서 보았던 의미와는 완전히 다른 뜻이 되어 버립니다.

성경 해석의 오류: 글의 문맥을 무시함

둘째, 잠언 29:18a의 뜻을 보다 더 분명히 가늠할 수 있는 열쇠는, 이 구절이 쓰인 글의 문맥을 더욱 자세히 보는 데 있습니다. 크게는 잠언 19장 주위를 잘 보거나 잠언 전체의 내용과 비교해 보아야 될 것입니다. 그러나 가깝게는 잠언 19:18a다음에 오는 19:18b의 내용을 살펴야 합니다. 거기에 힌트가 있습니다.

묵시가 없으면 백성이 방자히 행하거니와(잠 29:18a)
율법을 지키는 자는 복이 있느니라(잠 29:18b)

구약 성경의 시편과 잠언, 전도서 등에는 아주 빈번하게 평행법(Parallelism)이 사용됩니다. 비슷한 내용이 반복되기도 하고(synonymous parallelism), 서로 상반된 내용이 거론되거나(antithetic-parallelism), 때로는 그 내용이 종합되어 새로운 각도를 지니기도 합니다(synthetic parallelism).[5] 잠언 29:18은 이 중

---

5) '평행법(parallelism)'이란 용어는 18세기 Robert Lowth라는 사람에 의해 처음 도입되어, 현재는 구약 시적 리듬을 표현하는 기본적인 용어로 사용되고 있습니다(Robert Lowth, *Lectures*

antithetic-parallelism이 사용된 것 같습니다. 그렇다면 묵시가 없으면 백성이 방자히 행한다는 말은, 율법이 있어서 그것을 잘 지켜 행하는 것과 서로 상반되는 것입니다. 그러면 묵시가 없다는 말은 결국 무엇을 뜻하는 것이겠습니까? 묵시가 없는 것이 율법을 지키는 것과 대비되고 있습니다. 그러니까 묵시가 없다는 뜻은, 구약의 하나님께서 주셨던 율법을 무시하고 그 율법을 따라 행동하지 않는다는 말이 되는 것입니다. 그것을 방자히 행한다고 말한 것입니다. 그래서 결국 하나님의 교훈과 지혜, 그분의 말씀을 무시하는 사람들은 함부로 행하게 된다는 뜻으로 볼 수 있다는 말입니다.

그러므로 잠언 29:18이 분명한 비전과 장래성에 대한 강조를 뒷받침하는 근거 구절이 되기는 힘듭니다.

바울: 하나님으로부터 온 비전

바울을 대표적인 예로 들어서, 바울이 가진 비전처럼 우리도 분명한 비전을 가져야 한다고 주장하는 분이 있을지 모르겠습니다. 바울은 이방인에게 복음을 전하기 위해서 아주 철저히 계획을 세워서 선교 사역을 한 사람이고, 또 말년에는 서바나 지역으로 복음을 전하기 위해 커다란 계획을 세웠던 사람이기 때문입니다. 그래서 우리도 바울처럼 커다란 비전을 분명히 갖고 일해야 한다는 주장이 일리가 있어 보이기도 합니다.

"그러므로 또한 내가 너희에게 가려 하던 것이 여러 번 막혔더니 이제는 이 지방에 일할 곳이 없고 여러 해 전부터 언제든지 서바나로 갈 때에 너희에게 가려는

---

on the Sacred Poetry of the Hebrews, 1753). 이에 대한 간단한 설명은 Derek Kidner, *Psalms 1-72*, TOTC, Leicester: IVP, 1973. pp. 2-4.을 참고하십시오.

원이 있었으니 이는 지나가는 길에 너희를 보고 먼저 너희와 교제하여 약간 만족을 받은 후에 너희의 그리로 보내 줌을 바람이라"(롬 15:22-24)

하지만 바울도 그 엄청난 계획과 비전을 스스로 창작해서 갖지 않았습니다. 오히려 하나님께서 바울에게 나타나셔서, 하나님이 갖고 계신 계획과 의도를 분명히 보여 주셨습니다. 바울은 그것을 따라서 자신의 계획을 세워나갔다고 보는 것이 더욱 타당할 것입니다. 아래의 구절들을 보십시오.

"그러나 내 어머니의 태로부터 나를 택정하시고 은혜로 나를 부르신 이가 그 아들을 이방에 전하기 위하여 그를 내 속에 나타내시기를 기뻐하실 때에 내가 곧 혈육과 의논하지 아니하고"(갈 1:15-16)
(하나님이 이방에 복음을 전하기 위해 바울을 불렀다고 함. 그 계획에 따라 바울이 움직인 것.)

"베드로에게 역사하사 그를 할례자의 사도로 삼으신 이가 또한 내게 역사하사 나를 이방인에게 사도로 삼으셨느니라"(갈 2:8)
(예수님이(또는 하나님이) 바울을 이방인의 사도로 삼으셨다고 함. 그래서 바울이 이방인에게 나아간 것.)

"주께서 가라사대 가라 이 사람은 내 이름을 이방인과 임금들과 이스라엘 자손들 앞에 전하기 위하여 택한 나의 그릇이라 그가 내 이름을 위하여 해를 얼마나 받아야 할 것을 내가 그에게 보이리라 하시니"(행 9:15-16)
(주께서 바울에게 세우신 뜻과 계획을 아나니아라는 사람에게 알려주심. 그러므로 바울의 이방인 선교 계획은 단순히 바울 자신의 아이디어가 아님.)

"이 은혜는 곧 나로 이방인을 위하여 그리스도 예수의 일꾼이 되어 하나님의 복음의 제사장 직무를 하게 하사 이방인을 제물로 드리는 그것이 성령 안에서 거룩하게 되어 받으심직하게 하려 하심이라 그러므로 내가 그리스도 예수 안에서 하나님의 일에 대하여 자랑하는 것이 있거니와 그리스도께서 이방인들을 순종케 하기 위하여 나로 말미암아 말과 일이며 표적과 기사의 능력이며 성령의 능력으로 역사하신 것 외에는 내가 감히 말하지 아니하노라 이 일로 인하여 내가 예루살렘으로부터 두루 행하여 일루리곤까지 그리스도의 복음을 편만하게 전하였노라"(롬 15:16-19)

(바울 자신의 고백으로, 자신이 어떻게 사역했는지를 보이는 구절임. 바울을 이방인의 사도로 삼으셨기 때문에, 그 하나님의 계획과 비전을 따라 자신이 열심히 일했다고 말함)

그러므로 단순히 내가 계획을 커다랗고 분명하게 세우는 것이 필수적이라고 말할 것이 아니라, 하나님께서 나와 우리를 향하여 갖고 계신 뜻과 생각이 결국 우리의 계획에 있어 본질적인 요소라고 보아야 합니다. 이에 대한 설명과 바울의 예에 대해서는 나중에 자세히 살펴보겠습니다.

(2) 적극적 사고방식이 필요하다

계획에 있어 지나치게 능동적인 삶을 주장하는 분들이 갖는 두 번째 강조점은 아마 적극적 사고방식일지 모르겠습니다. 이 적극적 사고 방식은 한때 한국을 풍미한 사상이었습니다. 물론 21세기에 들어선 지금은 약간 주춤한 듯 하지만, 그래도 아직 한국 사람들의 사고 방식에, 특히 한국 교회 성도들의 사고 방식에 남아 있는 것 같습니다.

로버츠 슐러 목사의 불가능은 없다

이 운동의 중심에는 로버츠 슐러 목사의 '적극적 사고 방식'이라는 사상이 진하게 깔려 있습니다. 모든 것은 우리가 생각하기에 달려 있다는 것입니다. 모든 것을 부정적으로 생각하는 사람이 있는 반면, 똑같은 것을 긍정적으로 생각하는 사람도 있다는 것입니다. 우리가 긍정적으로 생각하고 그것에 따라 우리 행동을 적극적으로 취하게 되면, 결국 미래가 바뀌고 우리의 앞길이 분명히 열린다는 것입니다. 이런 그분의 생각은 그분이 쓴 '불가능은 없다'라는 책에 아주 잘 반영되어 있습니다. 결국 이 사상은 한때 한국의 군사 정권 이데올로기와 잘 맞물려서 한국 사회 전반에 깊이 스며들었습니다. '하면 된다'라는 로고가 이곳 저곳에서 울려 나왔고, '하면 된다'라는 액자도 많이 있었습니다. 심지어는 '하면 된다'라는 글씨를 새긴 서표(書標)도 한때는 쉽게 볼 수 있었습니다.

이런 사상은 기업을 크게 일으킨 경영자들의 모습과도 잘 어울려서, 기업과 직장인들에게 많이 퍼져 나갔습니다. 또 이런 생각이 기업의 매출을 높이는 데 필요한 사원들의 태도와 잘 맞았기 때문에, 영업부 직원 교육에는 이런 유의 강의나 훈련이 필수적으로 등장하였습니다.

자연스레 교회에도 이런 식의 생각을 가진 사람이 많아졌습니다. 기독교 신앙의 열심과 적극적 사고 방식의 태도가 쉽게 동일시되기도 하였고, 큰 교회의 성공 요인으로 이런 사고 방식이 언급되기도 하였습니다. 1970-80년대 일어난 한국의 대학생 선교 단체의 성장에도 이런 사상의 영향이 없었다고 말하기 힘들 것입니다.

빌4:13: 내게 불가능은 없다?

이런 적극적 사고 방식이 교회에 영향을 미치면서, 나름대로 사상의 토대로 삼았던 유명한 성경 구절이 바로 빌립보서 4:13입니다.

"내게 능력 주시는 자 안에서 내가 모든 것을 할 수 있느니라"(빌 4:13)

이 성경 구절은 하면 된다는 생각과 거의 일맥 상통하는 것으로 많이 소개가 되었습니다. 한국에 그리스도인의 비중이 커짐에 따라, 책갈피에 끼우는 서표(書標)에도 이 구절이 인쇄된 것이 많았습니다. 하면 된다는 서표(書標)가 그대로 그리스도인에게 맞게 변형된 것이라 볼 수 있을 것입니다. 이 구절은 그리스도인에게는 결국 불가능이란 없다는 식으로 해석되었습니다. 그렇기 때문에 쉽게 좌절하거나 낙망하는 그리스도인에 대한 위로 구절이자, 동시에 큰 꿈과 비전을 가져야 한다고 부추기는 근거 구절로 자주 인용되었습니다. 바울이 소아시아와 유럽에 복음을 전했던 것처럼, 온 세계를 복음화시킬 큰 비전을 가지라는 메시지가 곳곳에서 울려 퍼지기도 했습니다. 캠퍼스의 복음화, 민족의 복음화, 세계의 복음화라는 모토들은, 적극적 사고방식이란 사상적 토양 위에서 잘 자랄 수 있는 구호들이었습니다. 그래서 이와 관련된 크고 작은 운동들과 모임들이 우후 죽순처럼 자랄 수 있었습니다.

빌 4:13: 어떤 형편에 처할 수 있다, 하나님을 의뢰하기 때문에

그러나 위와 같이 빌 4:13을 해석하는 것은, 원래 사도 바울이 의도한 뜻과는 엄청난 차이가 있습니다. 바울이 "내게 능력 주시는 자 안에서 내가 모든 것을 할 수 있다"라고 말한 것은, 자신의 앞길이 더 희망적으로 열리고 경제적인 성공이 보장되어 있다는 뜻이 아니었습니다. 오히려 정반대의 이야기로 보는 것이 나을 것입니다. 이것을 분명히 이해하기 위해서는, 바울과 빌립보 교회와의 관계를 좀더 살펴보는 것이 좋습니다.

빌립보 교회는 바울이 자신의 사역을 소아시아에서 유럽으로 확장해 가는 과정에서 처음으로 설립된 교회입니다(행 16:6-40 참조). 그런데 그 유럽의 첫 교회 사역에서 바울은 심한 고난을 받고, 결국 감옥에까지 투옥되는 일을 겪습니다. 결국 풀려나긴 하지만, 바울 일행은 빌립보를 떠나게 됩니다. 이런 과정에서 바울의 유럽 사역의 첫 열매인 빌립보 교회와 바울 사이에는 아주 끈끈한 유대관계가 맺어지게 됩니다. 그후 바울의 선교 사역에 대해 빌립보 교회는 온정을 갖고 경제적으로 후원을 한 것 같습니다. 빌립보서를 보면 바울과 빌립보 교회 사이에 있는 이런 특별한 관계를 읽을 수 있습니다.

"내가 예수 그리스도의 심장으로 너희 무리를 어떻게 사모하는지 하나님이 내 증인이시니라"(빌 1:8)

"만일 너희 믿음의 제물과 봉사 위에 내가 나를 관제로 드릴지라도 나는 기뻐하고 너희 무리와 함께 기뻐하리니"(빌 2:17)

"빌립보 사람들아 너희도 알거니와 복음의 시초에 내가 마게도냐를 떠날 때에 주고 받는 내 일에 참여한 교회가 너희 외에 아무도 없었느니라 데살로니가에 있을 때에도 너희가 한번 두번 나의 쓸 것을 보내었도다"(빌 4:15-16)

바울은 빌립보 성도들을 그리스도의 심장으로 사랑한다고 말할 뿐 아니라, 그들을 위해 자신을 관제로 드릴지라도 기뻐할 것이라고 말합니다. 그리고 빌립보 교인들은 바울을 생각하고 그의 사역을 위해 경제적으로 여러 번 도왔던 것 같습니다. 바울이 감옥에서 빌립보서를 쓸 당시에도, 아마 빌립보 교회는 바울에게 또 헌금을 보냈던 것 같습니다. 하지만 어찌된 일인지 바울은, 그들의 그런 사랑과 헌금에 대해 조심스런 태도를 취합니다(바울이 무조건 좋다는 식으로만 반응하지 않는다는 말입니다. 빌 4:10-18 참조).

바울은 일차적으로 빌립보 교회가 자신을 위해 다시 헌금해 준 것에 감사한다고 말하고 있지만(빌 4:10), 이어서 자신은 어떤 형편에서도 만족할 수 있다고 언급합니다(빌 4:11). 자신이 지금 경제적으로 어렵기 때문에 빌립보 교회의 도움에 고맙다고 말하는 것이 아니란 뜻입니다. 오히려 빌립보 교회가 하나님이 원하시는 일에 관심을 쏟고 있기 때문에 빌립보 교회 자체에 유익이 있다는 것입니다. 복음을 들은 대로 그들이 생활하는 모습에(즉 바울과 바울의 사역에 관심을 갖고 헌금하는 모습에) 바울은 감사하다고 합니다(빌 4:17). 바로 이런 문맥 속에, 빌립보서 4:13절이 등장하는 것입니다.

"내게 능력 주시는 자 안에서 내가 모든 것을 할 수 있느니라"(빌 4:13).

그러니까 이런 뜻입니다. 나는 지금 경제적으로 부족하지만 그것에 만족할 수 있고, 이런 어려움 속에서도 넉넉히 살아갈 수 있다. 나는 하나님을 의뢰하고 있다. 능력을 주시는 하나님으로 인해 어떤 처지에서도 인내할 수 있다. 나는 걱정하지 말아라. 내가 지금 궁핍해서 감사하다고 말하는 것이 아니다. 결국 바울의 말은 커다란 비전을 세워 적극적 사고 방식으로 나아가면 다 이루어진다는 뜻이 전혀 아닌 것입니다.

진정한 긍정

물론 사물을 늘 비관적으로 보고 소극적이 되는 것도 그리스도인의 태도로 마땅하지 않습니다. 하지만 그 반대로 모든 것을 긍정적으로만 보고 모든 일에 적극적인 태도를 취하는 것이, 바른 그리스도인의 모습은 또한 아닙니다. 현실에 문제가 많으면 문제가 많은 만큼 부정적이 되어야 하고, 현실에 좋은 점이 많으면 많은 만큼 긍정적으로 보아야 할 것입니다. 예수님도 당시의 유대교 현실에 많은 부정적 모습을 부정적으로 평가하셨고 비판하셨습니다. 부정적인 모습이 많은 데도 그냥 늘 긍정적으로 생각하고 적극적인 행동만을 강조하는 것이, 성경에서 가르치는 신자의 모습은 아닙니다. 물론 현실의 모습이 부정적이냐 긍정적이냐를 판단하기 위해서는 바른 관점이 필요합니다. 빌립보서에서 바울은 자신의 처지가 어려웠지만(감옥에 있는 상황이나 경제적인 어려움) 그래도 하나님 앞에서 긍정적일 수 있었습니다. 그러나 이 말은 우리가 적극적으로 생각하면 언제나 밝은 미래가 열린다는 뜻이 아닙니다. 오히려 현실을 보는 판단 기준이 무엇인지를 우리는 바울에게서 배워야 합니다. 하나님의 눈으로 보면 바울이 지금 감옥에 있는 것도 결코 패배나 실패가 아니라는 것입니다.[6] 중요한 것은 하나님의 관점으로 세상을 보는 것입니다. 그냥 모든 일에 긍정적이고 적극적인 행동 양식을 가져야 한다는 말이 아닙니다.

(3) 계획을 세우고 세게 기도하면 이루어진다

세게 기도하면 이루어진다

적극적 사고방식과 잘 어울리는 주장이, 바로 세게 기도하면 이루어진다는 생각입니다. 상황이 어떠하든지 간에 그것을 긍정적인 쪽으로 생각하고 세게 기도하면, 하나님께서 들으시고 응답하신다는 것입니다. 그래서 혹 일이 잘 안되거나 어려워지면, 하나님 앞에 더 세게 기도해야 한다는 말을 합니다. "기도가 부족합니다"라는 말이, 때론 이런 생각과 결부되어서 나오는 경우가 있습니다. 이것과 관련된 큰 문제는, 우리 자신의 생각대로 계획을 다 세워 놓고 하나님에게

---

6) 예를 들면, 빌 1:12에 나타난 바울의 언급을 보십시오. "형제들아 나의 당한 일이 도리어 복음의 진보가 된 줄을 너희가 알기를 원하노라".

그것이 이루어지게 해 달라고 결제(決濟)를 요청하는 경우입니다. 어떠한 경우에서든지 내가 결정한 대로 하나님께서 응답해 주셔야 한다고 억지를 부리는 것입니다. 제가 보았던 안 좋은 어떤 경우는, 자신들이 갖고 싶어하는 빌딩을 점찍어 놓고 그것을 무조건 자기네 단체에게 달라고 기도하는 것이었습니다. 적극적으로 계획 세우는 것과 세게 기도하는 사상이 서로 안 좋게 맞물린 경우일 것입니다. 때로는 이런 계획 성취를 위해서 철야 기도도 하고 통성 기도도 합니다. 우리에게 (철야, 통성) 기도가 부족하기 때문에 일이 성사 안된다고 지도자가 넌지시 다그치는 경우도 있습니다. 그래서 교회 성도나 선교 단체의 구성원들은 잘못했다는 죄책감을 갖고 통성으로 기도하며 하나님께 강하게 요청합니다. 이때 만일 일이 이루어지면 바로 그 기도를 통해서 이루어졌다고 말하는 것은 당연한 귀결이겠지요.

근거 구절

기도와 관련된 몇 가지 성경 본문들이 이런 생각에 일조하는 듯 보입니다.[7] 그중에서 가장 대표적인 본문은 마태복음 7:7-11과 누가복음 11:5-13일 것입니다. 이 두 본문은 모두 하나님께 강하게 요청하는 기도가 필요하다는 메시지를 담고 있습니다. 그래서 쉽게 이 두 본문을 읽고서 "아, 세게 기도해야 이루어지는구나"라고 쉽게 단정할지 모르겠습니다. 하지만, 이 본문을 읽을 때는 특히 전후 글의 문맥에 주의를 기울여야 할 것입니다.

---

7) 예를 들면, 마 7:1-11; 눅 11:5-13; 18:1-8; 롬 15:30-33; 엡 6:18-19; 약 5:13-18 등이 언뜻 보면 '세게 기도하는 사상'을 뒷받침하는 것처럼 보일지 모릅니다. 하지만 이 본문들을 자세히 들여다 보면, 위의 사상을 보증한다고 보기가 힘듭니다. 이에 대한 자세한 논의는 많은 지면을 요구합니다. 그래서 이 책에서는 간단히 기본적 방향만 논의하고자 합니다.

마 7:7-11

"구하라 그러면 너희에게 주실 것이요 찾으라 그러면 찾을 것이요 문을 두드리라 그러면 너희에게 열릴 것이니 구하는 이마다 얻을 것이요 찾는 이가 찾을 것이요 두드리는 이에게 열릴 것이니라 너희 중에 누가 아들이 떡을 달라 하면 돌을 주며 생선을 달라 하면 뱀을 줄 사람이 있겠느냐 너희가 악한 자라도 좋은 것으로 자식에게 줄 줄 알거든 하물며 하늘에 계신 너희 아버지께서 구하는 자에게 좋은 것으로 주시지 않겠느냐"(마 7:7-11)

이 본문을 오해하지 않는 열쇠는 바로 구하는 것이 무엇이냐를 아는 데 있습니다. 본문 자체는 분명히 강하게 구할 것을 말하고 있습니다. 그래서 우리가 하나님께 강하게 기도해야 하지요. 그것 자체에는 문제가 없습니다. 우리 모두는 하나님께 강청해야 합니다. 그러나 문제는 도대체 무엇을 강하게 구해야 하느냐 하는 것입니다. 이 본문에서 구하는 것을 설명하기 위해 비유로 든 것은 떡과 돌이며 생선과 뱀이었습니다. 본문이 말하고자 하는 바는 아들이 떡과 생선을 구하는데 도대체 어떤 아버지가 그 아들에게 돌과 뱀을 주겠느냐는 것입니다. 우리 인간이 악할지라도 자신의 아들에게는 좋은 것으로 줄줄 아는데, 하물며 하늘에 계신 아버지께서 어떻게 (좋은 것을) 구하는 자에게 좋은 것으로 주지 않겠느냐는 말입니다. 그런데 세게 기도하면 이루어진다는 사상의 문제는, 우리가 아무 것이나 세게 기도하면 하나님께서 들어 주신다고 가정하는 것입니다. 우리가 세게 기도하는 내용이 떡이나 생선이어야 하는데, 오히려 돌과 뱀을 강하게 구하는 것이 되기 때문에 문제란 말입니다. 그러면 왜 이런 차이가 생깁니까? 그것은 구하는 우리의 눈에 뱀이 생선처럼 보이고, 돌이 떡처럼 보이기 때문입니다. 만일 우리가 구하는 대로 하나님이 다 들어 주신다면, 우리는 먹지 못하는 돌과 뱀을 잔뜩 움켜쥐고 있을지 모릅니다. 그래서 먼저 세게 기도하기 전에 중요한 것은, 바르게 요청할 수 있는 우리의 눈입니다. 우리의 관점이 하나님의 관점으로 바뀌지 않는 한, 우리는 돌, 뱀, 심지어는 전갈을 달라고 아주 강하게 요청할 수 있기 때문입니다.

그러면 도대체 떡과 생선을 구한다는 것은 과연 어떤 것일까요? 마 7:7-11 자체에서는 좋은 것이라는 힌트만 있을 뿐 어떤 것인지 구체적인 언급은 없습니다. 그러나 이 본문 바로 앞에 있는 마 6:31-33에서 "하나님 나라와 그의 의를 구하라"고 언급한 것과, 병행 구절인 눅 11:13에서 "성령을 주시지 않겠느냐"라고 표현한 것을 상기해 본다면, 이 좋은 것은 하나님 나라의 도래와 관련이 있다는 것을 알 수 있을 것입니다.[8]

> "너희가 악할지라도 좋은 것을 자기 자식에게 줄줄 알거든 하물며 너희 천부께서 구하는 자에게 성령을 주시지 않겠느냐"(눅 11:13)

> "그러므로 염려하여 이르기를 무엇을 먹을까 무엇을 마실까 무엇을 입을까 하지 말라 이는 다 이방인들이 구하는 것이라 너희 천부께서 이 모든 것이 너희에게 있어야 할 줄을 아시느니라 너희는 먼저 그의 나라와 그의 의를 구하라 그리하면 이 모든 것을 너희에게 더하시리라"(마 6:31-33)

(밑줄은 필자가 그은 것입니다. 이후 성경 구절에 그어진 밑줄이나 방점은 모두 필자가 한 것입니다)

바로 앞에서 마태복음 저자는, 일상 생활 속에서 하나님을 추구하는 대신 자

---

8) Donald A. Hagner, *Matthew 1-3*: Word Biblical Commentary, Dallas: Word, 1993. p. 174를 참조하십시오.

신을 위해 재물을 쌓아두는 모습을 경고합니다(마 6:19-24). 또 생활의 경제적 문제로 근심 걱정을 하는 것을 지적하면서, 먼저 하나님의 나라와 그의 의를 구할 것을 언급했습니다. 하나님 나라와 그의 의를 구한다는 말은 새 창조되는 천국 백성의 등장과 관련된다고 것을 산상수훈(마 5-7장) 전체의 문맥을 통해서 알 수 있을 것입니다.[9] 그렇다면 마태복음 저자는(또는 예수님은) 앞에서 이미 말해 왔던 내용(천국 백성의 등장)을 반복하며 권하고 있는 것입니다.

결국 마 7:7-11의 내용은 우리가 원하는 것을 따라 마음대로 계획을 세워 놓고, 그것을 강하게 구하면 하나님이 들어주신다는 뜻이 아닙니다. 오히려 하나님이 원하시는 그의 나라와 천국 백성의 모습을 잘 듣고 깨달았다면, 그 나라의 도래를 강하게 구해야 한다는 것입니다. 그것은 결국 그 나라 백성의 모습으로 살기를 간구해야 한다는 뜻입니다. 그렇게 하나님 뜻을 따라 강하게 기도하는데, 왜 하늘에 계신 하나님 아버지가 그것을 마다하시겠냐는 것입니다(다시 말하면, 천국이 이루어지도록 천국 백성의 모습을 우리가 강하게 구하는데, 왜 하나님이 우리에게 그런 모습이 나타나지 않도록 막으시겠냐는 겁니다).

눅 11:5-13

다소 관점의 차이는 있지만, 누가복음에서도 이와 비슷한 내용으로 설명하고 있습니다.

"내가 또 너희에게 이르노니 구하라 그러면 너희에게 주실 것이요 찾으라 그

---

9) 이 논의를 이 지면에서는 자세히 할 수 없습니다. 하지만 '천국 백성의 등장과 그 백성이 추구하는 의'에 대해서는 아래의 몇 가지 점을 상기하시면 도움이 될 것입니다. ① 팔복에서 그 백성이 추구하는 '의'(마 5:6; 10), ② 서기관과 바리새인보다 더 나아야 하는 '너희 의'(마 5:20, 이 구절이 산상수훈 본문에서 차지하는 비중은 상당히 큼을 이해하여야 할 것입니다), ③ 사람들에게 보이려는 잘못된 '너희 의'와의 대비(마 6:1-18).

러면 찾을 것이요 문을 두드리라 그러면 너희에게 열릴 것이니 구하는 이마다 받을 것이요 찾는 이가 찾을 것이요 두드리는 이에게 열릴 것이니라 너희 중에 아비된 자 누가 아들이 생선을 달라 하면 생선 대신에 뱀을 주며 알을 달라 하면 전갈을 주겠느냐 너희가 악할지라도 좋은 것을 자식에게 줄 줄 알거든 하물며 너희 천부께서 구하는 자에게 성령을 주시지 않겠느냐 하시니라"(눅 11:9-13)

이 본문은 평행 구절인 마태복음 7:7-11과 크게 다른 것 같지 않습니다. 다만 몇 가지 차이를 눈여겨 보면서 뜻을 새기는 것이 좋을 것입니다. 첫째, 누가복음에서는 '내가 또 너희에게 이르노니'(눅 11:9a)란 말이 첨가되어 있습니다. 둘째, 마태복음에서는 좋은 것과 안 좋은 것의 대비가 떡과 돌로 되어 있었는데, 누가복음 11:12에서는 알과 전갈로 바뀌어서 그 대비가 좀더 크게 나타나 있습니다. 셋째, 마태복음에서는 '구하는 자에게 좋은 것으로 주시지 않겠느냐'라고 되어 있는데 반해, 누가복음에서는 '구하는 자에게 성령을 주시지 않겠느냐'라고 기록되어 있다는 것입니다.

둘째와 셋째 차이점은 두 가지를 시사하고 있습니다. 하나는, 누가복음에서는 구하는 것과 하나님 아버지께서 주시는 것이 아주 좋은 것으로 나타나 있다는 점입니다. 좋은 것에 대한 표현이 성령이라는 최고의 표현으로 나타난 것도 그렇고,[10] 구하는 것과 주는 것의 대비가 크다는 점도 이런 생각을 갖게 합니다. 또 다른 하나는 성령이라는 표현이, 누가복음 저자의 독특한 관점을 시사할 수 있다는 점입니다. 누가복음 저자는 그의 책 전체를 통해서 성령의 임하심과 하나님 나라의 도래를 연관시키려는 듯이 보입니다.[11] 그렇다면 무엇입니까? 성령

---

10) Cf. Leon Morris, *Luke*: *TNTC*, Leicester: IVP, 1990. p.214.
11) 특히 이사야 61:1ff를 인용하신 예수님의 말씀을 눅 4:18-19에서 기록하고 있는 점과, 그

(최고로 좋은 것)을 주신다는 독특한 표현과 그 대비가 크다는 사실로 미루어 볼 때, 눅 11:9-13도 강하게 기도하기만 하면 우리의 (잘못된) 계획이 이루어진다는 사상을 결국 옹호하지는 않는다는 말입니다.

또 첫째 차이점인 '내가 또 너희에게 이르노니' 란 말은, 앞 문맥에(눅 11:5-8) 있는 강청의 태도와 병렬로 연결되어 있기 때문에 삽입된 듯 합니다.

"또 이르시되 너희 중에 누가 벗이 있는데 밤중에 그에게 가서 말하기를 벗이여 떡 세 덩이를 내게 빌리라 내 벗이 여행 중에 내게 왔으나 내가 먹일 것이 없노라 하면 저가 안에서 대답하여 이르되 나를 괴롭게 하지 말라 문이 이미 닫혔고 아이들이 나와 함께 침소에 누웠으니 일어나 네게 줄 수가 없노라 하겠느냐 내가 너희에게 말하노니 비록 벗됨을 인하여서는 일어나 주지 아니할지라도 그 강청함을 인하여 일어나 그 소용대로 주리라"(눅 11:5-8)

물론 이 본문에서는 분명하게 구하는 내용이 구체화되어 있지 않습니다. 단순히 이 비유에서는 떡 세 덩이를 강하게 구하는 것으로 되어 있는데, 이것은 단지 요청하는 것을 강조하기 위해 도입된 듯 합니다. 비유의 초점은 강하게 요청하는 것에 맞추어져 있습니다. 그런데 도대체 무엇을 강하게 구해야 하느냐에 대한 힌트는, 이 비유 바로 앞에 먼저 쓰여진 기도에 대한 예수님의 가르침에서(눅 11:2-4) 찾는 것이 더 타당해 보입니다.

"예수께서 이르시되 너희는 기도할 때에 이렇게 하라 아버지여 이름이 거룩히 여김을 받으시오며 나라이 임하옵시며 우리에게 날마다 일용할 양식을 주옵시고

의 책에 시종일관 성령을 강조하고 있는 점을 참고하십시오.

우리가 우리에게 죄 지은 모든 사람을 용서하오니 우리 죄도 사하여 주옵시고 우리를 시험에 들게 하지 마옵소서 하라"(눅 11:2-4)

이 구절에서는 아주 분명하게 우리가 구해야 하는 것이, 하나님의 거룩하심과 그분의 나라, 우리 삶의 태도라고 되어 있습니다. 바로 이런 기도의 내용에 대한 설명을 쓰고 나서, 요청하는 비유가 있는 것입니다(눅 11:5-8). "그러면 어떻게 그런 기도를 해야 하느냐? 강하게 요청해야 한다"고 설명하고 싶은 것입니다. 그래서 밤중에 찾아가서 강청하는 비유를 이어서 말하는 것입니다. 이 내용을 명확히 정리하기 위해 있는 것이 눅 11:9-13입니다. 즉 구하고, 찾고, 두드리라는 말로 강하게 요청하는 면을 강조하고, 그 말을 맺을 때에는 다시 그 나라의 도래와 그 백성의 삶에 대한 초점으로 돌아오고 있는 것입니다(눅 11:13). '성령을 주시지 않겠느냐' 라고 정리한 것이 그런 관점입니다(성령은 하나님 나라의 도래와 새 백성 창조에 대한 것입니다). 그러니까 눅 11:2-13에 있는 예수님의 가르침은, 눅 11:1에서 제자들이 기도에 대해 가르쳐 달라는 요구에 모두 이어진 것입니다. 그래서 마 7:7-13과는 다르게 그 평행구절인 눅 11:9-13에는 (앞 문맥과 연결을 위해) '내가 또 너희에게 이르노니' 란 말이 삽입된 듯 합니다. 눅 11:1-13의 문맥 구조에 대해서는 아래의 형식을 참고하십시오.

1) 질문:
   "예수께서 한 곳에서 기도하시고 마치시매 제자 중 하나가 여짜오되 주여 요한이 자기 제자들에게 기도를 가르친 것과 같이 우리에게도 가르쳐 주옵소서"(눅 11:1)

2) 예수님의 답:
   ① 예수께서 이르시되 (눅 11:2)
   ② 또 이르시되 (눅 11:5)

③ 내가 또 너희에게 이르노니 (눅 11:9)
(이 말이 삽입된 것이, 마 7:7-13과의 차이점 중 하나입니다)

그렇다면 무엇입니까? 누가복음 11:1-13의 내용도, 결국 하나님의 뜻을 따라 그분의 나라가 이루어짐과 그 백성의 모습을 위해, 우리가 강하게 기도해야 함을 가르치고 있습니다. 단순히 우리가 원하고 계획한 것을 그냥 강하게 기도하면, 하나님께서 우리에게 허락해 주신다는 점을 시사하고 있지는 않습니다. 우리 마음대로 세게 기도하면 하나님께서 들어주신다는 생각은 바른 것이 아닙니다. 이런 생각이 적극적인 계획 세우기와 맞물려서 왜곡된 계획관이 만들어지게 됩니다.

(4) 계획의 기술이 우선적으로 중요하다

계획의 기술(技術)

적극적인 계획파와 관련된 또 다른 중요한 점은, 계획 세우는 기술(技術)이 마치 그리스도인의 신앙적 삶에 핵심적인 것처럼 부추기는 분위기일지 모릅니다. 그리스도인은 자신의 삶을 위해 계획을 잘 세워야 하기 때문에, 계획 세우는 기본적인 기술과 기교가 핵심이라고 생각하는 것입니다. 이 입장을 좀더 강하게 취하다 보면, 결국 계획 세우는 기술을 잘 배우고 활용하는 것이 곧 신앙의 삶인 듯이 비춰지게 됩니다. 그래서 그리스도인과 계획에 대한 소주제(小主題) 세미나에서는 의례 시간 사용의 방법과 기교를 주로 설명합니다.

이러한 주장이 때론 에베소서 5:16을 등에 업고 등장합니다.

"세월을 아끼라 때가 악하니라"(엡 5:16)

"우리 그리스도인은 시간을 낭비할 틈이 없다. 때가 악하기 때문에, 우리는 세월을 아껴야 한다. 시간을 흥청망청 써서는 안된다. 그러므로 우리 그리스도인들에게도 시간을 관리하는 방법과 기술이 절대적으로 필요하다"는 식의 논리입니다. 그래서 결국은 시간 사용에 대한 여러 기술과 기교를 가르칩니다.

중요하지만 본질은 아니다

물론 위의 주장에 타당성이 전혀 없는 것은 아닙니다. 계획을 세우고 실행하는 데 있어서 각종 기술과 기교가 주는 유익과 영향력을 쉽게 무시할 수 없을 것입니다. 좋은 기술과 방법을 잘 사용할수록, 계획은 현실적이 되고 실행 가능하게 될 것입니다. 그뿐 아니라 실제 적절한 효율을 발휘하게 되어 목표를 이루는 데 최적의 길을 가게 할 수 있을 것입니다. 하지만 문제는; 비전의 강조에 대한 논의에서와 마찬가지로, 과연 그런 기교의 효과나 유익이 신앙의 문제에도 본질적으로 동일하게 전이될 수 있느냐는 데 있습니다. 더 쉽게 말하자면, 계획을 잘하면 곧 신앙적이 되느냐는 것입니다.

이렇게 말하면, 그 반대로 이렇게 생각하신 분이 있을지 모릅니다. 그리스도인들이 계획의 일반 기술을 잘 사용한다면, 신앙에 유익이 되지 않겠느냐는 것입니다. 물론 맞는 말입니다. 그렇지만 이런 생각은 그리스도인으로 산다는 것을 너무나도 단순하고 간편하게 생각한 것이기 때문에, 명확한 답변은 아니라고 생각합니다. 실제 그리스도인으로 이 땅과 사회에서 산다는 것이 그렇게 간단하고 단순하지 않기 때문에, 그리스도인으로서 계획의 일반 기술을 사용한다는 것에 보다 자세한 설명이 있어야 합니다.

에베소서 5:16의 내용을 다시 살펴봅시다.

"세월을 아끼라 때가 악하니라"(엡 5:16)

이 말은 언뜻 읽으면, 계획을 잘 세워 시간 관리를 잘하라는 뜻으로 보일지 모르겠습니다. 하지만 실제 글의 문맥을 따라 다시 읽다 보면, 그런 뜻과는 전혀 상관없다는 것을 발견하게 됩니다. 원래 헬라어 본문에서는 5:15과 5:16이 한 문장인데, 그 초점은 15절에 있습니다. 이런 말입니다. 그러므로, 너희는 지혜 없는 자 같이 말고 오직 지혜 있는 자 같이, 어떻게 행할 것인지를 주의 깊게 보라. 어떻게 행할 것인지를 주의 깊게 생각하라는 뜻이지요. 그런데 그렇게 하는 것이 세월을 아끼는 것이라는 말입니다. 왜냐 하면 때가 악하기 때문입니다. 그러니까 '때가 악하기 때문이다' 란 말은, '세월을 아끼라' 는 말에만 걸리는 것이 아니라, 실제는 '어떻게 행할 것을 주의 깊게 보라' 는 말에 걸리는 것으로 보는 것이 좋습니다. 때가 악하기 때문에, 어떻게 행할 것을 잘 주의하여 보라는 말이지요. 그렇게 하는 것이 세월을 아끼는 것입니다.

그런데 여기서 어떻게 행할 것이라는 말은 어떤 내용일까요? 엡 5:15 초두에 '그런즉' 이라는 말이 있는 것으로 보아, 그 앞의 말과 연결되는 것처럼 보입니다. 실제 엡 5:3-14에서는 성도의 윤리적인 문제를 잘 언급하고 있습니다. 어떤 것들은 해서는 안되고, 오히려 어떤 것을 해야 한다는 말을 반복하고 있습니다. 바로 그런 것을 앞에서 이야기하고 나서, 뒤이어 '그런즉 너희는 어떻게 행할 것을 잘 주의하여 보라' 고 말하는 것이기에, 이 말은 그냥 계획의 기술을 잘 배워 시간을 효율적으로 보내라는 뜻이 아닌 것입니다. 잘못된 행실에 빠져서 성도로 하지 말아야 될 것을 하게 되면, 결국 시간을 낭비하게 되는 것이고 세월을 헛되게 보내는 것이란 말입니다. 그러니까 엡 5:16의 '세월을 아끼라' 는 말은, 주님이 원하시는 성도의 바른 삶을 잘 따라가라는 말과 흡사한 것입니다. 그래서 바로 이어지는 구절인 엡 5:17에서 이렇게 말하고 있는 것입니다.

"그러므로 어리석은 자가 되지 말고 오직 주의 뜻이 무엇인가 이해하라"(엡 5:17)

계획의 기술 보다 하나님의 뜻이 우선

그래서 계획의 기술을 터득하는 것보다 우선하는 것은 주의 뜻을 이해하는 것입니다. 하나님의 뜻을 이해하지 않은 채 세우는 계획은, 마치 목표 없이 달려가는 자동차와 다를 바가 없을 것입니다. 나중에 다시 계획의 기술에 대해 언급할 때 말씀드릴 것이지만, 계획의 가장 기본적인 단계는 목적과 목표를 명확히 하는 것입니다. 그 목적과 목표가 바로 나의 개인적인 것이나 인간적인 것이기 보다 주님의 생각과 뜻이어야 한다는 말입니다. 바로 주의 뜻이 무엇인지 분명해졌을 때 시간을 낭비하지 않을 수 있는 것입니다. 주님이 원하시지 않는 쪽으로 계획을 세워 열심히 달려가는 것은, 마치 우스갯 소리로 나폴레옹이 사람들을 몰고 열심히 한 산에 다 올라가고 나서, "어, 이 산이 아닌가 봐"라고 말하는 것과 다를 바 없다는 것입니다. 그래서 그리스도인의 계획에서 가장 본질적인 것은 기술을 깊이 터득하는 것이기보다 하나님의 뜻을 먼저 잘 이해하는 것입니다.

3. 바른 계획: 하나님의 뜻에 맞는 계획

그렇다면 앞에서 언급한 문제들을 피하면서도, 계획을 세우는 길은 무엇일까요? 간단히 말하자면 하나님의 뜻에 맞게 계획을 세우는 것이라 말할 수 있을 것입니다. 하나님의 뜻과 생각을 잘 헤아리는 태도가 그리스도인의 계획 속에 필수적이어야 한다는 말입니다. 이 점을 앞의 네 관점과 관련하여 다시 정리해 보겠습니다.

(1) 하나님으로부터 온 비전과 목표를 따라 계획해야 한다

첫째, 세상의 사고 방식이나 나 자신의 야망을 따라 계획을 세워서는 안됩니다. 보통 비전이라고 말하면서, 자신이 스스로 원하는 꿈이나 포부 등을 넣어서 말하는 경우가 있습니다. 그리고 이에 따라서 계획을 철저하게 잘 세우는 경우가 있습니다. 그러나 우리가 앞에서 본 것처럼 성경이 말하는 바른 비전은 하나님으로부터 오는 것입니다. 내가 갖고 있는 비전이나 목표가 하나님으로부터 온 것이어야 하고, 하나님이 내게 원하신 목표이어야 한다는 것입니다. 물론 이렇게 말할 때 등장하는 커다란 문제는 내가 갖고 있는 비전이 하나님으로부터 온 것인지 아닌지를 어떻게 아느냐는 데 있습니다. 이 문제는 나중에 다루겠습니다. 먼저 우리에게 분명해야 하는 것은, 그 비전과 목표가 하나님으로부터 온 것이어야 한다는 사실입니다.

(2) 하나님의 생각을 따라 긍정과 부정을 판단하고 계획해야 한다

둘째, 무조건 내게 불가능이 없다는 식의 태도, 즉 긍정적이고도 적극적인 태도로 나아가면 모든 것을 다 할 수 있다는 생각을 버려야 합니다. 그렇다고 기본적으로 비관적이 되어서도 안될 것입니다. 하지만 모든 것에 항상 적극적 사고 방식을 가지고 목표를 향해 계획을 세우려는 태도는, 하나님을 신뢰하지 않고 나의 힘을 의뢰하거나 심리적인 기교로 나를 부추기는 것일 수 있습니다. 어떤 상황에서도 무조건 긍정적이고 적극적인 행동을 취하기 전에, 과연 이 상황에서 하나님이 무엇을 원하시고 의도하시는지를 먼저 잘 생각하고 판단하는 것이 중요합니다. 하나님은 의도를 가지시고 어떤 것을 흥하게도 하시고 망하게도 하시기 때문에, 무조건 적극적 사고 방식으로 나아가면 때론 하나님의 뜻을 거스르는 행동이 될 수 있기 때문입니다.

예를 들면, 하나님께서 구약 이스라엘 백성의 죄로 인해 그들을 이방 민족에게 잡혀가도록 계획을 하실 때, 무조건 이스라엘의 승리를 위해 행동해서는 안 되는 것과 마찬가지입니다. 오히려 예레미야처럼 그때에는 이스라엘의 패배에 대해 선언하고, 그 하나님의 계획에 맞게 자신의 계획을 세워야 합니다. 때론 이렇게 하는 것이 쉽지는 않습니다. 예레미야가 당시의 선지자들과 권력자들에게 매국노로 오해받은 것처럼 말입니다(렘 20:1-18, 28:1-17 참조). 하지만 예레미야가 진정으로 긍정적인 미래를 바라보았다는 점을 기억해야 할 것입니다. 그는 이스라엘 패망의 메시지와 함께 이스라엘의 참 회복을 또한 선포하였습니다(렘 30:1-33:26, 42:1-12 참조). 오히려 이제 절망의 자리에 있는 백성에게 참 희망의 긍정적 메시지를 전하는 선지자의 태도를 기억해야 할 것입니다. 바로 이것이 하나님께서 우리에게 원하시는, 우리 앞길의 계획에 대한 바른 부정과 긍정의 태도일 것입니다.

(3) 하나님 나라의 진행을 따라 계획해야 한다

또한 우리 생각에 따라 계획을 다 한 후에, 하나님께 그것이 이루어지게 해달라고 결제를 요청하는 것도 바른 태도가 아닐 것입니다. 그런 계획을 강청한다고 해서 하나님께서 그것을 실행시켜 주실 것도 아닙니다. 물론 때로는 나의 잘못된 강청대로 계획이 이루어지시도 합니다. 하시만 그것은 결국 나의 화를 쌓는 것입니다(호 13:9-11 참조). 하나님께서 원하시는대로 계획하고 그것에 따라 기도로 구하는 것이 복된 길입니다. 왜냐 하면 그분이 나보다 내 앞 일을 더 잘 아시기 때문입니다. 그런데 이렇게 계획하고 구하는 것은 결국 하나님 나라가 이루어지는 것과 관련됩니다. 굳이 교회의 일만이 하나님 나라가 이루어지는 데 기여하는 것은 아닙니다. 우리에게 가르쳐 주신 기도처럼, 일상생활의 전 영역에서 하나님의 뜻이 이루어지고 그분의 나라가 이루어지도록, 우리 삶을 계획하고 또 실행해야 할 것입니다(마 6:9-13, 눅 11:2-4 참조).

(4) 계획의 기술보다 주의 뜻 분별이 더 중요하다

이렇게 주님의 뜻을 따라 나의 계획을 세우는 것이 결국 시간을 아끼는 일이 됩니다. 시간을 절약하는 가장 좋은 길은, 계획의 기교와 기술을 잘 사용하는 것보다 주님의 뜻을 분별하여 그에 합당하게 나의 일과 삶에 계획을 세우는 것입니다. 물론 주님의 뜻을 잘 분별하는 것과 함께 적절한 방법을 사용하는 것도 중요한 일입니다. 그러나 기교에 치중한 나머지 근본적인 토대인 하나님의 뜻을 분별하는 것을 등한시하면, 계획 전체에 커다란 손상을 입을 수 있습니다. 굳이 비유하자면, 각도를 재어 보지 않고 자(ruler)만 가지고 원하는 도형의 줄을 긋는 것과 같다고 말할 수 있습니다. 오히려 바른 각도와 방향을 알고서 손으로 도형을 그리는 것이 오히려 더 잘 그려지는 것과 비슷한 이치가 아닐까 생각합니다.

4. 질문

2장에서 다룬 내용을 상기하면서 아래 질문에 답해 봅시다. 특별히 기존의 내 생각을 다시 점검해 보시기 바랍니다.

1. 능동적이고 적극적으로 계획을 잘 세우는 것이 그리스도인에게 항상 좋은 본이 됩니까?

2. 능동적이고 적극적인 계획파가 갖는 지나친 견해는 어떤 것들입니까? 왜 그것이 문제가 됩니까?

3. 내가 일을 계획하고 실행하는 모습 가운데 적극적인 계획파와 유사한 부분은 어떤 것입니까? 그 중에서 좋은 점은 무엇이고, 문제의 소지가 있는 면은 어떤 것들입니까?

4. 요즈음 내가 세운 계획은 무엇입니까? 그것이 나를 향한 주님의 뜻과 잘 연결되어 있습니까? 하나님의 계획과 잘 연결된 것 같지 않다면, 왜 이런 결과가 나왔을까요?

5. 현재 내가 다니고 있는 교회는 그리스도인이 계획하는 것에 대해 어떤 입장을 갖고 있는 것 같습니까? 왜 그런 입장에 있다고 생각하셨습니까? 생각나는 대로 적어 보십시오.

메모

제 3 장

수동적이고 소극적인 계획파

♠ 핵심 요약

1. 능동적이고 적극적인 계획파와는 반대로, 계획에 대해 수동적이고 소극적인 사람들이 있을 수 있습니다.
2. 이 부정적 계획파의 입장도 조심해야 할 것들이 있습니다. 자칫하면 우리의 마땅한 반응과 행동을 자꾸 뒤로 할 수 있기 때문입니다. 빠지기 쉬운 문제들은 다음과 같습니다.
   (1) 인간과 하나님을 무조건 대립적으로 봅니다. 그래서 계획하는 것 자체를 아주 금기시 할 수 있습니다.
   (2) 기다림의 미학을 지나치게 주장할 수 있습니다.
   (3) 하나님 주권이나 성경 말씀을 강조하면서, 기도를 상대적으로 약화시킬 우려가 있습니다.
   (4) 신앙 생활의 대부분을 하나님 인도로 말하려고 하는 환원주의(Reductionism)에 빠질 위험성이 존재합니다.
3. 그러나 하나님의 뜻을 따라 강청하면서 바르게 계획 세우는 것은 우리의 마땅한 반응입니다.

♠ 내용 분해

1. 수동적이고 소극적인 계획파

2. 지나친 주장과 문제점
   (1) 잘못된 대비: 인간의 생각은 악하기 때문에 계획을 해서는 안 된다
   (2) 기다림의 미학: 나서지 말고 소극적으로 있으면서 기다려야 한다
   (3) 약해지는 기도: 기도를 소홀히 하게 된다
   (4) 인도하심의 이데올로기: 하나님 인도로 모든 것을 말하려 한다 (계획 세우는 것은 하나님 인도와 반대되는 길이다)

3. 바른 계획: 하나님의 뜻에 맞는 계획
   (1) 바른 대비: 인간의 생각이 악하기 때문에 하나님의 뜻을 따라 계획해야 한다
   (2) 반응의 미학: 계획은 하나님의 요구에 대한 우리의 적극적 반응의 첫 열매다
   (3) 강청하는 기도: 계획은 말씀의 토양 위에서 기도의 거름을 먹고 자란다
   (4) 인도하심은 계획이다: 계획 세우는 것은 하나님의 인도와 같은 방향에 있다 (하나님의 인도는 계획 세우기로 연결된다)

4. 질문

※ 핵심 요약과 내용 분해를 읽고 본문이 어떻게 전개될지 생각해 보세요.

1. 수동적이고 소극적인 계획파

능동적이고 적극적인 계획파가 갖고 있는 문제와 위험성 때문에, 그 반작용으로 수동적이고 소극적인 계획파가 생기기도 합니다(물론 거꾸로 수동적이고 소극적인 사람들 때문에, 능동적이고 적극적인 생각을 가진 사람이 등장하기도 합니다). 소극적이고 수동적인 면을 강조하는 분들은 대개 인간이 계획 세우는 것을 부정적으로 봅니다. 그리스도인이 인생의 계획을 세우는 것을 안 좋게 보기도 하며, 때로는 무가치하다고 말하기도 합니다. 좀더 안 좋은 경우는 아예 계획을 세우지 않고 사는 것이 마치 신앙 수준이 높은 것처럼 말하는 것입니다. 이 책 I부 1장의 처음 예에서 장씨 같은 분이 이런 부류에 가까울지 모르겠습니다. 장 집사는 회사의 지사 설립 계획을 큰 이유 없이 안 좋은 것으로 보았습니다. 또한 가능하면 현재의 상황에서 큰 탈없이 지내며, 주어진 것만 하려는 태도를 보였습니다. 이런 모습이 소극적 계획파의 증거들일 것입니다.

물론 하나님의 뜻이 분명치 않은데, 마음대로 계획을 세워서 무조건 진취적으로 진행하려는 것은 바람직하지 않습니다. 하지만 모든 면에서 계획 자체를 부정적으로 생각하는 것도 또한 바람직하지 않게 보입니다. 이 장에서는 이런 생각의 문제점들을 살펴보려고 합니다.

2. 지나친 주장과 문제점

(1) 잘못된 대비: 인간의 생각은 악하기 때문에 계획을 해서는 안된다

인간과 하나님의 대비 구도

소극적 계획파의 저 밑바닥에 있는 관점은, 인간의 생각과 하나님의 생각을 무조건 대비 구도로 보려는 성향인 듯 합니다. 물론 이런 대비는 성경에서 종종 발견되기도 합니다. 하지만 그 대비를 심하게 비약하여 해석하면 여러 가지 불합리한 편견을 만들 수 있습니다. 인간의 생각은 모두 악하기 때문에 계획을 세워서는 안된다는 견해가 바로 이런 결과 중 하나일 것입니다.

이러한 극단적인 대비는 이 세상을 아주 비관적으로 보는 견해와 연결되어 있습니다. 창조된 이 세계를 선과 악의 대립으로 보거나, 특별히 인간이 사는 이 세상을 매우 부정적으로 보는 것입니다. 이런 생각의 원천은 아주 역사가 오래된 듯 합니다. 조로아스타교[1]나 마니교[2] 같은 종교뿐 아니라 영지주의[3] 같은 사상도 다 이런 류의 생각과 어떤 점에서는 비슷한 듯 합니다. 물론 계획을 금지하

---

1) BC 7-6세기에 발생한 고대 이란(페르시아)의 종교로서, 세상이 창조된 이래 선과 악이 지속적으로 싸우고 있다는 기본적인 생각을 가진 종교입니다. 이 사상과 종교는 조로아스타(Zoroaster)라는 사람이 시작한 이래 AD 20세기까지 이어지고 있는데, 현대에 이것을 신봉하는 대부분의 사람들은 인도에 있다고 합니다(Cf. Comptons Interactive Encyclopedia Deluxe CD 1, "Zoroastrianism and Parsiism").

2) 조로아스타교의 영향하에서 페르시아인 마니(Mani, 216-76 AD)라는 사람이 주창한 종교입니다. 이 마니교는 4세기의 교회에 위협적인 존재였고, 힙포의 어거스틴도 이 마니교에 한때 심취했다고 합니다. 간략한 소개를 위해서는 다음을 참조하십시오(Edwin Yamauchi, "마니교도", in 라이온사 편집, 송광택 번역, **교회사 핸드북**, 서울: 생명의 말씀사, 1989, pp.48-49; David F. Wright, "힙포의 어거스틴", **교회사 핸드북**, pp. 198-9.)

3) 영(靈, spirit)은 선하고 물질은 악하다는 생각을 갖고 있는 고대의 사상과 종교로서, 초대교회 이후 발전하여 교회에 직·간접적으로 많은 영향을 미쳤습니다. 간략한 소개는 Edwin Yamauchi, "노스틱파(영지주의)", in **교회사 핸드북**, pp.98-100; Comptons Interactive Encyclopedia Deluxe CD 1, "Gnosticism"; www.pantheon.org/mystica/articles/g/gnosticism.html을 참조하고, 보다 전문적인 연구에 대해서는 Simone Petrement, translated by Carol Harrison, *A Separate God: The Christian Origins of Gnosticism*, New York: HarperSanFranscisco, 1990.을 참조하십시오.

거나 소극적으로 취급하는 부류의 사람들이, 모두 이런 극단적인 사상으로 나아가는 것은 아닙니다. 하지만 조심해야 하는 것은 수동적이고 소극적인 계획파가 자칫하면 이런 견해의 변종으로 잘못 발전할 수 있다는 것입니다.

주님의 은혜에 대한 깊은 체험이나 자신의 잘못과 죄에 대한 철저한 인식이 소극적인 신자를 만드는 경우가 있습니다. 그래서 인간의 죄를 철저하게 강조하는 교회에서 부정적 계획파 성향의 신자가 나올 수 있습니다. 아니면 하나님의 주권에 대한 지나친 강조가 인간의 계획을 무가치하게 만들기도 합니다. 전통적이고 보수적인 성향을 지닌 교회가 이런 입장에 가까운 견해를 보일 수 있습니다.

인간의 악함

성경에는 이런 소극적 계획파들에게 유리해 보이는 구절을 쉽게 찾을 수 있습니다. 먼저 창세기 6:5을 봅시다.

> "여호와께서 사람의 죄악이 세상에 관영함과 그 마음의 생각의 모든 계획이 항상 악할 뿐임을 보시고"(창 6:5)

사람의 죄악을 지적하고, 인간 생각의 모든 계획이 악하다고 말합니다. 만일 이 말을 단순히 받아들인다면, 우리는 계획 세우는 것을 아예 금지해야 할지 모릅니다. 이뿐 아니라 복음을 철저히 설명하고 있는 로마서에서도 바울은 인간에 대해 아주 부정적으로 말하고 있는 것을 볼 수 있습니다(롬 1:18-3:20 참조).

> "하나님의 진노가 불의로 진리를 막는 사람들의 모든 경건치 않음과 불의에 대하여 하늘로 좇아 나타나나니"(롬 1:18)

"또한 저희가 마음에 하나님 두기를 싫어하매 하나님께서 저희를 그 상실한 마음대로 내어 버려 두사 합당치 못한 일을 하게 하셨으니"(롬 1:28)

"기록한 바 의인은 없나니 하나도 없으며"(롬 3:10)

이런 구절들을 그냥 쉽게 다음과 같이 적용할 수 있을지 모르겠습니다: 인간에게는 선한 것이 없기 때문에 인간이 계획 세우는 것은 바르지 못하다. 그래서 그리스도인들은 자기 계획 세우기를 그만두어야 하거나, 아니면 적어도 소극적이 되어야 한다.

하나님과 동행하는 사람의 계획

하지만 이렇게 말하면 금새 문제점이 드러납니다. 로마의 교회에 보내는 편지에서 인간의 죄를 심각하게 썼던 사도 바울 자신도 바로 그 편지에서 자신이 로마에 갈 계획을 여러 번 세웠다고도 하고, 서바나로 갈 계획을 지금도 갖고 있다고 말하기 때문입니다.

"형제들아 내가 여러 번 너희에게 가고자 한 것을 너희가 모르기를 원치 아니하노니 이는 너희 중에서도 다른 이방인 중에서와 같이 열매를 맺게 하려 함이로되 지금까지 길이 막혔도다"(롬 1:13)

"그러므로 또한 내가 너희에게 가려 하던 것이 여러 번 막혔더니 이제는 이 지방에 일할 곳이 없고 여러 해 전부터 언제든지 서바나로 갈 때에 너희에게 가려는 원이 있었으니"(롬 15:22-23)

그렇다면 무엇입니까? 인간의 죄가 관영한 것 자체가 그리스도인들에게 계획을 금지시킬 이유가 안된다는 것입니다. 바울 자신이 그것을 증명하기 때문입니다. 그러면 생각이 항상 악한 인간이 어떻게 바른 계획을 세울 수 있을까요? 그 답은 바로 바울이 로마에 보낸 편지의 서두에 있습니다.

"어떠하든지 이제 하나님의 뜻 안에서 너희에게로 나아갈 좋은 길 얻기를 구하노라"(롬 1:10)

하나님의 뜻 안에서 나아가기를 원하고, 그것을 따라 계획을 세우고 있다고 말합니다. 바울의 이 말에 대한 자세한 설명과 논의는 다음 단원에서 하기로 합시다. 다만 여기서 중요한 점은 인간의 악한 생각과 의도를 따라 계획을 세우면 안되고, 그 반대로 하나님의 뜻과 마음을 따라 계획해야 된다는 것입니다. 이것은 앞장에서도 다루었던 내용입니다.

실제 계획을 세우지 않는 사람은 아무도 없음

처음에도 말했지만, 논리적으로 실제 계획을 세우지 않는 사람은 아무도 없습니다. 제가 이 책을 쓰는 것도 어떤 목표와 이유에서 계획을 세워 실행하는 것입니다. 또 지금 이 책을 읽으시는 분들도 어떤 이유에서건 의도를 갖고 책을 구해 보시는 것일 겁니다. 다만 계획의 질과 양의 차이는 있겠지만, 실제 계획 자체를 우리 생활에서 아예 분리시킬 수는 없다는 말입니다.

인간의 죄악이 관영하고 생각이 악하다고 언급한 창세기에서도 마찬가지입니다. 하나님은 그 후에 노아를 선택하여 부르시고, 그에게 방주를 지을 것을 말씀하십니다(창 6:13). 하나님의 계획입니다. 인간을 모두 물로 쓸어버리시고 노아와 그 가족, 그리고 다른 피조물들을 남기시려는 것입니다. 그 하나님의 계획을 따라 노아는 방주를 짓게 됩니다. 그런데 노아가 아무런 계획도 없이 그 큰 방주를 다 지었을까요? 물론 창세기 본문에는 하나님께서 방주를 짓는 데 대한 기본적인 설계를 해 주시는 듯 보입니다(창 6:14-16). 하지만 이러한 기본 골격만 가지고 그냥 노아의 방주가 쉽게 완성되었을까요? 나무는 어디서 구해 와야 하며, 어떻게 나무끼리 짜 맞추어야 하며, 또 문을 옆으로 내기 위해서는 어떤 식으로 배의 설계를 해야 하는지 등, 노아가 골머리를 쓰며 해야 할 일들은 하나 둘이 아니었을 것입니다. 그리고 그것을 위해 나름대로 계획을 세워야 했을 것입니다. 계획은 우리 생활에서 분리되는 것이 아닙니다.

그러면 무엇입니까? 무엇이 문제입니까? 하나님의 뜻을 생각하지 않고, 그분의 마음을 따르지 않은 채, 자기 계획을 세우는 것이 문제입니다. 하나님의 뜻을 따라 바르게 계획을 세워 실행하는 것은 하나도 문제가 되지 않습니다. 그러면 우리에게 다가오는 실제 논의의 초점은, 하나님의 뜻을 어디까지 그리고 어떻게 알 수 있는가, 또는 어느 정도까지 알려졌을 때 우리가 계획을 해야 하는가 하는 등의 질문일 것입니다. 이에 대해서는 제 2권 실제편에서 자세히 다룰 것입니다.

(2) 기다림의 미학: 나서지 말고 소극적으로 있으면서 기다려야 한다

기다림의 미학

계획에 대해 소극적이고 부정적 태도를 취하는 사람들이 갖는 또 다른 미학(美學)은 기다림입니다. 뭔가 나서서 자신이 먼저 일을 행하기보다, 내 앞에 어떤 조건이나 상황이 이루어지기를 그냥 기다리는 것입니다. 연애(戀愛)의 예를 들어봅시다. 자기에게 마땅한 사람을 찾아 구하기보다, 그냥 주위에서 자기 앞에 누군가가 등장하기를 마냥 기다리는 것을 더 선호한다는 말입니다. 하나님의 뜻이라면 누군가가 결국 내 앞에 나타나서 나와 교제가 시작될 것이라는 묘한 기대감을 갖는 것입니다. 물론 기다림이 어느 정도 필요합니다. 하지만 모두 다 기다리고만 있다면 연애가 어떻게 이루어지겠습니까? 직장과 일을 선택할 때도 마찬가지입니다. 누군가 나에게 어떤 요청을 하는 것은 뭔가 긍정적으로 보고 싶고, 내가 회사와 직종을 찾아보는 것을 뭔가 석연치 않게 느끼는 분들도 있습니다. 이런 분들이 어느 정도는 소극적 계획파와 관련된다고 볼 수 있습니다.

이런 그룹의 사람들은 종종 하나님이 행하시기를 기다린다는 구호 아래 내가 해야 할 역할과 행동을 축소시키는 경우가 많습니다. 물론 내 자신의 욕구와 생각이 더 증폭되어 하나님의 생각은 염두에 두지 않은 채 먼저 행동하는 것은 잘못입니다. 그러나 하나님의 뜻이 분명한데도 내 행동을 뒤로 미루고 기다림의 미학을 내세우는 것은, 자신의 책임과 반응을 등한히 하는 것일 수 있습니다.

느헤미야의 계획과 행동

이런 기다림의 미학에 너무 심취해 있는 분들에게 좋은 자극제는 느헤미야의 모습일 것입니다. 느헤미야서 전체에는 느헤미야가 지도자로서 예루살렘 성벽을 재건하고(느 1-7장), 언약을 갱신하며(느 8-10장), 이스라엘 민족의 삶과 신앙을 개혁하는(느 11-13장) 훌륭한 인물로 잘 소개되어 있습니다. 그런데 느헤미야는 그냥 하나님의 뜻이 이루어지기를 기다리면서 가만히 자리에만 앉아 있던 사람이 아니었습니다. 먼저 느헤미야 1:2-4을 봅시다.

> "나의 한 형제 중 하나니가 두어 사람과 함께 유다에서 이르렀기로 내가 그 사로잡힘을 면하고 남아 있는 유다 사람과 예루살렘 형편을 물은즉 저희가 내게 이르되 사로잡힘을 면하고 남은 자가 그 도에서 큰 환난을 만나고 능욕을 받으며 예루살렘 성은 훼파되고 성문들은 소화되었다 하는지라 내가 이 말을 듣고 앉아서 울고 수일 동안 슬퍼하며 하늘의 하나님 앞에 금식하며 기도하여"(느 1:2-4)

바사(페르시아)의 수산 성에 있던 유다인 느헤미야는, 유다 사람과 예루살렘의 형편에 관심이 있어서 그곳에서 온 사람에게 그 형편을 물었습니다. 대답은 부정적이었습니다. 그 대답에 느헤미야는 울고 금식하며 기도했습니다. 그런데 느헤미야의 행동은 거기서 그치지 않았습니다. 하나님께서 분명하게 표적을 보이시고 행동하실 때까지 가만히 있지 않았다는 말입니다. 그는 왕 앞에서 술을 따르는 관원이었는데(느 1:11b), 기회를 봐서 왕에게 담대히 예루살렘 성벽 재건을 요청합니다.

"왕에게 고하되 왕이 만일 즐겨하시고 종이 왕의 목전에서 은혜를 얻었사오면 나를 유다 땅 나의 열조의 묘실 있는 성읍에 보내어 그 성을 중건하게 하옵소서 하였는데"(느 2:5)

물론 느헤미야가 감히 먼저 왕에게 나아가 요청한 것 같지는 않습니다. 오히려 왕이 먼저 느헤미야의 안색이 안 좋은 이유를 묻자 용기를 내어 이런 요청을 하게 된 것 같습니다.

"아닥사스다 왕 이십년 니산월에 왕의 앞에 술이 있기로 내가 들어 왕에게 드렸는데 이 전에는 내가 왕의 앞에서 수색이 없었더니 왕이 내게 이르시되 네가 병이 없거늘 어찌하여 얼굴에 수색이 있느냐 이는 필연 네 마음에 근심이 있음이로다 그 때에 내가 크게 두려워하여 왕께 대답하되 왕은 만세수를 하옵소서 나의 열조의 묘실 있는 성읍이 이제까지 황무하고 성문이 소화되었사오니 내가 어찌 얼굴에 수색이 없사오리이까"(느 2:1-3)

이런 설명 때문에 느헤미야의 요청이 불쑥 계획 없이 이루어진 듯한 인상을 받을지 모르겠습니다. 하지만 이어진 왕의 질문에 느헤미야가 답한 내용을 보면, 느헤미야는 이미 자기 나름대로 예루살렘 성벽 재건에 대해 생각하고 있었던 것처럼 보입니다.

> "그 때에 왕후도 왕의 곁에 앉았더라 왕이 내게 이르시되 네가 몇 날에 행할 길이며 어느 때에 돌아오겠느냐 하고 왕이 나를 보내기를 즐겨하시기로 내가 기한을 정하고 내가 또 왕에게 아뢰되 왕이 만일 즐겨하시거든 강 서편 총독들에게 내리시는 조서를 내게 주사 저희로 나를 용납하여 유다까지 통과하게 하시고 또 왕의 삼림 감독 아삽에게 조서를 내리사 저로 전에 속한 영문의 문과 성곽과 나의 거할 집을 위하여 들보 재목을 주게 하옵소서 하매 내 하나님의 선한 손이 나를 도우심으로 왕이 허락하고"(느 2:6-8)

왕의 질문에 느헤미야는 자신이 얼마 동안 이 일을 할 수 있는지 기한을 정합니다(느 2:6b). 아마 이것은 상황을 자세히 파악하고 나름대로 구상을 해 보지 않고서는 쉽게 답변할 수 없었을 것입니다. 그뿐 아니라 자신이 예루살렘으로 갈 때 문제의 소지가 될 수 있는 정치적이고 군사적인 문제라든지(느 2:7), 성벽 건설에 필요한 자재 수급 문제(느 2:8a) 같은 것을 차례로 말한 것으로 보아서, 아마 느헤미야는 사전에 이런 구상을 어느 정도 했을 것입니다. 즉 느헤미야는 울면서 기도만 하고 있었던 것이 아니라, 나름대로 준비와 구상을 한 것 같습니다.

그런데 여기에서 중요한 것은, 느헤미야가 하나님께서 도우셔서 이 일이 이루어졌다고 고백한다는 점입니다(느 2:8b). 사실 느헤미야의 행동과 계획은 이미 하나님의 약속과 뜻에 근거하고 있었습니다. 이 점은 느헤미야가 드린 기도에서 아주 잘 나타나 있습니다.

> "옛적에 주께서 주의 종 모세에게 명하여 가라사대 만일 너희가 범죄하면 내

가 너희를 열국 중에 흩을 것이요. 만일 내게로 돌아와서 내 계명을 지켜 행하면 너희 쫓긴 자가 하늘 끝에 있을지라도 내가 거기서부터 모아 내 이름을 두려고 택한 곳에 돌아오게 하리라 하신 말씀을 이제 청컨대 기억하옵소서"(느 1:8-9)

느헤미야는 이미 모세를 통해 주신 하나님의 약속과 말씀에 근거해서 기도했습니다. 하지만 그는 '하나님의 뜻대로 행하시옵소서'라고 기도만 하지 않았습니다. 물론 적당한 때가 오기를 기다린 것은 사실일 것입니다. 하지만 끝까지 왕이 먼저 예루살렘 성벽 재건의 명을 내리기를 기도하면서 기다리고만 있지 않았다는 말입니다. 느헤미야는 자기 나름대로 구상을 하고 자신의 입장에서 감당해야 할 것을 생각하며 기회를 본 것 같습니다. 고대의 상황에서 커다란 제국의 왕 앞에 먼저 나가서 이것 저것을 구하는 것은 거의 불가능한 상황일 것입니다. 왕이 어떤 일이냐고 물었을 때라도 쉽게 그런 정치적 문제를 요청하기가 쉽지 않았을 것입니다. 그렇기 때문에 느헤미야가 왕에게 요청한 것은 적극적 행동으로 보는 편이 더 타당할 것입니다. 하나님의 뜻에 근거를 두고서 그렇게 했을 것입니다.

에스더와 모르드개의 계획과 행동

같은 시대 바사(페르시아)를 배경으로 한 에스더와 모르드개의 행동도 좋은 교훈을 줍니다.[4] 바사 수산성에서 아하수에로 왕의 후광을 입은 하만이란 사람이, 자기 마음에 들지 않는 유대인 모르드개를 비롯하여 유대인 전체를 진멸하려는 계획을 꾸밉니다. 왕의 명령을 담은 조서가 이미 내려져 유대인은 약 1년 후에 멸절당할 위기에 놓였습니다(만일 이 일이 이루어졌다면 느헤미야를 통해

---

[4] 보통 에스더서의 부림절 사건은 아하수에로왕(Xerxes, 486-465 BC)의 통치기간 중에 일어난 것으로 보고 있습니다(cf. Raymond B. Dillard & Tremper Longman III, *An Introduction to the Old Testament*, Leicester: APOLLOS, 1995, p.191). 느헤미야의 귀환은 보통 그로부터 조금 뒤인 약 445년 BC 즈음으로 추측합니다(cf. Dillard & Longman III, *Intorduction*, p.182).

성곽을 재건하는 일도 있을 수 없었을 것입니다). 이때 이런 사실을 알게 된 모르드개의 태도와, 유대인으로서 왕비의 자리에 올라 있던 에스더의 행동은 우리가 살펴볼 만 합니다. 먼저 이 소식을 곧 듣게 된 모르드개와 유대인들의 행동을 살펴봅시다.

> "모르드개가 이 모든 일을 알고 그 옷을 찢고 굵은 베를 입으며 재를 무릅쓰고 성중에 나가서 대성 통곡하며 대궐 문 앞까지 이르렀으니 굵은 베를 입은 자는 대궐 문에 들어가지 못함이라 왕의 조명이 각 도에 이르매 유다인이 크게 애통하여 금식하며 곡읍하며 부르짖고 굵은 베를 입고 재에 누운 자가 무수하더라"(에 4:1-3)

옷을 찢고 베옷을 입으며 재를 뒤집어 쓰는 것은, 구약의 이스라엘 백성들에게는 회개와 간구의 표현입니다. 모르드개와 유다인들은 하나님께 기도하면서[5] 그들의 애통함을 표현하고 있었습니다. 그러나 모르드개의 행동이 거기서 멈춘 것은 아니었습니다. 유대인이면서 왕비였던 에스더에게 이 사실을 알리고, 왕에게 나아가 유대인을 위하여 간청하라고 부탁합니다. 그리고(하나님이) 이렇게 에스더를 왕비의 자리에 오르게 하신 것이 이런 위급한 때를 위함인지 모른다고 언급합니다.

> "또 유다인을 진멸하라고 수산 궁에서 내린 조서 초본을 하닥에게 주어 에스

---

5) 그러나 실제 에스더서에서는 하나님께 기도한다는 표현이 정확하게 나타나 있지 않습니다. 게다가 여호와 하나님의 이름이나 희생 제사에 대한 표현이 에스더서에서 분명하게 나타나 있지 않기 때문에, 많은 토론을 일으키기도 합니다. 하지만 그런 표현이 절제되면서도 뒷 배경에는 하나님께서 자리잡고 계신다는 암시를 볼 수 있습니다. 특별히 4:3; 9:31에서 '부르짖고'라는 표현을 눈여겨 보십시오.

더에게 뵈어 알게 하고, 또 저에게 부탁하여 왕에게 나아가서 그 앞에서 자기의 민족을 위하여 간절히 구하라 하니"(에 4:8)

"모르드개가 그를 시켜 에스더에게 회답하되 너는 왕궁에 있으니 모든 유다인 중에 홀로 면하리라 생각지 말라 이 때에 네가 만일 잠잠하여 말이 없으면 유다인은 다른 데로 말미암아 놓임과 구원을 얻으려니와 너와 네 아비 집은 멸망하리라 네가 왕후의 위를 얻은 것이 이 때를 위함이 아닌지 누가 아느냐"(에 4:13-14)

모르드개는 기도만 하면서 하나님께서 우리를 위해서 일하실 것을 그냥 기다리고 있지 않았습니다. 자기가 해야 하는 몫을 하고 있는 것입니다. 에스더도 결국 마찬가지 태도를 보였습니다. 왕 앞에 함부로 나아가는 것이 목숨을 건 일임에도 불구하고, '죽으면 죽으리라'는 결단을 가지고 행동하려 합니다. 어쩌면 모르드개의 충고처럼 자신이 왕비의 위치를 얻은 것이 이때를 위한 것인지 모르기 때문입니다.

"에스더가 명하여 모르드개에게 회답하되, 당신은 가서 수산에 있는 유다인을 다 모으고 나를 위하여 금식하되 밤낮 삼 일을 먹지도 말고 마시지도 마소서 나도 나의 시녀로 더불어 이렇게 금식한 후에 규례를 어기고 왕에게 나아가리니 죽으면 죽으리이다"(에 4:15-16)

결국 에스더는 모르드개를 통해 연락이 닿는(수산성에 있는) 유대인들에게 금식을 요청했습니다. 그뿐 아니라 자신도 금식을 한 후 왕 앞에 나아갑니다. 그런데 왕에게 그냥 가서 한 마디 요청만 하고 끝나는 것이 아닙니다. 나름대로 치밀한 계획을 가지고 실행하는 것입니다. 에스더가 갖고 있었던 복안의 요점을 정리해 봅니다.

①　수산성에 있는 유대인들에게 삼일 동안 금식을 요청(에 4:15-16a).

②　자신도 삼일 동안 금식을 한 후 왕에게 나아감(에 4:16).

③　처음부터 본론을 말하지 않고, 두 번의 잔치를 준비함. 이것으로 왕이 요청을 허락하도록 유도함(에 5:1-8).

④　대적자 하만을 같이 초대함으로 일을 보다 더 극적으로 만듦(에 5:4, 8).

모르드개와 에스더가 이런 계획과 행동을 진행할 때, 왕은 잠을 못 이루다가 우연히 역대 일기를 통해 모르드개의 과거 업적을 알게 됩니다. 그래서 모르드개를 치하하게 됩니다(에 6:1-11 참조). 이 일은 에스더의 계획을 더 실현 가능하게 만듭니다. 어쩌면 우연의 일치인 것처럼 보이지만, 보이지 않는 곳에서부터 모르드개와 에스더의 계획이 실행되기에 적합한 상황과 환경이 만들어지고 있는 듯 합니다. 실제 에스더서 전체에서는 여호와의 분명한 행하심과 놀랄만한 기적 같은 것을 묘사하지 않습니다. 그 반대로 이 땅에서 사는 사람들의 계획과 행동에 초점을 맞추고 있습니다.[6] 문제에 직면하여 사람들이 나름대로 마땅한 행동과 계획을 취하는 것이 두드러지게 묘사됩니다. 그러나 그런 사람들의 계획과 행동이 하나님의 행하심을 가로막는 것이 아닙니다. 오히려 하나님께서 일으키시는 구원의 손길과 같이 있음을 암시하고 있습니다(에 4:3, 14, 16; 9:31참조). 그러니까 에스더서를 읽으면서 우리는 기다림의 미학만으로 내 행동의 반경을 축소시키는 일에 따끔한 교훈을 받을 수 있을 것입니다.

---

[6] 에스더서에서 커다란 축으로 등장하는 두 개의 계획과 행동이 있습니다. 그 하나는 유대인을 멸절하고자 하는 하만의 계획과 실행이고, 다른 하나는 그 하만의 계획을 대항하는 모르드개와 에스더의 계획과 행동입니다.

(3) 약해지는 기도: 기도를 소홀히 하게 된다

소홀해지는 기도

소극적 계획파에게 세 번째로 나타나는 증상은 아마도 기도에 대한 것입니다. 앞장에서 적극적 계획파가 무조건 세게 기도하여 자신의 계획을 성취시키려는 것에 반해서, 소극적 계획파는 아예 간구하고 강청하는 기도를 경원시하게 될 수 있습니다. 무엇인가 하나님께 강하게 요청하는 것은 잘못된 것처럼 생각하는 것입니다. 신앙심이 부족해서 이렇게 요청한다고 생각하기도 합니다. 하나님께서 무엇인가 다 알아서 실행해 주시는데, 내가 왜 요청할 필요가 있느냐는 것입니다. 더구나 내가 강하게 요청하는 이유가 하나님의 약속에 대한 확신이 없거나 나 개인의 심리적 만족감을 얻기 위해서라고 생각하기도 합니다.[7] 한편 하나님의 주권을 너무 강조하고 성경 말씀을 지나치게 역설할 때, 그 반대 급부로 기도에 대해 소홀해 질 수 있습니다. 하나님의 주권을 강조하면서 인간의 반응을 등한히 할 수 있고, 성경을 강조하면서 기도를 소홀히 할 수 있다는 말입니다.

기도는 우리의 마땅한 반응

하지만 하나님의 주권과 인간의 반응은 서로 등지고 나가는 개념이 아닙니다. 오히려 같이 가는 것입니다. 하나님의 주권을 강조할수록 인간의 반응이 강조되어야 합니다. 하나님의 주권을 강조한다는 말은, 하나님이 능력과 권한을 가지시고 그분에게 통치권이 있다는 뜻입니다. 그분에게 권한과 통치권과 능력이 있다면, 그분에 대한 우리의 반응은 마땅히 적극적이어야 할 것입니다. 순종입니

---

[7] 물론 자신의 심리적 위안을 위하여 강하게 요청기도를 하는 경우가 있습니다. 그리고 하나님을 신뢰하지 못하기 때문에 자꾸 와서 조르는 식의 기도를 하기도 합니다. 필자가 이런 기도를 옹호하려는 것이 아닙니다. 이런 기도는 성경에서 말하는 바른 강청의 자세라고 볼 수 없기 때문입니다.

다. 명령권이 없는 사람의 말은 들을 필요가 없지만, 그 권한이 있는 사람 말은 당연히 따라야 합니다. 기도에 대해서도 마찬가지입니다. 성경 말씀을 강조하면, 당연히 우리의 반응의 첫 단추인 기도도 강조되어야 합니다. 성경 말씀을 강조한다고 하면서 기도를 소홀히 하는 운동은 편협해지기 마련입니다.

느헤미야의 기도

앞에서 다루었던 느헤미야의 예를 다시 봅시다. 포로에서 귀환한 후의 예루살렘의 상황이 처참하다는 것을 느헤미야가 알게 되었습니다. 그때 그의 첫 번째 반응이 기도였습니다.

> "내가 이 말을 듣고 앉아서 울고 수일 동안 슬퍼하며 하늘의 하나님 앞에 금식하며 기도하여"(느 1:4)

느헤미야가 울었다고 했습니다. 그냥 형식적으로 우는 곡소리를 낸 것 같지는 않습니다. 오히려 며칠 동안 슬퍼하며 하늘의 하나님께 기도했다고 말합니다. 그런데 그 기도가 하나님의 약속과 말씀(현재의 구약성경)을 기반으로 하고 있다는 점이 또 중요합니다.

> "옛적에 주께서 주의 종 모세에게 명하여 가라사대 만일 너희가 범죄하면 내가 너희를 열국 중에 흩을 것이요 만일 내게로 돌아와서 내 계명을 지켜 행하면 너희 쫓긴 자가 하늘 끝에 있을지라도 내가 거기서부터 모아 내 이름을 두려고 택한 곳에 돌아오게 하리라 하신 말씀을 이제 청컨대 기억하옵소서"(느 1:8-9)

그러니까 느헤미야에게는 하나님의 말씀과 기도와 계획이 모두 함께 잘 조화되고 있다고 볼 수 있을 것입니다.

바울의 기도

바울도 마찬가지로 하나님의 뜻을 따른 계획과 그것을 이루려는 기도를 함께 잘 강조하고 있습니다. 바울은 하나님 뜻 안에서 로마에 가고자 했다고 말했고(롬 1:10 참조), 자신이 그에 대해 나름대로 계획을 세워 진행중이라고 했습니다(롬 15:22-29 참조). 그리고 그런 자신의 계획에 로마에 있는 사람을 기도로 동참시키고 있습니다. 이 점을 눈여겨 보아야 할 것입니다(롬 15:30-33)

"형제들아 내가 우리 주 예수 그리스도로 말미암고 성령의 사랑으로 말미암아 너희를 권하노니 너희 기도에 나와 힘을 같이하여 나를 위하여 하나님께 빌어 나로 유대에 순종치 아니하는 자들에게서 구원을 받게 하고 또 예루살렘에 대한 나의 섬기는 일을 성도들이 받음직하게 하고 나로 하나님의 뜻을 좇아 기쁨으로 너희에게 나아가 너희와 함께 편히 쉬게 하라 평강의 하나님께서 너희 모든 사람과 함께 계실지어다 아멘"(롬 15:30-33)

몇 가지를 주의하여 보았으면 좋겠습니다.
① 성령의 사랑으로 같이 기도하자고 요청.
② 바울 자신도 이 계획을 기도하고 있음(나와 힘을 같이 하여)
③ 로마에 나아갈 계획에 대해 같이 기도하자고 요청.

계획 세우기는 하나님 인도의 반대?

예수님도 강청하는 것을 말씀하셨습니다. 앞장에서 마 7:7-11과 눅 11:1-13을 다루면서, 이미 강청하는 기도를 해야 한다고 설명했습니다. 다만 우리 마음대로 구할 것이 아니라 하나님의 뜻에 근거하여 그분의 나라가 이루어지도록 강하게 기도해야 한다고 했습니다. 만일 하나님 나라가 이루어지는 쪽으로 계획을 잘 세웠다면(물론 이 부분을 많은 사람들이 착각하긴 하지만) 그 계획이 또한 잘 이루어지도록 강하게 기도해야 할 것입니다. 하나님의 뜻이 확고하면 확고할수록 더 세게 기도해야 합니다.

(4) 인도하심의 이데올로기: 하나님 인도로 모든 것을 말하려 한다 (계획 세우는 것은 하나님 인도와 반대되는 길이다)

계획 세우기는 하나님 인도의 반대?

소극적 계획파와 관련된 또 다른 오해는 하나님의 인도에 대한 것입니다. 새로운 계획 세우는 것을 주저하는 분들은, 대개 하나님 인도에 대해 필요 이상으로 촉각을 곤두세우는 경우가 있습니다. 하나님이 먼저 특별한 표적을 보이실 것을 기다리는 것입니다. 이런 분들에게는 하나님 인도란 표현이 필요 이상으로 많이 사용됩니다. 예를 들면, 면접 시험 전에 이렇게 기도한다고 합시다. 주님, 면접시험을 봅니다. 하나님의 인도를 잘 받도록 하여 주시옵소서. 물론 이런 기도는 한편 좋은 기도라고 볼 수 있습니다. 우리에게 절대적으로 필요한 것이 하나님의 생각이고 판단입니다. 그러기에 아무도 하나님의 인도가 불필요한 사람은 없을 것입니다.

하지만 하나님 인도란 말을 필요 이상으로 모든 것에 갖다 붙이게 되면, 우리가 하나님 앞에서 바르게 판단하며 행동하는 부분을 자꾸 축소시킬 수 있다는 데 문제가 있습니다. 그렇게 되면 우리 행동이 소극적이 되며, 자꾸 어떤 표적을 구하게 됩니다. 또 이런 식의 기도와 생각을 반복하다 보면, 자신이 계획 세우는 것을 부정적으로 보기 시작합니다. 계획 세우는 것은 어느새 하나님 인도와 반대편에 있는 개념이 되어 버리는 것이지요. 그냥 내 앞에 주어진 것이나 특별하게 내게 다가오는 것을 하나님의 인도와 가깝다고 느끼기도 합니다. 또 모든 일에 하나님께서 이미 다 정해 놓은 어떤 길을 찾아야 한다는 식으로 하나님 인도를 이해하기도 합니다. 그렇게 되면 하나님의 인도를 구하는 것이 하나님의 주권을 고백하는 우리의 적극적 태도라기보다는, 마치 점쟁이에게 가서 정해진 어떤 길을 알아내려는 식이 되어 버립니다.

느헤미야에게 나타난 하나님의 인도

느헤미야는 이런 식으로 하나님 인도를 이해한 것 같지 않습니다. 자기에게 정해진 미로 같은 길을 찾으려고 한 것 같지 않다는 말입니다. 그렇다고 물론 느헤미야가 하나님께 기도하지 않았다거나, 또 하나님의 인도하심에(다시 말하면 그분의 주권과 판단, 또 능력과 보호하심에) 관심이 없었다고 말하는 것은 아닙니다. 느헤미야는 슬퍼하며 울면서 기도했고, 하나님의 말씀에 의지했습니다. 그러면서 왕으로부터 말할 기회를 받게 되었을 때, 다시 주권자이신 하나님께 의뢰하며 요청했습니다. 왕에게 말하는 바로 그 순간까지 하나님의 도우심을 구했습니다.

> "왕이 내게 이르시되 그러면 네가 무엇을 원하느냐 하시기로 내가 곧 하늘의 하나님께 묵도하고"(느 2:4)

그러니까 느헤미야의 구상과 계획은 하나님의 생각과 동떨어진 것도 아니고, 하나님의 인도를 무시한 것도 아니었습니다. 오히려 하나님의 선한 손의 도우심으로 인하여 하나님의 약속과 말씀을 따라 자신이 세운 이 계획이 이루어졌다고 고백하고 있습니다.

> "내 하나님의 선한 손이 나를 도우심으로 왕이 허락하고"(느 2:8b)

하나님의 뜻에 부합한 계획은 하나님 인도와 상반되지 않는다

모르드개와 에스더도, 유다인을 구원하실 하나님 인도를 잘 받기 위해 자신들의 입장에서 계획 세우는 것을 포기하거나 유기(遺棄)해 버리지 않았습니다. 오히려 자신들의 입장에서 마땅하다고 생각한 방법과 길을 따라 계획을 세우며 합당하게 나아갔습니다. 바로 그때 하나님의 도우심을 경험할 수 있었습니다(에 9:31참조). 따라서 바르게 세워진 계획은 하나님의 인도와 반대편에 서 있는 것이 아닙니다.

때로는 하나님께서 우리에게 나아갈 길과 방법을 아주 구체적으로 가르쳐 주실 수도 있고, 때로는 잠잠하실 수도 있습니다. 구체적으로 알려 주실 때는 거기에 맞추어 계획을 세워야 합니다. 하지만 구체적 방법을 다 알려 주시지 않는다고 하여 무조건 가만히 있어야 하는 것은 아닙니다. 하나님의 뜻과 의도가 분명하다면, 그에 맞는 계획을 세워야 하는 것이 우리의 마땅한 반응일 것입니다. 이에 대한 구체적인 설명은 뒤에서 더 하겠습니다. 어쨌든, 하나님의 인도를 너무 일차원적으로만 생각하지 않아야 합니다. 그러기에 무조건 주님께서 갖고 계신 확정된 미로(迷路)의 지도를 요구하기보다는, 하나님의 마음과 의도를 헤아리며 그분을 추구하려는 마음이 우리에게 있어야 할 것입니다. 그래서 앞의 예에서 면접 시험을 치러야 하는 분이 (일을 만날 때마다) 그냥 단순히 '하나님 인도를 잘 받게 하여 주옵소서(당신의 미로 지도에 맞게 가도록 해 주옵소서!)' 라고 기도하는 것은 좀더 생각해 보아야 할지 모릅니다.[8] 매번 모든 일에 이런 식으로 기도하는 것보다는 여러 형태로 기도를 할 수 있을 것입니다. 하나님의 마음을 갖고 다음과 같이 기도할 수 있을지 모르겠습니다.

"주님, 오늘 면접시험에서 제가 요행을 바라기 보다 제가 갖고 있는 능력을 잘

---

8) 물론 하나님의 능력과 보호하심, 그분의 주권을 요청하는 뜻으로 이렇게 기도하는 것은 하니님이 기뻐하시는 기도일 것입니다.

발휘하여 그 능력만큼 시험을 볼 수 있도록 하여 주십시오. 오늘 시험을 보면서 이 회사가 마땅히 제가 다닐 회사인지 잘 판별하기를 원합니다. 제가 다니기에 마땅한 회사인지 잘 보고 깨닫도록 해 주십시오. 주님 보시기에 합당한 회사라면, 제가 이 회사에 잘 입사할 수 있기를 원합니다. 아니면 다른 길을 주십시오. 제가 제 자신의 생각과 모습을 면접위원들에게 바르게 보이게 하여 주십시오. 거짓을 말하지 않고 정직하겠습니다."

3. 바른 계획: 하나님의 뜻에 맞는 계획

그러면 어떻게 이런 부정적 계획파의 입장에서 벗어날 수 있을까요? 앞에서 이미 설명했던 내용을 간략하게 다시 정리해 보겠습니다.

(1) 바른 대비: 인간의 생각이 악하기 때문에 하나님의 뜻을 따라 계획해야 한다

먼저 인간의 생각과 하나님의 생각을 무조건 대비되는 것으로 보지 말아야 합니다. 이것을 바르게 이해하기 위해서는 실제 구원과 창조가 무엇인지를 자세히 설명해야 하지만[9], 간략히 이렇게 이해합시다. 인간이 하나님을 거역하고 하나님의 뜻을 따르지 않으려는 생각이 문제입니다. 그러나 하나님의 뜻과 의도를 따라서 계획하려 하는 것은 문제가 되지 않습니다. 오히려 우리의 마땅한 반응은 하나님 생각을 따라 적극적으로 계획하고 실행하는 것으로 나타나야 할 것입니다.

---

9) 특별히 인간이 살아가는 역사와 관련하여 이런 문제를 다루려면, 창조와 구속과 시간과의 관계를 잘 살펴보는 것이 아주 중요합니다.

(2) 반응의 미학: 계획은 하나님의 요구에 대한 적극적 반응의 첫 열매다

둘째, 하나님의 뜻을 따른다고 하면서 무조건 가만히 앉아 기다리기만 하는 태도를 조심해야 합니다. 하나님의 생각을 아랑곳하지 않고, 내 마음 내키는 대로 이런 저런 계획을 세워 진행해서는 안될 것입니다. 하지만 반대로 하나님이 원하시는 방향이 분명한데도, 하나님께서 모든 것을 다 해 달라는 식으로 그냥 가만히 기다리고만 있으면 곤란합니다. 때론 신앙심이 좋고 하나님의 주권을 중요하게 생각하는 분들에게도 이런 부작용이 나타나므로 조심해야 할 것입니다. 하나님의 뜻에 맞게 계획하는 것은 하나님의 요구에 대한 우리 반응의 첫 열매임을 이해해야 할 것입니다. 기다림의 미학만을 너무 지나치게 내세울 것이 아니라, 반응과 응답의 미학도 함께 가지고 있어야 할 것입니다.

(3) 강청하는 기도: 계획은 말씀의 토양 위에서 기도의 거름을 먹고 자란다

또한 하나님 앞에 간절히 구하는 기도도 빠뜨려서는 안될 것입니다. 하나님과 관계가 좋을수록 하나님과 자주 대화하고 싶어할 것입니다. 성경 말씀만 듣고 가만히 있는 것은 말씀을 진짜 잘 들은 것이 아닐지 모릅니다. 그냥 내가 어떤 책을 읽은 것이나, 어떤 정보를 가지게 된 것에 불과할지 모른다는 말입니다. 바르게 하나님의 말씀을 들으면, 나의 합당한 대답과 반응이 드러나기 마련입니다. 그 첫 반응이 기도입니다. 또 하나님 말씀의 뜻과 그분의 의도가 분명해지면 분명해질수록, 우리 기도에서 간구하는 태도는 더 간절해져야 할 것입니다. 하나님의 뜻이 불분명하면 분명하게 간구하기 힘들 것입니다. 그러나 뜻이 분명하면 믿음을 갖고 강하게 간구할 수 있어야 합니다.

하나님 뜻을 알려 달라고 열심히 기도해서 하나님께서 그 뜻을 알려 주시면, 거기서 기도를 멈추는 경우가 있습니다. 하나님의 뜻을 알았으니 이젠 됐다고 생각한 것인지 모르겠습니다. 하지만 이런 생각에는 문제가 있습니다. 하나님의 뜻을 알려고만 했지, 실제 그분의 뜻대로 기도하고자 한 것이 아니기 때문입니다. 이런 생각은 하나님과 나를 동등한 자리에 놓는 교만함을 슬며시 품고 있습니다. 그냥 하나님의 의견을 알게 된 것입니다. 하나님이 나의 주인이라면 그 뜻을 알고 나서 가만히 있을 수 없습니다. 그 뜻대로 실행되도록 간청하면서 실행해야 할 것입니다.

이와 관련하여 잘못된 논리가 펼쳐지기도 합니다. "주권자이신 하나님이 원하시니 그 일이 이루어질 것이다. 그런데 내가 기도할 필요가 무엇이냐?"라는 논리입니다. 언뜻 보면 이 논리가 맞아 보이는 듯 합니다. 너희가 구하기 전에 있어야 할 것을 하나님 아버지가 알고 계신다는 예수님의 말씀을 갖다 붙이는 것입니다(마 6:8 참조). 그러나 조심해야 합니다. 이 논리 속에도 자신과 하나님을 동등한 격으로 놓는 교만함이 숨어 있습니다. 하나님이 이루실 것이므로 나는 가만히 있는다는 논리는, 나와 하나님을 동등한 신분으로 보는 것입니다. 하나님이 주인이고 내가 종이면 이야기가 다릅니다. 하나님이 이루려고 의도하시면(그리고 내가 그것을 알게 되었다면), 종인 내가 손발을 걷어 부치고 일해야 하는 것입니다. 그래서 주인의 뜻대로 간구하며 실행하게 되는 것입니다. 예수님이 말씀하신 예는, 우리 자신의 뜻을 하나님께 설득시키려는 것에 대해 반대하시는 내용입니다. 하나님이 내 생각을 잘 모르시거나 잘 안 들어 주시니까, 내가 하나님께 자꾸 이야기하고 반복해서 설득해야 한다는 것이 이방인들의 신관(神觀)이었습니다. 그것에 대해 예수님이 반대하시는 것입니다.

하나님의 뜻이 분명한데도 내가 하나님이 못 미더워서 자꾸 그 문제를 가지고 기도하는 것은 분명 잘못된 일입니다. 하지만 하나님을 믿기 때문에 더 이상 그 일에 대해 기도할 필요가 없다는 것도 또한 잘못된 방향입니다. 하나님은 자신의 뜻에 우리가 따라 오기를 원하시기 때문입니다. 바로 그 첫걸음이 기도이고, 그 기도가 우리 생각의 방향을 통제하는 것입니다. 이런 기도에 따라 우리의 계획이 세워져야 합니다. 기도는 말씀이란 땅위를 덮은 흙이고, 바른 계획은 그 토양 위를 덮은 기도의 거름을 먹고 세워진 나무일 것입니다.

(4) 인도하심은 계획이다: 계획세우는 것은 하나님의 인도와 같은 방향에 있다 (하나님의 인도는 계획 세우기로 연결된다)

마지막으로 조심해야 하는 것은, 계획 세우는 것을 무조건 하나님의 인도와 대립되는 것으로 보는 생각입니다. 이것도 앞에서 말한 이분법적 태도를 잘 생각해 보면 쉽게 대답이 되는 문제입니다. 하나님이 우리를 인도하신다는 말은, 우리편에서 아무 것도 할 필요가 없다는 뜻이 아닙니다. 오히려 하나님이 구체적 생각을 갖고 계시기 때문에, 우리가 그분의 생각을 따라 행동할 것을 전제하고 있는 것입니다.

또한 하나님의 인도를 운명론에 가깝게 생각하지 않아야 합니다. 하나님이 정해 놓으신 특정한 어떤 길을 꼭 찾아야만 된다는 식의 강박관념을 주의해야 합니다. 하나님의 인도란 말은 매우 인격적인 언어입니다. 우리의 연약함과 피조됨을 아시기 때문에, 하나님께서 보호자이며 인도자로서 우리와 동행하신다는 것을 의미하는 표현입니다. 그렇기 때문에 하나님과의 인격적인 교감과 반응이 중요하다는 것을 잊어서는 안됩니다. 이러한 반응의 첫 열매가 우리의 계획입니다. 계획 세우는 것은 하나님의 인도와 같은 선상에 있는 것입니다.

4. 질문

　이번 장에서는 계획 세우는 것을 부정적으로 보는 분들의 견해에 대해 살펴보았습니다. 내 입장이 이와 유사한지, 혹 아직 정리되지 못한 부분은 무엇인지, 질문을 통해서 다시 돌이켜 보았으면 좋겠습니다. 또는 내 생각과는 전혀 다르다고 하더라도, 나와 다른 생각을 들어 보고 그 입장을 아는 것이 중요합니다. 때론 많은 문제가 타인의 상황과 입장을 무시해서 일어나기 때문입니다.

1. 소극적인 계획파는 계획 세우는 것을 왜 부정적으로 보고 있습니까?

2. 때로는 허드슨 테일러의 전기에서 보는 바와 같이, 직접 사람들에게 광고하지 않고 채워지기를 기다리는 것이 좋게 보일 때가 있습니다. 어떤 때에 이런 태도가 좋은 것이고, 어떨 때에 문제의 소지가 있는 것일까요?

3. 계획을 부정적으로 생각하는 분들 중에는, 행동하기보다 기도하는 것을 강조하는 분들이 있습니다. 어떤 생각으로 그렇게 하실까요? 또 그 반대로 기도를 소홀히 하는 분들의 논리는 어떤 것입니까? 이런 두 견해의 문제들은 어떤 것이고 장점은 무엇입니까? 내 생각은 어떤 쪽에 가깝습니까?

복습과 질문

4. 하나님 인도란 말을 들을 때 내게 생각나는 것은 무엇입니까? 하나님 인도와 계획 세우는 것은 어떻게 해서 같은 선상에 있는 것입니까?

5. 요즈음 내가 소극적 계획파처럼 있었던 경우는 어떤 것이었습니까?

제 4 장

그리스도인의 바른계획

♠ 핵심 요약

1. 그리스도인이 바르게 계획 세우는 길은, 하나님의 뜻을 잘 깨닫고 그것을 온전하게 이루려고 노력하는 데 있습니다.
   (1) 하나님의 뜻이 분명해질수록, 우리의 계획도 명확해지고 구체적이 되어야 합니다.
   (2) 이런 태도를 일반화하자면 '피조적 적극성'이라고 말할 수 있습니다.
   (3) 바르게 계획을 세웠다면, 그 계획의 내용을 따라 하나님께 강청해야 합니다.
   (4) 하나님의 뜻을 따라 계획 세우는 것에는, 세 가지 구체적인 논의가 필요합니다. 또한 하나님의 뜻을 두 가지로 구분해서 이해할 필요도 있습니다. 하나님의 주권적인 뜻과 하나님의 선하신 의도입니다.
2. 바른 계획을 세우고 실행하는 데에는, 몇 가지 기본적인 주의 사항이 있습니다.
   (1) 하나님 뜻이 아닌 것이 판명날 때, 100% 내려 놓을 수 있는 마음의 여백이 있어야 합니다.
   (2) 계획을 세운 후에도, 계속 진행되는 하나님의 뜻을 따라 수정계획을 세울 수 있어야 합니다.
   (3) 계획대로 이루어지지 않았다고 해서, 그 계획이 하나님의 뜻을 따른 것이 아니라고 쉽게 판정내릴 수 없습니다.

♠ 내용 분해

1. 그리스도인의 계획: 하나님의 뜻대로 계획 세우기
(1) 하나님 뜻이 분명해질수록 계획을 잘 세워야 한다
(2) 피조적 적극성을(적극적 반응의 태도를) 띠어야 한다
(3) 하나님 뜻을 따른 계획은 강청해야 한다
(4) 하나님의 뜻을 잘 깨달아야 한다

2. 주의 사항
(1) 하나님 뜻이 아닌 것으로 판명되면, 100% 내려 놓을 수 있어야 한다
(2) 계획을 세운 후에도 하나님의 뜻을 계속 추구해야 한다
(3) 계획이 이루어지지 않았더라도, 그 계획은 하나님의 뜻일 수 있다

3. 질문

※ 핵심 요약과 내용 분해를 읽고 본문이 어떻게 전개될지 생각해 보세요.

1. 그리스도인의 계획: 하나님의 뜻대로 계획 세우기

이제 그리스도인의 바른 계획에 대해 더 정리하여 봅시다. 그리스도인의 바른 계획은 앞 장에서 설명한 두 가지 모습과는 거리가 있습니다. 그리스도인의 계획은 무조건 자기 생각대로 목표를 (비전, vision) 설정해서 끝까지 행동하는 것이 아닙니다. 그렇다고 해서 그 반대로 계획을 금지하고 무조건 기다려야 한다는 것도 아닙니다. 그리스도인은 하나님의 뜻이 무엇인지 깨닫고, 그것이 온전히 이루어지도록 계획을 세워야 합니다. 이때 우리의 상황과 각자의 처지를 함께 고려해야 할 것입니다. 그리스도인의 바른 계획이 갖는 몇 가지 특징을 좀더 자세히 살펴봅시다.

(1) 하나님 뜻이 분명해질수록 계획을 잘 세워야 한다

하나님의 뜻을 알아야 함

그리스도인이 계획을 세우기 위해서는 하나님의 뜻을 잘 아는 것이 필요합니다. 하나님의 뜻을 잘 알면 알수록 우리가 세운 계획도 점점 더 바르게 될 것입니다. 거꾸로 하나님의 뜻을 잘 모르면 우리가 세우는 계획이 바른 것인지 확신하기 힘들 것입니다. 하나님 뜻도 분명치 않은데 엄청난 계획을 세워서 무리하게 진행하는 것은, 안개가 끼어 앞이 잘 보이지 않는 날에 차를 아주 빠르게 운전하는 것과 유사할지 모릅니다. 사고를 자초하는 일일 것입니다. 그러나 하나님의 뜻이 분명하면 그에 합당한 우리의 계획도 점점 분명하고 커져야 됩니다. 하나님 뜻이 분명해질수록 계획을 더 적극적으로 잘 세워야 한다는 말입니다. 사실 이렇게 한 대표적 인물이 바로 바울입니다. 나중에 바울에 대해 좀더 자세히 볼 것이지만, 간단히 먼저 그의 생애의 기본적 틀만이라도 생각해 봅시다.

1) 바울 예의 교훈

사도행전에 보면, 스데반이 순교당하는 시점에서부터 예루살렘의 그리스도인들에게 핍박이 거세졌습니다. 그래서 그리스도인들은 유대와 사마리아 땅으로 피신하게 되었습니다(행 8:1참조). 그리스도인들이 여러 곳에 흩어지자, 박해를 하는 사람들도 보다 적극적인 양상을 띠게 됩니다. 그때 그 적극적 박해의 대표적 인물이 바울이었습니다. 바울은 그리스도인을 반대하는 것이 하나님 앞에서 바르다고 생각해서 보다 적극적이고 계획적인 박해를 펼쳤습니다. 다메섹에 있는 그리스도인들을 잡아오기 위해 다메섹의 여러 회당에 보내는 공식적인 문서까지 발행 받았습니다. 보다 체계적이고 계획적으로 그리스도인들을 핍박하기 위함이었습니다. 즉 바울은 그리스도인을 더 효율적으로 반대하기 위해 나름대로 계획을 세우고, 그 계획을 실행하는 데 참 열심이었던 사람이었습니다.

> "사울이 주의 제자들을 대하여 여전히 위협과 살기가 등등하여 대제사장에게 가서 다메섹 여러 회당에 갈 공문을 청하니 이는 만일 그 도를 좇는 사람을 만나면 무론 남녀하고 결박하여 예루살렘으로 잡아오려 함이라"(행 9:1-2)

바울은 하나님의 뜻을 잘못 알고 있었습니다. 그렇기 때문에 그가 세운 계획과 그 열심은 오히려 하나님을 대적하는 것이 되었습니다. 그런데 바울의 이런 계획은 다메섹 길을 가다가 좌절됩니다. 부활하신 예수님을 만나는 사건을 통해서 바울은 예수가 그리스도라는 사실을 알게 되기 때문입니다. 그리고 자기 인생에 대한 하나님의 뜻을 새롭게 알게 됩니다. 이것은 아나니아라는 사람을 통해서, 또 하나님께서 바울 자신에게 특별히 보이시는 것을 통해서 알려집니다.

> "주께서 가라사대 가라 이 사람은 내 이름을 이방인과 임금들과 이스라엘 자손들 앞에 전하기 위하여 택한 나의 그릇이라 그가 내 이름을 위하여 해를 얼마나

받아야 할 것을 내가 그에게 보이리라 하시니"(행 9:15-16).

바로 이런 하나님의 뜻과 계획이 그 이후 바울의 크고 작은 계획과 판단에 절대적인 영향을 미쳤습니다. 새롭게 알게 된 하나님의 뜻을 따라 바울은 자신의 삶과 사역을 계획해 나간 것입니다. 자기 인생에 대한 하나님의 계획이 너무도 분명했기 때문에[1] 그 뜻에 따른 바울의 계획도 아주 철저하고 방대했습니다. 이 점을 우리는 사도행전과 바울의 서신들을 통해서 아주 잘 볼 수 있을 것입니다.[2] 물론 바울의 계획을 구체적인 상황 속에서 자세히 따져 볼 필요가 있을 것입니다. 하지만 중요한 것은, 바울의 삶의 계획에 있어서 가장 근본적인 틀이 자신의 삶에 대한 하나님의 뜻이었다는 점입니다.

결국 바울의 예는 그리스도인의 계획에 대해 아주 중요한 교훈을 줍니다. 하나님 뜻에 바르게 근거하지 않은 우리의 계획은 큰 잘못을 낳게 된다는 것입니다. 그뿐 아니라 거꾸로 하나님 뜻을 바르게 깨달았을 때에는, 그 뜻에 따라 철저하게 계획해야 한다는 점입니다. 하나님의 뜻을 잘 알면 알수록 그에 따른 우리 계획은 같이 커져야 하고, 하나님의 뜻을 잘 모르면 계획 세우는 것을 조심해야

---

1) 다메섹 도상에서의 사건이 얼마나 바울에게 중요했는지에 대해서는, 바울이 예루살렘에서 유대인들에게 잡혔을 때 자신의 사역에 대해 설명하는 변명(행 22:1-21참조)을 통해서도 간략히 볼 수 있을 것입니다. 바울 서신에 나타난 언급들도 도움이 될 것입니다 (갈 1:15-16; 롬 16:25-27; 고전 4:6등 참조). 바울과 그의 복음에 있어 다메섹 도상의 사건이 주는 결정적인 영향력에 대해서는 다음의 책을 참조하십시오. 김세윤 저, 홍성희 역, **바울 복음의 기원**, 서울: 엠마오, 1994 (Seyoon Kim, *The Origin of Pauls Gospel*, Grand Rapids: Eerdmans, 1982. American Edition).

2) 특별히 바울의 이방인 사도 의식이 로마서의 목적과 바울의 계획에 어떤 영향력을 갖고 있는지에 대해서는, 아래의 짧은 에세이가 도움이 될 것입니다. Daniel J-S Chae, "Pauls Apostolic Self-Awareness and the Occasion and Purpose of Romans", in Max Turner eds., *Mission and Meaning: Essays Presented to Peter Cotterell*, Carlisle: Paternoster, 1995, pp.116-137.

한다는 교훈입니다.

(2) 피조적 적극성을(적극적 반응의 태도를) 띠어야 한다

피조적 적극성

앞의 교훈을 좀더 일반화한다면, 그리스도인의 바른 계획은 피조적 적극성을 띠어야 한다고 말할 수 있을 것입니다. 우리는 창조주가 아니기 때문에 스스로 무엇인가를 온전하게 만들어 낼 수 없습니다. 우리가 보는 대부분의 것들은 실제 내가 동인(動因)이 되어서 일어나는 것들이 아닙니다. 예를 들어 내가 씨를 뿌려서 꽃을 가꾸려 한다고 합시다. 물론 내가 물과 거름을 주고, 또 시간을 쏟으며 열심히 노력해서 꽃과 열매를 얻게 되겠지요. 하지만 사실 따지고 보면, 그 생명체를 자라게 하는 것은 나의 힘이 아닙니다. 나는 다만 관리하고 있지, 실제 그 생명의 원동력은 아닌 것입니다. 자녀들을 낳고 키울 때도 마찬가집니다. 한 생명이 탄생하는 것도 신비입니다. 내가 아빠나 엄마가 되지만 실제 내가 만들어 낸 생명이 아니지요. 우리 인간들은 피조물입니다. 그래서 어떤 것을 행할 때 우리의 피조된 입장을 잘 이해하는 것이 중요합니다.

계획에 있어서도 우리는 피조물이며 우리를 창조하신 분이 계시다는 사실을 잘 이해하는 것이 중요합니다. 우리는 능동적이고 창조적으로 무엇인가를 다 계획해서 완벽하게 잘 할 수 없습니다. 이 말은 다른 한편 이 우주 전체가 창조하신 분의 뜻과 의지대로 형성되어 있고, 지금도 그분의 뜻 안에서 모든 것이 진행되어 나간다는 뜻입니다. 그래서 결국 우리가 앞에서 본 능동적이고 적극적인 계획파는 이런 인간 본연의 입장을 잘 염두에 두고 행동하지 못했다는 판단을 받게 됩니다. 창조주이신 하나님께서 지금도 당신의 뜻대로 온 우주를 운영하고 계시다는 사실 때문에, 우리는 하나님의 뜻을 잘 깨닫고 그것에 따라 계획해야 한다는 말입니다. 피조물이기 때문에 우리가 하나님의 뜻을 무시한 채 능동적이 될 수 없습니다. 마찬가지로 우리가 피조물이기 때문에 하나님의 뜻을 알고 나서도 그 뜻에 소극적이 될 수도 없습니다. 오히려 우리는 하나님의 뜻과 계획을 이해한 만큼 피조적 적극성을 보여야 할 것입니다.[3]

그래서 계획에 있어서도 그리스도인은 (자기 중심의) 능동적 적극성과 (자기 중심의) 수동적인 소극성을 피해야 하고, 오히려 피조적 적극성을 띠어야 할 것입니다. 수동적 소극성은 언뜻 보면 하나님 중심인 것 같지만, 잘 따져 생각해 보면 자기 중심적이고 하나님의 마음을 따르지 않은 것입니다. 진정으로 하나님의 마음을 따른다면, 하나님의 뜻과 생각에 피조적 적극성을 보이지 않을 수 없기 때문입니다.

영적인 상태를 따라 판단해야 함

이 피조적 적극성을 우리 계획과 관련시킬 때, 다음과 같은 점을 생각해야 합니다. 나의 피조성을 철저하게 인정하고 하나님께 철저하게 의뢰하고 있다면, 하나님의 뜻을 아는 만큼 나의 계획은 커질 것입니다. 그래서 나와 하나님과의 관계가 잘 유지되고 있는 상태에서 내 계획과 행동이 커지고 있다면, 그 계획과 실행은 어느 정도 바른 궤도에 있다고 볼 수 있을 것입니다. 그러나 그 반대로 하나님과의 관계가 불확실하고 불투명한 상황에서 나의 계획의 분량이 커져 간다면, 그 계획은 잘못된 방향으로 나아가기 쉽습니다. 이럴 때는 내 앞에 있는 계획

---

[3] 이것을 다른 말로는 '수동적 적극성' 이라고 표현할 수 있을지 모르겠습니다. 하지만 이런 표현도 혹 오해를 일으킬 염려가 있는 듯 합니다. '수동적' 이라는 말이 자꾸 우리의 적극적 행동을 제한시키고, '기다림의 미학' 을 더 강조하는 것처럼 보이기 때문입니다. 그래서 오히려 '수동적' 이란 말이 주는 잘못된 이미지를 피하면서도, 그 의미의 본질적 부분을 우리가 원천이 아니라는 점을 강화시킬 수 있는 '피조적' 이라는 말이 더 적합해 보입니다.

의 분량과 그 실행 속도를 줄이는 것이 지혜로운 길입니다. 예를 들면, 회사에서 내가 일하는 양이 점점 더 많아진다고 합시다. 야근하는 횟수가 빈번해지기도 하고, 퇴근 후에 어학 공부를 따로 해야 하는 등 여러 가지 일들이 생긴다고 가정합시다. 그런데 그때 나의 영적인 상태가 (객관적인 표준을 찾기는 힘들겠지만 그래도 자신이 어느 정도는 감을 잡을 수 있을 것입니다) 흐릿해지고 약해졌다고 하면, 그때 세웠거나 실행 중인 여러 일들은 잘못된 것일 가능성이 높다는 말입니다. 목회자나 교회 사역자에게도 마찬가지입니다. 하나님과의 관계와 교제가 약화된 상태에서 많아지는 교회 일과 사역은 적신호일 가능성이 높습니다. 그때에 세운 사역 계획과 교회 행사는 피조적 적극성을 따른 것이 아닐 수 있습니다.

(3) 하나님 뜻을 따른 계획은 강청해야 한다

영적인 상태가 좋을 때에 하나님의 뜻과 마음을 헤아려서 계획을 세웠다면, 그 계획이 잘 실행되도록 하나님께 강하게 요청할 수 있어야 합니다.[4] 하나님 뜻에 맞게 세운 계획을 강청하는 것은 피조적 적극성의 첫 번째 표지입니다. 이 예를 우리는 앞장에서 느헤미야와 바울에게서 살펴보았습니다. 여기서는 사무엘의 경우를 보며 좀더 그것을 확고히 했으면 좋겠습니다.

---

4) 물론 여기서 강청해야 한다는 말은, 그 계획의 내용이 하나님의 뜻에 적합한 것이란 전제에서입니다. 하나님의 음성을 듣고 세웠다는 진로나 계획이, 실제 자신의 감정과 자기 욕심 또는 자신이 속한 공동체의 (가정이나 교회, 사회의) 보편적 경향과 인식을 그대로 반영한 경우가 있습니다. 그래서 자주 자신의 계획이 과연 바른 것인지 되새겨 보는 작업이 필요합니다. 또한 하나님 뜻을 아는 방법에 대해서는 엄밀한 연구와 검증이 있어야 할 것입니다.

기도하기를 쉬는 죄를 범치 않음

"나는 너희를 위하여 기도하기를 쉬는 죄를 여호와 앞에 결단코 범치 아니하고, 선하고 의로운 도로 너희를 가르칠 것인즉"(삼상 12:23)

이 구절은 보통 사무엘을 기도의 사람으로 설명할 때 자주 등장합니다. 자신을 위해서 기도하는 것을 넘어서, 지도자로서 이스라엘 백성 전체를 위해서 기도하겠다는 철저한 의지를 보여 주는 듯 합니다. 그래서 보통 기도를 강조할 때나 중보 기도를 언급할 때 이 구절이 빠지지 않고 나오는 것 같습니다.

사무엘을 특별히 기도의 사람으로 설명하는 것은 크게 잘못된 것 같지 않습니다. 하지만 이것을 왜곡해서는 안되겠습니다. 사무엘은 그냥 가만히 기도만 열심히 하겠다고 말하지도 않았고, 또 기도의 목표가 없다고도 말하지 않았습니다. 그냥 기도만 세게 하면 사람들이 돌아올 것이라고 말한 것이 아닙니다.

이스라엘의 잘못된 계획을 고치고 시정하려는 의지와 기도

먼저 삼상 12:23에 나와 있는 내용을 공평하게 봐야 할 것입니다.

"나는 너희를 위하여 기도하기를 쉬는 죄를 여호와 앞에 결단코 범치 아니하고"(삼상 12:23a)

"선하고 의로운 도로 너희를 가르칠 것인즉"(삼상 12:23b)

같은 절 앞 부분에는 기도를 쉬지 않겠다고 분명히 말합니다. 하지만 이어진 구절도 있습니다. "선하고 의로운 도로 너희를 가르치겠다." 하나님께서 사무엘 자신에게 시키신 일을 (다시 말하면 하나님의 뜻을 그들에게 가르쳐서 지키게 하는 일을) 쉬지 않고 계속하겠다는 결심과 고백입니다. 그런데 그렇게 하나님의 뜻을 전하는 일을 하는 것에 자신이 하나님 앞에 기도하는 것도 포함되어 있다는 것입니다. 그래서 이어서 이렇게 말하고 있습니다.

"너희는 여호와께서 너희를 위하여 행하신 그 큰 일을 생각하여 오직 그를 경외하며 너희의 마음을 다하여 진실히 섬기라 만일 너희가 여전히 악을 행하면 너희와 너희 왕이 다 멸망하리라"(삼상 12:24-25)

그러면 왜 사무엘이 이런 말을 하게 되었습니까? 위의 마지막 구절이 암시하듯이, 이스라엘 백성들이 하나님을 추구하기보다 자신들의 (인간) 왕을 더 의뢰했기 때문입니다. 즉 이스라엘 백성들이 잘못된 계획(인간 왕의 제도)을 세워서 추진했다는 것입니다. 그 잘못된 계획과 실행에 대해 사무엘이 지금 나무라면서 자신의 결심과 의지를 표명하는 상황입니다.

"사무엘이 백성에게 이르되 두려워 말라 너희가 과연 이 모든 악을 행하였으나 여호와를 좇는 데서 돌이키지 말고 오직 너희 마음을 다하여 여호와를 섬기라 돌이켜 유익하게도 못하며 구원하지도 못하는 헛된 것을 좇지 말라 그들은 헛되니라 여호와께서는 너희로 자기 백성 삼으신 것을 기뻐하신 고로 그 크신 이름을 인하여 자기 백성을 버리지 아니하실 것이요"(삼상 12:20-22)

이 구절 끝에 바로 하나님께서 자기 백성을 버리지 않을 것이란 언급이 있습니다. 바로 이런 하나님의 뜻이 있기 때문에, 사무엘 자신도 그것을 따라 나도 너희를 위해서 기도하지 않는 죄를 범치 않겠다고 결의하는 것입니다. 이 말은 사무엘이 하나님을 따라서 자기 인생의 방향을 계획하고 결심한 것을 보여 주는 표현입니다. 그냥 기도를 열심히 하면 다른 사람들이 변화되고 세상이 바뀐다는 말이 아닙니다. 사무엘의 기도는 피조적 적극성을 따른 강청의 기도였습니다.

더구나 사무엘은 하나님께서 그를 부르실 때부터 하나님의 말씀에 청종하고, 그분의 계획에 따라 충실하게 사역했던 사람입니다. 하나님께서 부르실 때, 주의 종입니다. "말씀하시옵소서"라고 했던 사람입니다(삼상 3:10 참조). 하나님께서 사울을 세울 때나(삼상 9:15-10:27) 폐하실 때(삼상 15:10-35), 그리고 다윗을 부르실 때에도(삼상 16:1-13), 언제나 하나님의 뜻을 따라 정치적인 계획까지도 세웠던 사람이었습니다.

(4) 하나님의 뜻을 잘 깨달아야 한다

하나님 뜻과 관련된 구체적 질문

지금까지 말씀드린 것에 귀 기울이셨다면, 결국 그리스도인의 계획은 하나님의 뜻이 무엇인지를 아는 것과 직접적인 관련이 있다는 사실을 이미 눈치채셨을 것입니다. 그러면 논의는 결국 다음의 몇 가지 질문으로 넘어가게 됩니다.

① 우리가 어떻게 하나님의 뜻을 알며, 그것이 맞는지 어떻게 확신할 수 있는가? 또 그것을 어떻게 계획과 연결시키는가? (하나님 뜻을 바르게 인식하여 계획에 연결하는 방법)

② 하나님이 자신의 뜻을 알려 주시는 범위는 어디까지인가? 다시 말하면 어디까지는 하나님께서 알려 주시고, 어떤 것은 그냥 우리가 알아서 하라고 놔두시는가? (하나님 뜻과 우리 계획의 범위)

③ 계획해야 하는 시점은 언제인가? 즉 하나님의 뜻이 어느 정도 드러났을 때 우리가 계획해야 하는가? (계획을 하는 시점)

첫 번째 질문은 결국 하나님의 뜻에 대한 인식론의 문제이자 성경 해석학의 문제와 연결되어 있습니다. 두 번째 의문도 인식론과 관련되어 있지만, 거기에 인간의 자유의지 논의가 조금 더 첨가되어 있는 듯 보입니다. 그리고 마지막 질문은 앞의 두 질문의 답에 몇 가지 보충 설명을 해야 될 것입니다. 특별히 그리스도인이 사용할 수 있는 계획의 기술(技術)과 방법들까지 다루어야 할 것 같습니다. 이런 점들이 정리되어야만 그리스도인의 계획 세우기가 바르게 이해되었다고 할 수 있습니다. 물론 이에 대한 자세한 설명과 논의는 제2권 실제편에서 주로 할 것입니다. 하지만 이후부터 이런 의문과 논점을 계속 갖은 채 이 책을 읽으시는 것이 중요합니다.

하나님 뜻의 종류: 하나님의 주권적 뜻과 하나님의 선한 의도

그런데 이 시점에서 짚고 넘어가야 하는 것이 하나 있습니다. 하나님의 뜻이란 말의 개념 정리입니다. 하나님의 뜻이란 말은 사람들에게 여러 의미로 사용되고 있습니다. 많은 사람들은 이런 여러 개념을 잘 구분하지 못한 채 혼합해서 사용합니다. 그 반면 어떤 분들은 아주 까다롭게 여러 의미로 구분해서 사용하기도 합니다. 또 구분하는 분에 따라, 때론 그 구분 카테고리도 다양합니다.[5] 저는 여기서 두 가지 뜻만을 구분해서 말씀드리려고 합니다.

---

5) 전통적인 견해는 하나님의 뜻을 보통 ① 주권적 뜻, ② 윤리적 뜻, ③ 개인을 향한 뜻'으로 구분합니다. 이에 대한 개략적 소개와 그에 대한 비판에 대해서는 다음의 책을 참조하십시오. Garry Friesen with J. Robin Maxson, *Decision Making & the Will of God: A Biblical Alternative to the Traditional View*, Portland: Multnomah, 1980, 특히 pp. 29-44. 또는 ① 구원과 관련된 하나님 뜻 ② 세상과 관련된 하나님 뜻 ③ 자연 현상에 대한 하나님 뜻' 등과 같이 구분을 할 수도 있을 것입니다.

하나님의 주권적 뜻

"우리 주 하나님이여 영광과 존귀와 능력을 받으시는 것이 합당하오니 주께서 만물을 지으신지라 만물이 주의 뜻대로 있었고 또 지으심을 받았나이다 하더라" (계 4:11)

그 첫째는 '하나님의 주권'이라는 의미에서 하나님의 뜻을 말하는 것입니다. 이것은 종종 하나님의 허용적 뜻이라든지, 하나님이 다스리시는 뜻이라는 말로 사용되기도 합니다. 하나님이 실제 온 천지와 우주를 만드신 분이시고 또 지금도 다스리시는 분이시기 때문에, 지금도 일어나는 모든 것이 하나님의 뜻 안에서 일어난다고 보는 것입니다. 하나님의 주권적 뜻에 따라 사시 사계절이 있습니다. 꽃이 피고 지며, 날이 밝고 어두어집니다. 하나님의 허락 하에 모든 일이 일어난다는 것입니다. 참새 두 마리가 한 앗사리온에 팔려 가는 것도 하늘의 아버지가 허락하시지 않으면 일어나지 않는다는 말은, 이런 의미의 하나님 뜻과 관련됩니다.

하나님의 선하신 의도

"그러므로 형제들아, 내가 하나님의 모든 자비하심으로 너희를 권하노니 너희 몸을 하나님이 기뻐하시는 거룩한 산 제사로 드리라 이는 너희의 드릴 영적 예배니라 너희는 이 세대를 본받지 말고 오직 마음을 새롭게 함으로 변화를 받아 하나님의 선하시고 기뻐하시고 온전하신 뜻이 무엇인지 분별하도록 하라"(롬 12:1-2)

둘째는 '하나님의 선하신 의도', '하나님의 마음'이라는 의미로 하나님 뜻을 말하는 것입니다. 이런 하나님의 뜻은 우리의 전적인 반응을 염두에 둔 것입니다. 즉 피조물인 인간이 하나님의 의도에 마땅히 반응하는 것을 염두에 둘 때, 거론 되는 하나님 뜻입니다. 사계절이 오고 가는 것은 우리가 꼭 인격적인 반응을 하지 않더라고 그냥 진행됩니다. 하지만 롬 12:1-2에서 바울이 말하는 것 같은 하나님의 뜻은 인격적 반응을 전제로 한 것입니다. 그런데 이 하나님의 선하신 의도대로 세상의 모든 일이 일어나지는 않습니다. 이런 의미에서는 모든 것이 하나님 뜻대로만 이루어지지 않는다고 볼 수 있습니다. 그래서 사람들이 혼동합니다. 하나님께서 모든 것을 뜻대로 다 하실 수 있다고 하면서, 왜 하나님의 뜻을 거스르는 일들이 일어나느냐고 불평합니다. 이런 의문과 불평은 하나님의 뜻에 대한 구분을 잘못하기 때문에 일어나게 됩니다.

죄가 하나님 뜻의 분리를 만듦

예를 들어 봅시다. 아담은 선악을 알게 하는 나무의 실과를 먹게 되었습니다. 이것은 결국 일어났고, 그런 일이 벌어질 때 하나님께서 그대로 놓아 두셨습니다. 허용하신 것입니다. 그래서 하나님의 주권적이고 허용적 뜻이란 의미에서는 하나님의 뜻대로 된 것입니다. 하지만 하나님은 아담이 그 나무의 실과를 먹는 것을 의도하시거나 기뻐하시지 않으셨습니다. 이런 의미에서 하나님의 뜻은 이루어지지 않은 것입니다. 그러니까 하나님은 아담이 그 실과를 먹는 것을 원치 않으셨지만, 아예 먹을 수 없도록 주권적으로 막아 놓으신 것은 아니었습니다.

비슷한 예를 들어 봅시다. 하나님께서는 지금도 살인하는 것을 원치 않으십니다. 그것은 하나님께서 의도하시는 선한 뜻이 아닙니다. 그러나 하나님께서 원치 않으시는 살인이, 지금도 이 지구상에서는 무수히 일어납니다. 하나님께서 그것을 허용하십니다. 논리적으로 살인이 일어나지 않도록 막아 놓으시지 않는다는 말입니다. 그러니까 하나님의 선하신 뜻이란 면에서는 하나님 뜻대로 이루어지지 않지만, 하나님의 주권적 뜻이란 의미에서는 하나님 뜻대로 일어나는 것입니다.

그러면 무엇입니까? 어떻게 이렇게 하나님의 뜻이 상반된 것처럼 보이고 또 분리될 수 있습니까? 물론 원래 하나님 뜻은 이렇게 두 가지로 달라질 수 없습니다. 그러면 왜 두 가지 뜻으로 갈라지게 되었습니까? 그것이 아주 중요한 점입니다.. 바로 거기에 인간의 죄가 있습니다. 하나님은 원래 하나님의 인격적인 선한 뜻이 하나님의 주권적인 뜻이 되기를 바라셨다. 그런데 사람이 하나님을 거역함으로 인해 하나님 뜻이 둘로 구분되기 시작한 것입니다. 그래서 죄는 하나님의 뜻을 둘로 구분시켜 놓습니다. 그러나 우리가 하나님의 선한 의도에 순종해 나갈 때, 이 두 가지 뜻은 하나로 통일되는 것입니다.

따라서 우리는 주위에서 무슨 일이 일어나더라도 하나님 뜻이라고 얼버무리지 않도록 조심해야 합니다. 아들이 대학에 붙어도 하나님 뜻이고 떨어져도 하나님 뜻이라고 말하면 곤란합니다. 하나님의 의도는 공부를 열심히 해서 대학에 붙는 것인데 자기가 공부를 잘 안 해서 떨어질 수 있습니다. 그런데 그것을 나중에 대학에 떨어지는 것이 하나님 뜻이었다고 얼버무리는 경우가 많습니다. 목회자 중에 종종 이런 식의 논리를 펴는 분들이 있습니다. 대학 시험을 여러 번 쳤는데 떨어졌다. 그때는 상심했었다. 그런데 나중에 목사가 되어서 알고 보니 그런 시련은 하나님께서 나를 목사가 되게 하기 위한 하나님의 뜻이었다. 물론 진짜 어떤 특정한 경우에는 그럴 수 있으리라 생각합니다. 그러나 그 반대로 자신이 공부를 제대로 하지 않아 대학에 떨어질 수 있는 것입니다. 하나님께서는 대학 공부를 통해서 더 훌륭한 목회자로 만드실 수 있는 분입니다. 무조건 과거에 이루어진 일은 모두 하나님의 뜻이라고 착각하는 경우가 많습니다. 그러면 무엇입니까? 회사에 들어가도 하나님 뜻이고, 입사 시험에 떨어져도 하나님 뜻대로 된 것입니까? 누가 불을 질러 화재 사건이 일어나도 하나님 뜻이고, 불이 금새 꺼져도 하나님 뜻인가요? 하나님의 선하신 뜻과 주권적 뜻을 잘 구분해야 할 것입니다. 그런데 그런 뜻의 구분을 가져오는 것은 나의 죄와 불순종입니다. 내가 하나님의 선하신 뜻을 잘 순종하면, 그 선하신 뜻이 주권적 뜻이 되는 것입니다. 바로 이런 관점을 예수님께서 가르쳐 주신 기도 속에 잘 나타난 듯 합니다.

"이름이 거룩히 여김을 받으시오며 나라이 임하옵시며 뜻이 하늘에서 이룬 것 같이 땅에서도 이루어지이다"(마 6:9b-10)

그리스도인의 계획에서 다루어야 하는 뜻은 하나님의 선하신 의도

그리스도인과 계획이란 주제에서 주로 생각해야 하는 하나님의 뜻은, 두 번째 개념인 하나님의 선하시고 온전하신 의도입니다. 하나님의 주권적 뜻을 따라 계획을 세운다는 것은 그다지 적합한 말이 아닐 것입니다. 왜냐 하면 주권적 뜻이란 것 자체가, 하나님의 주권적 통치권 안에서 모든 것이 일어나고 있다는 점을 내포하기 때문입니다.[6] 그래서 우리는 주로 하나님의 선하신 의도와 관련하여 그리스도인의 계획을 생각해 보아야 합니다.

2. 주의 사항

하나님의 선하시고 기뻐하시고 온전하신 뜻을 깨닫고 그것에 따라 계획을 하려 할 때도, 조심해야 할 것이 몇 가지 있습니다.

---

[6] 물론 이런 주권적 뜻을 따라 우리가 계획을 세울 수 없다거나, 세울 필요가 없다는 말은 아닙니다.

(1) 하나님 뜻이 아닌 것으로 판명되면 100% 내려 놓을 수 있어야 한다

계획 자체에 애착이 있어선 안된다

첫째는 세운 계획에 대한 우리의 태도입니다. 보통은 자신이 열심을 들여서 세운 계획에 애착이 있기 마련입니다. 그래서 그런지 어떤 문제가 생기더라도 가능하면 자기가 세운 계획대로 밀고 나가려고 합니다. 물론 계획 자체가 바르다면, 장애물과 반대가 있더라도 갖은 노력을 다 해야 할 것입니다. 하지만 때로는 계획이 실행되는 과정에서, 이전에 세운 계획의 일부를 수정하거나 때로는 전체를 포기해야 하는 경우가 있습니다. 이때 계획 자체에 애착이 있어서는 안됩니다. 계획에 수정이 필요하면 곧 수정해야 하고, 또 계획 자체가 의미 없어지면 과감하게 없애야 될 것입니다. 계획 자체에 매여있지 않아야 한다는 것입니다.

100% 무산될 가능성을 늘 염두에 두어야

계획에 애착을 갖지 않아야 하는 이유 중 하나는, 내가 세운 계획이 처음부터 하나님의 뜻을 따른 것이 아닐 수 있기 때문입니다. 계획을 세울 당시 나의 영적인 상태가 안 좋았었거나, 내가 다른 잘못된 영향을 받아서 처음부터 잘못된 계획을 세울 수 있습니다. 그런데 계획을 세울 당시는 그것을 잘 모르고 있다가 실제 계획이 실행되어 가면서 자신의 잘못을 깨닫는 경우가 있습니다. 이렇게 하나님의 뜻이 아닌 것이 판명나면, 그 어떤 계획이든 100% 모두 내려 놓을 수 있어야 합니다. 만일 하나님의 뜻이 아닌 것이 분명한데도[7] 여기서 포기하지 않고 계속 진행해 간다면 나중에 더 큰 대가를 치루어야 할지 모릅니다. 고속도로를

---

[7] 물론 하나님의 뜻이 무엇인지 어떻게 아느냐는 질문은 또 다른 큰 주제입니다.

주행하는 중에 길을 잘못 들어셨으면, 가능한 한 빨리 그 길에서 빠져 나가는 것이 중요한 것과 같은 이치입니다. 물론 잘못 들어선 길을 언제나 그냥 되돌아 가라는 말은 아닙니다. 잘못한 것을 인정하고 새롭게 하나님의 바른 뜻을 찾으면, 내가 잘못 선택한 길에서도 가장 적절한 새로운 길을 찾을 수도 있습니다. 하지만 어찌 되었든 하나님의 뜻이 아닌 계획을 고집하는 것은 결국 시간 낭비입니다.

"세월을 아끼라 때가 악하니라 그러므로 어리석은 자가 되지 말고 오직 주의 뜻이 무엇인가 이해하라"(엡 5:16-17)

그러므로 언제나 계획을 세울 때는 하나님의 선하신 뜻을 잘 생각해서 신중하게 계획을 세우되, 계획이 세워지고 나면 언제나 그것이 100% 무산될 수 있는 가능성을 염두에 두고 있어야 합니다.

(2) 계획을 세운 후에도 하나님의 뜻을 계속 추구해야 한다

계속 진행되고 있는 하나님의 뜻

계획을 한 번 세웠다고 해서 그 계획이 항상 고정되어 있어야 하는 것은 아닙니다. 왜냐 하면 상황의 변화에 따라 하나님의 구체적인 뜻과 대응책도 때로는 변하기 때문입니다. 이런 태도를 갖고 있으려면, 계획하는 사람이 계획의 종이 아니라 주인이라는 점을 잘 깨닫고 있어야 합니다. 내가 세운 계획 때문에 그것에 종처럼 얽매여 있어서는 안됩니다. 오히려 계획하는 사람은 전적으로 하나님의 뜻에 매여 있어야 합니다. 그런데 어려움은 하나님의 구체적인 뜻이 꼭 한 가지로 정해져 있다고 말하기 힘들다는 사실입니다. 물론 대 원칙에 해당하는 하나님 뜻은 변하지 않습니다. 하지만 그런 중요한 원칙을 실행하고 이루어 나가는 과정에서 주위의 상황과 환경이 바뀌는 경우가 있기 때문에, 때로는 하나님의 구체적인 뜻이 바뀔 수 있습니다. 이 말은 하나님의 근본 마음이 바뀐다는 말이 아닙니다. 원래 뜻을 이루시기 위해 구체적 방법이 수정된다는 말입니다.

예를 들어 차를 몰고 어떤 목적지를 향해 간다고 합시다. 그런데 가는 도중에 갑자기 내가 가는 길 100미터 앞에서 차 사고가 나서 길이 막혔습니다. 그래서 차가 더 이상 앞으로 갈 수 없을 때에는, 처음에 택했던 길을 포기하고 새로운 길을 찾아 원래의 목적지에 가야 하는 것과 마찬가지입니다. 그러니까 처음에 가려고 세웠던 길의 계획이 변동되는 것이지요. 마음이 변해서가 아닙니다. 하나님께서는 원래 목표를 가지시고 마땅한 뜻을 보여 주셨는데, 사람들의 각가지 반응 때문에 원래 하나님께서 세우셨던 구체적 방법이 방해 받을 수 있다는 뜻입니다. 그때 능력이 많으신 하나님의 계획은 그런 반대 때문에 그냥 좌절되지 않습니다. 갖가지 새로운 방법을 또 갖고 계시기 때문에 새 계획을 우리에게 요구하실 수 있다는 말입니다. 바로 이런 이유 때문에 때론 계획을 일부 수정해야 하기도 하고, 때론 완전히 바꾸어야 할 필요가 있습니다. 그렇기 때문에 이전에 세웠던 계획 자체에 얽매이는 어리석은 모습으로 있어서는 안됩니다. 계획은 방법이지 목적이 아닙니다.

계획은 사다리와 같다

이런 점에서 계획 자체는 우리가 목적하는 곳에 오르려 할 때 필요한 여러 개의 사다리와 같습니다. 그리고 이미 몇 개의 사다리를 통해서 어느 정도 높이에 오른 사람에게는, 이미 오른 사다리가 어떻게 놓여져 있었는지가 중요하지 않습니다 (계획 자체가 중요하지 않다는 뜻입니다). 오히려 목표에 이르기 위해 어떻게 새로운 사다리를 놓아야 하는지, 또는 이미 놓인 사다리 중에 몇 개를 다른 곳에 놓아야 하는지가 중요할 것입니다. 이런 전략적 계획의 가장 중심부에 하나님의 지속적인 뜻이 있는 것입니다.[8] 원래의 근본적인 뜻에는 변동이 없지만, 실행하기 위한 구체적인 뜻에는 변동이 가능하기 때문입니다.

고린도후서에 보면 바울이 이렇게 계획을 변경한 것이 잘 드러나 있습니다. 소위 바울의 제 3차 전도여행 중에 바울은, 고린도 교회를 먼저 들른 후 마케도냐를 갔다가, 다시 고린도에 와서 유대를 갈 계획을 처음에 세웠었습니다. 고린도 교회를 두 번 방문하려 했던 것입니다.

"내가 이 확신을 가지고 너희로 두 번 은혜를 얻게 하기 위하여 먼저 너희에게 이르렀다가 너희를 지나 마게도냐에 갔다가 다시 마게도냐에서 너희에게 가서 너희가 보내 줌으로 유대로 가기를 경영하였으니"(고후 1:15-16)

하지만 고린도 교회의 어지러운 상황 때문에 (고후 1:23-2:4 참조), 그 방문 계획을 변동하게 되었습니다. 그런데 이런 방문 계획의 변동이 고린도 교회 사람들에게는 또 바울을 꼬투리 잡을 빌미가 되었던 모양입니다. 그래서 고린도후서 초반부에서 바울은 자신의 계획 변경에 대해 변론을 하고 있습니다. 그 계획 변동이 하나님의 신실성을 무너뜨리는 것이 아닐 뿐 아니라, 바울 자신은 하나님의 뜻을 따라 계획을 세우는 것이라고 말합니다.

"이렇게 경영할 때에 어찌 경홀히 하였으리요 혹 경영하기를 육체를 좇아 경

---

8) 무엇을 근본적인 뜻으로 보느냐도 쉽지 않은 문제입니다. 여러 가지를 따져 보아야 하지만, 여기서는 일단 단순화시켜서 생각합시다. 그 뜻이 커다란 것일수록 근본적인 것에 가깝다고 볼 수 있고 세부적인 것일수록 구체적 뜻이라고 볼 수 있을 것입니다. 또한 상황과 환경에 쉽사리 변동되지 않는 것일수록 근본적 뜻에 가깝다고 볼 수 있습니다. 예를 들면, 우리를 창조하시고 구원하시는 뜻은 아주 근본적인 뜻이라고 생각할 수 있습니다.

영하여 예 예 하고 아니 아니라 하는 일이 내게 있었겠느냐 하나님은 미쁘시니라 우리가 너희에게 한 말은 예 하고 아니라 함이 없노라"(고후 1:17-18)

"내가 내 영혼을 두고 하나님을 불러 증거하시게 하노니 다시 고린도에 가지 아니한 것은 너희를 아끼려 함이라"(고후 1:23)

그러므로 상황이 바뀌어서 처음 계획 자체를 무리하게 지킬 이유가 없을 때는 바울처럼 하나님의 마음을 가지고 변동이 가능하다는 것입니다. 물론 이럴 때 혹 대적하는 사람들이나 그냥 밖에서 보는 사람들은 안좋은 말을 할지도 모릅니다.[9] 그때에 우리는 바울이 취했던 이 태도와 마음을 잘 상기해 볼 필요가 있을 것입니다.

(3) 계획이 이루어지지 않았더라도 그 계획은 하나님의 뜻일 수 있다

계획의 결과만을 가지고 그 계획의 긍부정을 판단할 수 없다

세 번째 주의 사항은 계획의 실행 결과만을 가지고 옳고 그름을 판단하는 문제와 관련된 것입니다. 보통은 계획한 대로 결과가 이루어지면 그 계획은 하나님의 뜻이었다고 판단합니다. 반대로 결과가 안 좋으면 하나님의 뜻이 아니었다고 쉽게 말하는 경향이 있습니다. 하지만 이것은 한편 위험한 판단기준입니다.

---

9) 하나님의 인도란 주제를 가지고 이런 식의 논리를 펴는 사람들이 있습니다. 하나님의 인도를 잘못 받았기 때문에 그렇게 우왕좌왕 하는 것이란 뜻입니다. 물론 처음부터 하나님의 뜻을 따라 가지 않으려 했기에 그렇게 잘못 왔다 갔다 하는 경우가 있습니다. 하지만 외형만을 보고 판단하기는 쉽지 않습니다. 하나님의 인도를 잘못 받아서 그런 것인지, 바울처럼 하나님의 마음으로 판단하기 때문에 계획이 계속 수정되서 그런 것인지는 잘 따져 봐야 합니다. 중요한 점은 자신의 내면을 각기 잘 살펴보는 것입니다. 자신을 잘 추스리지 않고 남의 마음과 구체적 상황을 잘 알지도 못하면서, 다른 사람을 함부로 판단하며 정죄하는 것은 조심해야 합니다.

하나님의 뜻대로 계획하면 그것이 100% 이루어지고, 하나님의 뜻대로 계획하지 않으면 100% 실패한다고 보는 생각에 문제가 있다는 말입니다. 왜냐 하면 하나님의 뜻대로 세우지 않은 계획도 100% 이루어지는 경우가 있고, 하나님의 뜻대로 계획해도 잘 이루어지지 않은 예가 이 세상에는 허다하기 때문입니다.

세상의 예를 들어 봅시다. 많은 사람들이 자기 나름대로 계획을 세워서 실행합니다. 그중에는 좋은 계획도 있고, 아주 나쁜 계획도 있습니다. 그런데 나쁜 계획이 잘 실행돼서 성공하는 경우도 허다합니다. 무수한 살인 사건 계획도 그렇고, 나라와 나라 사이에 안 좋은 첩보 계획도 그렇습니다. 또 자신의 욕심을 가득 담은 경영 계획도 잘 성공하는 예가 많습니다. 그리스도인들 사이에서도 마찬가지입니다. 잘못된 생각을 가진 교회 지도자의 계획이 성공하는 예도 많습니다. 가룟 유다가 세운 계획도 아주 잘 이루어졌습니다. 유다가 세운 계획이 하나님의 뜻을 따라 세워졌다고 말하는 것은 문제가 있습니다. 유다는 잘못 계획을 세워 진행했어도, 하나님은 그것을 극복하셔서 하나님의 목표를 잘 이루어가신 것입니다. 사람들이 예수님을 십자가에 못박혀 죽인 것을 하나님의 계획을 따라서 순종하려고 목박아 죽였다고 말하면 곤란할 것입니다. 대제사장과 유대인들은 잘못된 계획을 세워 진행했지만, 하나님께서 그런 그들의 반대를 물리치시고 결국 예수님을 부활시키시면서 승리하신 것입니다.

반대로 하나님의 뜻에 따라 세운 계획인데 잘 이루어지지 않은 경우도 많습니다. 하나님의 뜻대로 계획을 세워 사는 사람에게 일이 잘 풀리지 않는 경우를 우리 주위에서 흔히 볼 수 있습니다. 하나님 뜻을 따라 갔는데도 사람들에게 오해를 받는가 하면, 아예 교회에서 배척을 받을 때도 있습니다. 말씀을 바르게 선포하는 사람이 핍박을 받을 수도 있습니다. 물론 자신의 실수나 서로 관점이 다르기 때문에 오는 마찰이 있을 수도 있습니다. 때로는 아예 자신의 잘못된 행실과 바르지 못한 가르침 때문에, 사람들과 교회 무리에게 멀어지는 경우도 있을 것입니다. 하지만 여기서 말하고자 하는 점은, 하나님의 뜻에 맞게 계획을 세웠는데도 사람들의 반대를 받거나 방해물에 부딪칠 수 있다는 것입니다.

바울의 로마행 계획

이에 대한 대표적 예 중의 하나는 로마를 가고자 했던 바울의 계획일 것입니다. 바울은 하나님께서 자기에게 주신 비전을 깨닫고부터, 자신의 삶을 하나님의 그 목표에 맞게 전력으로 질주해 가고자 한 사람입니다. 그런 방향 속에서 여러번 로마로 가고자 했습니다. 그것이 하나님 뜻에 합당한 것이라고 확신한 듯합니다. 그런데 어찌 된 일인지 매번 그 일이 잘 이루어지지 않았습니다. 로마서에 나타난 바울의 말을 들어 봅시다.

> "그러므로 또한 내가 너희에게 가려 하던 것이 여러 번 막혔더니 이제는 이 지방에 일할 곳이 없고 여러 해 전부터 언제든지 서바나로 갈 때에 너희에게 가려는 원이 있었으니"(롬 15:22-23)

> "어떠하든지 이제 하나님의 뜻 안에서 너희에게로 나아갈 좋은 길 얻기를 구하노라"(롬 1:10)

> "형제들아 내가 여러 번 너희에게 가고자 한 것을 너희가 모르기를 원치 아니하노니 이는 너희 중에서도 다른 이방인 중에서와 같이 열매를 맺게 하려 함이로되 지금까지 길이 막혔도다"(롬 1:13)

그렇다면 무엇입니까? 바울은 로마에 가는 것이 하나님의 뜻에 맞는 것이라고 판단했고, 여러 번 갈 계획을 세웠다는 것입니다. 그런데 그것이 매번 잘 이루어지지 않았다고 합니다. 만일 나타난 결과만을 놓고 본다면, 바울의 로마행은 하나님의 뜻에 맞지 않는 것이라고 평가 받아야 할 지 모릅니다.

하나님의 계획도 바르지 못한 계획인가

마찬가지로 계획의 결과만을 놓고 보자면, 하나님께서 선악을 알게 하는 나무의 실과를 동산 가운데 두신 것도 잘못된 계획으로 보아야 할지 모릅니다. 왜냐하면 결과적으로 인간은 그 나무 실과를 먹고 하나님을 거역했기 때문입니다. 그렇다면 하나님의 계획은 잘못된 계획이라고 보아야 합니까? 아니면 아예 하나님께서 선악을 알게 하는 나무의 실과를 먹으라고 일부러 (계획적으로) 놔 두시고, 겉으로는 먹으면 안된다고 말씀하시는 것입니까?

출애굽을 일으키신 하나님의 계획은 어떠했습니까? 출애굽이 일어난 직후에는 이스라엘 백성의 상태가 아주 좋은 것처럼 보입니다. 모두 여호와 하나님의 큰 능력을 찬양했다고 합니다. 그래서 소고(小鼓)를 치면서 노래까지 불렀다고 성경은 말합니다.

> "이스라엘이 여호와께서 애굽 사람들에게 베푸신 큰 일을 보았으므로 백성이 여호와를 경외하며 여호와와 그 종 모세를 믿었더라 이 때에 모세와 이스라엘 자손이 이 노래로 여호와께 노래하니 일렀으되 내가 여호와를 찬송하리니 그는 높고 영화로우심이요 말과 그 탄 자를 바다에 던지셨음이로다 여호와는 나의 힘이요 노래시며 나의 구원이시로다 그는 나의 하나님이시니 내가 그를 찬송할 것이요 내 아비의 하나님이시니 내가 그를 높이리로다"(출 14:31-15:2)

그런데 그후 출애굽의 결과가 어떠했습니까? 물론 출애굽 바로 직후에는 좋았습니다. 그러나 사흘 후에는 출애굽의 계획을 추진했던 지도자 모세에 대해 곧바로 불평하는 장면이 연출됩니다.

"모세가 홍해에서 이스라엘을 인도하매 그들이 나와서 수르 광야로 들어가서 거기서 사흘 길을 행하였으나 물을 얻지 못하고 마라에 이르렀더니 그 곳 물이 써서 마시지 못하겠으므로 그 이름을 마라라 하였더라 백성이 모세를 대하여 원망하여 가로되 우리가 무엇을 마실까 하매"(출 15:22-24)

결국 이렇게 불평을 시작했던 이스라엘 백성들의 결과가 어떠했습니까? 모세와 같이 출애굽했던 첫 세대 이스라엘 백성들은, 고대하던 가나안 땅에 들어가지 못하고 모두 광야에서 죽게 되었습니다. 그렇다면 무엇입니까? 출애굽을 일으키신 하나님의 계획이 결국 실패로 끝난 것입니까? 첫 세대 이스라엘 백성에 대해 실패했기 때문에, 그 계획 자체를 안 좋은 것으로 보아야 합니까? 그렇지 않겠지요. 출애굽을 일으키신 하나님의 계획은 선한 것이었고, 하나님의 전능하신 뜻과 선한 의도를 따른 것이었습니다. 그런데 문제는 첫 세대 이스라엘 백성들의 불순종입니다(민 14:26-35; 신 1:26-37 참조).

"여호와께서 모세와 아론에게 일러 가라사대 나를 원망하는 이 악한 회중을 내가 어느 때까지 참으랴 이스라엘 자손이 나를 향하여 원망하는 바 그 원망하는 말을 내가 들었노라 그들에게 이르기를 여호와의 말씀에 나의 삶을 가리켜 맹세하노라 너희 말이 내 귀에 들린 대로 내가 너희에게 행하리니 너희 시체가 이 광야에 엎드러질 것이라 너희 이십 세 이상으로 계수함을 받은 자 곧 나를 원망한 자의 전부가 여분네의 아들 갈렙과 눈의 아들 여호수아 외에는 내가 맹세하여 너희로 거하게 하리라 한 땅에 결단코 들어가지 못하리라 너희가 사로잡히겠다고 말하던 너희의 유아들은 내가 인도하여 들이리니 그들은 너희가 싫어하던 땅을 보려니와 너희 시체는 이 광야에 엎드러질 것이요 너희 자녀들은 너희의 패역한 죄를 지고 너희의 시체가 광야에서 소멸되기까지 사십 년을 광야에서 유리하는 자가 되리라"(민 14:26-33)

계획의 결과가 계획의 옳고 틀림을 판단하는 것은 아니다

이처럼 하나님의 뜻에 맞게 계획을 세웠어도, 그것과 관계된 다른 사람들 때문에 결국 잘 세워진 계획이 실패로 돌아갈 수 있습니다. 사실 모세는 40세에 출애굽을 계획해서 실행하려 했었는데 실패했습니다. 이 경우도 모세의 계획이 인간적인 것이기 때문에 실패했다고 보기 힘듭니다 (물론 많은 분들이 이렇게 보고 있지만). 오히려 하나님의 뜻을 따라서 모세는 계획을 잘 세웠지만, 그 계획과 관계된 이스라엘 백성들이 거부했기 때문에 실패한 것으로 보는 것이 좋습니다. 이에 대해서는 이 책 II부 3장에서 더 자세하게 설명해 드리겠습니다. 어찌 되었든 계획의 결과만으로 그 계획의 옳고 그름을 단순하게 판단하는 오류에서 벗어나야 할 것입니다.

3. 질문

　이 장(章)에서는 그리스도인의 바른 계획이 갖는 일반적 특성을 말했고, 그와 관련된 주의 사항 몇 가지를 살펴보았습니다. 이 내용들은 더 구체적으로 설명될 것입니다. 가장 기본적인 요점만 다시 복습하는 마음으로 질문에 답해 봅시다.

1. 하나님의 뜻을 잘 알아갈수록 우리의 계획은 어떻게 되어야 합니까? 내가 가장 최근에 세운 계획은, 하나님의 뜻을 어느 정도 근거로 해서 세워진 것입니까? 하나님의 뜻이 분명치 않은데, 계획을 너무 커다랗게 세우지는 않았습니까? 아니면 그 반대입니까?

2. 계획을 세울 때, 피조적 적극성이 있어야 한다는 말은 무슨 뜻입니까? 내가 세운 계획 한 가지를 기억해 보고 이런 태도가 있었는지 살펴봅시다.

3. 내가 세운 계획을 강청할 수 있기 위해서 필요한 전제는 무엇입니까?

4. 이 책에서는 하나님의 뜻을 둘로 구분해서 설명했습니다. 어떤 것들이었습니까? 내가 이해한 만큼 나의 말로 표현해 봅시다. 그리스도인과 계획이란 주제에서는 이 중에서 어떤 뜻을 주로 다루어야 합니까?

5. 세운 계획을 100% 내려 놓을 수 있는 여백이 우리 마음에 있어야 하는 이유는 무엇입니까? (생각나는 이유를 모두 써 봅시다)

6. 계획을 세운 후에도 왜 하나님의 뜻을 지속적으로 묻고 점검해 보아야 합니까? 나는 계획을 세운 후에 하나님의 뜻을 계속 묻고 있는 편입니까? 내게 펼쳐진 상황이 조금씩 변동되었기 때문에, 내 계획을 수정해야 했던 예를 생각해 봅시다.

7. 계획의 결과만으로 바른 계획인지 아닌지를 판별할 수 없는 이유는 무엇입니까? 계획대로 잘 되지 않았기 때문에 하나님의 뜻을 따라 가지 않았다고 정죄하는 분위기가 내 주위에는 있지 않습니까? 나는 이것에 대해 어떻게 생각합니까?

제 II 부
하나님의 기획과 인간의 계획

제1장

참 기획자이신 하나님:
그리스도 안에 있는 복을 기획하심

♠ 핵심 요약

1. 그리스도인의 계획에 대한 실제적인 면을 다루기 전에, 성경에 나타난 하나님의 커다란 계획과 그에 대한 성경 인물들의 반응을 살펴보는 것이 도움이 될 것입니다.
2. 성경에 나타난 하나님의 계획을 크게 두 가지 면에서 생각해 볼 수 있습니다. 하나는 복 주시려는 하나님의 계획이고, 다른 하나는 그리스도를 통한 구속과 새창조의 계획입니다.
   (1) 성경은 하나님께서 복 주시는 것에 대해 지속적으로 말하고 있습니다.
   (2) 그 복은 하나님의 뜻을 따르고 순종하는 사람에게 주어집니다.
   (3) 복 주시려는 하나님의 계획을 이해하려면, 이스라엘 역사 속에 나타난 첫 번째 출애굽 사건과 새출애굽 사상을 살펴보아야 합니다.
   (4) 새출애굽은 죄를 사하는 것이고, 백성을 새롭게 만드는 것입니다. 이 생각의 틀 속에서 우리는 신약 성경의 메시지를 살펴보아야 합니다.
   (5) 결국 그리스도의 구속을 통해 새창조하는 것이 복 주시려는 하나님의 계획입니다. '그리스도 안에 있는 신령한 복'이란 말(엡 1:3)은, 이런 생각을 반영한 것이라 볼 수 있습니다.

♠ 내용 분해

1. **복(福) 주실 하나님의 계획**
   (1) 복(福)을 구하는 것은 잘못인가?
   (2) 복(福) 주실 하나님의 계획
   (3) 누가 복을 받는가?

2. **구원과 새창조의 계획**
   (1) 출애굽과 죄의 패러다임
   (2) 새출애굽: 죄사함과 새창조
   (3) 예수 그리스도의 구속을 통한 새창조

3. **하나님의 거대한 계획을 살펴본 이유**

4. **질문**

메모

※ 핵심 요약과 내용 분해를 읽고 본문이 어떻게 전개될지 생각해 보세요.

제 I부에서는 그리스도인의 바른 계획이란 어떤 것인지를 살펴보았습니다. 무조건 내가 능동적이고 적극적으로 계획을 세워서도 안되고, 또 계획에 대해 너무 수동적이고 소극적인 태도를 보여서도 안된다고 했습니다. 그리스도인은 하나님의 뜻이 무엇인지를 잘 분별하면서, 그 선하신 의도에 맞는 계획을 적극적으로 세워야 한다고 했습니다. 이런 태도를 '피조적 적극성'이라고 정리했었습니다.

그렇다면 이즈음에서 우리는 성경에 나타난 하나님의 뜻과 계획은 어떤 것이며, 그 하나님의 계획에 따라 살았던 사람들의 모습이 어떠한지를 살펴볼 필요가 있습니다. 계획을 세우는 실제적인 면을 다루기 전에, 성경에 나타난 예와 교훈을 먼저 되새기는 것이 필요하기 때문입니다. 이와 관련해서 가장 먼저 기억해야 할 점은, 이 세상의 참 기획자이며[1] 운영자는 하나님이란 사실입니다. 모든 것이 하나님으로부터 있었고, 지금도 하나님으로 말미암아 이 세상이 움직이고 있기 때문입니다. 그래서 이 장에서는 참 기획자이신 하나님이란 제목 아래, 하나님이 갖고 계신 계획의 두 가지 면을 살펴보려고 합니다.

---

1) 보통 '기획'(企劃)과 '계획'(計劃)은 혼용되어 쓰입니다. 하지만 때로는 그 뜻을 구분하는 경우도 있습니다. '기획'은 보통 아무 것도 없는 것에서 아주 새로운 것을 만들어 낼 때 쓰는 반면, '계획'은 이미 어떤 기획의 틀이나 기본적인 아이디어가 있는 상태에서 그것을 실행시키는 프로그램을 만들어 내는 것에 사용합니다. 그래서 기획은 보통 '아이디어'란 말과 잘 연결되고, 계획은 그 아이디어를 이루는 '방법'이나 '프로그램(program)'이란 말과 주로 연결되기도 합니다. '신규 기획'이란 말과 '실행 계획'이란 표현은 이런 기본적 관점을 잘 반영한 말일 것입니다('신규 계획'이나 '실행 기획'이란 말은 잘 쓰지 않습니다). 이런 의미에서 본다면 이 세상의 참 기획자는 하나님이시고, 우리 인간이 하는 것은 주로 계획이라고 볼 수 있을 것입니다(물론 어떤 영역을 새로 시작할 때, 우리가 기획을 한다는 말을 충분히 쓸 수 있습니다).

1. 복(福) 주실 하나님의 계획

"찬송하리로다 하나님 곧 우리 주 예수 그리스도의 아버지께서 그리스도 안에서 하늘에 속한 모든 신령한 복으로 우리에게 복 주시되"(엡 1:3)

(1) 복(福)을 구하는 것은 잘못인가?

복을 구하는 것은 성경적인가?

새해가 되면 보통 한국 사람들이 하는 인사는 '복 받으세요' 입니다. 서로 복을 받도록 기원해 주는 것이지요. '복 많이 받으세요' 라고 말하기도 하고, 덕담(德談)의 형태로 기원하기도 합니다. 이것을 그냥 아름다운 미풍 양속이라고 볼 수도 있고, 또 이런 생각 속에 어떤 종교적인 영향과 요소가 있다고 볼 수도 있습니다. 그런데 이런 풍습이 기독교의 복 사상과 연결되면서, 한국 교회 안에는 다소 혼란스런 생각이 번진 것 같습니다.

제일 먼저 나타난 생각은 기존의 기복사상(祈福思想)을 그대로 성경에 도입한 것입니다. 그래서 한국의 전통적인 복의 개념을 성경에 있는 복이란 단어 위에 덧칠하여, 성경이 건강과 물질의 복을 가르친다고 말하는 것입니다. 교회에 나오는 것과 자기 집안이 번창하는 것이 동일시됩니다. 그리스도인들에게는 건강과 학업 등 모든 일에 성공적인 결과가 나타나야 한다고 믿는 것입니다. 교회에 나오면 자녀들이 대학도 쑥쑥 잘 들어가고, 남편의 사업도 잘 되어야 한다는 것입니다. 한편, 이런 물질주의적 생각에 식상한 사람들은 완전히 반대 견해를 펼치기도 합니다. 교회의 물질주의적 모습을 비판하면서, 아예 교회에서 복을 비는 것을 반대합니다. 기복 사상은 성경적이지 않다고 말합니다. 성경은 복과 상관이 없기 때문에 복을 빌어서도 안되고, 복 받으려고 교회에 나오면 안된다는 것입니다.

이 두 생각은 모두 성경의 가르침을 한 가지 면에서만 보고 있다고 말할 수 있습니다. 두 견해 모두 성경의 온전한 생각과는 다르다는 것입니다. 해결책은 복의 내용을 잘 이해하는 데 있습니다. 성경은 철저하게 복을 설명하고 있습니다. 그런 의미에서는 복을 빌어주고 구하는 것이 잘못이라고 볼 수 없습니다. 문제는 과연 어떤 복을 빌어주고 구하느냐에 있습니다. 먼저 에베소서 1:3-6을 봅시다.

"찬송하리로다 하나님 곧 우리 주 예수 그리스도의 아버지께서 그리스도 안에서 하늘에 속한 모든 신령한 복으로 우리에게 복 주시되 곧 창세 전에 그리스도 안에서 우리를 택하사 우리로 사랑 안에서 그 앞에 거룩하고 흠이 없게 하시려고 그 기쁘신 뜻대로 우리를 예정하사 예수 그리스도로 말미암아 자기의 아들들이 되게 하셨으니 이는 그의 사랑하시는 자 안에서 우리에게 거저 주시는 바 그의 은혜의 영광을 찬미하게 하려는 것이라"(엡 1:3-6)

하나님이 우리에게 복을 주신다고 되어 있습니다. 그리고 그것이 하나님께서 처음에 우리에게 정하신 계획이라고 말합니다. 그러니 복 받는 것 자체를 금할 이유가 없는 것입니다. 그런데 그것이 어떤 복인지를 잘 살펴보아야 합니다. 그리스도 안에서 하늘에 속한 신령한 복입니다. 그냥 이 세상에서 잘 먹고 잘 살고 높은 지위에 오르는 것과는 처음부터 다른 투로 설명합니다. 오히려 사랑 안에서 거룩하고 흠이 없게 하시기 위해 계획하셨다고 했습니다. 그것 뿐만이 아니라 그리스도로 말미암아 하나님의 아들들이 되는 것이 복의 내용이라고 말합니다. 물론 이말을 제대로 이해하려면 좀더 복잡한 설명이 필요합니다. 하지만 사람들이 그냥 쉽게 이야기하는 물질적이고 세속적인 복을 언급하는 것이 아니라는 점은 분명합니다. 앞으로 살펴보겠지만 성경은 시종일관 하나님께서 우리에게 복 주시는 것을 말하고 있습니다. 그런데 그 복의 내용이 어떤 것인지가 중요합니다. 복을 비는 것 자체가 나쁜 것이 아니라, 도대체 무엇을 구하고 비느냐가 중요하단 말입니다.

축도

이와 유사하게 축도에 대해서도 엇갈리는 견해가 있는 것 같습니다. 기복사상을 비판적으로 보려고 하는 사람들은, 동일하게 교회에서 행하는 축도(祝禱)도 부정적으로 봅니다. 축도를 통해서 사람들 속에서 물질주의적 축복관이 더 강하게 자리잡게 된다는 것입니다. 그동안 많은 교회에서 물질주의적 축복관으로 축도를 한 것이 사실입니다. 예배시간 끝에 목사님의 축도를 받지 않으면 예배를 드린 것 같지 않은 것처럼 느끼는 교인들도 있었습니다. 목사님의 축도가 있어야만 자기 가정이 평안하고 사업이 번창한다고 믿었던 것입니다. 그래서 무슨 장사를 하거나 사업을 하면, 목사님을 불러서 꼭 축도를 받아내려는 사람들도 있었습니다. 이런 축복관은 그야말로 옛날의 무당이나 샤마니즘과 거의 다를 바 없습니다. 물질적 축복관 자체도 그렇고, 한 사람을 통해서 모든 복이 내려온다고 보는 견해도 그렇습니다.

이런 것이 잘못되었다고 해서, 그 반대로 축도를 아예 교회에서 없애는 것도 바람직하지 않습니다. 실제 성경에는 (구약뿐 아니라 신약에서도) 축복 기도를 하는 것이 아주 빈번합니다. 구약의 족장들은 늘 자손들에게 축복해 주었습니다. 성전에 나아가는 이스라엘 백성들도 축복 받기를 기대하였습니다. 신약의 그리스도인들에게도 이런 축복 기도는 낯선 것이 아닙니다. 바울의 편지 끝에는 자주 축도가 포함되어 있음을 볼 수 있습니다. 편지 끝이 아니라 편지의 클라이막스에서 이런 축복 기도가 있는 경우도 있습니다(엡 3:14-19 참조). 몇 구절만 간단히 봅시다.

"여호와는 네게 복을 주시고 너를 지키시기를 원하며 여호와는 그 얼굴로 네게 비취사 은혜 베푸시기를 원하며 여호와는 그 얼굴을 네게로 향하여 드사 평강 주시기를 원하노라 할지니라 하라"(민 6:24-26)

"주 예수 그리스도의 은혜와 하나님의 사랑과 성령의 교통하심이 너희 무리와 함께 있을지어다"(고후 13:13)

"이러하므로 내가 하늘과 땅에 있는 각 족속에게 이름을 주신 아버지 앞에 무릎을 꿇고 비노니 그 영광의 풍성을 따라 그의 성령으로 말미암아 너희 속 사람을 능력으로 강건하게 하옵시며 믿음으로 말미암아 그리스도께서 너희 마음에 계시게 하옵시고 너희가 사랑 가운데서 뿌리가 박히고 터가 굳어져서 능히 모든 성도와 함께 지식에 넘치는 그리스도의 사랑을 알아 넓이와 길이와 높이와 깊이가 어떠함을 깨달아 하나님의 모든 충만하신 것으로 너희에게 충만하게 하시기를 구하노라"(엡 3:14-19)

(2) 복주실 하나님의 계획

창조시에 복 주실 계획

그렇다면 하나님께서 복을 주신다는 것은 과연 무슨 뜻일까요? 에베소서에서는 창세 전부터 하나님의 복주실 계획이 있다고 했습니다. 하지만 그런 하나님의 계획이 어떻게 이 땅에 도입되고 시작되었는지를 알기 위해서는 창세기를 살펴야 할 것입니다. 창세기 1:26-28에서는 이렇게 표현하고 있습니다.

"하나님이 가라사대 우리의 형상을 따라 우리의 모양대로 우리가 사람을 만들고 그로 바다의 고기와 공중의 새와 육축과 온 땅과 땅에 기는 모든 것을 다스리게 하자 하시고 하나님이 자기 형상 곧 하나님의 형상대로 사람을 창조하시되 남자와 여자를 창조하시고 하나님이 그들에게 복을 주시며 그들에게 이르시되 생육하고 번성하여 땅에 충만하라 땅을 정복하라 바다의 고기와 공중의 새와 땅에 움직이는 모든 생물을 다스리라 하시니라"(창 1:26-18)

여기에는 하나님이 생각하고 의도하신 계획과(창 1:26) 그것의 실행(창 1:27-28)이 함께 설명되어 있습니다. 먼저 하나님의 결정과 선한 의도가 언급되어 있습니다. "우리 형상과 모양대로 사람을 만들어 모든 것을 다스리게 하자"는 것입니다. 그리고 그것을 실행하십니다. 그런데 그것이 실행되는 내용 중에 나타나는 말이 "복을 주신다"는 표현입니다.[2] 그리고 그 복의 내용은, "생육하고 번성하여 땅에 충만하라, 땅을 정복하라. 바다의 고기와 공중의 새와 땅에 움직이는 모든 생물을 다스리라"는 것이었습니다. 결국 이말은 처음 인간을 만드시는 하나님의 계획 안에 복 주실 것이 포함되어 있다는 의미인 듯 합니다. 이 내용이 창세기 5:1-2에서 또 다시 간략히 설명됩니다.

"아담 자손의 계보가 이러하니라 하나님이 사람을 창조하실 때에 하나님의 형상대로 지으시되 남자와 여자를 창조하셨고 그들이 창조되던 날에 하나님이 그들에게 복을 주시고 그들의 이름을 사람이라 일컬으셨더라"(창 5:1-2)

사람들의 반대에도 불구하고 하나님의 계획은 진행됨

그런데 이런 하나님의 계획에 차질이 생기기 시작합니다. 아담과 하와가 먼저 하나님의 선한 의도를 어기더니(창 3:1-7), 또 아담의 아들인 가인이 형제 아벨

---

[2] Cf. E. A. Martens, 김 지찬 역, **구약에 나타난 하나님의 계획과 목적**, 서울: 생명의 말씀사, 1990, p. 29.

을 죽이는 일이 나타납니다(창 4:1-15). 그뿐만이 아닙니다. 이어서 사람들은 번성했지만, 그 사람들의 삶은 하나님의 의도를 벗어나는 악한 모습이었습니다. 결국 이것을 하나님께서는 그냥 가만히 보아 넘기실 수 없었습니다. 사람들 마음의 생각과 그 모든 계획이 악한 것을 보시고, 하나님께서 그들을 지면에서 쓸어버리실 생각을 하셨던 것입니다.

> "여호와께서 사람의 죄악이 세상에 관영함과 그 마음의 생각의 모든 계획이 항상 악할 뿐임을 보시고 땅 위에 사람 지으셨음을 한탄하사 마음에 근심하시고 가라사대 나의 창조한 사람을 내가 지면에서 쓸어 버리되 사람으로부터 육축과 기는 것과 공중의 새까지 그리하리니 이는 내가 그것을 지었음을 한탄함이니라 하시니라"(창 6:5-7)

창조하실 때 하나님의 형상대로 만드시고 복을 주셔서 번성하라고 했는데, 이제 그때의 계획과 명령을 어떻게 보면 취소하는 것처럼 보입니다. 그러나 하나님의 원래 계획이 바뀐 것이 아닙니다. 악한 사람들을 쓸어버리시지만 그 중에 의인 노아의 가족은 남겨두시고, 또 홍수 후에 노아와 그 아들들에게 복 주시며 명령하시는 내용이 다시 나오기 때문입니다.

> "하나님이 노아와 그 아들들에게 복을 주시며 그들에게 이르시되 생육하고 번성하여 땅에 충만하라 땅의 모든 짐승과 공중의 모든 새와 땅에 기는 모든 것과 바다의 모든 고기가 너희를 두려워하며 너희를 무서워하리니 이들은 너희 손에 붙이웠음이라"(창 9:1-2)

이것은 사람들의 잘못된 반응에 대해 하나님께서 대응하시면서, 원래 의도하셨던 뜻을 이루는 것으로 볼 수 있을 것입니다(이 점에 대해서는 1부 4장에서 설명했습니다). 원래의 의도하셨던 선한 계획을 포기하실 수가 없으셨기 때문에, 하나님의 계획을 반대하던 사람들을 쓸어 버리신 것입니다. 원래 계획이 포기된 것이 아니라 오히려 원래 복주실 계획을 지키려고 하신 행동입니다. 무엇이 문제였습니까? 복주실 하나님의 원래 계획에 문제가 있는 것이 아니라 복을 받는 대상에 문제가 있다는 것입니다. 하나님이 원래 주시려고 하신 복은 악한 인간들이 이 땅에 번성하게 하는 것이 아니었습니다. 오히려 하나님의 뜻에 따라 순종하는 사람이 번성하여, 하나님이 만드신 세상을 다스리는 것이었습니다. 그런데 사람들의 잘못된 반응으로 인하여 하나님의 원래 계획에 차질이 생긴 것입니다. 그래서 원래 가지신 뜻을 이루시기 위해 그것을 유지하기 위한 대응책을 마련하신 것 뿐입니다.

그렇다면, 하나님이 처음부터 가지셨던 복주시려는 계획이 어떤 것인지를 좀 더 알 수 있게 됩니다. 아무나 번성하고 충만하여 세상을 다스리는 것이 하나님이 의도하신 선한 뜻이 아니라는 것입니다. 하나님은 자신의 뜻을 따르는 선한 백성이 많아지는 것을 처음부터 의도하셨고, 그 계획이 역사(歷史)를 통해서 실현되어 가도록 지속적으로 간섭하신 것입니다. 하나님의 선한 뜻을 따르는 백성이 많아지는 것이 하나님의 계획이고, 그분이 주시고 싶은 복과 관련된다는 말입니다.

(3) 누가 복을 받는가?

여호와의 율법을 즐거워하여 묵상하는 자

이런 점이 시편 1편을 통해서도 잘 나타나는 듯 합니다. 시편 1편은 시편 전체의 서론격으로 사용되기 위해 특별히 맨 앞에 위치해 있는지도 모릅니다.[3]

---

3) Derek Kidner, *Psalms 1-72*, TOTC, p.47.

"복 있는 사람은 악인의 꾀를 좇지 아니하며 죄인의 길에 서지 아니하며 오만한 자의 자리에 앉지 아니하고 오직 여호와의 율법을 즐거워하여 그 율법을 주야로 묵상하는 자로다"(시 1:1-2)

누가 '복있는 사람' 이라고 말합니까? 여호와의 마음과 생각이 녹아 있는 율법을 즐거워하여, 그것을 주야로 묵상하는 자에게 복이 있다는 것입니다. 여호와 하나님의 뜻을 따라 살기 위해 그 말씀을 묵상하는 자에게 복이 있다는 이 생각은, 창세기에 나타난 복의 관점과 그렇게 달라 보이지 않습니다.

아브라함에게 주신 복

창세기로 다시 돌아가 봅시다. 노아 이후에 인간들은 바벨탑 사건으로 또 하나님의 생각과 반대의 길을 가게 되었습니다(창 11:1-9). 그래서 하나님께서는 인간을 거기서 흩으시고 다시 하나님의 의도를 이루시려고 합니다. 그때 등장하는 사람이 바로 아브라함입니다. 여호와께서 아브람(아브라함)에게 이렇게 말씀하셨습니다.

"내가 너로 큰 민족을 이루고 네게 복을 주어 네 이름을 창대케 하리니 너는 복의 근원이 될지라 너를 축복하는 자에게는 내가 복을 내리고 너를 저주하는 자에게는 내가 저주하리니 땅의 모든 족속이 너를 인하여 복을 얻을 것이니라 하신지라"(창 12:2-3)

언뜻 보면 이 말씀은 아브라함과 그의 민족에게 복이 있다는 것처럼 보입니다. 하지만 모든 족속이 복 받는 것이 이어서 언급되고 있다는 점을 놓치지 않아야 합니다. 창세기 1장의 관심과 유사합니다. 사람들이 번성하고 그들이 복 받는 생각이 지속적인 주제로 흐르고 있는 것입니다. 이런 관심은 창세기의 아브라함 본문 끝에서 다시 나타나고 있습니다(창 22:16-18). 다만 창세기 22:16-18에서는 아브라함이 여호와의 말을 준행한 것과 관련하여 이런 선언이 등장하고 있다는 점이 더욱 두드러집니다.

"가라사대 여호와께서 이르시기를 내가 나를 가리켜 맹세하노니 네가 이같이 행하여 네 아들 네 독자를 아끼지 아니하였은즉 내가 네게 큰 복을 주고 네 씨로 크게 성하여 하늘의 별과 같고 바닷가의 모래와 같게 하리니 네 씨가 그 대적의 문을 얻으리라 또 네 씨로 말미암아 천하 만민이 복을 얻으리니 이는 네가 나의 말을 준행하였음이니라 하셨다 하니라"(창 22:16-18)

그래서 아브라함의 본문 속에서도 복 받는 자가 하나님의 선한 의도를 따라가는 사람이라는 생각은 끊이지 않습니다. 그 중에서 매우 중요한 구절이 바로 창세기 15장에 여호와께서 아브라함에게 약속하신 내용일 것입니다. 자식이 없는 아브라함에게 계속 자손이 번성할 것에 대한 약속을 해 주셨고, 이에 대해 아브라함은 그 하나님의 말씀을 믿고 의뢰합니다. 그러자 하나님은 그것을 그의 의로 여기셨다고 기록되어 있습니다.

"아브람이 여호와를 믿으니 여호와께서 이를 그의 의로 여기시고"(창 15:6)

모든 믿는 자에게 의와 복이 있음

그렇다면 아브라함에게 약속하셨던 복은 궁극적으로 어떻게 이루어졌습니까? 바울의 말에 의하면 바로 그리스도의 믿음을 통해서 하나님을 믿는 모두에게 이루어졌다고 합니다. 아브라함이 모든 믿는 자의 조상이 되었습니다. 이 말은 아브라함에게 언급하셨던 의가 아브라함만을 위한 것이 아니라, 예수를 죽은 자 가운데서 살리신 이(하나님)를 믿는 자 모두를 위함이라고 말합니다. 로마서에서 몇 구절을 읽어 봅시다.

"그런즉 이 행복이 할례자에게뇨 혹 무할례자에게도뇨 대저 우리가 말하기를 아브라함에게는 그 믿음을 의로 여기셨다 하노라"(롬 4:9)
(바울이 창세기 15:6을 인용하고 있는 것을 눈여겨 봅시다)

"그러므로 후사가 되는 이것이 은혜에 속하기 위하여 믿음으로 되나니 이는 그 약속을 그 모든 후손에게 굳게 하려 하심이라 율법에 속한 자에게 뿐 아니라 아브라함의 믿음에 속한 자에게도니 아브라함은 하나님 앞에서 우리 모든 사람의 조상이라"(롬 4:16)
(아브라함을 '모든 믿는 사람의 조상' 이라고 언급한 부분을 눈여겨 보십시오)

"기록된 바 내가 너를 많은 민족의 조상으로 세웠다 하심과 같으니 그의 믿은 바 하나님은 죽은 자를 살리시며 없는 것을 있는 것같이 부르시는 이시니라 아브라함이 바랄 수 없는 중에 바라고 믿었으니 이는 네 후손이 이 같으리라 하신 말씀대로 많은 민족의 조상이 되게 하려 하심을 인함이라 그가 백 세나 되어 자기 몸의 죽은 것 같음과 사라의 태의 죽은 것 같음을 알고도 믿음이 약하여지지 아니하고 믿음이 없어 하나님의 약속을 의심치 않고 믿음에 견고하여져서 하나님께 영광을 돌리며 약속하신 그것을 또한 능히 이루실 줄을 확신하였으니 그러므로 이것을 저에게 의로 여기셨느니라 저에게 의로 여기셨다 기록된 것은 아브라함만 위한 것이 아니요 의로 여기심을 받을 우리도 위함이니 곧 예수 우리 주를 죽은 자 가운데서 살리신 이를 믿는 자니라"(롬 4:17-24)
(아브라함이 하나님의 선하신 뜻과 의도를 순종하고 의뢰해서, 결국 하나님으로부터 의롭다함을 받았다고 말합니다. 그리고 이런 것은 아브라함만을 위한 것이 아니라 믿는 우리도 위함이라고 말합니다.)

그렇다면 바울은 어떻게 이런 논리를 펼칠 수 있었을까요? 이것은 아주 커다란 주제이기에, 자세한 답변을 이 자리에서 다 할 수는 없을 것입니다. 하지만 이 논리의 요점은, 복 주실 하나님 계획의 전모(全貌)가 바로 구원과 새창조의 계획이라는 사실입니다. 이어서 이것을 살펴봅시다.

2. 구원과 새창조의 계획

(1) 출애굽과 죄의 패러다임

창 15:13-14: 애굽 이주와 출애굽

다시 아브라함 본문에서 시작합시다. 아브라함의 믿음을 의로 여기신 후에(창 15:6), 하나님은 그의 후손이 겪을 일을 언급하십니다. 창세기 15:13-14을 봅시다.

> "여호와께서 아브람에게 이르시되 너는 정녕히 알라 네 자손이 이방에서 객이 되어 그들을 섬기겠고 그들은 사백 년 동안 네 자손을 괴롭게 하리니 그 섬기는 나라를 내가 징치할지며 그 후에 네 자손이 큰 재물을 이끌고 나오리라"(창 15:13-14)

이상하게도 하나님께서는 아브라함에게 후사가 있을 이야기를 하시면서, 결국 그 자손들이 겪을 미래의 일 이야기를 먼저 해 주십니다. 물론 이것은 나중에 요셉의 이국 생활과 기근으로 인한 야곱 일가의 이주 사건, 모세의 출애굽 사건 등으로 모두 성취됩니다.[4]

---

4) 물론 창세기의 이런 언급이 실제 있었던 사건인지에 대해서는 논란이 있을 수 있습니다. 어

그런데 중요한 것은 도대체 왜 이런 식의 출애굽 사건을 하나님께서 일으키시는가 하는 점입니다. 출애굽 사건이 없이는 이스라엘 역사가 이루어질 수 없었을까요? 아니면 하나님께서는 후에 일어날 기근을 미리 아시기는 했지만, 그 기근을 막아서 야곱의 자손들이 애굽으로 가는 것을 막을 수는 없었던 것인가요? 왜 하나님께서는 이스라엘 역사를 통해서 출애굽이라는 커다란 역사적 사건을 만들었을까요? 하나님께서 의도적으로 출애굽이라는 사건을 만드셨다면, 도대체 그 사건을 만드는 하나님의 의도는 무엇이었을까요?

쫓겨감과 새 출애굽(New Exodus)

이런 질문들과 관련하여 출애굽 현장에 지도자로 있었던 모세의 말에 귀를 기울여 보는 것이 좋을 듯 합니다. 신명기서에서 모세는 가나안 땅을 앞에 둔 제2세대 이스라엘 백성들에게 율법을 설명하면서 주의를 주고 있습니다(신 1:1-5). 그중에서 우리의 논의와 관련하여 중요한 것은, 이스라엘 백성이 가나안 땅에 들어간 후 나타날 일에 대한 것입니다. 모세는 그들이 혹 하나님의 말씀을 순종치 아니하면 결국 망하게 될 것이며, 또 다른 나라에 가서 열국을 섬길 것이라고 경고하고 있습니다. 이스라엘 백성이 하늘의 별 같이 많아질지라도(아브라함에게 약속해 주었던 말을 상기하는 대목입니다. 창 15:5 참조), 결국 흩어지게 될 것이란 말입니다.

"네가 만일 이 책에 기록한 이 율법의 모든 말씀을 지켜 행하지 아니하고 네 하

떤 사람들은 실제 야곱 일가의 애굽 이주와 출애굽 사건이 있은 후에, 그것을 신학적으로 정당화하기 위해 창세기 저자가(혹은 저자들이) 창15:13-14같은 내용을 아브라함의 입에 집어 넣었다고 말할지 모릅니다. 또는 반대로 처음에 아브라함이 이런 말씀을 여호와로부터 직접 들었고, 그것이 자손들에게 구전되어 나중에 글로 반영되었다고 보는 견해가 있을 수 있습니다. 필자는 후자의 견해를 취하고 있습니다.

나님 여호와라 하는 영화롭고 두려운 이름을 경외하지 아니하면 여호와께서 너의 재앙과 네 자손의 재앙을 극렬하게 하시리니 그 재앙이 크고 오래고 그 질병이 중하고 오랠 것이라 여호와께서 네가 두려워하던 애굽의 모든 질병을 네게로 가져다가 네 몸에 들어붓게 하실 것이며 또 이 율법책에 기록지 아니한 모든 질병과 모든 재앙을 너의 멸망하기까지 여호와께서 네게 내리실 것이니 너희가 하늘의 별같이 많았을지라도 네 하나님 여호와의 말씀을 순종치 아니하므로 남는 자가 얼마 되지 못할 것이라 이왕에 여호와께서 너희에게 선을 행하시고 너희로 번성케 하시기를 기뻐하시던 것같이 이제는 여호와께서 너희를 망하게 하시며 멸하시기를 기뻐하시리니 너희가 들어가 얻는 땅에서 뽑힐 것이요 여호와께서 너를 땅 이 끝에서 저 끝까지 만민 중에 흩으시리니 네가 그 곳에서 너와 네 열조의 알지 못하던 목석 우상을 섬길 것이라"(신 28:58-64)

그런데 모세의 언급이 여기서 멈추지 않습니다. 그렇게 이국 땅으로 흩어져 간 후에 다시 그들의 마음이 여호와 하나님께로 돌아오면, 하나님께서 흩어진 그들을 다시 되돌리실 것이라고 말합니다. 희망의 메시지입니다. 그것을 신명기서 저자는 이렇게 표현합니다.

"내가 네게 진술한 모든 복과 저주가 네게 임하므로 네가 네 하나님 여호와께 쫓겨간 모든 나라 가운데서 이 일이 마음에서 기억이 나거든 너와 네 자손이 네 하나님 여호와께로 돌아와 내가 오늘날 네게 명한 것을 온전히 따라서 마음을 다하고 성품을 다하여 여호와의 말씀을 순종하면 네 하나님 여호와께서 마음을 돌이키시고 너를 긍휼히 여기사 네 포로를 돌리시되 네 하나님 여호와께서 너를 흩으신 그 모든 백성 중에서 너를 모으시리니 너의 쫓겨간 자들이 하늘 가에 있을지라도 네 하나님 여호와께서 거기서 너를 모으실 것이며 거기서부터 너를 이끄실 것이라"(신 30:1-4)

"네 하나님 여호와께서 너를 네 열조가 얻은 땅으로 돌아오게 하사 너로 다시 그것을 얻게 하실 것이며 여호와께서 또 네게 선을 행하사 너로 네 열조보다 더 번성케 하실 것이며 네 하나님 여호와께서 네 마음과 네 자손의 마음에 할례를 베푸사 너로 마음을 다하며 성품을 다하여 네 하나님 여호와를 사랑하게 하사 너로 생명을 얻게 하실 것이며 너는 돌아와 다시 여호와의 말씀을 순종하고 내가 오늘날 네게 명한 그 모든 명령을 행할 것이라"(신 30:5-8)

여기서 아주 중요한 사실이 등장합니다. 이미 첫 번째 출애굽 과정에서, 지도자 모세는 이스라엘 백성들에게 후대에 일어날지 모를 또 한 번의 민족 대이동 사건을 말하고 있다는 것입니다.5) 실제 이스라엘 역사 속에서는 이것이 모세의 말대로 이루어집니다. 이스라엘 민족은 가나안 땅에 들어가 살면서 지속적으로 여호와의 말씀을 거역합니다. 그것으로 인해 이스라엘 나라는 앗수르와 바벨론에게 멸망당하고, 그 백성들 중 일부는 이국 땅에 포로로 끌려가는 역사적 사건이 있게 됩니다. 그리고 일정 기간이 지난 후 이스라엘 백성이 다시 회복되는 사건도 일어납니다. 그런데 중요한 것은 이런 사건이 첫 번째 출애굽 사건과 비교되고 있기 때문에, 이것을 새출애굽(New Exodus)이란 이름으로 말할 수 있다는 것입니다(물론 이사야서에 가서야 이런 사상이 두드러지게 나타납니다).6) 엄

---

5) 과연 이런 언급을 실제 모세가 했는지, 아니면 신명기서를 쓰는 저자(들)가 모세의 입에 그런 말을 넣었는지에 대해서, 학자들은 논란을 하고 있습니다. 이와 관련해서는 특별히 신명기적 사관(Deuteronomistic history)에 입각하여 모세오경을 보려는 견해를 참조해 보십시오. Martin Noth, *The Deuteronomistic History*, Sheffield: JSOT, 1981; Robert Polzin, *Moses and the Deuteronomist: A Literary Study of the Deuteronomic History*, New York: Seabury, 1980. 구약 역사서에 대한 현대 구약 학자들의 동향에 대해서는 다음의 간략한 에세이가 도움이 될 것입니다. J. Gordon McConville, "The Old Testament Historical Books in Modern Scholarship" in *Themelios*, Vol. 22, No. 3, Leicester: Themelios, pp. 3-13.

6) 물론 모세 때부터 이런 새출애굽 사상이 명확하게 존재했었다고 말하는 것은 아닙니다. 이

격히 따진다면 출바벨론이라고 불러야 할 것입니다. 그렇지만 이스라엘 민족의 역사 속에 출애굽 사건이 차지하고 있는 패러다임과 같은 영향력을 생각한다면, 출바벨론을 새출애굽이라는 개념으로 이해했던 점을 조금 쉽게 납득할 수 있을 것입니다.

죄의 패러다임화

새출애굽을 더 논의하기 이전에, 출애굽해서 가나안 땅에 정착한 이스라엘 백성의 역사를 좀더 생각하는 것이 필요합니다. 애굽에서 나온 이스라엘 백성들은 여호와를 거역함으로 가나안 땅에도 들어가지 못하고, 40년 동안 광야에서 방황하다가 다 죽게 되었습니다.[7] 출애굽 바로 직후부터 하나님을 거역하는 일이 발생했던 것입니다. 불순종의 죄입니다. 가나안 땅에 들어간 이스라엘의 모습도 전혀 바뀌지 않았습니다. 가나안 사람들의 풍속을 좇고 그들의 신을 섬겨서 하나님의 진노를 쌓았습니다. 사사기에 나타난 사사시대의 모습은 이런 이스라엘의 현실을 잘 반영하고 있습니다(특별히 삿 2:1-23; 21:25 참조). 엘리 제사장 시절의 암흑을 거두려는 사무엘의 사역이 있었음에도 불구하고, 이스라엘 백성은 자신들이 원하는 인간 왕을 구함으로 하나님을 무시하였습니다(삼상 8:4-22; 12:1-25 참조). 사사제도의 마지막 페이지도 여호와에 대한 불순종으로 막을 내리는 것입니다. 왕정 제도가 형성된 후에도 지속적으로 하나님을 거역하는 사건들은 이스라엘 역사책 속에서 빠지지 않았습니다. 열왕기서나 역대기서는 그런 이스라엘 나라의 죄악된 모습과 그로 인한 패망을 잘 보여 줍니다. 그래서

런 새출애굽 사상이 발전되어 두드러지게 나타나는 곳이 이사야서 40장 이후입니다. 하지만 실제 모세가 전혀 이런 언급을 하지도 않았는데, 훗날 사람들이 무조건 모세의 입에 이런 말을 집어 넣었다고 보는 것은 또 다른 극단처럼 보입니다. 만일 그랬다면 우리는 역사적 사실과 신학적 진리 사이의 함수 관계를 설명하는 데 큰 어려움을 겪을 것입니다.

7) 물론 갈렙과 여호수아만은 살아서 그 땅에 들어갈 수 있었습니다.

출애굽 후 이스라엘의 모습을 한 마디로 표현한다면 '불순종'과 '죄'라고 할 수 있을 것입니다. 그 죄로 인해 이스라엘 민족은 딴 나라로 끌려가게 되는 것입니다.

여기서 중요한 차이를 생각해 보아야 합니다. 처음에 야곱 일가가 가나안 땅에서 애굽으로 내려갔던 것은 죄 때문이 아니었습니다. 기근 때문이었습니다. 오히려 창세기 46:1-7에 보면, 애굽으로 내려가는 것에 대한 야곱의 두려움이 넌지시 드러나 있습니다.[8] 야곱은 나이가 많이 들어서야 하나님께서 주신 가나안 땅의 언약에 대해 신중하게 처신했던 것 같습니다. 그런데 출애굽 후 가나안 땅에 살던 이스라엘 민족이 앗수르와 바벨론으로 끌려 갈 때는 상황이 달랐습니다. 그들의 불순종과 죄 때문이었습니다. 사사시대와 왕국시대를 거친 이스라엘 백성의 죄로 인해, 번성하라는 하나님의 축복과 약속이 끝까지 이루어질 수 없었던 것입니다. 다음의 패러다임을 보십시오.

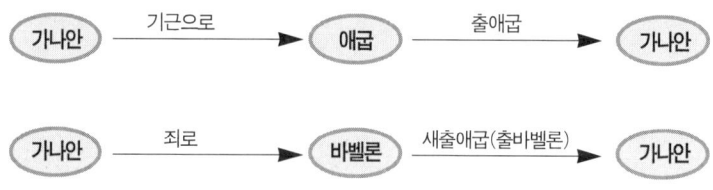

---

8) 가나안 땅의 남쪽 끝에 있는 브엘세바에 이르러서 야곱이 이삭의 하나님께 희생을 드린 것과, 그때 하나님이 나타나셔서 하신 말씀에 그 힌트가 있습니다. "이스라엘이 모든 소유를 이끌고 발행하여 브엘세바에 이르러 그 아비 이삭의 하나님께 희생을 드리니 밤에 하나님이 이상 중에 이스라엘에게 나타나시고… 가라사대 나는 하나님이라 네 아비의 하나님이니 애굽으로 내려가기를 두려워 말라 내가 거기서 너로 큰 민족을 이루게 하리라 내가 너와 함께 애굽으로 내려가겠고 정녕 너를 인도하여 다시 올라올 것이며 요셉이 그 손으로 네 눈을 감기리라 하셨더라"(창 46:1-4)

앞에서 창세기를 다룰 때 우리가 생각했던 인간의 거부와 죄라는 문제가 다시 이 대목에서 등장하는 것입니다. 하나님께서 처음에 아담을 만드셨는데, 아담과 하와가 하나님의 뜻을 거절하고 죄를 범했습니다. 그후 노아 시대까지 무수한 사람들의 악한 생각 때문에, 하나님께서는 그들에게 진노하시고 다 쓸어버리셨습니다. 다시 노아의 아들들에게 언약을 주시고 복을 약속하셨는데 바벨탑 사건 같은 일이 일어났습니다. 아브라함을 선택하심을 통해서 이스라엘 민족을 형성하셨는데, 그 민족이 하나님을 거부하여 죄의 길로 가게 됩니다. 결국 아담의 결과와 이스라엘 민족의 결과, 인류 전체의 결과가 동일하게 죄악된 길로 가는 사건이 반복됩니다. 그래서 이런 의미에서 이스라엘 전체의 실패에 대한 모델로 아담의 사건이 설명되는 것입니다. 아담이 실패한 이스라엘의 대표로 이해되고, 하나님을 불순종하는 인류의 대표로 여겨진다는 말입니다. 불순종하는 이스라엘과 인류의 대표격으로 아담이 거론되는 것입니다. 바로 이런 점이 신약의 아담 기독론이 존재하는 배경이 됩니다. 불순종하고 죄된 인류와 이스라엘을 대표하는 아담처럼, 이제 순종하신 그리스도가 새 이스라엘 백성과 새 인류를 대표한다는 말입니다.[9]

죄로 인해 하나님께서 이스라엘 백성을 포로로 가게 하시는 사건이 있게 됩니다. 모세를 통해서 한 말이 실현된 것입니다. 그렇지만 포로로 가게 될 경고가 실현된 것처럼 또 다시 이스라엘 백성을 회복시킬 메시지도 실현될 것입니다.

---

[9] 이런 아담 기독론에 대한 대표적 본문은 롬 5:12-21입니다. 그리고 이런 생각에 대해서는 다음의 책을 참조하시면 좋을 것입니다. Morna D. Hooker, *From Adam to Christ*, Cambridge: Cambridge University Press, 1990.

(2) 새출애굽: 죄사함과 새창조

새 언약과 죄사함

신명기서에서 모세가 말한 회복의 메시지는 예언서에 있는 선지자들의 말과 매우 유사합니다.[10] 모세가 회복의 메시지를 말한 것처럼 예레미야, 에스겔, 이사야서 등에는 이스라엘의 회복에 대한 언급이 많이 있습니다. 먼저 예레미야 31:31-34를 봅시다.

"나 여호와가 말하노라 보라 날이 이르리니 내가 이스라엘 집과 유다 집에 새 언약을 세우리라 나 여호와가 말하노라 이 언약은 내가 그들의 열조의 손을 잡고 애굽 땅에서 인도하여 내던 날에 세운 것과 같지 아니할 것은 내가 그들의 남편이 되었어도 그들이 내 언약을 파하였음이니라 나 여호와가 말하노라 그러나 그 날 후에 내가 이스라엘 집에 세울 언약은 이러하니 곧 내가 나의 법을 그들의 속에 두며 그 마음에 기록하여 나는 그들의 하나님이 되고 그들은 내 백성이 될 것이라 그들이 다시는 각기 이웃과 형제를 가리켜 이르기를 너는 여호와를 알라 하지 아니하리니 이는 작은 자로부터 큰 자까지 다 나를 앎이니라 내가 그들의 죄악을 사하고 다시는 그 죄를 기억지 아니하리라 여호와의 말이니라"(렘 31:31-34)

먼저 예레미야는 여호와께서 새언약을 세우시겠다는 말합니다(렘 31:31). 새 언약이란 말은 이미 있었던 첫언약을 염두에 둔 것인데, 출애굽을 할 때 광야에

---

10) 바로 이런 점 때문에도, 후대의 저자들이 신명기서에 있는 모세의 입에 회복의 메시지를 집어 넣었다는 견해가 일면 타당성을 가집니다. 하지만 거꾸로 모세가 이런 말을 한 것이 계속 전승되었고, 그런 전승이 어느 정도 후대의 선지자들에게 영향을 주었다고도 볼 수 있습니다.

서 모세를 통해서 이스라엘 자손과 맺은 언약을 지칭합니다. 그래서 이어서 32절에서 이런 말을 하는 것입니다.

"나 여호와가 말하노라 이 언약은 내가 그들의 열조의 손을 잡고 애굽 땅에서 인도하여 내던 날에 세운 것과 같지 아니할 것은 내가 그들의 남편이 되었어도 그들이 내 언약을 파하였음이니라"(렘 31 : 32)

그런데 그 새언약의 특징은, 율법을 돌판에 써서 기록하는 것이 아니라 사람의 마음 속에 써서 기록하는 것입니다(렘 31 : 33). 모세는 이것에 대해 '마음의 할례' 라는 표현을 썼습니다.[11] 마음에 율법을 기록하기 때문에 마음을 다하고 성품을 다해서 여호와를 사랑하게 될 것이라고 말합니다. 그래서 마음의 할례를 받은 백성은 참 이스라엘이 되고, 여호와는 그들의 참 하나님이 될 것이라고 말합니다. 그때 여호와께서 그들의 죄악을 사하고, 다시는 그 죄를 기억치 않겠다는 것입니다. 죄사함을 말하는 것입니다.

그런데 여기서 눈여겨 보아야 하는 것은 죄를 사한다는 언급입니다. 출애굽한 후 이스라엘이 보였던 대표적인 패러다임이 바로 '죄' 였습니다. 그래서 그 죄로 인하여 결국 바벨론 포로로 끌려가게 되었던 것입니다. 그렇기 때문에 죄로 인해 바벨론 포로로 간 백성에게 죄를 사하여 준다는 말은, 결국 다른 말로 하면 그 곳에서 출바벨론을 시키겠다, 새출애굽을 일으키겠다는 뜻으로 볼 수 있다는 말입니다. 이것이 시간이 더 지나면 종말론적 의미를 지니게 됩니다. 즉 죄를 사한다는 말이 여호와께서 종말에 새출애굽을 통해 새 백성을 창조한다는 뜻으로 쓰

---

11) "네 하나님 여호와께서 네 마음과 네 자손의 마음에 할례를 베푸사 너로 마음을 다하며 성품을 다하여 네 하나님 여호와를 사랑하게 하사 너로 생명을 얻게 하실 것이며"(신 30 : 6)

이게 되는 것입니다.[12]

새언약과 새창조

그런데 이런 새언약에 대해 에스겔서에서는 조금 색다른 표현을 하고 있는 점을 놓치지 않아야 합니다.

"내가 너희를 열국 중에서 취하여 내고 열국 중에서 모아 데리고 고토에 들어가서 맑은 물로 너희에게 뿌려서 너희로 정결케 하되 곧 너희 모든 더러운 것에서와 모든 우상을 섬김에서 너희를 정결케 할 것이며 또 새 영을 너희 속에 두고 새 마음을 너희에게 주되 너희 육신에서 굳은 마음을 제하고 부드러운 마음을 줄 것이며 또 내 신을 너희 속에 두어 너희로 내 율례를 행하게 하리니 너희가 내 규례를 지켜 행할지라 내가 너희 열조에게 준 땅에 너희가 거하여 내 백성이 되고 나는 너희 하나님이 되리라"(겔 36:24-28)

새언약을 할 때 맑은 물로 씻겨서 정결케 한다고 말합니다(겔 36:25). 이어서는 새 영과 새 신을 주어서 굳은 마음을 제하여 버리고 부드러운 마음을 주어(신명기서에서 말하는 마음의 할례 신 30:6; cf. 겔 44:7), 결국 여호와의 율례와 규례를(율법을) 지켜 행하게 한다고 말하고 있습니다(이 내용은 신 30:11-14의 내용과 같은 말입니다). 그런데 이렇게 새 영과 새 신을 주는 모습은, 창세기에서

---

12) 물론 이런 생각이 어떻게 이스라엘 역사 속에서 발전했느냐를 따지는 것은, 아주 복잡한 학문적 논의를 필요로 할 것입니다. 하지만 여기서 말하려고 하는 초점은, 인간 역사를 통해 이런 사상을 발전시키신 하나님의 생각이 무엇인지 따져 보아야 한다는 점입니다. 예수님 당시의 유대인이 갖게 되었던 이런 인식과 배경에 대해서는, 짤막하지만 통찰력이 있는 다음의 책을 참조하십시오. N.T. Wright, *The Challenge of Jesus*, London: SPCK, 2000, chap. 3. *The Challenge of* the Symbols, esp. p. 48.

처음에 인간을 창조할 때 하나님께서 생기를 코에 불어 넣으셔서 사람을 만드는 장면을 연상시킵니다. 그리고 실제 이어진 에스겔서 37장에서는 죽은 뼈들에게 생기를 불어 일으키는 장면을 보여 주고 있습니다.

"여호와 하나님이 흙으로 사람을 지으시고 생기를 그 코에 불어넣으시니 사람이 생령이 된지라"(창 2:7)

"나를 그 뼈 사방으로 지나게 하시기로 본즉 그 골짜기 지면에 뼈가 심히 많고 아주 말랐더라 그가 내게 이르시되 인자야 이 뼈들이 능히 살겠느냐 하시기로 내가 대답하되 주 여호와여 주께서 아시나이다"(겔 37:2-3)

"또 내게 이르시되 인자야 너는 생기를 향하여 대언하라 생기에게 대언하여 이르기를 주 여호와의 말씀에 생기야 사방에서부터 와서 이 사망을 당한 자에게 불어서 살게 하라 하셨다 하라 이에 내가 그 명대로 대언하였더니 생기가 그들에게 들어가매 그들이 곧 살아 일어나서 서는데 극히 큰 군대더라"(겔 37:9-10)

"내 백성들아 내가 너희 무덤을 열고 너희로 거기서 나오게 한즉 너희가 나를 여호와인 줄 알리라 내가 또 내 신을 너희 속에 두어 너희로 살게 하고 내가 또 너희를 너희 고토에 거하게 하리니 나 여호와가 이 일을 말하고 이룬 줄을 너희가 알리라 나 여호와의 말이니라 하셨다 하라"(겔 37:13-14)

즉 다른 말로 하면, 새언약(새출애굽)을 창조라는 개념으로 설명하고 있다는 말입니다. 창세기에 나타난 첫창조시의 모습과 엇비기면서, 새창조의 개념으로 새출애굽을 설명하고 있는 것입니다. 이렇게 새출애굽과 새창조를 설명하는 내용은 이사야서 40-66장에는 자주 등장합니다(사 40:12-31; 42:1-7; 43:1-7;

45:1-13; 48:1-7; 61:1-2; 65:17-18; 66:1-2 etc.).

첫창조와 새창조의 패러다임

그러면 이제는 출애굽과 새출애굽이 내포하고 있는 패러다임을 볼 차례입니다. 처음에 우리는 하나님께서 왜 출애굽 사건을 의도적으로 만드셨는지 의문을 가졌었습니다. 어떻게 보면 역사적으로 그냥 일어난 일중의 하나로 생각할지도 모릅니다. 하지만 창조시부터 지금까지 계획을 갖고 진행하시는 하나님의 큰 뜻 속에서, 이스라엘 백성이 애굽으로 간 사건과 출애굽 사건은 그냥 쉽게 넘길 수 없는 큰 사건입니다. 왜냐 하면 이스라엘 역사 곳곳에서 출애굽 사건을 반복하여 회고하고 있기 때문입니다. 미리 기근이 있을 것을 아시고 먼저 아브라함에게 알려 주시면서도, 그 기근을 막지는 않으셨습니다. 오히려 의도적으로 출애굽 사건을 만드신 것처럼 보입니다. 그렇다면 우리는 그런 하나님의 계획이 세워지고 실행된 이유를 조금 더 헤아려 보는 것이 중요할 것입니다.

첫째로, 첫 번째 출애굽 사건을 통해서 이스라엘 백성이 만들어졌다는 것을 기억해야 합니다. 무슨 뜻이냐 하면, 아브라함과 이삭과 야곱 때까지 그들은 그냥 족장과 부족 정도였지, 하나의 민족과 나라라는 개념으로 쓸 수는 없었던 상황이었습니다. 야곱의 자손들이 애굽으로 이주해 간 후, 거기서 번성해서 나올 때까지 그들은 정식 나라와 민족이라고 보기 힘들다는 말입니다. 역사상 이스라엘 민족이 형성된 것은 바로 출애굽 사건을 통해서였습니다. 그러니까 이스라엘 백성에게 있어서 출애굽은 결국 이스라엘 민족의 형성사이고, 나라의 형성 과정이라 볼 수 있는 것입니다.[13] 이런 배경이 있기에 새로운 출애굽을 또한 새 나라

---

13) Cf. Walter C. Kaiser, Jr., *Toward an Old Testament Theology*, Grand Rapids: Zondervan, 1978, p. 44.

와 새 백성이 창조되는 것이라고 볼 수 있습니다. 첫 번째 출애굽 때나 새출애굽 때 "여호와는 하나님이 되고 이스라엘은 그 백성이 될지라"는(나라의 개념에 대한) 언급이 계속 반복되는 것을 눈여겨 보아야 할 것입니다(출 19:5-6; 29:45-46; 레 26:12; 렘 31:33; 겔 36:28; 37:23, 27 etc.). 첫출애굽이 이스라엘 백성의 창조라면, 새출애굽은 이스라엘 백성의 새창조입니다.

둘째로, 첫 번째 출애굽 후 이스라엘 백성에게 붙여진 대명사가 '죄'라는 것임을 다시 상기해야 합니다. 그 죄 때문에 그들은 또 다른 나라에 팔려가게 되었고, 하나님이 다시 구속하실 때까지 있어야 했습니다. 그래서 새로운 출애굽은 그들을 죄에서 구해내는 것이며, 죄를 사하여 주는 것입니다. 그러나 첫 번째 애굽에 갔던 것은 죄때문이 아니라 기근 때문이었습니다. 그리고 그것은 하나님께서 의도하셨던 것이었습니다. 그러므로 첫출애굽은 죄사함의 언어가 아니지만, 새출애굽은 죄사함의 언어로 표현될 수 있는 것입니다.

셋째로, 그러면 하나님께서 왜 첫출애굽을 의도적으로 만드신 것인지에 대해 어느 정도 답을 찾을 수 있을 것입니다. 첫출애굽 후 창조된 이스라엘 백성에게 특징적으로 지어진 이름이 '죄'였고, 그것으로 인해 결국 다른 나라에 끌려가게 됩니다. 그리고 이렇게 죄를 짓는 이스라엘을 대표하는 인물이 바로 아담이라고 했습니다. 하나님께서 아담을 만드셨지만 그가 하나님을 거부하여 죄를 지었고, 그 후의 인류가 그랬고, 창조된 이스라엘 백성이 늘 그랬습니다. 첫창조 후에 아담이 죄를 지은 것처럼, 첫출애굽을 통해 창조된 이스라엘 백성이 하나님의 말씀 듣기를 거부했다는 것이었습니다. 그래서 아담이 쫓겨난 것처럼 이스라엘도 가나안 땅에서 쫓겨나게 됩니다. 죄로 인해서 말입니다. 그러면 무슨 말입니까? 이스라엘 백성에게 있어 첫출애굽은, 아담에게 있어 첫창조에 해당되는 것입니다. 그렇기 때문에 야곱의 자손들이 애굽에 내려간 것은 그들의 죄악 때문에 간 것이 아니라, 하나님께서 의도적으로 만드실 패러다임을 따라 하나님의 계획 속에서 움직인 것입니다. 그러나 새출애굽은 다릅니다. 이스라엘의 철저한 죄로 인해 바벨론으로 가게 되었기 때문에, 새출애굽은 죄사함을 의미하게 됩니다. 그런데 그런 죄사함이 어떻게 이루어지느냐가 중요합니다. 새로운 이스라엘 백성을 만드는 것을 통해서 이루어지는 것입니다. 새 영을 주셔서 이제는 여호와의 율법이 마음에 새겨집니다. 그래서 죄의 문제를 극복한 새 사람, 새 이스라엘 백성, 새 인류가 새 출애굽을 통해서 이루어진다는 말입니다. 이런 커다란 패러다임은[14] 실제 구약 이스라엘 역사 속에서 아주 분명하게 이루어져 있습니다. 다음 표를 참고하십시오.

첫출애굽	새출애굽
첫언약	새언약
이스라엘 백성의 창조	새이스라엘 백성의 창조
첫창조	새창조
아담의 창조(인류의 창조)	그리스도의 창조(새 인류의 창조)

(3) 예수 그리스도의 구속을 통한 새창조

현실적으로 실현되지 않음: 메시야 사상이 싹틈

그런데 문제가 생겼습니다. 선지자들의 메시지에는, 새출애굽을 통해서 새 이

---

14) 히브리서 기자도 이런 패러다임을 '첫언약과 새언약', '첫 장막과 둘째 장막', '이 창조와 온전한 장막' 등으로 설명하고 있습니다(히 8:7-13; 9:1-10, 11 참조). 필자는 바울의 글에도 이런 패러다임이 보인다고 생각합니다. 이에 대한 자세한 내용은 필자의 박사과정 논문에서 다루려고 합니다.

스라엘이 창조되고, 이스라엘 나라가 회복되며, 온 인류가 돌아온다는 희망이 아주 강렬하게 내재되어 있었습니다. 그런데 실제 포로된 이스라엘 백성이 바벨론 땅에서 돌아온 후에는 이것이 말 그대로 실현되지 않았습니다. 포로된 백성의 일부가 돌아오긴 했습니다. 그렇지만 모든 이스라엘 백성이 다 돌아온 것도 아니었고, 예루살렘으로 돌아왔어도 다시 다윗왕 때처럼 강력한 이스라엘 나라가 형성된 것도 아니었습니다. 오히려 열강들의 틈바구니에서 어려움을 겪는 역사가 계속 진행되었습니다.

어떻게 보면 이것이 참 이상하게 보일지 모릅니다. 하지만 우리가 앞에서 보았던 패러다임을 잘 이해하면, 이런 현상은 오히려 더 자연스러운 것인지 모릅니다. 첫출애굽은 역사적 안목에서 보면 이스라엘 민족을 창조하는 것이었으며, 비유라는 시각으로 보면 결국 아담과 인류의 첫창조를 가리키는 것이라고 했습니다. 첫출애굽이 실제 인류를 창조하는 것이 아니고 유비(喩比)였던 것처럼, 출바벨론(새출애굽)도 역사적 이스라엘 민족의 회복이긴 해도 마음의 할례가 온전히 이루어진다고 보기는 어렵다는 것입니다. 즉 출바벨론 사건을 통해서(역사적으로 이스라엘 백성이 바벨론 포로에서 회복되는 사건을 통해서), 참 이스라엘 백성과 새 인류가 창조되는 것이 아니란 것입니다. 하나님께서 의도하신 것은, 아브라함의 자손인 이스라엘 민족의 역사를 통해서 결국 온 인류에게 의도하신 자신의 계획을 계시하는 것이었습니다.

어찌되었든 이런 역사적 상황이 지속되면서 이스라엘 백성들에게는 새로운 사상이 싹트게 되는데, 그것이 바로 '메시야 사상' 입니다. 선지자들의 예언이 현실화되지 않으면서, 그 메시지를 결국 실제화시키는 인물인 메시야에 대한 사상이 유대인들의 생각 속에 점점 강하게 싹트게 되었습니다. 이것이 결국 신약의 예수님 시대에까지 오게 되었습니다. 그래서 예수님이 오실 때 즈음에는, 이런 메시야 사상이 유대인들에게 풍만히 전개되었던 것입니다.

예수 그리스도: 새창조를 몰고 오는 분

이러한 배경 속에서 우리는 예수님의 메시지를 들어야 합니다. 누가복음 4:16-21에 보면, 예수님께서(새출애굽의 새창조를 가리키고 있는) 이사야서 61:1-2의 내용을 읽으시면서, 그 새창조가 응하고 있다고 말씀하시는 것을 볼 수 있습니다.[15]

> "예수께서 그 자라나신 곳 나사렛에 이르사 안식일에 자기 규례대로 회당에 들어가사 성경을 읽으려고 서시매 선지자 이사야의 글을 드리거늘 책을 펴서 이렇게 기록된 데를 찾으시니 곧 주의 성령이 내게 임하셨으니 이는 가난한 자에게 복음을 전하게 하시려고 내게 기름을 부으시고 나를 보내사 포로된 자에게 자유를 눈먼 자에게 다시 보게 함을 전파하며 눌린 자를 자유케 하고 주의 은혜의 해를 전파하게 하려 하심이라 하였더라 책을 덮어 그 맡은 자에게 주시고 앉으시니 회당에 있는 자들이 다 주목하여 보더라 이에 예수께서 저희에게 말씀하시되 이 글이 오늘날 너희 귀에 응하였느니라 하시니"(눅 4:16-21)

이사야서 61:1에서는 '주 여호와의 신'이라고 기록되어 있지만, 누가복음 저자는 그것을 '주의 성령'이라고 말하고 있습니다. 주의 신을 통해 새 백성이 창조된다는 새출애굽 사상을 지금 예수님께서 읽으시고 나서, "이 내용이 너희 귀에 응하였다"고 말씀하고 있는 것입니다. 물론 예수님께서 직접적으로 내가 바로 그렇게 새창조하는 자라고 한 것 같지는 않습니다.[16] 하지만 간접적으로 자

---

15) 이와 관련하여 그 배경을 살펴 볼 수 있는 중요한 쿰란 문서는 11Qmelchizedek과 4Q521 입니다. 여기서도 기름 부음 받은 메시야에 대한 소망이 표현되어 있음을 볼 수 있습니다.

16) 이 누가복음 본문을 보면 예수님이 스스로 '내가 그다'라는 식으로 말씀하시지 않았고, 오히려 돌려서 '이 글이 오늘날 너희 귀에 응하였느니라'고 말했습니다. 그리고 예수님의 말을 듣고

신이 그 장본인임을 암시한다고는 볼 수 있습니다. 더구나 누가복음 저자는 바로 이 본문 앞에 예수님이 성령을 받으신 것(눅 3:21-22)과 성령에 이끌리어 광야에서 시험 받으신 것(눅 4:1-13)을 기록하고 있습니다. 그렇기 때문에 누가복음 자체는 예수님이 바로 새 백성을 창조하며 새출애굽을 이끄는 자라는 생각을 갖고 있다는 것입니다.

새창조를 통해서 복을 주시는 분

산상수훈에도 이와 유사한 언급을 찾아 볼 수 있습니다. 마태복음 5:1-3을 봅시다.

"예수께서 무리를 보시고 산에 올라가 앉으시니 제자들이 나아온지라 입을 열어 가르쳐 가라사대 심령이 가난한 자는 복이 있나니 천국이 저희 것임이요 애통하는 자는 복이 있나니 저희가 위로를 받을 것임이요"(마 5:1-3)

마태복음에 나타난 예수님이 여기서 읊고 있는 말씀을, 21세기에 사는 그리스도인들은 쉽게 알아채지 못할 것입니다. 하지만 1세기의 유대교의 배경 속에서 예수님의 말씀을 듣던 사람들은 이렇게 하신 말씀의 뉘앙스를 감지했을 것입니다. 왜냐 하면 예수님의 말씀은 앞에서 언급했던 새출애굽 사상을 상기시키는

도 사람들은 곧바로 신성모독이라고 예수님을 적대시하지도 않았습니다. 오히려 그 증거와 은혜로운 말을 기이히 여겼다고 했습니다. 만일 예수님이 직접 '내가 그다' 라는 식으로 말씀하셨다면, 사람들의 반응은 좀 달랐을 것입니다. 오히려 그들에게 분이 일어나게 한 것은, 이사야서 본문의 말씀에 대한 것이 아니라, 은혜를 받고 기이히 여긴 이들에게 예수님께서 이어서 하신 말씀이었습니다(눅 4:23-27). 이것이 나사렛 동네 사람들을 화나게 했던 것이었습니다. 자신의 메시야됨에 대해 예수님이 취했던 행동과 표현이 이렇게 간접적이고 모호한 것은, 복음서 전체에 나타난 예수님의 태도와 잘 일치하는 듯 합니다.

것이기 때문입니다.

"여호와께서 이같이 말씀하시되 하늘은 나의 보좌요 땅은 나의 발등상이니 너희가 나를 위하여 무슨 집을 지을꼬 나의 안식할 처소가 어디랴 나 여호와가 말하노라 나의 손이 이 모든 것을 지어서 다 이루었느니라 무릇 마음이 가난하고 심령에 통회하며 나의 말을 인하여 떠는 자 그 사람은 내가 권고하려니와"(사 66 : 1-2)

"지존 무상하며 영원히 거하며 거룩하다 이름하는 자가 이같이 말씀하시되 내가 높고 거룩한 곳에 거하며 또한 통회하고 마음이 겸손한 자와 함께 거하나니 이는 겸손한 자의 영을 소성케 하며 통회하는 자의 마음을 소성케 하려 함이라"(사 57 : 15)

"여호와의 신이 내게 임하셨으니 이는 여호와께서 내게 기름을 부으사 가난한 자에게 아름다운 소식을 전하게 하려 하심이라 나를 보내사 마음이 상한 자를 고치며 포로된 자에게 자유를 갇힌 자에게 놓임을 전파하며"(사 61 : 1)

심령이 가난한 자와 애통하는 자라는 개념이 계속해서 반복되고 있습니다. 이 본문들은 새출애굽과 새창조를 일으키는 것과 관련된 본문들입니다. 예수님께서 그런 자들에게(새창조되는 자들에게) 복이 있다고 말씀하십니다. 그런데 결국 그렇게 그 복을 일으키는 자, 천국을 도래하게 하는 자가 바로 예수님 자신이라는 투로 말씀하십니다.

"의를 위하여 핍박을 받은 자는 복이 있나니 천국이 저희 것임이라"(마 5 : 10)

"나를 인하여 너희를 욕하고 핍박하고 거짓으로 너희를 거스려 모든 악한 말을 할 때에는 너희에게 복이 있나니 기뻐하고 즐거워하라 하늘에서 너희의 상이 큼이라 너희 전에 있던 선지자들을 이같이 핍박하였느니라"(마 5:11-12)

의를 위하여 핍박을 받는 자에게 복이 있고 천국이 그들의 것이라고 말씀하십니다. 그리고 나서(다시 말하면 산상 수훈에서 팔복을(마 5:3-10) 다 말씀하시고 나서), 그 적용을 이어서(마 5:11-12에서) 말씀하고 있습니다. 나를 인하여 너희가 이런 핍박을 받고 있다면 기뻐하라는 것입니다. 예수님의 이 말씀은, 자신이 바로 그 새출애굽을 통해 새창조를 일으키는 자라는 인식을 충분히 보여주는 것입니다. 바로 이런 인식 때문에 (마태복음의) 예수님께서 자신있게 '나를 인하여'라고 말씀하신 것입니다.

그런데 여기서 또한 주목할 만한 점은, 예수님께서 지속적으로 복받음을 반복하고 있다는 것입니다. 보통 우리에게 팔복이라고 언급되어 알려져 있기도 하지요. 예수님 스스로 새창조를 몰고 오는 분이라고 말씀하시면서, 그 새출애굽이 (새창조가) 이루어지는 것이 곧 복이 있는 것이라고 말합니다. 그러면 무엇입니까? 예수님을 통해서 새창조되는 것이, 바로 하나님께서 처음부터 의도하셨던 복 주실 하나님의 계획이란 말이 아니겠습니까? 첫창조와 새창조는 첫출애굽과 새출애굽으로 대비된다고 했습니다. 새출애굽을 통해서 온전한 새창조를 이루시는 것이 복이 있는 것이라고 했습니다. 그리고 첫창조때에 하나님의 뜻을 따르지 아니한 사람들에게는 복이 결국 허락되지 않았었습니다(악한 자들을 노아의 홍수로 쓸어 버리셨습니다). 그렇다면 무엇입니까? 결국 처음부터 하나님이 계획하셨던 복은, 바로 예수님을 통해서 이루어질 새창조의 복이라는 뜻이 됩니다. 그것을 분명히 하시기 위해 아브라함을 택하셨고, 그 자손들을 통해 첫출애굽과 새출애굽의 사건을 마련하셨습니다. 그리스도를 통해서 참 인류를 새창조하실 것을 계획하셨기 때문에, 그런 일련의 계획들을 진행하신 것입니다. 하나님의 복 주실 계획이 바로 그리스도를 통한 새창조의 계획이라는 사실입니다.

그리스도 안에 있는 신령한 복
바로 이런 점을 에베소서 1:3-6에서 말하고 있는 것입니다.[17]

"찬송하리로다 하나님 곧 우리 주 예수 그리스도의 아버지께서 그리스도 안에서 하늘에 속한 모든 신령한 복으로 우리에게 복 주시되 곧 창세 전에 그리스도 안에서 우리를 택하사 우리로 사랑 안에서 그 앞에 거룩하고 흠이 없게 하시려고 그 기쁘신 뜻대로 우리를 예정하사 예수 그리스도로 말미암아 자기의 아들들이 되게 하셨으니 이는 그의 사랑하시는 자 안에서 우리에게 거저 주시는 바 그의 은혜의 영광을 찬미하게 하려는 것이라"(엡 1:3-6)

또 로마서 4장에 나타난 바울의 이해도 이와 크게 다르지 않아 보입니다. 아브라함의 참 자손이 되는 것은(다른 말로 하면, 새창조의 참 이스라엘 백성이 되는 것은), 구약 율법의 할례제도를 통해서 이루어지는 것이 아니라 믿음으로 되는 것이라고 말하고 있습니다. 아브라함이 (할례를 받기 전에) 이미 믿음으로 의롭다하심 받은 것이, 바로 그점을 보여 준다고 바울은 로마서 4장에서 예증하고 있습니다. 그런데 여기서 주의할 사항이 하나 있습니다. 아브라함이 예수 그리스도를 믿어서 하나님이 아브라함을 의롭다 했다는 식으로 이해하면 곤란합니다.

---

17) 현대의 많은 학자들은 에베소서를 바울의 서신이라고 보지 않습니다. 에베소서의 저작에 대한 논의에 대해서는 Ernest Best, *Ephesians*, The International Critical Commentary, Edinburgh: T&T Clark, 1998, pp. 6-36; Andrew T. Lincoln, *Ephesians*, WBC, Dallas: Word, 1990, pp. Lix-lxxiii; C.E. Arnold, "The Letter to the Ephesians" in DPL, pp. 240-242를 참조하십시오. 하지만 필자는 바울의 서신으로 보는 것이 더 타당하다고 생각하고 있습니다. 이에 대한 논의는 이 책의 범위와 한계를 넘어서는 것입니다.

바울은 그렇게 설명하지 않았습니다. 아브라함이 예수를 믿어서 의롭게 되었다는 구절은 로마서 4장에서는 찾아 볼 수 없습니다. 그것이 아니라 아브라함이 하나님을 믿었다고 설명합니다.

"성경이 무엇을 말하느뇨 아브라함이 하나님을 믿으매 이것이 저에게 의로 여기신 바 되었느니라"(롬 4:3)

"그런즉 이 행복이 할례자에게뇨 혹 무할례자에게도뇨 대저 우리가 말하기를 아브라함에게는 그 믿음을 의로 여기셨다 하노라"(롬 4:9)

"기록된 바 내가 너를 많은 민족의 조상으로 세웠다 하심과 같으니 그의 믿은 바 하나님은 죽은 자를 살리시며 없는 것을 있는 것같이 부르시는 이시니라 아브라함이 바랄 수 없는 중에 바라고 믿었으니 이는 네 후손이 이 같으리라 하신 말씀대로 많은 민족의 조상이 되게 하려 하심을 인함이라 그가 백 세나 되어 자기 몸의 죽은 것 같음과 사라의 태의 죽은 것 같음을 알고도 믿음이 약하여지지 아니하고 믿음이 없어 하나님의 약속을 의심치 않고 믿음에 견고하여져서 하나님께 영광을 돌리며 약속하신 그것을 또한 능히 이루실 줄을 확신하였으니 그러므로 이것을 저에게 의로 여기셨느니라"(롬 4:17-22)

마찬가지로 아브라함 뿐만 아니라 (바울 시대에 믿었던) 우리도 하나님을 믿는다고 바울은 말하고 있습니다.[18]

---

[18] 물론 이 말은 '바울 시대의 신자나 현대의 우리가, 예수님을 믿을 필요가 없다' 는 뜻이 아닙니다. 예수님을 믿습니다. 하지만 로마서 4장의 논리를 이해하기 위해선, '하나님을 믿는다' 고 바울이 말한 점을 잘 보아야 합니다.

"저에게 의로 여기셨다 기록된 것은 아브라함만 위한 것이 아니요. 의로 여기심을 받을 우리도 위함이니 곧 예수 우리 주를 죽은 자 가운데서 살리신 이를(하나님을) 믿는 자니라"(롬 4:23-24)

그리스도께서 우리의 대표로서 새창조를 몰고 오시는데, 그 새창조의 모습은 먼저 죽은 자 가운데서 부활하시고 영광의 몸을 얻게 된 것입니다. 그 부활의 영광의 모습을 바울은 다메섹 도상에서 보고 '하나님의 아들의 형상'이라고 이해했고,[19] 믿는 우리 모두도 그 아들의 형상과 같이 될 것이라고 깨달았을 것입니다. 그런데 바로 이렇게 예수님을 부활시키시고 영광의 모습으로 있게 하신 분이 하나님이십니다. 그리스도는 그 영광의 모습에 우리 모두를 이르게 하는 원형(原型)이라고(새창조를 몰고 오는 분으로서) 바울은 이해한 듯 합니다. 그런 의미에서 그리스도 안에 있는 신령한 복, 하나님의 아들들이 되는 복이, 그리스도를 통해서 이루어진다는 말입니다. 하나님께서는 예수님과 같은 믿음을 지닌 모든 자들에게, 이런 효력을 발휘시키신다는 것이지요.[20]

새 하늘과 새 땅

결국 만물이 모두 새롭게 되는 새 하늘과 새 땅이 도래하게 될 것이라고, 요한계시록은 또한 말합니다. 그것은 원래부터 계획하셨던 그리스도를 통한 새창조의 모습이자, 하나님께서 의도하셨던 복의 모습일 것입니다.

"또 내가 새 하늘과 새 땅을 보니 처음 하늘과 처음 땅이 없어졌고 바다도 다시

---

[19] Cf. 김 세윤, **바울 복음의 기원**, 엠마오, pp. 365-382.
[20] 이런 논의는 매우 전문적입니다. 이 책에서는 이와 관련된 구체적인 논의를 하기가 적합치 않습니다. 보다 자세한 것은 나중에 필자가 쓰고 있는 논문을 참고하시기 바랍니다.

있지 않더라 또 내가 보매 거룩한 성 새 예루살렘이 하나님께로부터 하늘에서 내려오니 그 예비한 것이 신부가 남편을 위하여 단장한 것 같더라 내가 들으니 보좌에서 큰 음성이 나서 가로되 보라 하나님의 장막이 사람들과 함께 있으매 하나님이 저희와 함께 거하시리니 저희는 하나님의 백성이 되고 하나님은 친히 저희와 함께 계셔서 모든 눈물을 그 눈에서 씻기시매 다시 사망이 없고 애통하는 것이나 곡하는 것이나 아픈 것이 다시 있지 아니하리니 처음 것들이 다 지나갔음이러라 보좌에 앉으신 이가 가라사대 보라 내가 만물을 새롭게 하노라 하시고 또 가라사대 이 말은 신실하고 참되니 기록하라 하시고 또 내게 말씀하시되 이루었도다 나는 알파와 오메가요 처음과 나중이라 내가 생명수 샘물로 목마른 자에게 값없이 주리니 이기는 자는 이것들을 유업으로 얻으리라 나는 저의 하나님이 되고 그는 내 아들이 되리라"(계 21:1-7)

이렇듯이 하나님의 복주실 계획이란 것은 그리스도를 통해 하나님의 뜻에 순종하는 백성을 새롭게 창조하셔서, 부활의 영광으로 그의 나라를(새 왕국, 새 성을) 완성시키는 것이라고 볼 수 있습니다.

3. 하나님의 거대한 계획을 살펴본 이유

다음 장으로 넘어가기 전에, 먼저 몇 마디 사족(蛇足)을 다는 것이 필요한지 모르겠습니다. 도대체 그리스도인과 계획이란 주제를 다루면서, 왜 하나님의 복주실 계획이니 구원과 새창조의 계획이니 하는 것에 신경써야 하느냐는 것입니다. 물론 내가 세우는 일상생활의 아주 조그만 계획이, 이런 거대한 하나님의 계획과 아무런 관련이 없어 보일 수도 있습니다. 하지만 우리는 이미 I부에서 그리스도인의 계획은 하나님의 뜻을 따라야 한다고 했습니다. 그리고 그 하나님의 뜻은, 그분이 이 땅과 이 우주에 대해 갖고 계신 거대한 계획과 전혀 무관하지 않다는 점입니다. 내가 지금 판단하고 행동하는 것이 아주 조그만 일인 듯 해도, 하나님의 입장에서 보면 엄청난 우주의 운영 계획 위에 필요한 것일지 모르는 일입니다. 지금 당장에는 그런 것들을 모를 수 있지만, 나중에 가 보면 그 필요성과 필연성이 드러나는 경우가 많습니다.

예를 들어 바울은 마케도냐 사람이 부르는 환상을 본 후에 마케도냐로 건너갔습니다. 그런데 그것이 결국 유럽에 기독교가 먼저 번성하게 된 아주 의미 심장한 사건이었던 것입니다. 요셉이 종으로 팔려 애굽에 내려간 사건도 아주 개인적인 것이지만, 결국 그것은 하나님의 계획이 실현되는 하나의 과정이었습니다. 이어서 있게 될 놀라운 출애굽 역사의 한 획을 시작하는 것이었다는 말입니다. 이런 관점은 역사가 지난 뒤에 보면, 그 규모와 효력을 좀더 자세히 볼 수 있습니다. 하지만 늘 현재를 살아가는 우리에게, 이런 감각이 쉽게 들어오는 것은 아닙니다. 그러면 어떻게 이런 감각과 관점을 가질 수 있을까요? 이미 암시했듯이 하나님께서 이 땅과 우주를 운영하실 때 갖고 계신 그분의 전체 뜻과 계획을, 우리가 조망하고 있어야 하는 것입니다. 그 분의 전체적인 뜻을 이해하고 또 그 분의 마음과 성품을 헤아리고 있을 때, 우리가 사는 현장 속에서 바르게 계획 세울 가능성이 커지는 것입니다.

물론 이런 관점과 감각이 그리 쉽게 형성되거나 얻어지는 것은 또한 아닐 것입니다. 많은 노력이 필요하겠지요. 하지만 도달하기 어려울 정도로 우리에게 먼 일은 아닙니다. 하나님과 똑 같은 수준에 도달할 수 있다는 말은 아닙니다. 다만 우리에게 열려진 합당한 길을 우리가 외면할 수 없고, 또 우리에게 부과된 마땅한 반응을 피해서는 안된다는 뜻입니다. 이러한 관점을 위해서 역사상 살았던 믿음의 위인들을 이해하는 것이 중요합니다. 그들이 어떻게 하나님의 뜻과 계획을 따라 각자의 처지에서 살아갔는지를 살펴보아야 한다는 것입니다. 그래서 다음 장부터는 우리와 동일한 성정(性情)을 가진 사람들이, 하나님의 거대한 뜻과 계획에 어떤 식으로 반응하며, 그때 그때마다 어떻게 자기 나름대로 계획을 세워나갔는지 보려 합니다.

4. 질문

이 장에서는 보다 복잡하게 성경 본문을 설명했고, 신학적인 논의를 더 다루었습니다.[21] 잘 이해가 안되시면 이 장을 다시 읽어 보시는 것이 좋습니다(때론 시간적으로 간격을 두었다가 다시 읽어 보십시오). 아래 질문들에 답을 해가시면서 다시 읽으셔도 좋을 듯 합니다.

1. 그리스도인이 복을 구하는 것은 잘못입니까, 아닙니까? 잘못이라면 무엇이 잘못이고 아니라면 왜 아닙니까?

2. 창 1:26-28에서는 하나님께서 사람들에게 복 주시며 번성하라고 말씀하셨습니다. 그런데 노아의 시대에 가서는 또 사람들이 번성하는 것을 막으셨습니다. 하나님의 마음이 변하신 것일까요? 하나님은 왜 그렇게 행동하셨습니까? 이 사건이 복주시려는 하나님의 계획에 대해 어떤 면을 가르쳐 줍니까?

3. 결국 하나님께서 주시는 복을 누가 받게 되는 것입니까?

4. 출애굽과 새출애굽은 어떻게 해서 이스라엘 민족의 역사 속에 있게

---

[21] 짧은 한 장(章)의 글을 통해, 하나님 계획의 전체 모습을 다 설명하고 또 이해한다는 것이 쉬운 일이 아닙니다. 독자분들 중에 이해하기 어려웠던 분들이 있었는지 모르겠습니다. 좀더 자세한 내용에 대해서는, 추후에 기회가 닿는 대로 집필할 예정인 구원론과 창조론 시리즈를 참고하십시오.

되었습니까? 나의 말로 표현해 봅시다. 새출애굽이 출애굽과 비슷한 점은 무엇이고, 다른 점은 무엇입니까?

5. 아담의 불순종과 이스라엘의 실패는 어떻게 연결됩니까? 그리고 이것이 신약에서는 어떤 생각으로 발전하게 됩니까?

6. 새출애굽 사상이 1세기 유대인들 생각 속에 있었다고 했는데, 이 때의 두드러진 특징은 어떤 것이었습니까? 예수님의 말씀을 우리는 어떤 배경 속에서 읽어야 합니까?(예를 들면 마 5:1-10 ; 눅 4:16-21)

7. 첫창조와 새창조의 패러다임이란 것은 어떤 것입니까? 이것이 첫출애굽과 새출애굽과는 어떤 식으로 관련될 수 있을까요?

8. 엡 1:3에 언급된 '그리스도 안에 있는 신령한 복'이란 말은 무슨 뜻입니까?

9. 로마서 4장에서 바울이 '아브라함이 하나님을 믿었다'고 말한 이유는 무엇입니까?

10. 하나님의 거대한 계획을 살펴보는 것이, 그리스도인과 계획이란 주제를 다루는 데 어떤 도움을 주게 될 것 같습니까?

제 2 장

요셉:
치밀한 계획과 면밀한 실행

♠ 핵심 요약

1. 요셉의 꿈에 대한 오해가 있습니다. 요셉은 그냥 꿈을 잘꾸는 사람도 아니고, 자기의 비전을 가지고 열심을 부려 성공한 사람도 아닙니다.
2. 하나님께서는 요셉에게 꿈을 통해 당신의 뜻을 계시하셨습니다. 하지만 17살의 요셉이 그것을 얼마나 잘 이해했는지는 불투명합니다.
3. 요셉은 인내를 통해서 점점 하나님의 뜻을 깨달아 가는 것 같습니다. 30세가 되었을 때는 하나님의 뜻에 대해 어느 정도 확신했던 것 같습니다.
4. 요셉이 하나님의 뜻을 따라 세운 계획들은 매우 치밀했습니다.
    (1) 요셉은 하나님의 뜻에 맞게 애굽의 경제 계획을 잘 세울 수 있었습니다.
    (2) 그뿐 아니라 형제들이 가나안에서 자기에게 나올 것도 예상하여, 그에 합당한 계획도 잘 세워 진행한 듯 합니다.
    (3) 형들을 만난 후에도 요셉은, 자신이 깨달은 하나님의 뜻에 따라 치밀한 계획을 계속 실행해 갔습니다. 그 결과 가족의 문제도 잘 해결되었고, 야곱 일가는 기근을 피해 애굽으로 올 수 있었습니다.
5. 하나님의 뜻을 따라 세운 요셉의 계획이 온전히 실행되었습니다. 그로 인해서 하나님이 아브라함에게 미리 말씀하셨던 일이 이루어졌습니다. 결국 이 사건은 하나님의 커다란 구속사의 계획에 중요한 위치를 차지하게 됩니다. 요셉의 계획이 하나님 계획의 일부가 되었던 것입니다.

♠ 내용 분해

1. 하나님께서 보여 주신 꿈
    (1) 요셉의 꿈에 대한 오해
    (2) 요셉에게 하나님의 계획을 보이심

2. 요셉의 계획과 실행
    (1) 요셉의 초기 태도
    (2) 요셉의 인내와 인식
    (3) 요셉의 치밀한 계획과 면밀한 실행

3. 요셉의 예가 의미하는 바
    (1) 하나님과 동행하는 것이 필요하다
    (2) 하나님의 뜻 안에 있는 고난은 영광의 옆 자리다
    (3) 하나님의 뜻을 따른 계획은 치밀해야 한다
    (4) 하나님의 거대한 계획 속에 있게 된다

4. 질문

메모

※ 핵심 요약과 내용 분해를 읽고 본문이 어떻게 전개될지 생각해 보세요.

앞장에서는 인생(人生)과 우주를 향하신 하나님의 거대한 계획과 뜻을 살펴보았습니다. 하나님께서는 처음부터 그리스도 안에 있는 신령한 복을 주시려는 계획을 갖고 계셨습니다. 그리고 그 뜻을 이루어 가시기 위해, 역사의 현장 곳곳에서 그 계획을 실행하셨습니다. 이스라엘 역사의 출애굽과 출바벨론도(새출애굽도) 이런 하나님의 계획과 무관하지 않다고 했습니다. 그렇다면 이런 하나님의 계획들이 인간의 역사 속에서 진행되고 이루어져 갈 때, 그 역사의 현장에 있던 사람들은 어떤 반응을 보였을까요? 먼저 출애굽의 배경을 이루는데 관계했던 요셉의 예를 살펴보도록 합시다.

1. 하나님께서 보여 주신 꿈

(1) 요셉의 꿈에 대한 오해

꿈 잘 꾸는 자?
요셉을 생각하면 가장 먼저 떠오르는 것이 꿈일지 모릅니다. 요셉 자신이 꿈도 꾸고, 다른 사람의 꿈도 정확히 해석해 주어서 결국 애굽의 총리 자리까지 오르게 됩니다. 그래서 종종 꿈을 잘 꾸고 그 꿈을 잘 해석하는 것을 선망의 눈으로 바라보는 사람들도 있습니다. 하나님의 뜻이 모호할 때 꿈꾸는 것을 통해서 그 답을 얻으려는 분도 있고, 아예 자신의 신앙 생활의 기초를 자신이 꾼 꿈에 두려는 사람들도 있습니다. 요셉이 꿈을 꾸어서 하나님의 뜻을 알았고, 결국 그 큰 애굽의 총리까지 되는 영예를 누렸기 때문에 충분히 모범이 될만하다는 것입니다.

요셉 본문을 읽다 보면 이와 같이 생각하는 것이 한편 타당성이 있는 듯 합니다. 하지만 이렇게 생각하기에는 어려움이 좀 있습니다. 가장 먼저 생각할 수 있는 어려움은, 요셉이 꿈꾼 것이 창세기의 요셉 본문에는 단 두 번 밖에 나타나지 않는다는 사실입니다. 17세 즈음에 요셉은 두 번 꿈을 꾸는데, 그것이 요셉 꿈의 전부입니다. 그래서 요셉을 단순히 꿈 잘 꾸고, 꿈을 통해서만 하나님의 뜻을 깨닫는 사람으로 보는 것은, 조금 과장되고 지나친 견해일 수 있습니다. 또 실제 요셉의 본문에서는 꿈을 꾼 사람이 요셉만이 아닙니다. 감옥에 있던 두 관원장도 꿈을 꾸었고, 또 애굽 왕 바로도 두 개의 꿈을 꾸ㅂ니다. 요셉을 꿈 잘꾸는 모범으로 볼 수 있다면, 이 두 관원장과 바로도 꿈을 꾸는 모범으로 보아야 하지 않겠습니까? 뿐만 아니라 몇 사람에게 일어났던 한 두 가지 사건을 우리 신앙의 기본적인 틀로 일반화하는 것도 무리입니다. 한 사람에게 일어났던 어떤 사건이나 생활 패턴을 특별한 이유 없이 모두에게 일반화시키기 어렵다는 것입니다. 왜냐 하면 어떤 특정한 것 하나를 무조건 일반화하게 되면, 그 패턴에 맞지 않는 많은 것들이 상대적으로 제외되기 때문입니다. 성경에는 요셉만 나오는 것이 아닙니다. 모세와 다윗도 나오고, 사사시대의 많은 선지자도 나오며, 신약의 사도들도 등장합니다. 무수한 인물들이 있습니다. 그리고 그 인물들은 나름대로 각기 다른 삶을 살았는데, 그것들을 매번 다르게 일반화시킬 수는 없는 것입니다. 성경의 인물들이 갖는 공통적 모습을 잘 헤아려야 할 것입니다.

꿈에 대한 평가절하

그러나 이렇다고 해서 꿈 꾸는 것을 죄악시하거나, 또 요셉이 꿈을 통해 하나님의 뜻을 깨닫게 된 것을 완전히 평가절하해서도 안됩니다. 어떤 분들은 요즈음 같이 컴퓨터와 인터넷이 통용되는 시대에 웬 꿈이냐고 잘라 말할지도 모릅니다. 우리에게 성경이 있기 때문에 꿈을 통해서 하나님의 뜻을 아는 것이 아예 필요없다는 논리를 펴는 사람도 있을 수 있습니다. 그렇지만 이런 견해도 한쪽으로 좀 치우친 듯하고, 또 몇 가지 중요한 점을 놓치는 것 같습니다. 간과하지 말아야 할 것은, 고대의 상황 속에서는 이렇게 꿈이나 환상을 통해서 하나님의 뜻을 아는 경우가 빈번했다는 사실입니다. 요셉이 바로왕의 꿈을 해석한 것처럼 다니엘도 벨사살 왕의 꿈을 해석하였고, 자기 자신도 환상을 여러 번 보았습니다(물론 환상과 꿈을 아주 똑 같은 것으로 보기는 어려운 점이 있습니다). 사도행전에 보면 베드로는 비몽사몽간에 환상을 보았다고 했고(행 10:9-16)[1], 그것이 결국 이방인인 고넬료에게 복음을 전하는 것으로 이어지게 됩니다(행 10:17-48). 또 나중에 베드로가 예루살렘에 올라가 변론을 할 때도 이 꿈 같은 환상이 중요한 근거로 사용됩니다(행 11:1-11).[2]

(3) 공평한 이해

이런 것을 공평하게 이해하려면, 성경 본문의 상황과 그 성경 본문을 기록했던 저자의 역사적 상황 속으로 들어가 봐야 할 것입니다. 예를 들어 삼상 28:6에 보면, 그 당대에 하나님의 뜻을 아는 방법이 꿈, 우림, 선지자 등이라고 설명하고 있습니다.[3] 이것을 사무엘과 사울이 살았던 시대의 입장에서 보면 좀더 자연스럽게 이해할 수 있을 것입니다. 그때는 우리와 같이 신구약 성경이 모두 정경화된 때도 아니었고, 또 사람들의 기본적인 사고방식도 우리와 같지 않았습니다. 고대(古代) 시대란 뜻입니다. 그러므로 우리가 그것을 이해하려면, 고대의 사고 방식으로 그 사람들의 모습과 행동을 판단해야 합니다. 그들에게는 이런 것이 아주 실제적이었고, 전혀 시대에 뒤 떨어진 것이 아니었을 것입니다.

---

1) 이것이 꿈인지 환상인지는 분명하게 정의 내리기 어려울 것입니다. 아마 졸려서 잠이 약간 들려고 할 때 보통 언뜻 꾸는 꿈 같은 형태의 것이 아닌가 추측해 볼 따름입니다.

2) 물론 여기에 들었던 예들이 모두 같은 시대에 일어난 것들이 아니기에, 쉽게 말할 수는 없습니다. 요셉이 꿈꾼 시대나, 창세기 저자가 그 요셉 본문을 작성하던 때가, 그 다른 예들과 시간적으로 멀리 있을 수 있습니다. 하지만 필자가 말하려는 초점은, 이 예들이 모두 고대의 상황이라는 점입니다. 우리 현대의 사고 방식과 고대의 사고 방식이 다르다는 것을 부각 시킨 것입니다.

3) "사울이 여호와께 묻자오되 여호와께서 꿈으로도 우림으로도 선지자로도 그에게 대답지 아니하시므로"(삼상 28:6).

그러면 그때에는 하나님께서 능력이 부족하셔서 그런 방법으로 알리신 것일까요? 그렇지 않을 것입니다. 하나님께서 하실 수 있는 방법은 무궁무진하시지만, 그 당시 사람들의 수준을 감안하셔서 그들의 수준에 맞추신 것일 것입니다.[4] 그러므로 고대의 본문들의 당시 모습을 이해하려면, 무조건 우리의 눈으로 평가해서는 안됩니다. 오히려 그들의 입장에 들어가서 그들에게 중요했던 점들을 이해하여야 하고, 그리고 나서 그것이 우리 시대에 어떤 뜻을 지니는지를 생각해 봐야 합니다.[5]

　우리 시대엔 성경이 완료되었다는 사실 때문에, 성경에 있는 그런 구절들을 평가절하하는 것은 좀 지나친 태도입니다. 하나님께서는 지금도 꿈을 통해서 말씀하실 수 있으신 분이십니다. 이 말은 하나님께서 말씀하시는 주요 통로가 꿈이란 말과는 전혀 다른 뜻입니다. 예를 들면, 아직도 선교지에는 고대의 모습과 상황들이 비슷한 곳이 있습니다. 그런 곳에서는 하나님께서 복음을 전하기 위해서 꿈과 비슷한 방법을 충분히 쓰실 수도 있다는 말입니다. 아직도 자기네 문자도 없는 사람들이 있는데, 그들에게 어떻게 성경을 읽고 하나님의 뜻을 찾으라고 말하겠습니까? 이처럼 현대를 살아가는 사람 사이에도 정도의 차이는 있을 수 있습니다. 하지만 이 말은 꿈을 통해서 뜻을 알아가는 부류가 있고, 성경을 통해서 하나님의 뜻을 알아가는 부류가 따로 있다는 뜻이 아닙니다. 하나님께서 이 땅을 만드시고 통치해 가시는 기본적 원리와 계획이 분명하기 때문에, 그분의 생각이 왔다 갔다 하는 것은 아닙니다. 하나님께서는 당신이 갖고 계신 계획의 내용을 이미 계시해 오셨고, 그 내용을 성경으로 기록되도록 역사(役事)하셨

---

　4) 이런 것을 신학적으로는 '하나님의 낮추심'(accommodation 또는 condescension)이라고 부르기도 합니다. 이에 대한 간단한 설명으로는 다음 책을 참조하십시오. Bruce Milne, *Know the Truth: A Handbook of Christian Belief*, Leicester: IVP, 1982, pp.27, 37.
　5) 물론 이것에는 성경 해석학의 문제가 아주 짙게 깔려 있습니다.

습니다. 그런 의미에서 하나님께서 우리에게 남겨 주신 성경을 무시하고는 그 어떤 것도 정당성을 인정받을 수 없을 것입니다. 비록 꿈을 꾸었다고 해도 그 꿈의 내용과 방향이 성경의 가르침과 다르다면, 그것을 하나님께서 주신 꿈이라고 말할 수 없을 것입니다.

다소 복잡한 설명이 되어 버렸습니다. 하지만 요점은 이것입니다. 요셉의 꿈은 요셉 당시 입장에서는(또는 요셉의 본문이 기록될 당시의 상황에서는) 하나님께서 주신 뜻을 아는 통로로 이해될 수 있지만, 그것을 우리 시대에 그대로 직접 적용하는 데는 어려움이 있다는 것입니다.

꿈(비전)이 있는 자?

또 하나의 오해는, 요셉을 마치 자기 자신의 커다란 비전을 품고 나아가는 '꿈과 야망이 있는 자'로 이해하는 경향입니다. "요셉은 꿈이 있었습니다. 그 꿈을 (다시 말하면 자신의 야망을) 가지고 앞으로 돌진한 사람이었습니다"라고 말하는 것입니다. 그러나 이것도 옳지 않습니다. 우리는 이미 (이책 1부 2장에서) 성경에 언급된 비전(꿈)이란 말을 현대의 뜻으로 읽는 위험에 대해 살펴보았습니다. 요셉의 경우도 마찬가지입니다. 요셉의 본문에 나오는 꿈은 현대인이 말하는 장래성과 야망이 있는 비전 같은 것이 아닙니다. 요셉의 꿈은 말 그대로 우리가 잘 때 꾸는 꿈입니다. 다만 다른 것은 하나님께서 그 당시에는 잘 때 꾸는 꿈을 통해 당신의 계획을 종종 보이신 것뿐입니다.

(2) 요셉에게 하나님의 계획을 보이심

하나님께서는 두 번의 꿈을 통해서 요셉에게 자신의 뜻과 계획을 보이셨습니다. 창세기의 요셉 본문 전반부에서는(창 37장) 이런 사실이 분명히 드러나지 않습니다. 요셉이 그냥 꿈을 꾸었다고 말하지, 하나님께서 그런 꿈을 보여 주셨다는 분명한 언급이 없습니다.

"요셉이 꿈을 꾸고 자기 형들에게 고하매 그들이 그를 더욱 미워하였더라 요셉이 그들에게 이르되 청컨대 나의 꾼 꿈을 들으시오"(창 37:5-6)

"요셉이 다시 꿈을 꾸고 그 형들에게 고하여 가로되 내가 또 꿈을 꾼즉 해와 달과 열한 별이 내게 절하더이다 하니라 그가 그 꿈으로 부형에게 고하매 아비가 그를 꾸짖고 그에게 이르되 너의 꾼 꿈이 무엇이냐 나와 네 모와 네 형제들이 참으로 가서 땅에 엎드려 네게 절하겠느냐 그 형들은 시기하되 그 아비는 그 말을 마음에 두었더라"(창 37:9-11)

다만 알 수 있는 것은, 우리 시대 사람들이 생각하는 것보다 그 당시 사람들은 꿈을 좀더 진지하게 바라봤다는 점입니다. 우리 같으면 그냥 개꿈이려니 하고 지나칠 법도 합니다. 하지만 야곱의 강화(講話)에 등장하는 인물들은, 그 꿈이 실제 현실과 깊이 관련된 것처럼 반응하고 있습니다(요셉과 형들, 아버지의 행동이 모두 그렇습니다).

하지만 이야기가 진행되면서 요셉의 이야기를 듣는 청중은,[6] 여호와 하나님께서 이런 꿈을 보이셨다는 것을 감지하게 됩니다. 보다 분명한 증거는 나중에 애굽의 총리 대신이 된 요셉의 말에 있습니다.

---

[6] 실제 구약 성경은 모든 사람이 책으로 읽도록 쓰여진 글이라기보다는 한 두 사람이 읽고 나머지 청중들은 듣도록 기록되었다고 합니다.

"때에 요셉이 나라의 총리로서 그 땅 모든 백성에게 팔더니 요셉의 형들이 와서 그 앞에서 땅에 엎드려 절하매"(창 42:6)

"요셉이 그들에게 대하여 꾼 꿈을 생각하고 그들에게 이르되 너희는 정탐들이라 이 나라의 틈을 엿보려고 왔느니라"(창 42:9)

이뿐 아니라 요셉이 감옥에서 관원장들의 꿈을 해석해 줄 때나 바로의 꿈을 해석하러 갈 때도, 이런 생각이 드러납니다. 요셉은 하나님께서 꿈을 주시기도 하고 해석도 해 주신다고 말하고 있습니다.

"그들이 그에게 이르되 우리가 꿈을 꾸었으나 이를 해석할 자가 없도다 요셉이 그들에게 이르되 해석은 하나님께 있지 아니하니이까 청컨대 내게 고하소서"(창 40:8)

"요셉이 바로에게 대답하여 가로되 이는 내게 있는 것이 아니라 하나님이 바로에게 평안한 대답을 하시리이다"(창 41:16)

"요셉이 바로에게 고하되 바로의 꿈은 하나이라 하나님이 그 하실 일을 바로에게 보이심이니이다"(창 41:25)

이런 증거들을 통해서 본다면, 하나님께서는 당신이 갖고 계신 계획과 뜻을 요셉에게 꿈을 통해 미리 알려주셨다고 볼 수 있습니다. 그러면 그 꿈에 대해 요셉은 어떻게 반응했을까요?

2. 요셉의 계획과 실행

(1) 요셉의 초기 태도

모호함

꿈꾼 직후의 요셉의 태도에 대해서는 모호한 점이 많습니다. 앞에서 말했듯이 그 꿈이 하나님으로부터 왔다는 분명한 표지가 잘 보이지 않습니다.[7] 요셉의 태도와 행동에 대해서도 마찬가지입니다. 창세기 저자는 이렇다 할 평가를 하지 않습니다.[8] 꿈꾼 후 요셉이 형제와 아버지에게 그 꿈을 말한 것이 잘 한 것인지 잘못한 것인지, 그때의 요셉의 상태가 과연 좋은 것인지, 안 좋은 것인지가 분명치 않다는 말입니다. 그런데도 이 본문을 해석하거나 설교할 때, 사람들은 자기가 선호하는 쪽으로 견해를 펼쳐가는 것 같습니다.

긍정적으로 보는 경우

먼저 창세기 37장의 요셉의 모습을 아주 긍정적으로 보는 시각이 있습니다.[9] 요셉을 처음부터 나중까지 하나도 흠잡을 데 없는 온전한 신앙인으로 묘사하는 것입니다. 이런 생각은 요셉을 아주 위대한 신앙인의 전형(典型)으로 삼고자 노력할 때 취하는 견해입니다. 위인전을 보면 훌륭한 위인들의 어린 시절 삶을 아주 훌륭하게 그려 놓습니다. 분명 어렸을 적에 잘못한 일도 있었을 것이고, 부모

---

7) 창세기에 나타난 꿈 중에서 하나님의 음성이 직접적으로 등장하지 않은 첫 번째 것이, 바로 요셉의 꿈입니다. 야곱에게 나타난 꿈과 비교해 보십시오(창 28:12-15). Cf. Victor P. Hamilton, *The Book of Genesis, Chapter 18-50*, The New International Commentary on the Old Testament, Grand Rapid: Eerdmans, 1995, p. 410.

8) Cf. Hamilton, Genesis, p. 410.

9) Cf. Derek Kidner, *Genesis*, TOTC, London: The Tyndale Press, 1967, p.180.

의 말을 안 듣기도 했을텐데, 위인전을 보면 대부분 잘한 것만을 기록해 놓습니다. 이와 비슷하게 요셉의 전기 같은 이런 본문도 요셉에 대해 긍정적으로 썼을 것이라고 쉽게 가정하는 것입니다.

그러나 이런 생각에는 문제가 있습니다. 성경의 기록은 한 사람을 그렇게 칭찬하고 높이기 위해 쓴 위인전과는 아주 다르기 때문입니다. 성경에는 위대한 다윗 왕이 잘못한 사건도 아주 분명하고 거침없이 쓰고 있으며(삼하 11:1-12:31), 초대 교회의 기둥 같은 베드로의 잘못도 아주 분명하게 기록하고 있기 때문입니다(마 26:69-75; 막 14:66-72; 눅 22:54-62; 요 18:25-27; 갈 2:11-14). 성경은 사람 자체를 칭찬하는 데 초점을 두고 있지 않습니다.

긍정적으로 보려는 두 번째 이유는, 꿈을 잘 꾸는 것을 호의적으로 생각하기 때문입니다. 요셉을 꿈 잘 꾸는 사람 또는 꿈이 있는 사람으로 생각하고 있다면, 자연히 요셉이 꾼 꿈을 언급하는 창세기 37장에 대해 부정적으로 해석하고 싶지 않을 것입니다. 오히려 자신의 꿈을 다른 사람들에게 잘 나누는 사람이 핍박을 받는다는 쪽으로, 이 본문을 해석해 가고자 할 것입니다. 꿈과 비전을 강조하면서 이 본문을 사용하는 것입니다. 요셉을 비전과 꿈을 가진 위인으로 설명하고 싶기 때문에, 17세의 요셉을 아주 긍정적으로 묘사하는 것입니다. 그러나 이것에도 문제가 있습니다. 이미 앞에서 언급했습니다. 요셉의 꿈은 그냥 꿈입니다. 현대 사조가 리더쉽을 설명할 때 주로 갖는 비전과 장래성이라는 개념을 여기에 집어 넣어 읽어서는 안될 것입니다.

셋째는, 요셉의 정직성에 호소를 하는 것입니다. 요셉은 천성적으로 정직했고, 그것 때문에 형제들의 과실을 아버지에게 말했다는 것입니다(창 37:2). 요셉이 고자질한 것이 아니라, 거짓을 참지 못하는 정의롭고 정직한 사람이었다는 것입니다.[10] 꿈을 꾸고 형들과 아버지에게 말한 것도 겸손하지 못해서 그런 것이 아니라고 보기도 합니다. 오히려 어떤 사실을 숨기지 못하는 정직성 때문이라는 것입니다. 하지만 이 점도 좀 지나친 면이 있습니다. 요셉에게 시종일관 정직한 면이 있다고 볼 수는 있지만, 창세기 37장에 나타난 요셉의 행동마저도 정직한 모습으로 판단하기는 석연치 않습니다. 고대에는 현대의 우리보다 더 장유유서(長幼有序)의 생각이 짙었습니다. 요셉은 나이가 17세 정도로 아직 완전한 성년이 되기 전이었고, 그의 형들은 요셉과는 나이 차이가 꽤 나는 성인들이었을 것입니다(요셉이 야곱의 11번째 아들인 점을 생각해 보십시오). 그런데 어린 동생이 자기보다 나이 많은 형들의 잘못에 간섭한다든지, 또 자기가 높아지는 꿈을 형들 앞에서 함부로 말하는 것을, 정직성이란 이름으로 곱게 넘어갈 수 있을지는 의문입니다. 만일 요셉의 이런 행동을 무조건 정직한 것으로 본다면, 어린 사무엘이 엘리 제사장에 대한 하나님의 심판을 말하지 않으려 했던 것은 정직하지 못한 것으로 보아야 할지도 모릅니다(삼상 3:15-18).

부정적으로 보는 경우

이런 어려움들 때문에 정반대로 17세의 요셉을 부정적으로 생각하는 분들도 있습니다.[11] 요셉이 17세 즈음에는 형제들의 잘못을 쉽게 아버지에게 말하는 고

---

10) 아버지에 대한 의무감이 이런 점과 연결되어 있다고 보기도 합니다. 또 이런 정직성을 레위기 5:1의 내용과 연결하기도 합니다. "누구든지 증인이 되어 맹세시키는 소리를 듣고도 그 본 일이나 아는 일을 진술치 아니하면 죄가 있나니 그 허물이 그에게로 돌아갈 것이요."(레 5:1) Cf. Derek Kidner, *Genesis*, TOTC, London: The Tyndale Press, 1967, p.180.

11) Cf. John C. L. Gibson, *Genesis*, The Daily Study Bible, Vol. II, Edinburgh, The Saint Andrew Press, 1982, pp. 226, 231; Claus Westermann은 창 37:3-11에서만 요셉이 부정적으로 나타나고 있다고 생각합니다. C. Westermann, *Genesis: A Practical Commentary*, Grand Rapids: Eerdmans, 1987, p. 262.

자질쟁이였고, 자기 중심적인 성향을 가졌다고 보는 것입니다. 그래서 꿈을 꾸고 나서도 마음에 담아 두지 못하고 자기 자랑식으로 형제들과 심지어는 아버지에게까지 말했다는 것입니다. 우리가 조금이라도 자랑할 것이 있으면 어떤 식으로든지 은연 중에 내비치는 것처럼, 요셉도 그랬다는 것입니다. 그런데 이런 자기 중심적인 생각이 그 뒤에 고난을 받으면서 다듬어지고 고쳐졌다는 겁니다.[12] 요셉이 처음에 꿈꾼 후 사람들에게 말할 때, '내가 꾼 꿈'이라고[13] 표현하는 것을 눈여겨 보십시오.

"요셉이 그들에게 이르되 청컨대 나의 꾼 꿈을 들으시오"(창 37:6)

"요셉이 다시 꿈을 꾸고 그 형들에게 고하여 가로되 내가 또 꿈을 꾼즉 해와 달과 열한 별이 내게 절하더이다 하니라"(창 37:9)

그래서 어쩌면 이런 견해가 좀더 자연스럽게 보이는지 모릅니다. 하지만 이 견해에도 어려운 점은 남아 있습니다. 만일 요셉이 진짜 자기 중심적이고 이기적이었다면, 형들이 요셉을 미워하고 말과 행동이 곱지 않았던 것에 대해(창 37:4) 요셉이 또 어떤 잘못된 행동을 보였을 법도 합니다. 그런데 그러한 언급은 본문에 나타나 있지 않습니다. 이렇게 생각해 볼 수도 있습니다. 만일 요셉이 그렇게 이기적이고 자기 중심적이었다면, 그 뒤에 태도가 갑자기 180도 돌변한 것이 이상하게 보일 수도 있습니다(보디발의 집에 있는 요셉의 모습은 아주 긍정적으로 보이기 때문입니다). 물론 요셉이 종으로 팔려가 어려움을 겪었다고는 하지만, 보디발의 집에 가서 그렇게 곧바로 자신의 성격과 태도를 바꾸었다는

---

12) Cf. John Gibson, *Genesis*, pp. 231, 248.
13) 히브리어로는 모두 '내가 꿈을 꾸었다'(התלמתי)라고(창 37:6,9) 되어 있습니다.

것은 납득하기 쉽지 않습니다. 사람의 성격이 바뀌는 것이 얼마나 어려운 것인가를 생각해 보아야 할 것입니다. 그뿐만이 아닙니다. 나중에 요셉이 형들과 만나서 이야기 할 때도, 자기가 이전에 교만했었다는 고백을 하지 않는다는 것입니다. 오히려 요셉을 팔았던 형들의 회개만이 기록되어 있습니다.[14] 또한 사도행전에 있는 스데반의 설교에서도 요셉의 모습은 부정적으로 쓰여지지 않았고, 오히려 형제들이 요셉을 시기하여 판 것으로 되어 있습니다.[15] 이런 점들을 감안해서 본다면, 창세기 37장에 나타난 요셉에 대해 긍부정의 판단을 하는 것이 참 어려운 것임을 알게 될 것입니다.[16]

본문의 입장

그래서 우리가 성경 본문을 해석할 때 때론 아주 조심해야 합니다. 우리 자신의 전제들 때문에 본문을 치우친 시각으로 읽을 수 있기 때문입니다. 오히려 본문 자체가 갖고 있는 관점을 먼저 잘 따져 보려는 태도가 필요합니다. 때로는 우리의 관점 자체가 성경 본문과 어긋나 있기에, 해석(解釋)이 산으로 올라갈 때가 많이 있습니다. 창세기 37장을 다룰 때에 우리는 자주 요셉 자신에게 초점을 맞추려고 합니다. 요셉을 위대한 신앙의 인물로 생각하고 그의 삶의 모습에 초점을 맞추려고 하기 때문에, 종종 요셉이 잘했냐 못했냐를 판단 기준과 관점으로

---

14) 물론 이런 모습을 그 당시의 요셉과 형들의 신분과 입장이 다른 것으로 설명할 수도 있습니다. 즉 그 당시 요셉은 애굽의 총리라는 신분이었고, 형들은 요셉을 통해 기근을 모면해야 하는 처지였다는 것입니다. 이런 상황 논리가 일면 타당성을 갖고 있습니다. 하지만 요셉 자신이 총리라고 해서 자신의 입장을 그렇게 도도하게 표현했다고 생각하는 것은, 요셉 본문의 후반부에 나타난 요셉의 성품과는 잘 맞아 보이지 않습니다.

15) "여러 조상이 요셉을 시기하여 애굽에 팔았더니 하나님이 저와 함께 계셔 그 모든 환난에서 건져내사 애굽 왕 바로 앞에서 은총과 지혜를 주시매 바로가 저를 애굽과 자기 온 집의 치리자로 세웠느니라"(행 7:9-10)

16) 이런 어려움을 본문의 근원이 되는 자료가 다르다는 것으로 해결하려는 시도가 있습니다. 다음의 책을 참조하십시오. Claus Westermann, *Genesis 37-50*, London: SPCK, 1986, p. 36.

삼아 본문을 보는 것입니다.[17] 하지만 저자가 과연 그런 점을 먼저 우리에게 전하기 위해서 이 본문을 기록했는지는 미지수입니다. 오히려 요셉 본문 전체로 드러나 있는 일관된 주제는 꿈 이야기입니다. 하나님께서 요셉에게 꿈을 주셨고, 그 꿈이 요셉의 일생을 통해서 잘 실현되는 것이 초점인 듯 합니다. 그래서 결국 하나님께서 아브라함에게 말씀하셨던 약속이 이루어지는 것이 요셉 강화의 근본적 줄거리입니다.

창세기 37장에 나타난 갈등은 표면적으로는 요셉과 그 형들 사이의 갈등인 것처럼 보입니다. 아버지 야곱의 편애로 인해 형들이 요셉을 미워하고 언사가 안좋았습니다(창 37:3-4). 그리고 요셉이 형들의 과실을 아버지께 고자질한 일로 인해 사이가 안좋게 되었다고 추측할 수 있습니다. 이런 갈등을 통해 실제 형들이 요셉을 싫어한 것은 분명할 것입니다.[18] 그런데도 본문이 꾸며가고 있는 근본적 갈등은 그런 편애나 과실에 대한 것이 아닌 듯 합니다. 요셉 본문 안에 근본적으로 흐르는 갈등은, 요셉에게 꿈꾸게 하신 하나님의 뜻과 그것을 가볍게 여기는 요셉 형들의 생각입니다. 다음의 구절을 먼저 봅시다.

"요셉이 그들에게 가까이 오기 전에 그들이 요셉을 멀리서 보고 죽이기를 꾀

---

17) 또는 요셉이 별로 잘못한 것이 없는 성경의 인물 중 하나이기 때문에, 자꾸 요셉을 예수님의 예표로 설명하려는 시도들이 종종 있습니다. 요셉이 입었던 채색 옷도 예수님의 세마포 옷과 비교하고, 요셉이 은 이십에 팔린 것과 예수님이 은 삼십에 팔린 것에도 의미를 부여하기도 합니다(은 이십에 요셉이 팔린 것은 일차적으로 그 당시 종을 파는 일반 가격이었을 것입니다. Cf. Derek Kidner, *Genesis*, p. 183). 예수님을 하나님께서 높이신 것처럼, 요셉이 총리에 앉게 된 것도 그런 증거라고 생각하는 것입니다. 이런 식의 해석과 설교가 한창 유행하던 때가 있었습니다. 하지만 이런 모형론적인 해석과 설교는 마땅한 것으로 보기가 힘듭니다.

18) 이 본문에서 형들이 잘못하고 있다는 것은 아주 분명합니다. 이미 그들의 과실이 있다고 그랬고(창 37:2), 또 동생인 요셉을 죽이려하는 것을 보아도 그렇습니다.

하여 서로 이르되 꿈꾸는 자가 오는도다 자 그를 죽여 한 구덩이에 던지고 우리가 말하기를 악한 짐승이 그를 잡아먹었다 하자 그 꿈이 어떻게 되는 것을 우리가 볼 것이니라 하는지라"(창 37 : 18-20)

여기서 보면 형들이 "야, 잘난 체하는 자가 온다. 아버지의 편애를 받는 애가 온다. 기분이 안좋은 애니, 쟤를 죽이자"라는 식으로 말하고 있지 않습니다. 오히려 꿈에 대해 반대하는 식으로 표현하고 있습니다. "꿈 꾸는 자가 온다. 자, 그를 죽이고 그 꿈이 어떻게 되나 한번 보자." 그러니까 표면적으로는 요셉과 형들의 갈등이지만, 창세기 저자는 이것을 하나님이 갖고 계신 뜻과 그것을 무시하는 사람들 사이의 갈등으로 처리하고 있는 것입니다. 형들의 미움은 결국 꿈을 반대하는 것으로 드러납니다. 그 꿈이 실현되지 않도록 하려는 것입니다. 그런데 바로 여기에 아이러니가(irony) 있습니다. 형들은 하나님 뜻을 담고 있는 그 꿈이 실현되지 않게 하기 위해서 요셉을 죽이려고 하는데, 요셉을 죽이려는 그 형들의 행동이 결국 그 꿈을 실현하는 쪽으로 작용하고 있는 것입니다. 요셉을 죽이려는 형들의 계획이 결국 요셉을 미디안 상인에게 파는 쪽으로 바뀝니다. 형들은 그 꿈의 실현이 이제 끝났다고 생각했지만, 바로 그것이 그 꿈을 이루는 출발선이 되었습니다. 꿈을 말살시키려 했지만, 그 꿈이 결국 성취된 것입니다. 이런 생각과 관점 때문에 창세기 저자는 37장 끝을 갑자기 이렇게 맺고 있습니다.

"미디안 사람이 애굽에서 바로의 신하 시위대장 보디발에게 요셉을 팔았더라"(창 37 : 36)

요셉이 애굽의 총리가 되는 쪽으로 더 가까이 가고 있다는 것입니다. 하나님이 주신 꿈이 실현되는 장(場)으로 가고 있는 것입니다.

요셉의 태도와 계획

하나님은 요셉에게 당신의 뜻을 보여 주셨고, 또 형들이 반대했음에도 그 뜻과 계획을 계속 진행시켜 가고 계십니다. 그런데 그런 하나님의 조용한 진행과는 달리 요셉은 아무런 일도 하지 못하는 듯 보입니다. 하나님의 뜻을 따라 계획을 세운 것도 아니고 어떤 특별한 행동을 한 것도 아닙니다. 아버지 야곱의 편애와 보호 속에서 살다가, 결국 애굽의 상인에게 팔려가는 운명을 맞이합니다. 요셉이 하나님의 뜻을 명확하게 파악하고 온전히 이해한 듯 보이지 않습니다. 그냥 자신이 꿈꾼 것을 알았던 것 같습니다. 물론 요셉이 그 꿈을 기억하고 있는 것으로 보아서는(또 형들이 '꿈꾸는 자가 온다' 라고 말한 것을 보아서는) 그 꿈을 그냥 스쳐 지나가는 것으로 생각한 것 같지는 않습니다. 하지만 하나님의 뜻을 온전히 파악하고 있었는지는 아직도 미지수입니다. 그 꿈이 진정으로 하나님으로부터 온 것인지 확신했는지도 불확실합니다. 어쩌면 이런 요셉의 태도 때문에 성경 본문이 요셉에 대해 그렇게 미온적이고 모호한 표현을 하고 있는지도 모릅니다.

(2) 요셉의 인내와 인식

요셉의 인내

미디안 상인들에게 팔리는 순간부터 요셉에게는 인내가 필요했을 것입니다. 아버지로부터 특별한 사랑을 받고 있다가 갑자기 종으로 팔리는 신세가 되었습니다. 낯선 땅 애굽으로 가게 되었고, 또 보디발의 집에 팔렸습니다. 알아듣지 못하는 애굽 말이 귀에서 웅웅거릴 때, 요셉은 두려움에 떨었는지 모릅니다. 모든 것이 정지된 듯하고, 또 모든 것이 낯설었을 것입니다. 인내가 필요했습니다.

그런데 이런 어려운 상황을 창세기 기자는 전혀 다른 말로 표현하고 있습니다.

"여호와께서 요셉과 함께 하시므로 그가 형통한 자가 되어 그 주인 애굽 사람의 집에 있으니 그 주인이 여호와께서 그와 함께 하심을 보며 또 여호와께서 그의 범사에 형통케 하심을 보았더라 요셉이 그 주인에게 은혜를 입어 섬기매 그가 요셉으로 가정 총무를 삼고 자기 소유를 다 그 손에 위임하니 그가 요셉에게 자기 집과 그 모든 소유물을 주관하게 한 때부터 여호와께서 요셉을 위하여 그 애굽 사람의 집에 복을 내리시므로 여호와의 복이 그의 집과 밭에 있는 모든 소유에 미친지라 주인이 그 소유를 다 요셉의 손에 위임하고 자기 식료 외에는 간섭하지 아니하였더라 요셉은 용모가 준수하고 아담하였더라"(창 39:2-6)

요셉이 총리가 되는 쪽으로 가까이 가고 있다는 시각이 여기서도 다시 등장합니다. 요셉은 바로의 시위대장 보디발의 집으로 가게 되었고, 거기서 하나님께서 함께 계셔서 오히려 요셉의 일이 형통케 되었다고 말합니다. 그러나 그런 형통의 길이 다시 보디발의 아내의 유혹과 모함으로 몰락의 길로 변합니다. 강간 미수 혐의로 보디발의 감옥에 갇히게 된 것입니다. 하지만 이것을 설명하는 창세기 저자는 또 그 특유의 관점을 발휘합니다.

"이에 요셉의 주인이 그를 잡아 옥에 넣으니 그 옥은 왕의 죄수를 가두는 곳이었더라 요셉이 옥에 갇혔으나 여호와께서 요셉과 함께 하시고 그에게 인자를 더하사 전옥에게 은혜를 받게 하시매 전옥이 옥중 죄수를 다 요셉의 손에 맡기므로 그 제반 사무를 요셉이 처리하고 전옥은 그의 손에 맡긴 것을 무엇이든지 돌아보지 아니하였으니 이는 여호와께서 요셉과 함께 하심이라 여호와께서 그의 범사에 형통케 하셨더라"(창 39:20-23)

고난은 계속되고 깊어가지만, 오히려 하나님의 뜻과 꿈을 이루는 길로 더 가까이 가고 있다는 말입니다. 감옥은 시위대장 보디발의 집 안에 있었지만(창

40:3참조), 그것을 창세기 저자는 왕의 죄수를 가두는 곳이라고 표현합니다. 왕을 만날 기회가 더 가까워지고 있다는 사실을 말하고 싶은지 모릅니다. 하나님의 뜻을 좌절시키려는 고난과 하나님의 뜻이 실현되는 장(場)이, 바로 종이 한 장 차이를 두고 점점 가까워졌습니다. 여호와의 형통케 하심이 있다고 했습니다. 하나님의 꿈이 더 가까워지고 있다는 표현인지도 모릅니다.

요셉의 인식

이 시점에서 우리는, 요셉이 과연 언제부터 하나님의 뜻과 계획에 대해 좀더 자세히 이해했는지를 생각해 볼 필요가 있습니다. 다시 말하면, 자기가 꾼 꿈이 과연 하나님으로부터 온 것인지를 언제부터 분명하게 인식했을까 하는 것입니다. 앞에서 이미 다룬 것처럼 17세의 요셉은 이 점을 분명히 인식했다고 보기 어렵습니다. 그래서 몇 가지 가능성을 생각해 볼 수 있습니다. 보디발 집에 가서 일이 잘 되어 그 집 가정 총무로 있게 되었을 때는 어떨까요? 보디발이 바로왕의 시위대장이었기에 그의 집이 꽤 컸을 것입니다. 요셉에게 모든 소유를 위임했다고 했으니, 그 큰 집을 관리하면서 적지 않은 권한이 주어졌을 것입니다. 시위대장이라 함은 소위 우리 시대로 말하면 경호실장격이기에, 그 힘이 대단히 컸을 것입니다. 더구나 고대(古代)에는 물리적인 힘이 통치권에 더 관련이 깊었을 것이기에, 시위대장 주위에는 적지 않은 정치인이나 군인들이 가까이 있었을 것입니다. 가정의 총무로 지내면서 요셉은 그런 사람들의 이름을 듣고, 돌아가는 일들을 접할 기회가 있었을 것입니다. 그렇다면 요셉은 그런 것들을 보고 들으면서, 자신의 일이 잘 돼 나가는 것과 함께 자기가 꾸었던 꿈을 연결시켜 보았을지 모릅니다.[19] 그런데 창세기 성경 본문은 이에 대해 함구하고 있습니다. 다만 요

---

19) 요셉이 정치적으로 높은 자리에 오르는 꿈을 꾸었다는 직접적인 표현을 찾기는 힘듭니다. 요셉이 꾼 꿈은 곡식 단들이 절하는 것이고, 또 해와 달과 열 한 별이 절하는 것이었습니다. 하지만

셉이 하나님 앞에서 일을 하며, 하나님을 신뢰하고 있었다는 증거만이 있을 뿐입니다.

"이 집에는 나보다 큰 이가 없으며 주인이 아무것도 내게 금하지 아니하였어도 금한 것은 당신뿐이니 당신은 자기 아내임이라 그런즉 내가 어찌 이 큰 악을 행하여 하나님께 득죄하리이까"(창 39:9)

두 번째 가능성은 요셉이 왕의 죄수를 가두는 옥에 있을 때입니다. 옥에 갇히기는 했지만 여기서도 전옥에게 은혜를 받게 됩니다. 그래서 이곳에서도 제반 사무를 감독하게 됩니다. 그런데 왕의 죄수를 가두는 옥이 어떤 곳입니까? 아마 이곳에는 정치범들도 있었을 것입니다. 왕의 노여움을 사서 결국 옥에 갇힌 사람, 정치적 술수에 말려서 들어온 사람, 자신의 야망 때문에 들어온 사람 등등. 그 옥에 갇힌 사람들의 이야기는 주로 정치 이야기였을 가능성이 많습니다. 그런 곳에서 사무를 관리하다가 보면, 자연히 정치에 대해 조금씩 눈을 뜨게 되는 것도 사실일 것입니다. 그렇다면 그때 요셉은 자신이 꾼 꿈이 실현될 수 있는 가능성을 전혀 생각하지 못했을까요?

요셉에게 좋은 기회가 왔습니다. 왕의 술을 맡은 관원과 떡을 굽는 관원이 감옥에 들어왔던 것입니다. 왕의 음식을 담당하던 사람들이었기에 왕과 가까이에 있었던 사람이었을 것입니다. 왕이 그만큼 신뢰할 수 있어야 하기 때문입니다.

고대 상황에서 '곡식'과 '해와 달과 별'이 내포(內包, connotation)하고 있는 것이 무엇인지 생각해 볼 필요가 있습니다. 당시의 '곡식'은 우리 시대 '주식(株式)'이나 핵심 '정보'에 해당하는 것일지 모릅니다. 또한 그 당시의 '해와 달과 별'은 커다란 권위와 힘과 관련된다고 볼 수 있을 것입니다. 형들이 요셉의 곡식단 꿈 이야기를 듣고, "네가 참으로 우리 왕이 되겠느냐? 참으로 우리를 다스리게 되겠느냐?"라고 반응한 것을 눈여겨 보면 도움이 될 것입니다.

그런데 시위대장은 요셉이 그들에게 시중을 들도록 해 줍니다. 어쩌면 요셉에게는 좋은 기회였을 것입니다. 그들의 시중을 들다가 요셉은 그들이 꿈을 꾸고 고민하는 것을 알게 되었습니다. 이때 요셉이 한 말은 우리에게 어떤 실마리를 제공합니다.

> "그들이 그에게 이르되 우리가 꿈을 꾸었으나 이를 해석할 자가 없도다 요셉이 그들에게 이르되 해석은 하나님께 있지 아니하니이까 청컨대 내게 고하소서" (창 40:8)

해석은 하나님께 있다는 요셉의 표현을 보십시오. 꿈을 주시는 분이 하나님이란 생각인 듯 합니다. 그렇다면 요셉은 이미 자신이 갖게 된 꿈도 하나님으로부터 왔다고 생각했을 수 있습니다. 거기에다 요셉이 이어서 한 말은 "청컨대, 내게 고하소서" 입니다. "하나님께서 해석해 주십니다. 그러니 내게 말씀해 보십시오. 제가 하나님이 무슨 의도로 그런 꿈을 주셨는지 알려주겠습니다"라는 말투입니다. 이미 꿈을 주시는 분이 하나님이라는 것뿐 아니라, 자신이 그렇게 꿈을 주시는 하나님과 이미 어떤 관계에 들어간 것처럼 말을 하고 있습니다.

세 번째 가능성은 그로부터 이년 후(창 41:2 참조)에 바로가 두 번의 꿈을 꾸고 고민하여 요셉을 부를 때입니다. 바로가 요셉을 불렀습니다. 요셉의 해석대로 복직이 된 술 맡은 관원장이, 그제서야 요셉을 기억하고 왕에게 말했기 때문입니다. 그런데 이때 요셉이 바로왕 앞에서 하는 말은, 이년 전에 관원장들의 꿈을 해석해 줄 때와 그다지 다르지 않습니다.

> "요셉이 바로에게 대답하여 가로되 이는 내게 있는 것이 아니라 하나님이 바로에게 평안한 대답을 하시리이다"(창 41:16)

"요셉이 바로에게 고하되 바로의 꿈은 하나이라 하나님이 그 하실 일을 바로에게 보이심이니이다"(창 41:25)

꿈의 해석이 하나님께 있을 뿐 아니라(창 41:16), 하나님께서 속히 일어날 일을 바로에게 보이셨다고 말합니다(창 41:25). 그런데 거기에 색다른 사항은 바로의 꿈이 두 번 겹쳐진 것에 대한 요셉의 해석입니다.

"바로께서 꿈을 두 번 겹쳐 꾸신 것은 하나님이 이 일을 정하셨음이라 속히 행하시리니"(창 41:32)

요셉은 유사한 두 꿈이 겹쳐진 것이 하나님의 정하신 분명한 증거라고 말하고 있습니다. 그래서 속히 행하실 것이니 그에 대한 대비를 하라고 제안하고 있습니다. 요셉의 이 말에서 우리는 중요한 점을 추적해 볼 수 있습니다. 요셉은 자신이 두 번 꾼 꿈에 대해서도 어느 정도 확신하고 있는 듯 합니다. 자신이 꾼 비슷한 두 개의 꿈을 하나님께서 주신 것이라고 확신하지도 않으면서 어떻게 바로왕이 꾼 두 개의 꿈에 대해서만 확신을 하겠습니까? "하나님이 이 일을 정하셨음이라"는 말은 바로왕에게만이 아니라 요셉 자신에게도 해당되는 것으로 볼 수 있습니다. 요셉은 자신의 꿈에 대해서도 어느 정도 확신을 가진 듯 합니다.

이런 요셉의 이해와 관련하여 의미 심장한 표현이 "속히 행하시리니" 입니다. 물론 이 말은 요셉이 바로왕에게 하는 말입니다. 하지만 창세기를 쓰고 있는 창세기 저자가 이 이야기를 듣는 청중들에게 주고 싶은 또 다른 하나의 효과가 있는 듯 합니다. "바로가 두 번 겹쳐 꾼 꿈은 하나님의 정하심이 분명하기에 곧 일어날 것입니다. 그런데 그런 말과 묘하게 겹쳐서 하나님께서 요셉에게 보여 주셨던 두 번의 유사한 꿈도 하나님께서 정하신 것이고, 또 이제 곧 성취될 것입니다"라는 메아리 같은 여운이 남는다는 말입니다.[20] (물론 요셉 자신이 이런 의도를 가졌다고 보기는 어려운 점이 있습니다). 그리고 그런 여운은 바로 그 자리에서 성취됩니다. 요셉의 해석과 그에 따른 대안을 다 들은 애굽왕 바로는, 요셉이 제안했던 그 자리에 요셉을 올려 놓습니다. 요셉이 드디어 총리가 된 것입니다. 바로의 겹쳐 꾼 꿈이 곧 실행되었던 것처럼, 요셉이 두 번 꾼 꿈도 그때 속히 이행되었습니다.

이처럼 요셉은 애굽에 종으로 팔려 와 고난 속에서 하나님의 은혜와 동행하심을 경험하면서, 하나님이 꿈을 주신 분이라는 사실을 점점 확신해 나간 것 같습니다. 자신의 상황에 대한 이해와 하나님에 대한 신뢰가 커지면서, 하나님의 뜻을 점점 더 분명하게 인식해 나간 것입니다.

(3) 요셉의 치밀한 계획과 면밀한 실행

요셉의 1차 계획: 애굽의 14년 경제 계획 초안

요셉이 하나님의 뜻을 점점 더 알게 되었습니다. 그렇다면 과연 그것을 따라 계획 세우는 일은 어떠했을까요? 이것이 우리에게 더욱 흥미가 있는 부분입니다. 먼저 계획을 세우는 요셉의 능력과 재능을 알아 보는 것이 필요할 지 모르겠습니다. 바로의 꿈을 해석하면서 요셉이 이어서 덧붙인 말을 봅시다.

"이제 바로께서는 명철하고 지혜 있는 사람을 택하여 애굽 땅을 치리하게 하시고 바로께서는 또 이같이 행하사 국중에 여러 관리를 두어 그 일곱 해 풍년에

---

20) Cf. Gordon Wenham, *Genesis 16-50, Word Biblical Commentary*, Dallas: Word, 1994, p. 406.

애굽 땅의 오분의 일을 거두되 그 관리로 장차 올 풍년의 모든 곡물을 거두고 그 곡물을 바로의 손에 돌려 양식을 위하여 각 성에 적치하게 하소서 이와 같이 그 곡물을 이 땅에 저장하여 애굽 땅에 임할 일곱 해 흉년을 예비하시면 땅이 이 흉년을 인하여 멸망치 아니하리이다"(창 41:33-36)

바로의 꿈에 대한 요셉의 해석(解釋)이 단순히 꿈의 해몽을 넘어서고 있다는 점을 주목해야 합니다. 다시 말로 하면, 요셉이 그냥 바로의 꿈을 해몽해 주었기 때문에 바로와 그 모든 신하가 요셉을 칭찬하고 총리 자리에 앉힌 것이 아니란 말입니다. 한 번 생각해 보십시오. 지금 요셉의 처지가 어떻습니까? 이방인입니다. 애굽태생이 아니라 딴 나라 사람입니다. 요즈음과 같이 개방이 된 세상에서도 딴 나라 사람이 그 나라의 총리가 되는 것이 어려운데 고대 시대는 어떠했겠습니까? 이방인 중에서도 부모가 다 있고 또 훌륭한 교육 과정을 체계적으로 밟은 사람이 아니라, 감옥에서 죄수로 있던 사람입니다. 감옥의 죄수 중에서도 강간범으로 입옥된 사람입니다. 강간범이 한 번 꿈을 해석해 주었다고 그를 총리 자리에 앉혔겠습니까? 총리 자리가 어떤 자리인지를 생각해 봅시다. 총리 자리는 아무런 능력도 없는데 그냥 자리만 지키고 앉아서 도장만 찍는 자리가 아닙니다. 다루어야 할 일도 많고 또 알아야 될 정보나 지식도 엄청날 것입니다. 조그만 회사를 차려서 경영하려 해도 해야 할 일이 적지 않습니다. 그런데 한 나라의 경영을 맡는다는 일이 그렇게 간단할 리가 없을 것입니다(더구나 당시 애굽은 고대 시대에 대국(大國)이 아닙니까?). 아마 아무나 총리 자리에 앉혀 놓으면, 골치 아픈 일들 때문에 오래 못가서 자진 사퇴할지도 모를 것입니다.

그렇다면 무엇이 요셉을 총리 자리에 앉히게 되는 동기와 판단 근거가 되었을까요? 꿈의 해석을 잘 해 준 것은 그냥 그에 대한 상을 내리면 그만일 수 있습니다. 하지만 총리 자리에 앉힌 것은, 상을 준 것과 더불어 어떤 커다란 책임을 맡긴 것입니다. 그런 책임을 지기에 합당한 능력이 있다고 인정한 것입니다. 요셉이 총리 자리에 앉게 된 것은 바로의 꿈을 해석해 준 것 때문이라기보다는, 그 해석에 이어 요셉이 세워준 계획(즉 문제에 대한 마땅한 대안) 때문이라고 볼 수 있습니다.

꿈의 해석에 이어 요셉이 요약해서 제안한 기본 계획은 다음과 같습니다.

① 인사 계획: 명철하고 지혜 있는 사람을 택할 것(창 41:33)
② 행정 계획: 국중에 여러 관리를 두어 곡물을 관리하도록 할 것(창 41:34a).
③ 경제 계획: 7년 풍년 기간에 1/5씩 세금으로 거두어 각 성에 적치하여, 7년의 흉년 기간에 사용하도록 할 것(창 41:34b-36).

요셉의 제안은 어떻게 보면 아주 단순한 것처럼 보입니다. 하지만 이것은 결론만을 요약한 것이어서 그렇게 보일지 모릅니다. 실제 요셉이 이런 14년 경제 계획안을 제안할 수 있는 것은, 요셉이 이미 당대 애굽의 정치 경제 세계를 읽을 수 있었다는 뜻입니다. 또 동시에 그런 정치적 현실에 대해 나름대로 적당한 대안을 내는 정치적 감각을 가지고 있었다는 것을 의미합니다. 아무런 생각없이 그냥 1/5을 거두라고 한 것 같지 않다는 말입니다. 우리시대는 정보 통신을 어떻게 관리하느냐, 은행의 돈을 어떻게 관리하느냐 하는 등이 경제 현실에서 중요할지 모릅니다. 하지만 농업이 경제의 기본이던 당시에는, 어떻게 물(水)관리를 하는가, 또 곡식을(요즈음 말로 하면 세금) 어떻게 거두어 들이는가 하는 점들이 대단히 중요했을 것입니다. 그뿐만이 아닙니다. 요셉이 시위대장의 집과 왕의 죄수들이 있는 감옥에서 있으면서 당대의 각종 정치적 인물들의 흐름을 어느 정도는 알고 있었을지도 모릅니다. 그래서 그가 말하는 인사 정책은 그냥 단순히 원론적인 이야기만을 하는 것은 아닌 듯 합니다. 실제 정치적 배경이 없는 요셉이 총리가 된 후에 자신이 등용할 사람이나 관리를 판단하기 위해서는, 이미 일정량의 정치적 소견과 정보가 있어야 했을 것입니다. 그런 정치 수업과 행정 교육을 요셉은, 시위대장 보디발의 가정 총무로 있으면서 또 왕의 죄수를 가두는 감옥의 행정을 맡으면서 받았을 것입니다. 이것이 그리 단순한 추측은 아닐 것입니다. 바로 이런 요셉의 모습 때문에 바로와 그 신하들이 입을 모아 요셉을 칭찬한 듯 합니다.

"바로와 그 모든 신하가 이 일을 좋게 여긴지라 바로가 그 신하들에게 이르되 이와 같이 하나님의 신에 감동한 사람을 우리가 어찌 얻을 수 있으리요 하고 요셉에게 이르되 하나님이 이 모든 것을 네게 보이셨으니 너와 같이 명철하고 지혜 있는 자가 없도다"(창 41:37-39)

이렇게 본다면 이 즈음에 요셉은 행정과 계획을 하는 데 어느 정도 훈련이 되어 있었던 것 같습니다. 하나님이 만사(萬事)를 다스리시며 뜻을 보여 주시는 분인 것을 깨닫기도 했고, 또 그 뜻을 따라 계획 세우는 일을 아주 잘한 사람이었습니다. 우리가 I부에서 정리했던 바른 계획 세우기의 기본기를 잘 습득하고 있었던 사람같다는 것입니다.

요셉의 2차 계획: 형들을 만날 계획

그렇다면 요셉 자신의 인생과 자기 가족을 향해 보여 주신 하나님의 뜻과 계획에 대해서는, 요셉이 어떻게 대응하고 계획하였을까요? 이 부분도 요셉 본문을 언뜻 보면 잘 안 보이는 것 같지만, 조금 더 주의하면 적당한 실마리를 찾을 수 있습니다. 먼저 다음의 몇 구절을 봅시다.

"각국 백성도 양식을 사려고 애굽으로 들어와 요셉에게 이르렀으니 기근이 온

세상에 심함이었더라"(창 41:57)

"때에 요셉이 나라의 총리로서 그 땅 모든 백성에게 팔더니 요셉의 형들이 와서 그 앞에서 땅에 엎드려 절하매"(창 42:6)

드디어 바로가 꾼 꿈대로 7년의 풍년이 지나고 7년의 흉년이 시작되었습니다. 흉년이 심해서 애굽에 있는 백성뿐 아니라 다른 나라 사람들도 곡식을 사러 오게 되었습니다. 그런데 이때 좀 석연치 않은 부분이 있습니다. 어떻게 요셉의 형들이 곡식을 사러 온 것을 총리 요셉이 쉽게 볼 수 있었느냐는 점입니다. 그냥 '아 곡식 사러 오니까 만났겠구나'라고 생각하면 그만이겠지만, 실제는 그렇게 단순한 것 같지 않습니다. 일곱 해 동안 소출이 심히 많아서, 그 칠년 동안 곡물을 거두어 각 성(城)에 저축하였다고 했습니다. 각 성 주위에서 거둔 소출을 그 성에 적치했다는 말이지요(창 41:47-48).

"일곱 해 풍년에 토지 소출이 심히 많은지라 요셉이 애굽 땅에 있는 그 칠 년 곡물을 거두어 각 성에 저축하되 각 성 주위의 밭의 곡물을 그 성중에 저장하매" (창 41:47-48)

그리고 흉년도 아주 심해서 많은 사람이 곡식을 사러 모였고, 또 모든 창고를 열었다고 했습니다(창 41:55-57). 애굽 사람뿐 아니라 다른 나라 백성도 왔다고 했습니다. 그렇다면 그 많은 사람에게 곡식을 파는데 과연 몇 군데서 팔았을까요? 각 성에 곡식을 적치해 놓았었는데, 다시 요셉이 있는 곳에 다 가져와서 팔았을까요? 그렇다면 가난하고 배고픈 사람들은 또 몇 날을 들여 요셉이 있는 곳까지 와서 사갔을 것입니다. 그렇다면 왜 요셉이 처음에 각 성에 곡물을 적치해 두라고 말했을까요? 단순히 창고가 부족했기 때문이겠습니까? 요즈음처럼 교통 수단이 아주 좋아서 그냥 차 한 번 타면 몇 시간 안에 곡식을 사고, 또 그 차로 곡물을 실어갈 수 있다고 생각하면 안될 것입니다. 더구나 흉년에 먼 길을 걸어서 또 무거운 곡물을 사는 것이 그리 쉽지 않았을 것입니다. 또 한 곳에서 곡물을 팔았다면, 얼마나 많은 사람이 모이게 되었겠습니까? 그리고 그랬을 때 야기될 여러 가지 문제는 도둑, 치안, 숙박 문제 등 또 얼마나 많겠습니까? 이런 점에서 본다면, 곡식을 파는 곳이 한 곳은 아니었을 듯 싶습니다. 그리고 한 곳에서 팔게 했다고 하더라도 그 방법과 행정 처리 문제는 복잡했을 것입니다. 제가 왜 이런 말을 하겠습니까? 요셉이 그 형들을 만나는 것이 그렇게 쉬운 일이 아니라고 말하려는 것입니다. 요셉이 누구입니까? 큰 나라 애굽의 총리가 아니었습니까? 그런데 요셉이 어떻게 형들을 만날 수 있었을까요? 총리 요셉이 곡식 파는 책상에 앉아서 그 많은 사람들과 대화하면서 곡식을 팔았을까요? 큰 나라의 총리가 그런 구체적인 행정을 맡아서 했을까요? 다른 할 일들은 없었을까요? 무엇인가 조금 걸맞지 않는 것이 있어 보이지 않습니까?[21]

아마도 자연스런 답은 이런 것일 것입니다. 요셉은 풍년과 기근이 심할 것을 알고, 풍년 때에 밭에 가까운 성들에 곡식을 저장했습니다. 왜냐하면 심한 기근이 있을 때 적절하고 빠르게 조치하기 위해서였을 것입니다. 그래서 기근이 들자 그 곡식들을 각 창고에서 풀면서 각각 관리들을 세워 곡물을 팔았을 것입니다(이것이 처음에 요셉이 말한 기초 안(案)의 핵심 내용입니다, 창 41:34-36 참조). 그래서 애굽의 각 백성들은 자기가 있는 곳 가까이에서 곡물을 샀을 것이고, 그때 각 관리들이 판 돈은 결국 요셉의 관할하에 들어갔을 것입니다. 그리고 다른 나라에서 곡물을 사러 오는 경우에는, 아마 창구를 일원화하는 조치를 해 두

---

[21] John Gibson은 이와 유사한 질문을 하고 있습니다. Cf. John Gibson, *Genesis*, Vol. II, pp. 273-274.

었을 가능성이 있습니다(아니면 각 성에서 팔 수 있기는 했지만 신상 명세를 파악해 두도록 조치했었을지 모릅니다). 왜냐 하면 요셉이 형들을 만났을 때 어디서 왔냐고 물었고 너희가 정탐꾼들이라고 말하는 내용들로 보아(창 42:7-12 참조), 외국인들에게 곡식을 파는 과정은 조금 더 까다롭게 하도록 조치해 두었을 가능성이 있습니다. 왜 그렇게 생각할 수 있을까요? 실제 많은 사람들이 곡물을 사러 왔고, 또 요셉은 총리로서 혼자 곡물 파는 책상 앞에서 그 많은 사람을 다 만날 수 없기 때문입니다. 요셉은 아마도 일반 백성들에게 파는 곡식은 다른 관리들이 팔도록 조치를 해 놓았을 것이고,[22] 특별히 외국인에게 파는 경우에 대해선 자신이 관할하거나 아니면 자신에게 특별한 보고를 하도록 조치를 취해 놓았는지 모릅니다. 그러면 왜 요셉이 그런 조치를 세워 놓았을까요? 아마도 요셉은 이미 형들이 곡물을 사러 올 것을 예상했다는 말입니다. 그래서 자신의 그 계획에 따라 곡물을 파는 방식을 자기의 의도에 맞게 조치해 놓았을 것입니다. 그러면 요셉이 어떻게 그런 예상을 할 수 있었을까요? 바로 하나님께서 주신 꿈 때문입니다. 아래 구절을 비교해 보십시오.

"우리가 밭에서 곡식을 묶더니 내 단은 일어서고 당신들의 단은 내 단을 둘러서서 절하더이다"(창 37:7)
(요셉이 처음 꾼 꿈을 형들에게 말하는 내용)

"때에 요셉이 나라의 총리로서 그 땅 모든 백성에게 팔더니 요셉의 형들이 와서 그 앞에서 땅에 엎드려 절하매 요셉이 보고 형들인 줄 아나 모르는 체하고 엄

---

[22] 창 41:56이나 42:6에는 '요셉이 곡식을 판다'는 내용이 나옵니다. 이런 표현 때문에 요셉이 곡식 파는 모든 창구 앞에 앉아 있었다는 뜻으로 보는 것은 무리입니다. 오히려 곡식을 파는 일에 전적인 권한과 책임이 요셉에게 있었다는 뜻으로 보는 것이 좋을 것입니다.

한 소리로 그들에게 말하여 가로되 너희가 어디서 왔느냐 그들이 가로되 곡물을 사려고 가나안에서 왔나이다 요셉은 그 형들을 아나 그들은 요셉을 알지 못하더라 요셉이 그들에게 대하여 꾼 꿈을 생각하고 그들에게 이르되 너희는 정탐들이라 이 나라의 틈을 엿보려고 왔느니라"(창 42:6-9)
(기근으로 곡물을 사러 온 형들을 요셉이 만나서 말하는 내용)

요셉은 자신이 총리가 되는 것을 통해서 하나님이 자기에게 주신 꿈을 분명히 확신했고, 이제 하나님께서 보여 주신 뜻이 온전히 실현되기 위해서 자기 나름대로 계획을 세웠을 것입니다. 자신은 보여 주신 꿈처럼 애굽의 총리 대신이라는 높은 자리에 올라갔습니다. 그리고 바로에게 주신 꿈의 내용은 풍년과 흉년에 대한 것이었고, 자신은 그때 곡식을 총관리하고 책임지는 자리에 이르게 된 것이었습니다. 요셉이 과연 어떻게 생각했겠습니까? 자신의 꿈에서 주는 힌트처럼, 형들이 자기를 찾아와서 절을 하는 것으로 예상하지 않았겠습니까? 그러면 형들이 무엇 때문에 애굽의 총리를 찾아 오겠습니까? 어떤 동기(動機)와 일 때문에 저 멀리 가나안에 사는 사람들이 애굽에 올 것이냐는 말입니다. 흉년이 심해져 다른 나라 사람들도 곡물을 사러 오는 현상을 보면서, 요셉은 형들을 만날 계획을 더 치밀히 세웠을 것입니다. 그래서 요셉은 특별히 외국인들에게 곡물을 파는 자리에 있었을 것이고(또는 보고 조치를 취해 놓았을 것이고), 곡물을 사는 사람들에게 꼼꼼히 따져 물었을 것입니다(또는 자세한 신상 보고를 하도록 조치해 놓았을 것입니다).

이런 모든 점을 감안해 보면, 요셉과 그 형들이 만나게 된 것에는 하나님께서 보여 주신 꿈을 따른 요셉의 치밀한 계획이 있었다고 보아야 할 것입니다.

요셉의 3차 계획: 베냐민과 야곱까지 애굽에 오게 할 계획

거기서 요셉의 계획이 끝나지 않습니다. 형제들이 와서 요셉에게 절하는 것을 보면서 요셉은 자신이 꾼 꿈을 생각했습니다. 그러나 그것은 또 다른 계획의 시작이었지 끝이 아니었습니다.

> "요셉이 그들에게 대하여 꾼 꿈을 생각하고 그들에게 이르되 너희는 정탐들이라 이 나라의 틈을 엿보려고 왔느니라"(창 42:9)

요셉이 과거에 꾼 꿈을 생각했다고 말합니다. 그런데 거기에 특별한 말이 들어가 있습니다. 그들에 대하여 꿈을 꾸었다는 것입니다. 요셉은 자신이 애굽의 총리가 되는 것이 하나님께서 주신 꿈의 궁극적 실현이라고 생각하지 않은 듯합니다. 그래서 이런 표현이 있는 것입니다. 자기가 애굽의 높은 총리 대신이 된 것이 끝이 아니라는 것입니다. 요셉이 꾸었던 꿈은 형들과 관련되어야 했습니다. 그들에 대하여 꾼 꿈이었습니다. 그러나 총리가 된 자신을 형들이 알아보고, 자신에게 절하고 경배하는 정도라고 생각한 것 같지도 않습니다. 만일 그랬다면 형들을 만나자마자 자신의 신분을 밝혔겠지요. 그러나 요셉은 그렇게 하지 않았습니다. 오히려 그 꿈을 생각하며 형제들을 정탐꾼들이라고 몰았습니다. 그러면 그들에게 대하여 꾼 꿈을 생각했다는 말이 무슨 뜻입니까? 그리고 왜 요셉은 이어서 곧바로 자신의 신분을 밝히지 않고 형들을 정탐꾼들로 모는 것일까요? 여기에 바로 요셉의 3차 계획이 숨어 있는 것입니다.

요셉은 형들의 신상 명세를 찬찬히 물어보면서, 중간에 가족들 중에 형제 한 사람이 없어진 것에 대해 추궁을 했습니다. 그것이 바로 정탐꾼이라는 증거라고 꼬투리를 잡습니다. 형들이 형제 요셉에 대해 말하면서 그냥 없어졌다고 하니 조금 수상하다는 이야기지요. 요셉이 사건의 전모를 잘 알고 있었으니, 형들이 하는 말에 대해 꼬투리를 잡기 쉬웠을 것입니다. 그 반면 형들은 그 동생을 자기들이 팔았다고 말할 수는 없으니, 좀 횡설수설했을 가능성도 있습니다. 그래서 그런 요셉의 추궁에 형들은 이런 말을 서로 늘어 놓습니다.

"그들이 서로 말하되 우리가 아우의 일로 인하여 범죄하였도다 그가 우리에게 애걸할 때에 그 마음의 괴로움을 보고도 듣지 아니하였으므로 이 괴로움이 우리에게 임하도다 르우벤이 그들에게 대답하여 가로되 내가 너희더러 그 아이에게 득죄하지 말라고 하지 아니하였느냐 그래도 너희가 듣지 아니하였느니라 그러므로 그의 피 값을 내게 되었도다 하니 피차간에 통변을 세웠으므로 그들은 요셉이 그 말을 알아들은 줄을 알지 못하였더라"(창 42:21-23)

요셉은 처음에는 형들 중에 한 사람만 가나안으로 가서 막내 동생을 데리고 오고, 나머지는 이곳에 잡혀 있으라고 했습니다. 그러다가 나중에는 시므온 한 사람만 남겨 놓고 다른 사람은 가서 막내를 데려오라고 말을 바꿉니다. 언뜻 보면 요셉의 이런 말도 잘 이해가 가지 않습니다. 왜 이런 식으로 형들에게 꼬투리를 잡고, 또 시므온을 인질로 잡는 것일까요? 힌트는, 요셉이 꾼 꿈을 생각하고 그들을 정탐꾼으로 몰았다는 창 42:9에 있습니다. 하나님께서 보여 주신 꿈에 근거를 두고 요셉이 형들을 정탐꾼으로 몰아가는 것입니다. 이것이 요셉의 세 번째 계획입니다. 어떻게 보면 말이 안 되는 것 같습니다. 하지만 요셉의 3차 계획을 이해하면 그다지 황당한 말이 아니라고 느끼실 것입니다.

요셉이 꾼 첫 번째 꿈은, 형들의 곡식단이 요셉을 향해 절을 하는 것이었습니다. 그리고 그것은 지금 형들이 와서 절을 하는 것을 통해서 일단 실현된 것처럼 보입니다. 하지만 그것이 요셉이 꾼 꿈의 전부가 아닙니다. 한 번 더 꾼 꿈에는 그의 전 가족이 자기에게로 나아오는 내용이 있습니다. 해와 달과 열 한 별이 절하는 것이었습니다.

> "요셉이 다시 꿈을 꾸고 그 형들에게 고하여 가로되 내가 또 꿈을 꾼즉 해와 달과 열한 별이 내게 절하더이다 하니라"(창 37:9)

그렇다면 아직 하나님께서 의도하시는 뜻과 계획은 남아 있는 셈입니다. 자기 동생 베냐민이 오지 않았고, 또 아버지도 아직 오지 않았습니다. 그리고 더 크게는 아버지 야곱의 모든 일가가 결국 요셉이 있는 애굽 땅으로 오도록 하려는 듯 합니다. 이것이 요셉의 3차 계획의 핵심인 것입니다. 그래서 요셉은 형들에게 정탐꾼이라는 꼬투리를 씌워 인질로 잡으면서, 베냐민을 데려 오도록 노력하고 있습니다. 그래서 시므온을 볼모로 잡고 베냐민을 오도록 조치합니다. 그러면 왜 시므온을 볼모로 잡고 베냐민을 오도록 하게 할까요? 왜 야곱을 아예 부르지는 않을까요? 이런 것을 보면 요셉의 3차 계획이 그렇게 단순하지 않음을 알 수 있습니다. 그냥 쉽게 생각하면 자기의 신분을 노출하고, 그냥 베냐민과 아버지 일가족을 다 오라고 하면 될 듯 합니다. 하지만 그렇게 하지 못하는 데 요셉의 고민과 3차 계획의 특징이 있는 것입니다. 요셉의 전체 계획은 결국 아버지 야곱의 자손들 모두를 고센 땅으로 데려오는 것입니다. 나중에 요셉이 자기 신분을 다 노출하면서 하는 말을 먼저 들어 봅시다.

> "하나님이 큰 구원으로 당신들의 생명을 보존하고 당신들의 후손을 세상에 두시려고 나를 당신들 앞서 보내셨나니 그런즉 나를 이리로 보낸 자는 당신들이 아니요 하나님이시라 하나님이 나로 바로의 아비를 삼으시며 그 온 집의 주를 삼으시며 애굽 온 땅의 치리자를 삼으셨나이다 당신들은 속히 아버지께로 올라가서 고하기를 아버지의 아들 요셉의 말에 하나님이 나를 애굽 전국의 주로 세우셨으니 내게로 지체말고 내려오사 아버지의 아들들과 아버지의 손자들과 아버지의

양과 소와 모든 소유가 고센 땅에 있어서 나와 가깝게 하소서 흉년이 아직 다섯 해가 있으니 내가 거기서 아버지를 봉양하리이다 아버지와 아버지의 가속과 아버지의 모든 소속이 결핍할까 하나이다 하더라 하소서"(창 45:7-11)

요셉은, 하나님께서 자신을 미리 이곳 애굽에 보내셔서 총리로 삼으시고, 결국 흉년 때에 아버지 야곱의 가족을 모두 애굽땅으로 이주 시키게 하실 것을 깨닫고 있었단 말입니다. 요셉은 구체적으로 땅까지 생각해 놓은 듯 합니다. 고센 땅이었습니다. 아마 야곱의 일가가 목축을 하고 있었기 때문에, 그것에 합당한 지역을 고려하여 요셉이 미리 생각해 두었던 것 같습니다(창 46:31-34 참조). 요셉은 이미 계획을 세워 놓고 있었는데, 바로 이런 계획 때문에 요셉에게는 고민이 있었던 것 같습니다.

자신의 과거 경험으로는 형들에게 과실이 많이 있었습니다. 형제들 사이에 의견 다툼도 많았고 생각도 서로 달랐습니다. 그래서 만일 그런 형제들 사이의 갈등과 과실이 잘 해결되지 않은 상태에서 이들이 고센 땅에 정착한다면, 많은 문제가 일어날지도 모르는 상황이었습니다. 요셉은 이런 것을 염려한 듯 합니다. 요셉이 나중에 형들을 아버지께 다시 보낼 때에 하는 말에는 요셉의 이런 염려가 잘 드러나 있습니다.

"이에 형들을 돌려 보내며 그들에게 이르되 당신들은 노중에서 다투지 말라 하였더라"(창 45:24)

요셉은 형제들의 이런 문제점들이 치유되기를 바란 듯 합니다. 그래서 그는 의도적으로 형들이 과거의 행동을 뉘우칠 만한 상황을 만들기도 하고, 또 곤란한 문제를 만들어서 형들이 어떤 행동을 취하는지를 눈여겨 보는 듯 합니다.

두 번째 큰 문제는 아버지의 편애입니다. 형들이 그렇게 서로 사이가 안 좋아지게 되고, 또 자기가 형들 손에 팔리게 된 배경에 아버지의 편애도 한 몫 한 것을 요셉은 알고 있었습니다. 그래서 한편으로는 아버지와 함께 베냐민이 자기에게 나와야 하는 하나님의 계획도 성취해야 하지만, 아버지가 갖고 있는 자식들에 대한 편애 문제도 해결되어야 했습니다. 그래서 시므온을 볼모로 잡고 베냐민을 요구합니다. 이 부분은 형들에게도 어려웠겠지만, 아버지 야곱에게는 더욱 어려운 점이었다는 것을 요셉이 잘 알고 있었을 것입니다.[23] 그렇기 때문에 이런 요구를 하는 것 같습니다. 결국 요셉의 계획 대로 아버지는 베냐민을 애굽으로 보내면서 마음에 결단을 하게 됩니다. 아래 야곱의 고백을 봅시다.

"네 아우도 [베냐민도] 데리고 떠나 다시 그 사람에게로 [애굽의 총리에게로] 가라 전능하신 하나님께서 그 사람 앞에서 너희에게 은혜를 베푸사 그 사람으로 너희 다른 형제와 베냐민을 돌려 보내게 하시기를 원하노라 내가 자식을 잃게 되면 잃으리로다" (창 43:13-14)
([ ]안은 필자가 첨가한 것임)

이것이 마지막이 아닙니다. 요셉은 베냐민이 온 것을 보고 형제들과 함께 잔치를 합니다. 자신의 감정을 억제하기 힘들었지만 잘 참아가면서, 그들과 좋은 시간을 보냅니다. 아직 남은 자신의 계획이 있기 때문입니다. 형들이 다시 떠날

---

23) 야곱이 요셉을 편애한 이유에 대해, 창 37:3에서는 야곱이 요셉을 노년에 얻었기 때문이라고 기록하고 있습니다. 그래서 어쩌면 베냐민도 마찬가지로 아주 어린 아이(막내)였기 때문에 야곱이 편애했는지도 모릅니다. 하지만 그것 말고도 다른 이유가 숨어 있는 듯 합니다. 야곱이 요셉과 베냐민의 어머니인 라헬을 그토록 사랑했기 때문입니다(창 29:18-20, 30 참조). 그래서 라헬에 대한 사랑의 화살이 또한 그 아들들에게 돌아가는 것 같습니다. 베냐민을 설명할 때 '요셉의 아우'(창42:4)라고 특별히 기록하고 있는 점이 이런 배경을 보여 주는 듯 합니다. 이런 배경 때문에 요셉은 아버지 야곱이 베냐민을 또 편애하고 있다는 점을 알았을 것입니다.

때에 베냐민의 자루에 요셉의 은잔을 넣어 베냐민을 도둑으로 모는 것입니다. 결국 이 일로 해서 요셉은 베냐민을 종으로 잡겠다고 말하고, 형들은 그냥 가라고 합니다. 마치 이 장면은 형들이 요셉 자신을 종으로 팔 때의 장면을 연상케 하는 것입니다. 과거에는 아버지가 편애하는 요셉을 시기하여 종으로 팔았던 형들이, 또 이제 아버지가 사랑하는 베냐민을 종으로 잡는다고 하였을 때 어떤 반응을 취하는지를 보는 것입니다. 결국 요셉은 이런 과정을 통해서 여러가지 뜻을 성취합니다. 일차적으로는 하나님의 뜻을 따라 야곱 일가를 전부 애굽으로 내려오게 합니다. 둘째는 그때 발생하게 될지 모르는 가족의 문제들을 해결하는 것입니다. 아버지의 편애 문제를 처리함과 동시에, 또한 형제들 간의 우애 문제도 풀어보려는 것이지요. 이런 것들을 위해 요셉은 치밀하게 계획을 세워서 실행하고 있는 것입니다. 대제국 애굽의 총리답게 각가지 지혜를 펼쳐 가며, 하나님의 뜻을 따라 치밀한 계획을 세워 꼼꼼하게 실행해 가는 것입니다.

이런 요셉의 계획과 실행의 결과로 결국 모든 일이 아름답게 이루어졌습니다. 형 유다는 자신이 베냐민 대신 종으로 있겠다고 말하면서, 동생 베냐민의 생명을 구하려 함과 동시에 아버지 야곱을 걱정하는 아름다운 희생의 모습을 보입니다. 옛날 요셉을 팔던 그런 형들의 모습이 아니었습니다. 이 감격적인 장면을 그들의 말로 들어 보십시오.

(유다의 말입니다)

"아비의 생명과 아이의 생명이 서로 결탁되었거늘 이제 내가 주의 종 우리 아비에게 돌아갈 때에 아이가 우리와 함께 하지 아니하면 아비가 아이의 없음을 보고 죽으리니 이같이 되면 종들이 주의 종 우리 아비의 흰 머리로 슬피 음부로 내려가게 함이니이다 주의 종이 내 아버지에게 아이를 담보하기를 내가 이를 아버지께로 데리고 돌아오지 아니하면 영영히 아버지께 죄를 지리이다 하였사오니 청컨대 주의 종으로 아이를 대신하여 있어서 주의 종이 되게 하시고 아이는 형제와 함께 도로 올려 보내소서 내가 어찌 아이와 함께 하지 아니하고 내 아비에게로 올라갈 수 있으리이까 두렵건대 재해가 내 아비에게 미침을 보리이다"(창 44:30-34)

(요셉의 말입니다)
"요셉이 시종하는 자들 앞에서 그 정을 억제하지 못하여 소리질러 모든 사람을 자기에게서 물러가라 하고 그 형제에게 자기를 알리니 때에 그와 함께한 자가 없었더라 요셉이 방성대곡하니 애굽 사람에게 들리며 바로의 궁중에 들리더라 요셉이 그 형들에게 이르되 나는 요셉이라 내 아버지께서 아직 살아 계시니이까 형들이 그 앞에서 놀라서 능히 대답하지 못하는지라 요셉이 형들에게 이르되 내게로 가까이 오소서 그들이 가까이 가니 가로되 나는 당신들의 아우 요셉이니 당신들이 애굽에 판 자라 당신들이 나를 이 곳에 팔았으므로 근심하지 마소서 한탄하지 마소서 하나님이 생명을 구원하시려고 나를 당신들 앞서 보내셨나이다"(창 45:1-5)

"당신들은 눈과 내 아우 베냐민의 눈이 보는 바 당신들에게 이 말을 하는 것은 내 입이라 당신들은 나의 애굽에서의 영화와 당신들의 본 모든 것을 다 내 아버지께 고하고 속히 모시고 내려오소서 하며 자기 아우 베냐민의 목을 안고 우니 베냐민도 요셉의 목을 안고 우니라 요셉이 또 형들과 입맞추며 안고 우니 형들이 그제야 요셉과 말하니라"(창 45:12-15)

요셉의 태도
이렇듯 하나님의 뜻을 따라 세운 치밀한 계획이 잘 실행되었을 때는 참 아름다운 결과를 내게 됩니다. 하나님께서 참 기뻐하시겠지요. 그런데 이렇게 하나님의 뜻을 따라 세운 계획이 아름답게 진행되는 것과 관련하여 주의하여 바라

봐야 할 점이 있습니다. 그것은 다름이 아니라 하나님께서 주신 꿈에 대해 상고하고 반응하는 요셉의 태도입니다.

30세 이후부터 요셉이 하나님의 뜻을 확신하고 취하는 행동은, 17세 때 처음 요셉이 꿈을 꿀 때와는 큰 차이가 있습니다. 17세 때에는 꿈을 꾸자 마자 그것을 형들에게 또 아버지에게 알리는 것으로 인해 오히려 불화를 쌓았습니다. 그때는 하나님께서 주신 꿈인지를 요셉이 잘 이해했는지에 대해서는 창세기 저자가 명확하게 표현하고 있지 않습니다. 그런데 30세가 되어 하나님의 뜻을 분명히 알게 된 요셉의 행동은 아주 달랐습니다. 하나님께서 주신 꿈이 실현되는 순간에도, 요셉은 아주 침착하고 서두르지 않았습니다. 하나님의 뜻이 끝까지 실현되도록 만들기까지, 요셉은 자신이 요셉이라는 사실과 하나님께서 주신 꿈이 이루어졌다는 것을 쉽게 밝히지 않고 찬찬히 기다리며 인내하였습니다. 때론 혼자 감정에 복받쳐서 몰래 울기도 했습니다. 감정이 없어 아주 깐깐하고 냉정한 사람이 아닙니다. 너무나도 오래 기다렸고 또 형제들을 만난 감정을 주체할 수 없는 상황이었지만, 요셉은 눈물을 참으며 하나님께서 주신 꿈이 온전히 이루어지도록 노력했습니다. 하나님의 계획과 뜻을 온전히 알게 되면, 행동이 이렇게 조심스러우면서도 치열하게 될 것입니다. 급히 자랑하지 않으면서도, 쉽게 포기하지 않을 것입니다. 인내하면서도 노력할 것입니다. 하나님의 뜻을 따라 세우는 계획이 이런 것이고, 또 그 실행의 결과가 또 이런 것일 겁니다.

3. 요셉의 예가 의미하는 바

그렇다면 요셉의 예가 의미하는 바와 주는 교훈은 무엇일까요? 우리는 그것을 네 가지로 크게 나누어 살펴볼 수 있습니다.

(1) 하나님과 동행하는 것이 필요하다

첫째로, 하나님의 뜻대로 계획을 세우고 실행하기 위해서는, 하나님 앞에서 늘 정직해야 한다는 것과 늘 그분과 동행하는 삶이 필요하다는 것을 배울 수 있습니다. 요셉은 하나님과 동행하면서, 하나님께서 주신 꿈과 그분의 뜻을 점점 확신해 갈 수 있었습니다. 그런 확신이 분명해지면서 결국 하나하나 하나님의 꿈은 실현되어 갔고, 그것을 위한 요셉의 계획은 점점 더 치밀해져 갔습니다. 그리고 그 계획의 결과가 좋게 나타났을 때, 요셉은 그것을 하나님께서 이루신 일이라며 그분에게 모든 영광을 돌렸습니다. 바로 이것이 하나님과 동행하는 사람의 모습입니다. 창세기 끝에 나타나는 요셉의 말에는 이런 요셉의 삶과 고백이 물씬 담겨 있습니다.

> "요셉이 그들에게 이르되 두려워 마소서 내가 하나님을 대신하리이까 당신들은 나를 해하려 하였으나 하나님은 그것을 선으로 바꾸사 오늘과 같이 만민의 생명을 구원하게 하시려 하셨나니 당신들은 두려워 마소서 내가 당신들과 당신들의 자녀를 기르리이다 하고 그들을 간곡한 말로 위로하였더라"(창 50:19-21)

우리 모두가 배워야 할 믿음의 기초인 것 같습니다.

(2) 하나님 뜻 안에 있는 고난은 영광의 옆자리다

이렇게 하나님의 뜻이 실현되는 과정에는 고난이 따르고 어려운 시절을 보내야 할 때가 있을지도 모릅니다. 하나님은 때로 그분의 계획이 이루어지기 위해 자기 백성을 고난의 자리에 넣어 두시는 경우가 있습니다. 물론 하나님께서 보호하고 계십니다. 하지만 하나님의 보호가 있다고 해서 현실의 어려움이 모두

간 곳 없이 사라져 버리는 것은 아닙니다. 아픈 것은 계속 아픈 것이고, 열악한 상황은 계속 열악한 것입니다. 요셉은 종으로 팔렸고, 또 거기서 모함까지 받아 감옥에 들어 갔습니다. 자신을 구해줄 만 했던 술 맡은 관원장은 복직되자 요셉을 까마득히 잊어 버렸습니다. 그런데 그런 것이 회복될 때가 있습니다. 하나님은 고난의 때가 차기까지 요셉을 그 자리에 두셨습니다. 요셉은 그 고난에 신음해야 했습니다. 하나님이 보호하신다고 해서 고통이 금새 면제되는 것은 아니란 말입니다. 그러나 한 가지 또 기억해야 할 것이 있습니다. 하나님의 뜻으로 가는 길이면, 사망의 음침한 골짜기일지라도 그곳은 바로 하나님의 은혜를 맛보는 영광의 자리라는 것입니다. 요셉은 종으로 팔리고 감옥에까지 가게 되었지만, 바로 그 자리는 애굽왕 바로를 만나 총리 대신이 되는 바로 옆 자리였습니다. 하나님의 뜻을 따라가며 계획 세우는 자는, 고난에서 승리해야 할 것입니다.

> "한 사람을 앞서 보내셨음이여 요셉이 종으로 팔렸도다
> 그 발이 착고에 상하며 그 몸이 쇠사슬에 매였으니
> 곧 여호와의 말씀이 응할 때까지라 그 말씀이 저를 단련하였도다
> 왕이 사람을 보내어 저를 방석함이여! 열방의 통치자가 저로 자유케 하였도다"
> (시 105:17-20)

(3) 하나님의 뜻을 따라 세운 계획은 치밀해야 한다

세 번째 상고해 볼 점은, 하나님의 뜻을 따라 세운 우리의 계획은 치밀해야 하고, 그것을 실행하기 위해서는 많은 노력이 필요하다는 점입니다. 때론 우리의 계획이 치밀해지기 위해, 하나님이 우리에게 일정 코스를 거치게 하실 때가 있습니다. 그러시면서 때를 기다리시는 것입니다. 애굽의 총리로서 제대로 일하게

하시기 위해, 하나님께서는 요셉을 보디발 집의 총무나 왕의 감옥 속에서 지내도록 놔 두셨습니다. 어찌 보면 참 어려운 시간들이지만, 그곳의 경험과 시간이 결국 요셉을 요셉되게 만들었던 것입니다. 그런 인내와 훈련의 기간을 통해 요셉의 계획 기본기는 잘 갖추어졌고 치밀해져 갔던 것 같습니다. 하나님의 뜻을 따라 계획 세우는 것을 느슨하게 생각해서는 안될 것입니다. 그냥 은혜로 잘된다고 몰아부치면 곤란합니다. 하나님의 뜻이 분명할수록, 그것을 이루기 위한 우리의 계획도 치밀해져야 할 필요가 있습니다.

(4) 하나님의 거대한 계획 속에 있게 된다

마지막 중요한 교훈은, 요셉의 계획을 통해 결국 하나님의 커다란 계획의 일부가 성취되었다는 점입니다. 이점이 요셉의 교훈 중에 가장 중요한 것일 겁니다. 요셉이 세운 계획과 그 바른 실행 덕택으로 야곱 일가의 많은 문제는 해결되었고, 또 야곱의 자손들은 남은 5년의 기근을 잘 넘길 수 있었습니다. 하지만 이렇게 기근을 넘기는 것만이 하나님 의도의 전부는 아닙니다.

실제 하나님께서 요셉에게 주셨던 꿈과 계획은, 단순히 요셉 한 사람만을 위한 것이거나 야곱의 일가를 기근에서 구출하기 위한 것만은 아닙니다. 물론 이것도 사실입니다. 하지만 더 큰 눈으로 보면 귀한 깨달음을 얻을 수 있습니다. 하나님께서 갖고 계신 커다란 계획의 연장선 속에 요셉의 계획이 있다는 점입니다. 요셉에게 보여 주신 꿈은 결국 이전에 아브라함에게 미리 말씀하신 것과 연결되어 있습니다. 이것이 중요합니다.

"여호와께서 아브람에게 이르시되 너는 정녕히 알라 네 자손이 이방에서 객이 되어 그들을 섬기겠고 그들은 사백 년 동안 네 자손을 괴롭게 하리니 그 섬기는

나라를 내가 징치할지며 그 후에 네 자손이 큰 재물을 이끌고 나오리라"(창 15:13-14)

아브라함의 자손이 이방에서 객이 되겠다는 말씀을 실현하기 위해서, 결국 요셉이 먼저 팔려갔고, 나중에 야곱의 일가가 애굽으로 내려가서 있게 된 것입니다. 그리고 이것은 이어질 출애굽을 또한 예상하고 있는 것입니다. 그래서 애굽으로 내려가는 야곱에게 하나님께서 이런 말씀을 하신 것입니다.

"하나님이 가라사대 나는 하나님이라 네 아비의 하나님이니 애굽으로 내려가기를 두려워 말라 내가 거기서 너로 큰 민족을 이루게 하리라 내가 너와 함께 애굽으로 내려가겠고 정녕 너를 인도하여 다시 올라올 것이며 요셉이 그 손으로 네 눈을 감기리라 하셨더라"(창 46:3-4)

그래서 야곱이 요셉에게 부탁하고 있는 말이나(창 48:21), 요셉이 이스라엘 자손들에게 맹세시킨 말은(창 50:25) 모두, 아브라함에게 주신 하나님의 약속을 또한 붙들고 있었던 것이라 볼 수 있습니다.

"이스라엘이 요셉에게 또 이르되 나는 죽으나 하나님이 너희와 함께 계시사 너희를 인도하여 너희 조상의 땅으로 돌아가게 하시려니와"(창 48:21)

"요셉이 그 형제에게 이르되 나는 죽으나 하나님이 너희를 권고하시고 너희를 이 땅에서 인도하여 내사 아브라함과 이삭과 야곱에게 맹세하신 땅에 이르게 하시리라 하고 요셉이 또 이스라엘 자손에게 맹세시켜 이르기를 하나님이 정녕 너희를 권고하시리니 너희는 여기서 내 해골을 메고 올라가겠다 하라 하였더라"(창 50:24-25)

그런데 아브라함에게 말씀하신 이런 계획, 다시 말하면 출애굽의 계획은, 우리가 앞 장에서 살펴보았던 그리스도를 통해서 복 주실 하나님의 계획 안에서 아주 중요한 기능을 하는 것이었습니다. 그렇다면 무엇입니까? 요셉은 자신에게 주신 꿈을 따라 열심히 계획을 세워 실행했는데, 그것이 결국 하나님의 거대한 계획을 이루어 가는 한 부분으로 쓰여졌다는 것입니다. 아주 작은 나에 대한 하나님의 뜻을 실행하다 보면, 이렇듯 하나님의 거대한 계획을 이루는 데 참여하게 되는 것입니다. 나의 계획이 하나님의 커다란 계획 안에 있게 되는 것입니다.

이런 요셉이 되고 싶지 않으십니까?

4. 질문

긴 설명이었습니다. 그러나 긴 만큼 유익도 더 많았으면 좋겠습니다. 다음 질문들은 그것을 돕기 위한 것입니다.

1. 꿈을 꾸어서 하나님의 뜻을 알 수 있다고 주장하는 것은 잘못된 견해입니까, 아니면 바른 견해입니까? 잘못되었다면 무엇이 문제고, 맞는 면이 있다면 어떤 점이 맞는 것입니까?

2. 나는 꿈을 통해서 하나님의 뜻을 깨달은 적이 있습니까? 맞은 때가 많았습니까, 틀린 때가 많았습니까?

3. 요셉에게 꿈은 어떠한 것이었습니까? 요셉의 꿈을 우리에게는 어떻게 적용해야 합니까? 이 때 일어나는 어려움은 무엇입니까?

4. 17살 때 꾼 꿈에 대해 요셉은 어떤 태도를 보였습니까? 그것을 우리는 어떻게 봐야 합니까? 긍정적으로 보는 견해는 어떤 근거를 제시하고 있습니까? 부정적으로 보아야 한다고 주장하는 이유는 무엇입니까? 그것들의 장단점은 무엇입니까? 창세기 37장 본문은 요셉의 태도를 이해하는 데 어떤 도움을 줍니까?

5. 요셉의 고난에 대해 창세기 저자가 보여 주는 독특한 관점은 무엇입니까? 하나님의 뜻안에 있기 때문에 지금 내가 당하는 고난은 무엇입니까? 그 고난 앞에서 지금 내가 인내하며 지켜야 하는 것은 무엇입니까?

복습과 질문

6. 요셉은 언제 하나님의 뜻을 확신하게 되었을까요? 몇 가지 가능성과 그 이유를 말해 봅시다. 나는 하나님의 뜻을 어떨 때 확신할 수 있습니까? 하나님의 뜻을 확신하는 것은 순간적입니까, 아니면 점진적입니까, 아니면 이것을 모두 섞은 것입니까? 내가 하나님의 뜻을 깨닫는 모습은 이 가운데 어느 것에 더 가깝습니까?

7. 요셉이 총리로 세움을 받게 된 이유는 무엇이었습니까?

8. 요셉은 계획하는 것을 어디서 배우게 되었을까요? 요즈음 내게 당면한 처지는 어떤 것입니까? 이런 상황 뒤에 숨어 있는 하나님의 의도를 나는 잘 이해하고 있습니까? 나는 불평을 많이 합니까, 인내를 많이 합니까? 주로 무엇에 대해 불평하는 편입니까?

9. 요셉이 꾼 꿈이 하나님으로부터 왔다는 확신은, 결국 총리 요셉의 계획에 어떻게 영향을 미쳤습니까?

10. 요셉은 어떻게 형들을 만나게 되었습니까? 우연입니까, 요셉이 의도했던 것입니까? 이 때 하나님께서 주신 꿈은 어떤 역할을 하였습니까?

11. 왜 요셉은 처음 형들을 보았을 때에 정탐꾼으로 몰았을까요? 지속적으로 요셉이 꼬투리를 잡은 것은 무엇입니까? 하나님이 요즈음 나에게 계속 꼬투리를 잡는다고 생각되는 것은 무엇입니까? 나는 어떻게

행동해야 할까요?

12. 왜 요셉은 시므온을 볼모로 잡고 베냐민이 애굽에 오도록 했습니까? 왜 나중에는 베냐민의 자루에 요셉의 은잔을 넣는 일을 꾸몄을까요? 혹시 형제들 간에 지금 해결해야 할 것이 있지는 않습니까? 믿음의 형제 자매 사이에 해결해야 할 불편한 관계가 있지는 않습니까?

13. 하나님이 주신 꿈에 대한 요셉의 17세 때 태도와 30세 이후의 태도를 비교해 봅시다. 하나님께서 내게 알게 하신 뜻에 대한 나의 태도와 반응은 어떻습니까? 성급합니까, 자랑합니까, 인내합니까, 치밀합니까?

14. 요셉의 예를 보고 깨달은 교훈을 적어 봅시다. 그것을 어떻게 이후의 나의 삶에 적용하시겠습니까?

제 3 장

모세:
계획의 실패자인가?

♠ 핵심 요약

1. 요셉과 모세의 삶은 어떻게 보면 대조되는 듯 합니다. 하지만 근본적으로는 다를 것이 없습니다. 한 사람은 출애굽이 일어나는 배경을 만들었고, 또 한 사람은 실제 출애굽을 감행했던 사람입니다. 모두 하나님의 사람이었습니다.
2. 40세의 모세를 부정적으로 보는 견해가 있습니다. 하지만 이런 불명예는 벗겨져야 합니다.
   (1) 모세는 40세 때에 여호와께서 아브라함에게 주신 약속을 실행하기 위해 출애굽을 계획했습니다. 하지만 이 계획은 이스라엘 백성의 거부로 인해 실행되지 못합니다.
   (2) 이스라엘 백성이 거부하던 모세를 하나님은 다시 부르셔서 출애굽 사건을 실현하셨습니다.
   (3) 출애굽은 구속사에 있어서 하나의 커다란 정점이고, 거기서 모세는 첫언약의 중보자로 묘사됩니다. 이런 이유 때문에 모세에 대한 특별한 위치가 부여됩니다.
3. 결국 모세도 하나님의 뜻을 따라 계획을 세웠고, 그 말씀과 인도에 충실하게 따라간 하나님의 사람이었습니다.

♠ 내용 분해

1. 모세와 요셉
   (1) 요셉과 모세의 대조
   (2) 동일한 점: 하나님의 뜻을 따라 산 사람들

2. 모세의 첫 번째 출애굽 계획
   (1) 40세의 모세를 부정적으로 보는 견해
   (2) 문제점
   (3) 모세의 인식: 왕족 배경과 하나님의 약속
   (4) 모세의 계획은 하나님의 뜻을 따라 세운 것
   (5) 문제는 이스라엘 백성의 거부와 불순종

3. 출애굽을 실행하는 모세
   (1) 모세에게 나타나시는 하나님
   (2) 출애굽 후 모세는 계획을 세우지 않았는가?

4. 질문

메모

※ 핵심 요약과 내용 분해를 읽고 본문이 어떻게 전개될지 생각해 보세요.

지난 장에서는 요셉의 삶과 계획이 어떻게 하나님의 커다란 계획에 포함되어 갔는지를 살펴보았습니다. 그리스도를 통해서 새창조하실 하나님의 거대한 계획이 계시되는 과정 속에[1] 요셉이란 한 사람의 조그만 순종과 계획이 중요한 역사적 자리를 마련하게 된 것입니다. 아브라함에게 약속하셨던 내용 중 일부가(창 15:13-14참조) 요셉을 통해 이루어진 것입니다. 이것을 조금 어려운 말로 표현해 본다면, 하나님이 갖고 계신 구속사 계획의 기초가(특별히 그중에서 출애굽 계획의 기본적 배경이) 하나님의 뜻을 따른 요셉의 계획과 실행을 통해 마련되었다는 것입니다(야곱의 자손들이 애굽에서 살게 되었습니다). 이런 배경 위에서 역사적인 출애굽 사건이 이루어질 것입니다. 이번 장에서는 이 출애굽의 역사 맨 앞에 등장하는 인물인 모세에 대해서 생각해 보고자 합니다.

1. 모세와 요셉

모세와 요셉을 같이 비교해 보는 것은 아주 흥미로운 일입니다. 한 사람은 출애굽의 기본 배경 설정을 위해 야곱의 자손들을 애굽 땅으로 이주하는 데 기여한 사람이고, 또 한 사람은 거기서 번성한 이스라엘 백성을 가나안 땅으로 출애굽시킨 사람입니다. 두 사람 모두 출애굽과 관련되어 있다는 면에서는 동일합니다. 그러나 요셉과 모세에게 서로 상반되어 보이는 면을 찾는 것도 재미있는 관찰입니다.

---

[1] 출애굽 사건과 그리스도를 통한 새창조의 내용이 이해가 안 되시면, II부 1장의 내용을 다시 보십시오.

(1) 요셉과 모세의 대조

요셉은 노예로서 감옥에서 있다가 애굽의 총리가 되는 인생을 살았습니다. 인생의 상승을 경험한 것입니다. 그런 반면 모세는 그 애굽의 왕족 신분에서 광야의 목축하는 자로 전락하였습니다. 인생의 하락을 맛보는 삶이었습니다(출2:1-3:1참조). 요셉은 바로 왕에게 칭찬과 신임을 얻지만(창 41:37-43), 모세는 바로 왕의 낯을 피하여 도망가야 했습니다(출 2:15). 그뿐만이 아닙니다. 요셉은 애굽의 토지 개혁 등을 주도해서 애굽 왕에게 경제적 정치적 유익을 도모한 반면(창 47:13-26), 모세는 시종일관 바로 왕과 정치적 군사적 대결을 해야만 했습니다(출 5:1-14:31).

하나님의 뜻을 깨닫는 모습에 있어서도 요셉과 모세는 대조되는 듯 합니다. 요셉 본문에서는 하나님이 특별하게 요셉에게 나타나셔서 말씀하시는 것이 드러나 있지 않습니다. 요셉의 꿈을 통해서 하나님의 뜻이 등장합니다. 그것도 구체적이고 명확하게 하나님의 뜻이라고 창세기의 화자(話者)는 말하지 않습니다. 오히려 요셉 자신의 입을 통해서 하나님의 뜻이라고 독자(청중)에게 전달됩니다. 야곱에게는 하나님이 직접 나타나신 내용이 같은 창세기에서 여러 번 기록되지만(창 28:13-15; 31:3, 11-13; 35:1; 46:1-4), 요셉에게는 어찌된 영문인지 그런 모습이 등장하지 않습니다. 간접적입니다. 그런데 이와는 아주 대조적으로 모세에게 나타나시는 하나님은 아주 직접적입니다. 불타지 않는 떨기나무를 통해서 나타나신 여호와 하나님은, 그후 모세에게 수시로 나타나셔서 직접 말씀하시는 것으로 묘사됩니다.[2] 출애굽의 기본 배경을 만드는 요셉에게는

---

[2] 우리는 나중에 모세의 경우에는 왜 이렇게 하나님께서 늘 함께 나타나시는 것으로 묘사되는지에 대해서 생각해 볼 것입니다.

아주 절제되어 있는 반면에 모세에게는 너무 많다 싶을 정도로 빈번하다는 점입니다.

우리가 지금 다루고 있는 인간의 계획이란 주제에 대해서도 이 두사람은 대조되는 듯이 보일지 모릅니다. 앞 장에서 보았듯이 요셉은 치밀한 계획을 세워 진행한 사람인 듯 보입니다. 반면에 모세는 계획을 잘 세우지 않고, 그때 그때 하나님께서 말씀하신 대로 살아간 사람처럼 보일지 모르겠습니다. 물론 모세도 처음에 출애굽을 위해서 계획을 세운 듯이 보이긴 합니다. 하지만 요셉의 계획이 대성공으로 끝난 반면, 모세의 계획은 모래성처럼 무너지고 맙니다. 모세는 그 자신의 계획으로 인해 애굽 왕족의 신분에서 미디안의 목동으로 전락하지만, 요셉은 자신의 계획 세우는 기술로 인해 애굽의 총리에 오르게 되고 또 아버지 일가를 구하게 됩니다. 요셉의 계획이 대성공이라면, 모세의 계획은 대실패인 셈입니다.

(2) 동일한 점: 하나님의 뜻을 따라 산 사람들

이런 대조로 인해 어쩌면 요셉과 모세를 상반된 성격과 성품을 가진 인물로 볼지도 모르겠습니다. 요셉을 꼼꼼하고 치밀한 성격의 소유자로 본다면, 모세를 대범하고 통이 큰 인물로 생각할지 모릅니다. 요셉이 기획자라면 모세는 경영자이고, 모세가 지도자라면 요셉은 스텝으로 보는 것입니다. 또 이 두 사람을 우리 자신의 취향과 신앙 안경으로 판단할 수도 있습니다. 하나님 인도를 강조하고 하나님과의 직접적인 교통을 주장하는 분들은, 요셉보다는 출애굽의 모세를 더 선호할 수 있습니다. 반면에 인간의 행동과 반응, 그리고 우리의 적극성을 강조하려는 분들은, 모세보다는 요셉의 꿈을(실제 꿈과 비전을 강조하는 사람들이 모세보다는 요셉의 꿈을 자신의 설교나 논리에 자주 사용하듯) 더 친근하게 생각할 것입니다. 이책의 I부에서 설명한 카테고리로 본다면, 능동적이고 적극적인 계획파는 요셉을 더 선호할 것이고, 모세는 수동적이고 소극적인 계획파에게 더 칭찬을 받을 것이란 말입니다. 우리의 취향이나 신앙의 색채로 말미암아 성경 본문에 나타난 인물을 자기 관점에 맞게 색칠할 수 있습니다.

그러나 우리가 먼저 잊지 말아야 하는 점은, 이책의 I부에서 이미 말했듯이 하나님 인도와 인간의 계획과 반응은 서로 상반된 것이 아니라 일직선상에 있다는 사실입니다. 그렇다면 모세나 요셉이 서로 논리적으로나 신앙적으로 상반되는 인물의 대표가 아니란 점을 쉽게 추측할 수 있습니다. 하나님 인도를 철저하게 받으면서 출애굽의 지도자로서 역사에 길이 남게 된 모세나, 계획을 치밀하게 세워서 출애굽의 환경을 설정해 둔 요셉 모두 동일하게 하나님의 뜻을 따라 자기 인생을 살아간 사람입니다. 두 사람 모두 신앙의 위인들이요, 우리의 본이 될 수 있는 분들입니다. 신약으로 넘어와 사도행전에 나타난[3] 스데반 집사의 설교 같은 변론을 보아도 이런 생각을 금새 확인할 수 있습니다. 요셉과 모세가 모두 아브라함에게 하신 하나님의 약속을 이루려는 하나님의 일꾼으로 묘사되고 있다는 점입니다(행 7:2-43 참조).

그렇다면 의문이 생길 수 있습니다. 우리가 바로 앞에서 거론했던 모세와 요셉 사이의 대비점과 차이점들을 도대체 어떻게 이해해야 하느냐는 것입니다. 이런 차이가 모세와 요셉 각자가 가지는 성격과 특징 차이인지, 아니면 역사적 배경이 달라서 그런 것인지가 의문입니다. 그 뿐만이 아니라 만일 진정으로 그들의 삶에 차이가 있다면, 하나님은 왜 그런 차이를 허락하신 것인지 깊이 생각해 볼 필요가 있습니다. 그래서 우리는 다음의 논의를 더 주의 깊게 살펴볼 필요가

---

3) 다시 말하면 '사도행전 저자가 전해주는'

있을 것입니다.

2. 모세의 첫 번째 출애굽 계획

(1) 40세의 모세를 부정적으로 보는 견해

모세의 명예 회복

가장 먼저 생각해 보아야 할 점은 모세에 대한 오해를 푸는 일입니다. 성경의 기록과는 다르게, 모세가 은연 중에 현대의 우리에게 약간 오해 받고 있다고 필자는 생각합니다. 물론 성경의 기록을 100% 정확하게 다 이해할 수 있다고 말하는 것은 교만한 일일지 모릅니다. 그런 식의 정밀성을 필자가 주장하는 것은 아닙니다. 그렇지만 모세에게 씌워진 불명예는 조금 벗겨져야 한다는 생각이 듭니다. 모세의 명예 회복 차원일지 모르겠습니다. 하지만 오해를 풀게 되면 보다 분명한 교훈과 진리를 깨달을 수 있을 것입니다.

모세의 불명예

모세를 가장 많이 오해하고 있는 부분은, 40세 모세의 모습과 활동에 대해서입니다. 40세의 모세를 다소 부정적으로 이해하고 있는 것입니다. 사람들은 대개 모세가 40세 때에는 자신의 권한과 힘으로 하나님 일을 하려는 잘못을 범했다고 생각합니다. 애굽 왕족의 신분이란 힘을 가지고 하나님 일을 하려고 했다는 것이지요. 그래서 자신의 힘으로 하나님을 섬기려는 실수를 범했다고 모세에게 오명을 씌웁니다. 그러나 그 반면 80세의 모세는 이제 자신의 힘을 포기하고 하나님의 능력을 의뢰하게 되어 출애굽을 성공시켰다는 것입니다. 자신의 배경을 가지고 일하려 할 때는 바로에게 쫓겨날 수 밖에 없었는데, 하나님의 능력을 힘입고 나갔을 때는 바다가 갈라지는 기적을 행하면서 결국 출애굽을 성사시켰다는 겁니다. 그래서 40세의 모세는 자신의 힘으로 일하려다 실패했고, 80세의 모세는 하나님의 힘으로 성공했다는 식의 설교를 종종 들었을지 모릅니다.

불붙었으나 타지 않는 떨기나무: 모세의 잘못을 지적?

출애굽기 3:1-12의 내용을 통해 보통 이런 메시지가 전파되기도 합니다. 80세의 모세에게 나타난 불붙었으나 타지 않는 떨기 나무 장면이 위의 주장을 대표적으로 암시해 준다고 주장합니다.

> "여호와의 사자가 떨기나무 불꽃 가운데서 그에게 나타나시니라 그가 보니 떨기나무에 불이 붙었으나 사라지지 아니하는지라 이에 가로되 내가 돌이켜 가서 이 큰 광경을 보리라 떨기나무가 어찌하여 타지 아니하는고 하는 동시에 여호와께서 그가 보려고 돌이켜 오는 것을 보신지라 하나님이 떨기나무 가운데서 그를 불러 가라사대 모세야 모세야 하시매 그가 가로되 내가 여기 있나이다"(출 3:2-4)

도망간 모세가 미디안 광야에서 양을 치면서 세월을 보내고 있을 때, 이런 장면을 보았습니다. 그런데 희한한 것은 떨기 나무에 불이 붙었는데 그 나무가 타지 않는다는 것이었습니다. 이것을 보고 모세는 그 광경을 가까이서 보려고 나아갔는데, 그때 여호와 하나님을 만났습니다. 그래서 모세는 이 장면을 통해서 자신이 40세 때에 출애굽을 시도하다가 실패한 이유를 알았다는 것입니다. 자신을 불태워서 하려고 했다는 것이지요. 하나님께서는 이런 타지 않는 떨기 나무를 통해서 모세의 실패 이유를 알려 주시고, 이제 다시 하나님만을 의뢰하면서 나가라는 메시지를 보이신다는 것입니다. 이제 모세는 불타지 않는 떨기나무가 되어야 한다는 것입니다. 그래서 40세의 모세는, 마치 자신의 명예나 돈과 권력으로 하나님 일을 하려는 사람에게 귀한 경고가 된다고 종종 말합니다. 하나님은 그런 힘과 돈이 없어서 일하지 못하는 분이 아니라 우리에게 순종과 의뢰를 요구하신다는 것입니다.

(2) 문제점

물론 이런 메시지 자체에는 '아멘' 할 수 있습니다. 하나님은 마음을 보시니 우리의 순종이 중요합니다. 또 돈과 명예나 권력 같은 것이 실제 하나님의 일을 이루는 근본적 동인(動因)이 아니라는 점에는 모두 동의할 수 있습니다. 하지만 여기서 문제 삼고 싶은 부분은, 과연 40세의 모세에 대한 성경 본문들이 과연 그런 메시지를 우리에게 줄 수 있느냐 하는 것입니다. 앞의 주장과 관점에 몇 가지 불합리한 부분들부터 먼저 생각해 보았으면 좋겠습니다.

불 붙었으나 타지 않는 떨기나무: 하나님의 현현과 모세의 유인
가장 먼저 드는 의심은 과연 출애굽기 본문이 40세의 모세에 대해 그렇게 부정적으로 생각하고 있느냐는 점입니다. 특별히 출 3:2-4에 나타난 불붙었으나 타지 않는 떨기나무가 앞에서 말한 것 같은 메시지를 과연 주느냐 하는 것입니다. 실제 출애굽기 3:1-12에서는 앞에서 말했던 메시지를 정당화시켜 줄 만한 분명한 근거가 그다지 보이지 않습니다. 실패했던 모세에게 여호와께서 나타나셔서 모세를 다시 부르시는 것은 사실이지만, 그 실패의 이유가 인간적 계획이나 인간적 방법 때문이었다고 나무라는 내용을 찾아 보기는 힘듭니다. 모세가 하나님의 보내심을 거부하고 가지 않겠다고 한 것도 그런 주장을 뒷받침하기에는 부족해 보입니다. 만일 그런 메시지를 출애굽기 저자가 염두에 두고 있었다면, 본문에 어느 정도 힌트를 남겨 놓았음직 합니다. 그러나 불붙은 떨기나무에 나타난 하나님께서 이어서 하신 말씀은, '네가 인간적인 방법으로 해서 실패했다'는 내용이 아니었습니다.

"하나님이 가라사대 이리로 가까이 하지 말라 너의 선 곳은 거룩한 땅이니 네 발에서 신을 벗으라 또 이르시되 나는 네 조상의 하나님이니 아브라함의 하나님 이삭의 하나님 야곱의 하나님이니라 모세가 하나님 뵈옵기를 두려워하여 얼굴을 가리우매"(출 3:5-6)

모세에게 가까이 오지 말고 신을 벗으라고 말씀하십니다. 그리고는 자신이 조상의 하나님이라고 말씀하십니다. 이 말은 지금 떨기나무 불꽃 중에 나타난 분이 어떤 분인지를 분명하게 설명해 주는 언급입니다. 나는 하나님이니, 가까이 오지 말고 신을 벗으라는 것입니다. 40대의 모세가 잘못한 것을 상기시켜 주는 내용을 찾기가 힘듭니다. 오히려 이런 말씀은 하나님의 나타나심을 분명히 하여 주는 것입니다. 구약에서는 하나님의 현현(顯現)이 있을 때, 불이 자주 사용되었습니다(출 31:21, 19:18; 왕상 18:24, 38 참조). 그래서 여기서 떨기나무에 불붙은 것도 그런 하나님의 현현을 보이기 위해서 등장한 것으로 볼 수 있습니다.[4] 그리고 이런 판단이 오히려 글의 문맥에 더 맞습니다.

또 다른 가능성은 모세의 관심을 끌기 위해서 불붙은 떨기나무가 타지 않았다는 것입니다. 아마 광야에서는 이렇게 떨기나무에 불붙는 것이 흔한 일인지도

---

4) 출애굽 후 이스라엘 백성에게 하나님의 임재를 나타내실 때, 구름 기둥과 불 기둥이 사용되었습니다(출 13:21). 또 모세가 하나님을 만나러 시내산에 올라갈 때도 불과 연기가 자욱했었습니다(출 19:18). 이렇듯이 출애굽기에서 하나님의 현현이 불과 자주 연관된 것을 상기해 보면, 이 본문에서도(출 3:2-4) 하나님의 임재에 불이 사용된 것을 더 쉽게 이해할 수 있을 것입니다. Cf. John I. Durham, *Exodus*, WBC, Dallas: Word, 1987, pp.31-32. 또한 떨기나무에 해당하는 히브리어는 סְנֶה(seneh)인데, 이것은 발음상 시내산(סִינַי, Sinai)이란 단어와 비슷합니다. 그래서 출애굽기 저자는 이 말을 통해서 시내산에 모세에게 나타나신 하나님을 한편으로 연상시키고 있는지도 모릅니다(Cf. Ronald E. Clements, *Exodus*, The Cambridge Bible Commentary, Cambridge University Press, 1972, p. 20.)

모릅니다.[5] 그냥 불이 붙어 타는 나무 같으면 광야 생활에 익숙한 모세에게 유인 요인이 되지 못했을 것입니다. 불이 붙긴했는데 나무가 타지 않으니까 모세가 이상하게 생각했겠지요. 그래서 와서 볼 생각이 들었던 것입니다.

> "여호와의 사자가 떨기나무 불꽃 가운데서 그에게 나타나시니라 그가 보니 떨기나무에 불이 붙었으나 사라지지 아니하는지라 이에 가로되 내가 돌이켜 가서 이 큰 광경을 보리라 떨기나무가 어찌하여 타지 아니하는고 하는 동시에 여호와께서 그가 보려고 돌이켜 오는 것을 보신지라"(출 3:2-4a)

실제 떨기나무에 불꽃이 나타난 것은 여호와의 현현(顯現)이었습니다. 그런데 모세는 그것을 보고서 여호와의 현현인지 알기 힘들었을 것입니다. 그냥 평범하게 불붙은 것으로 보일 수 있기 때문입니다. 그런데 이상하게 그 나무가 타지 않았습니다. 왜냐 하면 그것은 그냥 자연적으로 발생한 불이 아니라 하나님의 현현을 상징하는 것이었기 때문입니다. 그래서 모세가 다가갑니다. 이상해서 자세히 보려고 한 것입니다. 그런데 여기에 출애굽기 저자는 말장난을 하고 있는 듯 합니다. 모세는 이것이 하나님의 현현인지 모르고 다만 이상한 현상이라고 생각해서 <u>자신이 보기 위해</u> 나아갑니다. 그러나 사실은 <u>하나님께서 먼저 모세를 보고 계시는</u> 것입니다. 모세의 봄이(seeing) 실제 먼저인 것 같지만, 하나님이 먼저 보고 계신다는 것을 역설적으로 말하는 듯 합니다. 그렇다면 결국 불붙었으나 불타지 않는 가시떨기 나무 본문은 앞에서 본 설교 메시지를 준다고 생각하기가 힘들 것입니다.

---

5) Cf. H. L. Ellison, *Exodus*, *The Daily Study Bible*, Edinburgh: The Saint Andrew Press, 1982. p.16.

모세의 왕족 신분

또 하나 생각해 볼 점은 40세에 모세가 갖고 있던 권한과 위치를 무조건 부정적인 눈으로 보는 관점입니다. 모세가 애굽 왕자의 신분을 갖고 있는 것이 결국 하나님의 일을 하는 데 도움이 되지 않았다는 것입니다. 왜냐 하면 40세의 모세는 이런 자신의 신분을 기반 삼아서 일을 이루려다 실패했다고 보기 때문입니다. 그러나 이렇게 보기에는 어려운 몇 가지 점이 있습니다.

첫째는, 만일 모세의 왕족 신분이 전혀 도움이 되지 않았다면, 왜 하나님은 처음에 바로 공주의 손을 통해 모세를 강가에서 건져내도록 허락하셨을까요? 그렇게 바로의 공주가 모세를 건져낸 것은 하나님의 섭리와는 전혀 상관이 없는 것이었을까요? 단순히 그 당시 모세의 생명을 건지기 위해 왕자의 신분이 필요해서 그랬을까요? 아니면 40세 모세와 80세 모세를 서로 강하게 대비시키기 위해서 그렇게 하셨을까요? 모세가 갖게 된 왕족의 배경이 전혀 쓸모가 없는 것인가요? 그렇게 보기에는 모세가 왕족이 된 배경이 좀 걸맞아 보이지 않습니다. 사도행전 7장에 보면 모세가 왕족으로서 그 당시 학문을 다 배워 통달한 것을 스데반 집사는 아주 긍정적으로 서술하고 있습니다(행 7:21-22). 그렇다면 모세가 왕족이 된 것에 보다 의미있는 하나님의 섭리가 있다고 보는 것이 더 좋지 않겠습니까? 이에 대해서는 뒤에서 좀더 살펴보겠습니다.

또 하나 궁금한 점은, 80세의 모세가 바로에게 어떻게 그렇게 쉽게 접근하여 당당하게 나아갈 수 있었을까 하는 점입니다. 그냥, '아, 그렇게 되었겠지'라고 생각하면 곤란합니다. 애굽은 그래도 당대에 거대한 왕국이었고, 애굽 왕 바로는 그 대국의 왕이었습니다. 그 당시 사람들의 생각으로 애굽 왕은 신으로도 통하는 사람이었습니다. 일개 유목민인 모세가 그냥 가서 그 애굽의 왕을 만나겠다고 하는데, 누가 그렇게 쉽게 그래 왕을 만나보라고 해 주겠습니까? 더구나 노예 신분에 있는 히브리 민족을 대변한다고 하는데 그렇게 쉽게 만나주겠느냐는 것입니다. 그래서 그렇게 그냥 쉽게 보는 견해에 어려움이 있습니다. 모세의 신분이 왕족이었기에 또 그의 학문과 지혜가 그만큼 훌륭했기에 가능할 수 있다고 보는 것이 좀더 자연스럽고 합당한 답변일 것입니다. 40년이 지나서 모세를 죽이려던 사람들이 죽었다고 해도(출 4:19 참고), 모세를 아는 사람들이 아직 애굽에 남아 있었을 것입니다. 그러니 왕족 신분인 모세가 다시 가서 사람들을 만날 수 있는 자격과 권한은 어느 정도였는지 모릅니다. 모세의 왕족 신분이 출애굽에 전혀 도움이 안된 것이라 보기 힘들다는 말입니다.

또한 인간의 배경을 완전히 부정적으로 보는 견해 자체도 문제일 수 있습니다. 물론 인간의 명예나 위치, 자격 등이 하나님의 일을 하는 근본적인 힘이 아닌 것은 분명합니다. 하지만 그렇다고 해서 그런 것들이 전혀 무익하거나 필요없다고 말하는 것도 또 다른 극단일 수 있다는 말입니다. 역사를 통해서 보면 그런 위치나 자격이 큰 도움이 된 것이 사실입니다.[6] 많은 신앙의 위인들이 또 좋은 위치에서 활동한 것도 사실입니다. 바로 우리가 앞장에서 본 요셉의 예가 그렇습니다. 요셉은 애굽 땅의 총리라는 신분으로 있었기 때문에, 하나님 계획을 이루는 데 중요한 역할을 하게 되었습니다. 그리고 요셉이 그런 총리가 되는 꿈을 미리 보여 주신 분이 바로 하나님이셨습니다. 만일 모세의 인간적 자격을(바로의 공주가 모세를 구해낸 것) 무시하고 무가치한 것으로 본다면, 요셉이 애굽의 총

---

6) 예를 들면, 루터의 종교 개혁이 성공하는 이유 중 하나는, 루터를 지지하는 영주들이 루터 배후에 있었다는 사실입니다. 그래서 루터가 쉽게 대적자들에 의해 화형당하는 것을 막을 수 있었습니다. 물론 이런 점을 자세히 살펴보려면, 그 당시에 유럽에 민족주의가 발흥했던 것이나, 당대 교황이 독일 민족에 대해 경제적 착취를 했던 것 등을 같이 고려해 보아야 할 것입니다. 이런 종교개혁의 배경과 상황의 개괄적 이해를 위해서는, 다음의 책이 특히 유익할 것입니다. Alister E. McGrath, *Reformation Thought: An Introduction*, Oxford: Basil Blackwell, 1988(박 종숙 옮김, **종교개혁 사상** 입문, 서울: 성광문화사, 1992, 특히 pp. 17-22.)

리가 된 것은 어떻게 보아야 하겠습니까? 이것도 부정적으로 보아야 합니까? 그렇다면 창세기 저자의 관점과 출애굽 저자의 생각이 다른 것입니까? 신분의 상승이란 면에서 보면 어떤 면에서 모세도 요셉과 매한가지입니다. 종의 신분에 있던 모세를 하나님께서 왕족의 신분으로 올리신 것입니다. 요셉은 종에서 총리가 되었고, 모세도 히브리 민족의 노예 입장에서(죽임을 당해야 할 지경에서) 극적으로 올림을 받아 애굽의 왕자가 된 것입니다. 적어도 이것이 하나님의 손과 섭리로 인해 일어난 일이라면, 모세의 왕족 신분을 그냥 무시하기 힘들 것입니다. 그가 왕자로서 받아온 모든 교육과 특권이 출애굽의 역사와는 아무런 상관이 없다고 보는 데 무리가 있다는 말입니다. 모세가 왕족 신분이 된 것에도 하나님의 의도하심이 있다고 보는 것이 오히려 더 자연스러울 것입니다.

계획의 실패가 곧 잘못은 아님

셋째로 생각해 볼 필요가 있는 것은, 세운 계획이 실패로 돌아갔다고 해서 그 계획 자체를 부정적으로만 볼 수 없다는 사실입니다. 이 내용은 이미 이 책의 I부에서 언급했습니다. 특별히 모세의 경우에서 이런 사실이 중요합니다. 보통은 모세의 첫 번째 출애굽 계획이 실패로 돌아갔다는 이유 때문에, 그 모세의 계획이 잘못되었다고 판단하는 것 같습니다(모세가 첫 번째 출애굽 계획을 세웠었다는 점은 뒤에 더 자세히 설명할 것입니다). 모세가 자기 생각을 가지고 인간적인 방법을 동원했기 때문에 실패했다고 보는 것입니다. 그런데 이런 생각의 기저(基底)에는 계획의 성공이 그 계획의 옳고 그름과 직결된다는 전제가 깔려 있는 것입니다. 요셉의 계획이 성공했기 때문에 긍정적이라면, 모세의 계획은 실패했기 때문에 인간적이라는 것입니다. 동일하게 요셉과 모세가 자기의 높은 신분을 사용했는데도 요셉은 성공했기 때문에 좋게 비치고 모세는 실패했기 때문에 부정적으로 비치는 것입니다. 그러나 이런 판단 기준이 언제나 맞는 것은 아닙니다. 하나님의 뜻을 따라 계획을 세우지 않았기 때문에 실패하기도 하지만, 하나님의 뜻을 따라 잘 세운 계획도 반대를 받아 좌절되는 경우가 많기 때문입니다.

(3) 모세의 인식: 왕족 배경과 하나님의 약속

왕족 배경을 긍정적으로 씀

그렇다면 40세 때의 모세를 과연 어떻게 보아야 할까요? 즉 40세의 왕족 모세가 세웠던 출애굽 계획을 어떻게 보아야 하느냐는 것입니다. 이에 대한 답을 찾아보기 위해서는, 먼저 사도행전 7장에 나타난 스데반의 설교 같은 변론에 먼저 귀를 기울이는 것이 좋을 듯 합니다. 거기에 힌트가 있습니다. 사도행전 7:22을 먼저 봅시다.

"모세가 애굽 사람의 학술을 다 배워 그 말과 행사가 능하더라"(행 7:22)

사도행전에 묘사된 스데반 집사의 말에 의하면, 모세가 애굽 사람의 학술을 다 배워 말과 행사가 능했다고 합니다. 왕족으로서 필요한 교육과정을 제대로 다 배웠다는 것입니다. 왕족 신분이기 때문에 배움의 기회를 갖는 것은 그다지 문제가 없었겠지요. 고대 사회에서는 누구에게나 이런 기회가 다 주어지는 것은 아닐 것입니다. 그렇다면 모세가 가진 왕족 신분은, 일차적으로 모세가 지도자로서 기본적 자질을 갖추는 데 도움을 주었던 것입니다. 스데반 집사가 이것을 부정적인 말로 쓰고 있지 않다는 점을 주목해야 할 것입니다. 모세가 났는데 하나님 앞에서 아름다웠다고 칭찬하면서, 결국 모세가 바로의 딸을 통해서 애굽의 학술까지 배워 말과 행사가 능하더라고 말하고 있습니다.

"그 때에 모세가 났는데 하나님 보시기에 아름다운지라 그 부친의 집에서 석 달을 길리우더니 버리운 후에 바로의 딸이 가져다가 자기 아들로 기르매 모세가

애굽 사람의 학술을 다 배워 그 말과 행사가 능하더라"(행 7 : 20-22)

그러니까 이런 표현을 보면 스데반 집사는(또는 사도행전 저자는) 왕족으로 자란 모세의 인간적 신분을 부정적으로 판단하고 있는 것 같지 않습니다. 더 분명한 증거는 이어지는 말에 있습니다.

"나이 사십이 되매 그 형제 이스라엘 자손을 돌아볼 생각이 나더니 한 사람의 원통한 일 당함을 보고 보호하여 압제받는 자를 위하여 원수를 갚아 애굽 사람을 쳐죽이니라 저는 그 형제들이 하나님께서 자기의 손을 빌어 구원하여 주시는 것을 깨달으리라고 생각하였으나 저희가 깨닫지 못하였더라"(행 7 : 23-25)

모세가 나이가 40세가 되어서 나름대로 판단하고 생각하게 되었다는 것입니다. 하나님께서 모세 자신의 손을 통해서 이스라엘 백성을 구원해 주실 것이라고 판단했다고 합니다. 그러면 어떻게 해서 모세가 이런 생각을 하게 되었을까요? 여기에 두 가지가 중요합니다.

모세의 자기 역할 인식

첫째로, 모세는 자신이 왕족 신분으로 있다는 것을 자각했다는 점입니다. 실제 자기의 태생은 히브리인이라는 것을 알고 있었고, 또 자기 백성은 애굽에서 고통스런 삶을 살고 있는 것을 보았습니다. 그렇다면 자기 동족의 고통을 보고 모세가 무슨 생각을 하였을까요? 그리고 그 고통에서 그들을 구해낼 만한 자격과 기준을 갖춘 사람이 누구였을까요? 노예의 신분으로 실제 고역을 하고 있는 사람들이 노조를 만들어서 일을 벌일 수 있었을까요? 이것은 현대의 생각입니다. 실제 고대 사회 노예들은 어떤 권리나 힘이 있을 수 없었습니다. 신분이 아주 중요하던 사회였습니다. 아마 모세는 자신이 히브리인이면서도 이렇게 왕족의 신분을 갖게 된 현실을 생각하며, 자기 자신을 통해 하나님께서 이 민족을 구하실지 모른다는 생각을 한 것 같습니다. 자신은 왕족으로서 어느 정도 권한과 힘이 보장되어 있기도 했고, 사람들을 지도할 수 있는 기본적 능력과 학술도 있었습니다. 그래서 사도행전은 이렇게 쓰고 있는지 모릅니다.

"저는 그 형제들이 하나님께서 자기의 손을 빌어 구원하여 주시는 것을 깨달으리라고 생각하였으나 저희가 깨닫지 못하였더라"(행 7:25)

모세가 그냥 자기 욕심을 채워 지도자가 되려고 한 것이 아니라는 말입니다. 하나님께서 모세 자신을 통해서 이스라엘을 구원하려 하신다는 것을 깨달았고, 그것을 이스라엘 백성들도 깨달으리라고 생각했다는 것입니다.

하나님께서 아브라함에게 주신 약속: 창15:13-14

모세가 이러한 인식을 갖게 된 둘째 중요한 요소는, 하나님께서 아브라함에게 약속하셨던 말씀을 모세가 마음에 두고 있었다는 점입니다.

"여호와께서 아브람에게 이르시되 너는 정녕히 알라 네 자손이 이방에서 객이 되어 그들을 섬기겠고 그들은 사백 년 동안 네 자손을 괴롭게 하리니 그 섬기는 나라를 내가 징치할지며 그 후에 네 자손이 큰 재물을 이끌고 나오리라"(창 15:13-14)

아브라함에게 주신 하나님의 약속에는 아브람의 후손들이 이방에서 객이 되어 이방 민족을 섬길 것이 언급되어 있었습니다. 그뿐 아니라 그 이방 민족은 아브람의 자손을 괴롭게 할 것도 이미 알려져 있었습니다. 그런데 하나님은 400년 후에 그 섬기는 나라를 징치하시며, 아브람의 자손들이 나오게 하실 것이라고 약속하셨던 것입니다.

아브라함에게 주신 이런 약속이 어떻게 모세에게까지 전해졌을까 하는 점은 분명치 않습니다.[7] 아마 구전 전승이 많은 기여를 했을 것입니다.[8] 그런데 중요한 점은, 모세가 이런 하나님의 약속을 마음에 품고서 자신의 입장을 돌아 보았을 것이라는 점입니다(사실 이것은 추측만이 아니라 실제 성경 본문의 근거를 갖고 있습니다. 이어서 논의할 것입니다). 요셉은 애굽의 총리라는 자리에 올라가서 아브라함에게 주신 약속이 실현되도록 했었습니다. 그것처럼 이제 다시 자기 민족의 어려운 처지가 앞에 있을 때, 왕족 신분으로 있었던 모세 자신이 이런 약속을 더욱 깊이 고려했을 것입니다. 그래서 사도행전에서 스데반 집사도 이와 유사한 생각을 비치는 것입니다.

(4) 모세의 계획은 하나님의 뜻을 따라 세운 것

하나님이 약속하신 때가 옴

결국 모세는 창세기 15:13-14에 나타나 있는 하나님의 약속을 근거로 해서, 자신이 활동을 하고자 한 것 같습니다. 자기 자신을 하나님께서 이스라엘 백성을 구출하시는 도구로 생각한 것입니다. 저의 이런 견해는 단지 추측에서 나온 것이 아닙니다. 이에 대한 합당한 증거들을 살펴볼 차례입니다.

---

[7] 물론 이에 대해 여러 관점이 있을 수 있습니다. 아브라함에게 먼저 말씀하신 것이 아니라, 창세기의 저자(들)이 후대에 이스라엘 역사가 이루어지고 나서 아브라함의 입에 이런 말을 넣었다고 보는 사람도 있을 것입니다. 물론 창세기 저자의 관점과 생각이 이런 구절에 반영된 점은 부인할 수 없을 것입니다. 하지만 그렇다고 해서 원래 없었던 역사적 사건을 후대에 만들어서 기록해 넣었다고 보게 되면, 보다 더 큰 문제들에 봉착하게 됩니다. 분명히 모르는 것에 대해서는 가장 문제를 적게 일으키는 견해를 취하는 것이, 지혜롭고 현명한 일일 것입니다.

[8] 고대에는 우리와 다르게 구전으로 내려오는 전승을 유지하고 전달하는 것이 아주 중요했습니다. 이점을 잘 상기하는 것이 도움이 될 것입니다.

첫째 실마리는 모세의 나이와 이스라엘의 애굽 체류 기간에 있습니다. 이스라엘이 애굽에 있었던 기간에 대해서는 성경에 각기 다른 두 가지 정보가 있습니다. 하나는 이스라엘이 애굽에서 400년 동안 있었다는 것이고(창 15:13; 행 7:6), 또 하나는 430년 있었다는 것입니다(출 12:40; 갈 3:17). 이런 두 가지 서로 상반된 정보 때문에, 성경의 권위나 무오성에 대한 논쟁의 빌미 되기도 합니다.[9] 그러나 이스라엘의 애굽 체류 기간에 관한 논의가 그렇게 어려워 보이지는 않습니다. 각 본문이 사용하고 있는 출처나 의도 때문에 서로 다르게 기록된 듯합니다. 하나님께서 아브라함에게 약속하실 때에는(창 15:13), 400년 동안 이방에서 객이 되어 섬기겠다고 말씀하셨습니다. 그런데 실제 출애굽 사건은 그보다 30년이 지난 430년이 되서야 이루어진 것입니다.

"여호와께서 아브람에게 이르시되 너는 정녕히 알라 네 자손이 이방에서 객이 되어 그들을 섬기겠고 그들은 사백 년 동안 네 자손을 괴롭게 하리니"(창 15:13)

"이스라엘 자손이 애굽에 거주한 지 사백삼십 년이라"(출 12:40)

그런데 이런 정보를 신약의 사람들이 각기 다른 입장에서 사용하다 보니, 또 다른 두 가지 견해가 신약 성경에서도 등장한 것으로 보는 것이 좋습니다. 사도행전에서 스데반은 아브라함에게 주신 하나님의 약속을 생각하였기 때문에, 창세기 15:13을 인용하면서 400년이라고 말한 것입니다. 그 반면 갈라디아서에서 바울은 시내산에서 모세가 율법을 받은 것을 생각하여, 실제 출애굽이 이루어진

---

9) 이런 논쟁에 대해서는 여기서 다룰 수 없습니다. 성경의 무오성에 대한 기본적 논의에 대해서는 다음의 책을 참고하십시오. Millard J. Erikson, *Christian Theology*, Grand Rapids: Baker Book House, 1996, chapter 10. The Dependability of Gods Word: Inerrancy, pp.221-240.(신 경수 역, **복음주의 조직신학 上**, 서울: 크리스챤 다이제스트, 1995. pp.251-273)

기간을(430년을) 언급한 것입니다. 출애굽 본문을 상기한 것입니다.

"하나님이 또 이같이 말씀하시되 그 씨가 다른 땅에 나그네 되니 그 땅 사람이 종을 삼아 사백 년 동안을 괴롭게 하리라 하시고"(행 7:6)

"내가 이것을 말하노니 하나님의 미리 정하신 언약을 사백삼십 년 후에 생긴 율법이 없이 하지 못하여 그 약속을 헛되게 하지 못하리라"(갈 3:17)

그렇다면 여기서 중요한 점은 두 가지입니다. 하나는 스데반이(아브라함에게 하신) 하나님의 약속을 먼저 상기시키고 있다는 점입니다. 그 이유는 지금 스데반의 변론이 하나님께서 아브라함에게 약속하신 내용을(창 15:13-14) 기초로 하고 있기 때문입니다. 그런 기초 위에서 40세의 모세가 나오는 점이 중요합니다. 이 말은 40세의 모세가 아브라함에게 하신 약속을 따라 실행하려 했다는 관점을 시사합니다(더 자세한 것은 뒤에서 보겠습니다). 둘째 요점은, 체류 기간이 실제 430년이었다는 점입니다. 하나님의 약속하신 애굽 체류 기간은 400년이었지만, 실제 출애굽은 약속하신 기간 보다 30년이 지난 뒤에 일어났다는 사실입니다(그렇다면 왜 이렇게 약속하신 것보다 30년이 지난 뒤에 일어났을까요? 이에 대한 답도 나중에 봅시다).

그렇다면 생각해 볼 것이 있습니다. 실제 애굽 생활을 430년 동안 했고, 그 출애굽이 진짜 일어날 때 모세의 나이는 80세였습니다.[10] 그렇다면 거꾸로 모세가

---

10) 출 7:23에서는 모세가 40세에 이스라엘 자손을 돌아볼 생각을 했다고 했습니다. 그런데 실패해서 미디안 광야로 도망갔습니다. 출 7:30에서는 다시 40년이 지나 천사가 모세에게 보였다고 하니까, 실제 출애굽이 이루어진 때는 모세 나이는 80세인 셈입니다(물론 정확하게 계절과 연도 계산을 다 한 것은 아닙니다).

40세 때는 애굽 체류 기간이 얼마나 되었을 때인지 환산할 수 있습니다. 모세가 광야에서 결국 40년을 있게 된 셈이니까(행 7:30), 430년-40년 = 390년입니다. 즉 모세가 40세 되었을 때는, 이스라엘 백성이 애굽에 있게 된 지 390년 정도 되었을 때였습니다. 하나님이 창 15:13에서 약속하신 400년은 이제 10년 정도 밖에 남지 않은 것이었지요. 창세기의 약속처럼 이스라엘 백성은 종이 되어 괴로움을 계속 받고 있었습니다(출 1:8-14). 시간은 거의 다가 왔습니다. 이스라엘 백성들은 노예이기 때문에 힘이 없었고, 오히려 마땅한 자리에 있는 사람은 모세 자신이었습니다. 히브리인들의 현실과 하나님의 약속을 모두 알고 있는 모세가 자신의 입장에서 무엇을 생각했겠습니까? 자신은 애굽의 학식을 배워 계산에도 능했을 것입니다.[11] 왕족이기에 요셉이 치리했던 때의 자료 같은 것을 접할 수 있었는지도 모릅니다. 그리고 계산을 해보았겠지요. 390년이 되었습니다. 하나님의 때는 가까워 오고 있었고, 환경은 그다지 개선되 보이지 않습니다. 누가 이 일을 과거의 요셉처럼 감당할 수 있을까? 아무리 주위를 돌아다 보아도 마땅한 적임자를 가리키는 손가락은 바로 자신으로 돌아올 수밖에 없었을 것입니다. 스데반 집사가 한 말이 이것입니다.

> "모세가 애굽 사람의 학술을 다 배워 그 말과 행사가 능하더라 나이 사십이 되매 그 형제 이스라엘 자손을 돌아볼 생각이 나더니"(행 7:22-23)

---

11) 수 체계는 실제 기원전 3,500년 즈음에 수메르 지역에서 발명되어 이집트에 전파되었다고 합니다(Numeration Systems and Numbers/ 3500 BC Formation of number systems in CIED CD 1). 그리고 이집트에서 수학과 기하학이 발전되었다는 증거는, 늦어도 기원전 2,000년 경에 이르면 기록된 형태로 발견됩니다(Mathematics/ History/ Egypt and Mesopotamia in CIED CD 1). 그러므로 모세의 출애굽 시기를 기원전 15세기, 13세기 어느 것으로 잡는다고 해도 (Dillard, *Introduction to the OT*, 1995, pp. 58-62; 구약 연대기 in **IVP 성경사전**, p. 51.), 모세는 이미 왕궁의 교육을 통해 기초적 산술 계산을 할 수 있었다고 판단할 수 있습니다.

"저는 그 형제들이 하나님께서 자기의 손을 빌어 구원하여 주시는 것을 깨달 으리라고 생각하였으나 저희가 깨닫지 못하였더라"(행 7:25)

모세의 출애굽 계획

40세의 모세가 스스로를 하나님 약속을 실행할 사람으로 생각했었다는 말은, 결국 무슨 뜻이겠습니까? 아브라함에게 주신 약속에 의하면 그것은 결국 애굽을 나오는 것입니다(창 15:14). 그렇다면 그것은 무슨 말입니까? 바로 모세가 출애굽의 계획을 세웠다는 말이 되는 것입니다. 이런 점에 비추어 보아 40세의 모세에 대해 다시 생각해 보아야 한다는 것입니다.

보통 모세가 애굽 사람을 쳐죽인 사건을 보고, 모세가 다혈질의 성격을 가졌다고 보는 경우가 있습니다. 또 모세가 바로 그 사건의 살인범으로 수배되어 미디안 광야로 도망가는 것처럼 대개 이해하는 것 같습니다. 하지만 이런 생각에는 어려움이 있습니다. 관련 본문을 좀더 세밀하게 관찰하면서 교정해야 할 것이 있습니다. 일단 사도행전 7장에서도 이런 어려움을 드러내고 있습니다.

"한 사람의 원통한 일 당함을 보고 보호하여 압제받는 자를 위하여 원수를 갚아 애굽 사람을 쳐죽이니라 저는 그 형제들이 하나님께서 자기의 손을 빌어 구원하여 주시는 것을 깨달으리라고 생각하였으나 저희가 깨닫지 못하였더라"(행 7:24-25)

모세는 자기가 애굽 사람 한 사람을 죽이는 행동을 통해서 히브리인들에게 어떤 메시지가 전달되기를 바란 듯 합니다. 자신의 행동이 하나님께서 이스라엘 백성을 구원하여 주시려는 어떤 의미로 보여지기를 원했는지 모릅니다. 이 말은 모세가 한 사람 죽인 것을 그냥 단순한 돌발 사고 같은 것이나 자기 성격을 못 이

겨서 저지른 사건으로 보기 힘들게 합니다. 물론 모세가 애굽 사람을 죽일 때 흥분하지 않았을 것이라는 말은 아닙니다. 하지만 애굽 사람을 죽이려는 모세의 생각과 행동이 그렇게 단순하지는 않았을 것입니다. 오히려 사도행전의 이 말은 모세가 어떤 계획을(이스라엘 백성을 출애굽 하기 위한 계획) 세우고 있었다는 투입니다. 모세는 자신의 계획을 히브리인들이 알아 주기를 원했던 듯 합니다. 그래서 그런 자신의 출애굽 계획을 보이려는 행동 중의 하나가 애굽 백성 한 명을 죽이는 것일 수 있습니다. 모세가 애굽의 왕자라는 신분으로 있었던 것을 히브리 사람들이 다 알았을 것이기 때문에, 어쩌면 그런 극단적인 행동이 애굽 사람을 죽이는 것이 아니면 모세의 출애굽 계획에 사람들이 쉽게 동참하기 어려웠을지 모릅니다.

이런 점을 더 자세히 보기 위해서 출애굽기로 돌아가야 할 것입니다.

"모세가 장성한 후에 한번은 자기 형제들에게 나가서 그 고역함을 보더니 어떤 애굽 사람이 어떤 히브리 사람 곧 자기 형제를 치는 것을 본지라 좌우로 살펴 사람이 없음을 보고 그 애굽 사람을 쳐죽여 모래에 감추니라"(출 2:11-12)

이 구절을 읽으면 모세가 잠깐 흥분하여 애굽 사람을 쳐죽이고 그것을 감추는 것으로 보일지 모르겠습니다. 하지만 몇 가지를 생각하며 읽어야 합니다. 여러 번역본들은 주로 모세에 대한 선입견을 이미 가지고 원문을 번역한 듯 합니다. 제가 인용한 개역 성경에는 '한번은'이란 말이 들어감으로 인해 마치 모세가 우연히 어떤 일을 저지르게 된 것 같은 뉘앙스를 풍기고 있습니다(공동번역과 표준 새번역은 '어느 날'이라고 번역함).[12] 하지만 이런 말은 실제 히브리 원

---

12) 여러 영어 성경 번역본들도 one day라고 번역하고 있습니다(NRSV, RSV, NIV등). 하지만

문 성경에는 없는 말입니다. 히브리어를 우리 말로 번역하기가 좀 어렵긴 합니다. 하지만 굳이 번역을 하자면, 이 경우에는 한글 KJV이 더 나은 듯 합니다.

"<u>그 당시에 있었던 일인데,</u> 모세가 성장한 후에 그의 형제들에게 나가서 그들의 노역을 보고 있던 중 한 이집트인이 그의 형제 중 하나인 히브리인을 때리는 것을 몰래 본지라"(출 2:11, 한글 KJV) (밑줄은 필자의 것임)

원어에 분명치 않은 '한번은'이란 말이나 '어느 날'이란 말을 넣음으로써, 모세의 행동이 우발적인 것으로 비추어지고 있는 듯 합니다. 하지만 원어를 직역하자면 '그 날들에 그것이(때가) 왔다. 모세는 장성하였고, 그는 그의 형제들에게 나가서.'라고 할 수 있습니다. 이렇게 본다면 이 본문에서 우연성의 뉘앙스를 찾기는 힘들어 보입니다.

그리고 또 한 가지 생각해 볼 점은 모세가 좌우로 살펴 사람이 없음을 보고 애굽 사람을 쳐죽였다는 점입니다. 그냥 흥분해서 사람을 치는 사람은 이렇치 않습니다. 흥분하면 좌우에 사람 있는 것이 안보이지요. 그냥 열이 올라서 사람을 치고 또 일을 저지릅니다. 그리고 나서 순간적인 흥분을 후회하는 것이 보통입니다. 하지만 모세에 대한 기록은 조금 다릅니다. 모세가 흥분하기는 했지만 그

KJV과 NKJV, NASB는 이에 대해 원문에 가깝게 직역하고 있습니다. "And it came to pass in those days, when Moses was grown, that he went out unto his brethren, and looked on their burdens: and he spied an Egyptian smiting an Hebrew, one of his brethren." (KJV). "Now it came to pass in those days, when Moses was grown, that he went out to his brethren and looked at their burdens. And he saw an Egyptian beating a Hebrew, one of his brethren." (NKJV). "Now it came about in those days, when Moses had grown up, that he went out to his brethren and looked on their hard labors; and he saw an Egyptian beating a Hebrew, one of his brethren." (NASB).

냥 물불을 가리지 않고 행동한 것 같지는 않습니다. 화가 나긴 했지만 좌우로 사람이 있나 없나 보고 나서 그 애굽 사람을 쳐죽입니다. 물론 이것을 아무도 보지 못한 것 같지는 않습니다. 나중에 이것이 히브리 사람들에게 알려진 것으로 보아서 누군가 보았을 것 같습니다. 애굽 사람이 어떤 히브리 사람을 때리던 중에 모세가 그 히브리인을 도와 애굽 사람을 죽였다면, 매맞던 그 히브리 사람이 이 장면을 보았을 수도 있었겠지요.

　상황이 어떠했든지 중요한 점은, 모세가 적어도 다른 애굽 사람들이 보지 않는 곳에서 그 애굽인을 죽였다는 것입니다. 그러니까 이런 모세의 행동을 그냥 즉흥적이고 감정적인 것만으로만 보기 힘들다는 말입니다. 사도행전 7장과 같이 생각해 보면 이런 말이 됩니다. 모세는 애굽 사람의 눈을 피해 애굽인을 죽였지만, 그의 행동이 히브리인들에게 노출되는 것은 그다지 피한 것 같지 않습니다. 오히려 그런 모세의 행동을 통해 히브리인들이 모세 자신의 의도를 이해해 주리라고 기대했다는 것입니다(물론 이런 살인 사건이 사전에 계획된 행동인지는 장담할 수 없습니다. 어느 정도 생각이 있을 수도 있지만, 그 상황에서 돌발적으로 생긴 것으로 보는 것이 좋을 듯 합니다. 하지만 그런 모세의 행동은, 이미 자신이 계획하고 있는 것(출애굽 계획)이 있었기 때문에 가능했다는 말입니다).

　이런 생각을 더 뒷받침해 주는 것이 뒤에 나오는 모세의 말입니다. 모세는 히브리 사람들이 자기의 행동과 의도를 이해할 줄로 생각했는데, 자기 백성들은 좀 달랐습니다. 서로 싸우는 히브리 사람들을 모세가 중재하면서 틀린 사람에게 뭐라고 하니까, 그 사람이 대번에 누가 너를 우리의 주재와 법관으로 삼았느냐고 대듭니다. 어쩌면 이 말은 출애굽의 지도자로 모세가 스스로 나서고 있는 모습을 반대하는 것일 수 있습니다. 그 사람은 모세가 애굽 사람을 죽인 것도 발설합니다.

"이튿날 다시 나가니 두 히브리 사람이 서로 싸우는지라 그 그른 자에게 이르되, 네가 어찌하여 동포를 치느냐 하매 그가 가로되 누가 너로 우리의 주재와 법관을 삼았느냐 네가 애굽 사람을 죽임같이 나도 죽이려느냐 모세가 두려워하여 가로되 일이 탄로되었도다 바로가 이 일을 듣고 모세를 죽이고자 하여 찾은지라 모세가 바로의 낯을 피하여 미디안 땅에 머물며 하루는 우물 곁에 앉았더라"(출 2:13-15)

여기서 모세가 한 말을 놓치지 않아야 합니다. '일이 탄로되었도다' 라는 말입니다. 이때 말하는 일을 그냥 애굽 사람을 죽인 것으로 볼지 모릅니다. 하지만 지금까지 설명해 온 흐름으로 보면, 그렇게 쉽게 판단하기 어려운 점이 있습니다. 첫째는 반대하던 히브리 사람의 대꾸 내용이 모세의 지도권에 대한 것이기 때문입니다. 그 히브리 사람이 모세에게 그냥 '왜 내 일에 간섭하느냐?'라고 말하기보다 모세의 지도자 권한에 대해 대항하고 있다는 것입니다. 그냥 싸움을 말리는 정도였다면 이런 말이 조금 이상하다는 것이지요. 오히려 모세가 지금 출애굽 계획을 세워서 진행하고 있는 중이었고 그것에 자신이 지도력을 발휘하려는 순간이었다면, 이 반대하는 히브리인의 말이 좀더 이해가 잘 됩니다. 그리고 모세가 애굽 사람 죽인 것을 발설한 것도 그냥 살인 사건 사실을 누설하는 정도가 아닐 수 있습니다. 이 사건을 누설한다는 것은 모세가 히브리인 편이란 점을 공개적으로 드러내는 것이 되는 것입니다. 그렇다면 이것이 거꾸로 무슨 뜻이 됩니까? 모세가 애굽 사람을 죽인 것은 히브리인들 편에 섰다는 사건으로 작용되었다는 것이지요. 결국 모세는 바로 왕을 배반하고 이스라엘 편에 서서 일을 꾸미고 있다는 말이 되는 것입니다. 그래서 여기서 말하는 일이 단순히 살인 사건만을 가리키는 것 같지 않다는 말입니다. 오히려 모세가 마음에 품고 있었던 출애굽 계획을 의미한다고 보는 것이 더 나아 보입니다.

생각해 보십시오. 애굽의 왕족이 한 사람을 죽였다고 해서 바로 왕이 그 왕족을 찾아 죽이려고 하겠습니까? 그 시대가 어떤 시대입니까? 고대 시대입니다. 왕족이라면 엄청난 권한을 갖고 있었던 시대입니다. 사람 한 두 사람 죽이는 권한이 왕족에게 없다고 보기 힘들 것입니다. 왕이 나서서 살인 사건까지 일일이 간섭하였겠습니까? 보통은 치안을 담당하는 사람이 나서야 했을 것입니다. 모세가 왕족이어서 왕이 나섰을 수도 있습니다. 그렇다고 하더라도 바로가 모세를 잡아 죽이려고 한다는 것은 좀 말이 안됩니다. 왕족을 벌할 수는 있더라도 곧바로 죽이기까지 하겠습니까? 그냥 살인 사건 정도로 보기는 어설프다는 말입니다. 그러나 모세가 정치범이라면 말은 다릅니다. 모세는 애굽 왕족이지만 결국 바로를 배반했고, 이스라엘 백성을 출애굽시키려 했습니다. 이를 위해서 애굽 사람을 쳐죽인 것이 발각되었다면 이야기는 다릅니다. 모세는 이제 정치범으로 몰리는 것입니다. 단순히 한 사람을 죽인 것이 아니라 바로를 배반하여 출애굽을 이루려 했던 것이 발각되었다고 볼 수 있다는 말입니다. 그래서 모세가 "일이 탄로나게 되었도다"라고 한탄한 것이고, 또 바로를 피해 도망간 것일 겁니다.

모세의 계획은 아브라함에게 주신 약속대로 히브리 민족을 노예 생활에서 탈출시키려던 것입니다.

모세의 아들 이름: 게르솜

이런 생각을 더 보충해 주는 증거를 망명간 모세의 아들 이름에서 더 찾을 수 있습니다. 모세는 미디안 땅으로 피신해 와서 르우엘의 집에 있게 되고, 거기서 르우엘의 딸 십보라를 통해 아들을 얻게 됩니다. 그때 모세는 그 아들을 게르솜이라 이름 짓습니다.

"그가 아들을 낳으매 모세가 그 이름을 게르솜이라 하여 가로되 내가 타국에

서 객이 되었음이라 하였더라"(출 2:22)

이 구절은 일차적으로는 모세가 지금 자기의 처량한 신세를 토로하는 것처럼 보입니다. 그러나 이것도 그렇게 간단히 생각하고 그칠 일은 아닌 듯 합니다. 왜냐하면 도대체 모세의 고향이 어딘가를 잘 생각해야 하기 때문입니다. 물론 모세는 애굽에서 태어났고 애굽의 궁궐에서 자랐기 때문에 그곳이 자기 고향이라고 생각할 수 있습니다. 그래서 애굽에서 미디안 광야로 온 것은 결국 타국에서 객이 된 것이고, 그래서 모세가 처량한 말을 하고 있다고 생각할 수 있습니다. 그렇지만 진짜 모세가 애굽을 자기 땅이라고 생각했을까요? 모세는 바로의 궁에서 자라긴 했지만, 그 이전엔 자기의 어머니의 젖을 먹고 자랐습니다(출 2:9). 나중에 좀 자라서 애굽의 궁으로 가게 되었습니다. 하지만 모세가 나중에 생각하는 것을 보면 그 스스로 히브리인이라는 생각을 버리지 않았고, 히브리인의 정체성을 온전히 갖고 있었던 듯 합니다. 그런 히브리인의 정체정이 어떤 과정을 거쳐서 형성되었는지는 정확하게 알기 힘듭니다. 성경에 충분한 증거가 잘 안 보이기 때문입니다. 하지만 모세가 40세가 되어 자기 백성을 돌보려고 했다는 언급이라든지, 나중에 광야에서 애굽에 돌아갈 때 이미 자기 형 아론을 알고 있었다는 점 등은, 이미 40세의 모세에게 히브리 사고 방식과 그 정체성이 충분히 있었다고 말할 수 있겠습니다.

그렇다면 모세는 어디가 자기 땅이라고 생각했던 것일까요? 이 대목에서 야곱이 요셉에게, 또 요셉이 이스라엘 자손들에게 맹세시킨 내용을 다시 상기해 볼 필요가 있을지 모릅니다(아마 이 전승은 계속 이어졌을 것입니다).

"이스라엘의 죽을 기한이 가까우매 그가 그 아들 요셉을 불러 그에게 이르되 이제 내가 네게 은혜를 입었거든 청하노니 네 손을 내 환도뼈 아래 넣어서 나를 인애와 성심으로 대접하여 애굽에 장사하지 않기를 맹세하고 내가 조상들과 함께 눕거든 너는 나를 애굽에서 메어다가 선영에 장사하라 요셉이 가로되 내가 아버지의 말씀대로 행하리이다"(창 47:29-30)

"요셉이 그 형제에게 이르되 나는 죽으나 하나님이 너희를 권고하시고 너희를 이 땅에서 인도하여 내사 아브라함과 이삭과 야곱에게 맹세하신 땅에 이르게 하시리라 하고 요셉이 또 이스라엘 자손에게 맹세시켜 이르기를 하나님이 정녕 너희를 권고하시리니 너희는 여기서 내 해골을 메고 올라가겠다 하라 하였더라"(창 50:24-25)

야곱은 아브라함에게 주신 하나님의 약속을 잊지 않았습니다. 그래서 가나안 땅으로 다시 오게 하실 것을 믿었고, 또 자기 시신은 그곳에 묻히기를 원했습니다. 요셉도 그런 소망과 확신이 있었습니다. 물론 자신은 애굽의 총리라는 신분이기 때문에 죽은 직후 곧 가나안 땅에 묻힐 수는 없었지만, 나중에 이스라엘 백성이 애굽을 나갈 때 자기 시신을 갖고 가도록 이스라엘 자손에게 맹세시켰습니다. 그러니까 애굽에 살던 히브리인들의 사고 방식 속에는, 애굽은 잠시 머무르는 곳이고 진정으로 가야할 곳은 가나안 땅이란 생각이 면면히 전승될 수 있었을 것입니다. 이것이 히브리인들의 정체성과 믿음 속에 묻혀 있었을 것입니다. 그리고 이런 믿음과 정체성은 결국 하나님께서 아브라함에게 주신 약속에(창 15:13-14) 근거해 있었습니다.

"여호와께서 아브람에게 이르시되 너는 정녕히 알라 네 자손이 이방에서 객이 되어 그들을 섬기겠고 그들은 사백 년 동안 네 자손을 괴롭게 하리니 그 섬기는 나라를 내가 징치할지며 그 후에 네 자손이 큰 재물을 이끌고 나오리라"(창 15:13-14)

그런데 바로 아브라함에게 주신 이런 약속과 소망이 바로 모세의 아들의 이름에 어느 정도 반영되어 있다고 볼 수 있습니다. 모세는 실제로 애굽을 자기의 땅이라고 생각하지 않았을 것입니다. 그렇다면 애굽에서 미디안 땅에 왔다고 해서 이제 자신이 이방 땅에서 객이 되었다고 말하는 것은 아닐 것입니다. 그러면 무엇입니까? 이방 땅에서 객이 된 사람들은 누구입니까? 이스라엘 자손들 전체입니다. 창세기에서 언급된 대로 이스라엘 백성들은 애굽 땅에 와서 객이 되어 390년 정도 있었던 것이고, 또 지금도 그 상황은 그대로입니다. 모세는 자신이 깨달은 대로 아브라함에게 하신 약속을 이루려고 계획을 세워 시도했었는데, 그것이 결국 이스라엘 백성의 반대로 실패로 돌아갔습니다. 자신이 계획하던 일은 수포로 돌아가고, 자신은 이제 쫓긴 몸이 되었습니다. 자신의 실패로 말미암아 이스라엘에게 주셨던 하나님의 약속은, 다시 말하면 창 15:13-14의 내용은 이제 실현되지 못한 채 미궁에 빠지고 말았습니다. 그래서 모세는 자신이 그토록 목표로 삼아 왔던 모토 같은 구절인 창 15:13-14을 되새기면서, 자조적으로 애굽에 있는 이스라엘 백성의 처지를 자신의 처지와 함께 생각하는 것입니다. 아들의 이름을 지으면서 자신이 계획했던 출애굽 계획의 실패를 뼈저리게 담아 두는 것입니다. 모세는 자신과 이스라엘 백성을 동일시하고 있었던 것입니다.[13] 그래서 모세가 자기 아들의 이름을 짓는 출 2:22에는, 아브라함에게 하신 하나님 약속 중 일부가(창 15:13) 공명(共鳴)되고 있는 것입니다. 모세의 고백과 그 아들의 이름(게르솜, גֵּרְשֹׁם, gershom) 속에 객(גֵּר, ger)이라는 동일한 히브리 단어가 메아리치는 것을 눈여겨 보십시오.

---

13) 히브리인들의 사고 속에는 개인과 이스라엘 전체를 동일시하는 생각이 있었습니다. 그 대표적인 예 중의 하나는 바울이 로마서 7장에서 자신과 이스라엘 전체를 동일시한 것 같은 표현입니다. 물론 이런 점을 명확히 하기 위해서는 모세와 바울이 가지고 있는 시대적 차이를 생각해야 되고, 이런 생각이 어떻게 이스라엘 역사 속에서 형성되었는지를 따져 보아야 할 것입니다. 이에 대한 논의는 복잡하고 전문적입니다. 고대 근동에 대한 연구와 출애굽기의 저작 시기 등 여러 가지 논점이 포함되어 있습니다.

"네 자손이 이방에서 객이 되어 그들을 섬기겠고"(창 15:13b)

"모세가 그 이름을 게르솜이라 하여 가로되 내가 타국에서 객이 되었음이라"
(출 2:22)

결국 모세가 자기 아들의 이름을 게르솜으로 지은 것은, 그가 스스로 출애굽 계획을 세웠었다는 것과 그 계획이 이제 실패로 돌아갔다는 사실을 함축적으로 보여주는 표현입니다.

스데반 변론의 논리 구조: 40세의 모세를 부정적으로 묘사하지 않음

모세에 대한 이러한 생각은 실제 스데반의 설교 같은 변론에(행 7장) 잘 반영되어 있습니다. 스데반이 자신의 변론을 해나가는 전체적인 논리 구조를 이해하면, 이 점을 더 잘 이해할 것입니다. 스데반은 하나님께서 아브라함에게 나타나신 것을 언급하며 변론을 시작합니다. 하나님께서 아브라함에게 약속과 언약을 해 주셨다고 말합니다. 여기서 말하는 약속이란, 아브라함과 그의 씨에게 이 땅을(가나안 땅) 주신다는 것과, 그것이 성취되는 과정 속에 400년 동안 그 씨가 다른 땅에 있다가 나올 것이라는 내용이었습니다(행 7:5-7). 결국 이것은 하나님께서 약속하신 창 15:1-21의 내용을 스데반이 요약하는 것입니다. 그리고 아브라함에게 할례의 언약을 주었다고 말합니다(행 7:7). 이어서 스데반은 이런 약속이 요셉과 모세를 통해서 성취된다고 말합니다. 요셉을 통해서 야곱의 일가가 애굽에 가는 일이 생기게 되고, 또 모세를 통해서 출애굽이 이루어지게 된다는 말입니다. 바로 이런 설명을 해 나가는 과정 속에서 스데반은, 40세의 모세가 아브라함에게 하신 약속을 이루기 위해 노력했다고 말하고 있습니다. 40세의 모세는 아브라함에게 하신 약속을 깨닫고 그것을 실행하려고 노력했는데, 결국 이스라엘 백성이 40세의 모세를 거부하는 바람에 출애굽이 그때 이루어지지 않았다고 말하는 것입니다. 이스라엘 백성들의 잘못을 꼬집는 것입니다.[14] 스데반이 이렇게 말하고 있습니다.

"하나님이 아브라함에게 약속하신 때가 가까우매 이스라엘 백성이 애굽에서 번성하여 많아졌더니"(행 7:17)

"그 때에 모세가 났는데 하나님 보시기에 아름다운지라 그 부친의 집에서 석 달을 길리우더니"(행 7:20)

"나이 사십이 되매 그 형제 이스라엘 자손을 돌아볼 생각이 나더니"(행 7:23)

"저는 그 형제들이 하나님께서 자기의 손을 빌어 구원하여 주시는 것을 깨달으리라고 생각하였으나 저희가 깨닫지 못하였더라"(행 7:25)

'하나님의 약속하신 때가 가까우매' 라는 말은 약속하신 기간인 400년이 다가온다는 뜻입니다(약 350년 정도). 그때에 모세가 났습니다. 모세는 하나님 보시기에 아름다웠고, 바로의 궁에서 학식을 다 배운 후 자기 나이 40이 되어(드디어 체류 기간 390년 즈음 되었을 때) 이스라엘 백성을 생각했다는 것입니다. 모세는 자신을 통해서 하나님의 약속이 이루어지는 것을 생각하고 있었고, 백성들도 그것을 깨달을 줄 알았다는 것입니다. 그런데 백성들이 모세를 거부했습니다.

---

14) 나중에 스데반은 모세 때에 불순종했던 이스라엘 백성과 예수님 때에 불순종한 이스라엘 백성을 연결시키고 있습니다. 그리고 이런 점에서 40세의 모세는 고난 받으시는 예수님과 비교되고 있는 것입니다.

스데반의 설명은 아주 분명하게 아브라함의 계획이 요셉과 모세를 통해서 이루어지고 있다고 말하는 것입니다. 40세의 모세가 그 아브라함의 계획을 생각하고 이루려는 사람이었다는 것입니다. 그러면 무엇입니까? 40세 때의 모세가 전혀 부정적으로 설명되고 있지 않다는 말입니다. 40세의 모세가 인간적인 방법을 썼기 때문에 실패했고, 80세의 모세는 하나님을 따랐기 때문에 성공했다고 되어 있지 않습니다. 모세는 40세 때나 80세 때나 동일하게 하나님의 뜻을 따른 것이라고 말하고 있는 것입니다. 40세의 모세의 행동이 부정적으로 평가되기보다는, 아브라함에게 주신 약속을 성취하기 위해 적극적으로 나서는 모양으로 묘사되어 있습니다. 모세는 40세 때에도 하나님의 약속을 신뢰하고 그것을 마음에 새길 뿐 아니라, 그것을 이루기 위해 열심히 계획 세워 일하려던 하나님의 사람이었다는 것입니다. 이런 의미에서 40세 모세도(우리가 I부에서 설명했던) 피조적 적극성이란 태도에 합당한 사람입니다. 요셉과 마찬가지로 모세도 하나님의 뜻을 따라 계획을 세워 실행하려는 사람이었습니다. 다만 차이가 있다면, 요셉의 계획은 그때 성공했고, 모세의 계획은 처음에 실패로 끝났다는 것뿐입니다. 모세는 계획을 잘 세워 실행하고자 한 사람이었습니다. 계획을 잘 안 세우는 사람이 아니었습니다. 40세의 모세에 대한 불명예가 빨리 씻겨져야 할 것입니다.

(5) 문제는 이스라엘 백성의 거부와 불순종

그렇다면 도대체 문제는 어디에 있었던 것일까요? 앞에서 조금 언급했듯이 문제는 모세 시대의 이스라엘 백성에게 있습니다. 40세의 모세는 제대로 하나님의 뜻을 따라 계획을 세웠습니다. 그런데 그것을 제대로 깨닫지 못한 이스라엘 백성들 때문에, 모세의 출애굽 계획이 수포로 돌아간 것입니다. 그러니 단순히 계획의 결과만 가지고 함부로 모세를 정죄할 수 없습니다(우리 시대도 마찬가지입니다. 결과만을 가지고 함부로 또 다른 40세의 모세를 만들면 안됩니다). 모세는 계획의 실패자가 아닙니다. 계획의 실패자는 불순종한 이스라엘 백성들이었습니다.

스데반의 변론: 모세시대 이스라엘처럼 너희도 예수를 거부했다

스데반은 이렇게 말합니다. "이스라엘 백성이 거절했던 그 모세를 하나님께서 다시 부르셨다." 모세가 깨달은 대로 이스라엘 백성이 따라 주었으면 좋았을 것입니다. 하지만 이스라엘 백성은 모세가 스스로 출애굽 일에 앞서자, '네가 무슨 지도자냐, 우리가 언제 너를 관원과 재판장으로 세웠느냐' 하고 거부하며 따졌습니다. 그래서 첫 번째 출애굽 계획이 좌절된 것입니다. 모세가 잘못해서가 아니라 백성이 잘못해서입니다. 그것을 지금 스데반 집사는 명확히 하고 있습니다.[15]

> "저희 말이 누가 너를 관원과 재판장으로 세웠느냐 하며 거절하던 그 모세를 하나님은 가시나무떨기 가운데서 보이던 천사의 손을 의탁하여 관원과 속량하는 자로 보내셨으니 이 사람이 백성을 인도하여 나오게 하고 애굽과 홍해와 광야에서 사십 년간 기사와 표적을 행하였느니라"(출 7:35-36)

하나님이 부르셨을 때 모세의 반응

이스라엘 백성의 반대로 출애굽 계획을 망치게 되었다는 점은, 하나님의 직접적인 부르심에 대한 모세의 반응에서도 은연 중에 나타나 있습니다. 하나님께서 모세에게 직접 나타나셔서 애굽에 보낸다고 하셨을 때, 모세의 반응을 잘 살펴보는 것이 중요합니다. 처음에는 바로와 이스라엘 자손 모두에 대해 모세 자신

---

15) 물론 이런 스데반 집사의 생각은, 모세 시대 불순종한 이스라엘 백성을 예수님을 거절한 예루살렘 백성들과 궁극적으로 비교하기 위한 것입니다. 행 7:51을 같이 읽으십시오. "목이 곧고 마음과 귀에 할례를 받지 못한 사람들아 너희가 항상 성령을 거스려 너희 조상과 같이 너희도 하는도다"(행 7:51)

이 자격이 없다고 말하는 듯 합니다.

> "모세가 하나님께 고하되 내가 누구관대 바로에게 가며 이스라엘 자손을 애굽에서 인도하여 내리이까"(출 3:11)

이 말에는 자신이 이미 한 번 출애굽 계획을 실행해 본 것 같은 뉘앙스가 깔려 있습니다. 그냥 애굽 사람 한 사람을 죽인 것으로 피신 했던 것이 아니라, 출애굽을 계획 시도하다가 이렇게 쫓겨오게 되었다는 것입니다. 그후 40년이 지났다는 것이지요. 그래서 실패를 경험해 본 사람의 자포자기 같은 것이 이 말에 담겨 있는 듯이 보입니다. 하나님께서 증거를 주시겠다고 했을 때, 모세가 다시 한 말에도 그런 내용이 녹아 있습니다.

> "모세가 하나님께 고하되 내가 이스라엘 자손에게 가서 이르기를 너희 조상의 하나님이 나를 너희에게 보내셨다 하면 그들이 내게 묻기를 그의 이름이 무엇이냐 하리니 내가 무엇이라고 그들에게 말하리이까"(출 3:13)

이스라엘 자손에게 가서 무슨 말을 해야 하느냐는 것이지요. 그런 계획을 세웠었는데 이스라엘 자손의 반대로 인해 실패했었다는 인식이 모세에게 각인된 듯한 표현일지 모릅니다.

애굽 체제기간의 연장: 출애굽의 지연

애굽의 체제 기간이 연장된 것도 이것과 관련하여 생각해 볼 수 있을 것입니다. 만일 모세가 처음 계획 세웠던 대로 이스라엘 백성이 잘 순종하여 출애굽이 이루어졌다면, 아마도 하나님께서 아브라함에게 약속하셨던 400년이란 기간이 거의 비슷하게 잘 맞아 갔을지 모릅니다. 모세가 40세 되던 때가 이스라엘 체류 기간 390년 되던 때였기 때문입니다. 출애굽이 그렇게 간단하고 빨리 이루어지는 것이 아니니까, 이것 저것 다 치면 400년이 다 되어서야 이루어졌을지 모릅니다. 그런데 이스라엘 백성의 거부로 인해 40년이 더 늦추어져서 430년이 되어서야 출애굽이 완성됩니다. 그러니까 하나님의 뜻은 처음부터 430년이 지나서 출애굽시키는 것이 아니라고 볼 수 있습니다. 그보다 빨리 성취될 수 있었다는 뜻입니다. 처음 아브라함에게 약속을 주실 때는 400년이라고 하셨습니다. 하나님은 때가 되어 모세를 준비시키시고 일을 준비해 나가셨습니다. 그런데 이스라엘 백성의 반대와 거절로 그 계획이 좌절되었고, 또 하나님은 그에 대한 대응 계획을 마련하신 것으로 볼 수 있다는 말입니다.

이런 이스라엘 백성의 불순종 때문에, 하나님에 대해 오해가 생겼는지도 모릅니다. 약속을 명확하게 지켜시지 않는 분이라는 오해 말입니다. 400년만에 하신다고 약속하시고는 430년만에 이루셨기 때문입니다. 그리고 이런 사실 때문에 지금도 많은 사람이 고민하고 있는지도 모릅니다. 이는 성경 본문에 일관성이 없는 것처럼 보이기도 하고, 또 하나님의 약속을 신뢰하기 힘들어 보일 수도 있기 때문입니다. 그러나 하나님이 지금도 이루어가시는 사역과 그분의 뜻을 그렇게 기계적으로 보지 않는 것이 중요합니다. 하나님은 운명적으로 모든 것을 만들어 놓으신 것이 아닙니다. 출애굽도 그렇고 우리 일상 생활도 마찬가지입니다. 인간의 반응에 따라 하나님께서 세워 놓으신 크고 작은 계획과 그분의 선하신 의도들이 좌절됩니다. 그러나 하나님의 능력은 크시기 때문에 그런 것들을 잘 대처해 가십니다. 결국 그런 인간의 거부나 저항은 망하게 되고, 하나님의 온전하신 뜻이 이루어지게 됩니다. 그분이 우리를 기계로 만들어 놓았기 때문에 그분의 뜻이 자동적으로 이루어지는 것이 아니라, 하나님의 능력이 우리 인간보다 크시기 때문에 우리 인격적 반응을 통해서 당신의 뜻을 이루어 가시는 것입니다. 우리는 그분의 피조물이고, 그분은 우리 창조주시고 아버지시기 때문입니다.

3. 출애굽을 실행하는 모세

40세의 모세에 대한 불명예가 조금은 해소되었는지 모르겠습니다. 40세의 모세는 하나님의 뜻을 따라 계획하여 실행하고자 한 사람이었습니다. 그는 이 일에 칭찬 받아야 합니다. 모세의 계획이 실패하였어도, 모세 자신은 계획의 실패자가 아닙니다. 계획의 실패자는 불순종한 이스라엘 백성들이었습니다. 그렇다면 이어진 출애굽 사건에서의 모세 모습을 다룰 필요가 있습니다. 이스라엘 백성이 거부하던 모세를 이제 하나님께서 부르셨습니다. 이것은 스데반의 변론에 아주 요약적으로 잘 표현되어 있습니다.

백성이 거절했던 모세를 부르심

"저희 말이 누가 너를 관원과 재판장으로 세웠느냐 하며 거절하던 그 모세를 하나님은 가시나무떨기 가운데서 보이던 천사의 손을 의탁하여 관원과 속량하는 자로 보내셨으니 이 사람이 백성을 인도하여 나오게 하고 애굽과 홍해와 광야에서 사십 년간 기사와 표적을 행하였느니라"(행 7:35-36)

그렇다면 우리에게 남은 의문이 아직 있을 것입니다. 이 장 처음에도 조금 언급했지만, 모세는 요셉과 대조적으로 하나님께서 직접 말씀하시는 것을 들은 것처럼 자주 기록되어 있습니다. 특별히 실제 출애굽이 진행되던 상황에서의 모세 모습은 더욱 그렇습니다. 아마 이렇기 때문에 40세의 모세와 80세의 모셉을 대조적으로 보려는 시각이 만연한지도 모릅니다. 80세 이후의 모세는 늘 하나님의 말씀을 듣고 따라간 것 같은데, 40세의 모세는 그냥 자기 생각대로 행동했다는 것입니다. 그러나 우리가 앞에서 이미 살펴보았듯이, 40세의 모세가 그냥 자기 생각대로 나아간 것은 아니라고 했습니다. 하나님의 약속과 그 진행을 따라 갔다고 했습니다. 그래도 아직 개운치 않은 면이 남아 있을 것입니다. 그렇다면 왜 40세 이전에는 하나님이 모세에게 그렇게 분명하게 보이신 것 같지 않고, 80세 이후의 모세에게는 하나님이 시종일관 나타나셔서 구체적으로 인도하시는 것 같냐는 것입니다. 그뿐 만이 아닙니다. 40세의 모세가 그렇게 계획을 세워 진행했다면, 왜 80세 이후의 모세는 그냥 계획 없이 하나님 인도를 따라간 것 같이 보이냐는 것입니다. 40세의 모세에게는 하나님 인도가 없었기 때문에 실패한 것이고, 80세 모세는 하나님 인도가 분명했기 때문에 성공한 것이라 보는 것입니다. 이런 주제를 제대로 논의하려면, 모세의 경우에 국한하지 않고 보다 자세한 설명을 해야 할 것입니다. 하지만 여기서는 간략하게 모세에 대해서만 조금 다루고, 또 II권에서 일반적으로 좀더 다루도록 하겠습니다.[16]

(1) 모세에게 나타나시는 하나님

80세의 모세처럼 우리도 매번 하나님의 말씀을 통해서만 하나님을 만난다?

먼저 모세에게 직접 나타나신 하나님에 대해서 생각해 보도록 하겠습니다. 요셉에게는 꿈으로(그것도 간접적으로) 나타나시던 하나님께서, 80세 이후의 모세에게는 아주 직접적으로 등장하시는 것 같습니다. 불타지 않는 떨기나무를 통해서 나타나신 하나님은, 그후 출애굽 과정 동안 시종일관 모세에게 나타나셔서 직접적으로 말씀하시는 듯이 보입니다. '여호와께서 모세에게 일러 가라사대'란 말은 출애굽기와 레위기, 민수기서에 후렴구와 같은 것입니다. 그런데 40세의 모세에게는 이런 말이 없는 것입니다. 이런 점들 때문에 의혹과 각종 주장이 등장하게 됩니다.

---

16) 아마 보다 자세한 논의는 이와 관련된 주제를 따로 정하여 다른 책에서 설명하는 것이 필요할 것입니다.

그 중에 설득력 있는 것처럼 보이는 것은 이것입니다. 40세의 모세는 하나님의 말씀을 따라가지 않아서 실패했고, 80세의 모세는 하나님의 말씀을 듣고 따라갔기 때문에 성공했다는 것이지요. 이것은 우리가 앞에서 논의한 것과 거의 비슷한 주장입니다. 하지만 주요 차이점은 인간의 방법과 하나님의 방법이란 대비가 아니라, 하나님의 말씀을 듣는 것과 듣지 않은 것 사이의 대비입니다. 그런데 하나님의 말씀을 듣는 것에도 두 가지 서로 다른 의견이 엇갈립니다.

먼저는 하나님께서 우리에게 남겨 주신 성경 말씀을 듣고서 행동하는 것이 중요하다고 말하는 관점입니다. 하나님께서 성경 말씀을 통해서 말씀하시기 때문에 그 말씀을 듣고 행동하지 않으면 실패하게 된다는 말입니다. 성경 말씀을 듣는 것과 하나님 인도를 동일시하는 것입니다. 그런 의미에서 하나님의 말씀을 듣지 않으면(하나님 인도를 따르지 않으면) 실패한다는 것이지요. 물론 이 말에는 맞는 부분이 있다고 봅니다. 하지만 이 말을 지나치게 주장하게 되면 여러 다른 부분에서 문제를 일으킬 수 있다는 것을 또한 잊지 말아야 할 것입니다. 특별히 이런 내용을 모세의 예를 가지고 주장하는 것은 위험하며 논리적으로 한계가 있습니다. 80세 이후의 모세가 하나님의 말씀을 듣고 행동하는 것을 마치 성경 묵상의 한 모습으로 생각할지 모릅니다. 우리가 성경을 묵상하면서 하나님의 말씀을 듣는 것이 곧 80세 이후 모세의 모습이라는 것입니다. 물론 이런 해석과 적용은 한편으로는 마땅하고 타당한 면이 있습니다.

그러나 거꾸로 40세의 모세가 하나님의 말씀을 듣고 나가지 않아서 실패했다고 말하는 것에는 조심해야 합니다. 이것에는 큰 오류가 있습니다. 무슨 말이냐 하면, 우리가 지금 성경 말씀을 통해 자신에게 향한 하나님의 뜻을 이해하는 모습은, 80세의 모세와 가까운 것이 아니라 오히려 40세의 모세와 가깝다는 뜻입니다. 우리는 대부분 하나님을 모세처럼 직접(어떤 과정과 방법을 통한 것인지

저는 잘 모릅니다) 만나지 않습니다. 오히려 하나님께서 과거에 말씀하셨거나 나타나신 것, 그분의 행동과 역사(役事) 등을 기록한 성경을 통해서 하나님의 뜻을 이해합니다. 마찬가지로 40세의 모세도 그렇게 한 것입니다. 하나님께서 아브라함에게 주신 약속을(창 15:13-14) 상기한 것입니다. 그 말씀이 구전되고 전통으로 남아 있는 것을 붙들고, 그것이 모세 자신의 상황에서 어떻게 진행되고 있는지를 보면서 자신의 삶을 계획하고 행동한 것입니다. 그러니까 40세의 모세의 모습이 실제 우리가 성경 말씀을 묵상하면서 우리 자신에게 향한 하나님의 뜻을 이해하는 것과 더 유사하단 말입니다. 오히려 80세의 모세가 하나님을 만난 모습은 우리와는 동떨어져 있습니다. 그것을 거꾸로 생각하면 문제입니다. 80세의 모세 모습을 우리와 더 가깝게 연결하고 40세의 모세 모습은 잘못된 것으로 판단한다면, 우리가 지금 성경 말씀을 묵상하여 하나님 뜻을 이해하는 것을 역으로 정죄하게 되는 것입니다.

혹자는 이렇게 말할지 모릅니다. "40세의 모세는 하나님의 약속을(요즈음 말로 하자면 성경을) 읽기는 읽었지만 묵상하지 않았고(하나님을 만나지 않았고), 80세의 모세는 하나님의 말씀을 직접 들으며 반응했다." 40세의 모세는 인격적인 하나님을 만나는 것 없이, 그냥 구약의 정보만을 듣고 기계적으로 자기 행동을 한 것이다. 그러나 80세의 모세는 오히려 하나님을 직접 만나 대화한 것이다. 현재 우리가 하고 있는 성경 묵상은 80세의 모세가 하나님을 직접 만나 대화하는 것과 더 유사하다."[17] 하지만 그렇게 쉽게 단정하기가 힘듭니다. 80세의 모세가 하나님 말씀을 들으면서 대화한 것을 우리의 성경 묵상에 중요한 요소로 삼는 것은 잘하는 일일 것입니다. 하지만 40세의 모세에게 그런 요소가 없다고 단

---

17) 사실 이런 식의 생각과 논쟁은 Karl Barth가 말씀에 대해 삼중적 의미를 설명한 것과도 연결되는 것일 겁니다(Karl Barth, *Chrstian Doctrine* I/1, 4. 참조).

정짓는 것은 현명한 판단 같아 보이지 않습니다. 그렇게 말할 명확한 증거가 없습니다. 오히려 성경은 40세의 모세를 칭찬하고 있습니다. 그리고 우리가 성경을 묵상하는 모습은 오히려 40세의 모세 모습과 유사합니다. 성경을 묵상할 때 하나님이 나에게 말씀하신다고 확신하는 것은 주관적인 부분입니다. 그렇기 때문에 더욱 조심해야 합니다. 주관적이니 만큼 다른 사람의 것에 대해 우리가 함부로 단정할 수 없는 것입니다. 내가 지금 성경 묵상하여 주관적으로 하나님의 뜻으로 깨달은 것은 맞는데, 40세의 모세가 그렇게 자신이 묵상하여 주관적으로 생각한 것은 틀린 것이라고 함부로 말할 수 없습니다. 40세의 모세는 하나님과 만난 것이 아니라고 확정적으로 말할 수 있는 근거가 부족하단 뜻입니다. 오히려 스데반이 40세의 모세에 대해 한 말을 다시 상기해 보는 것이 필요합니다(앞의 40세의 모세에 대한 설명에서, 모세가 하나님의 말씀을 어떻게 붙들고 있었는지 다시 보십시오).

"저는 그 형제들이 하나님께서 자기의 손을 빌어 구원하여 주시는 것을 깨달으리라고 생각하였으나 저희가 깨닫지 못하였더라"(행 7:25)

80세의 모세처럼 하나님을 직접 만나야 한다?

우리가 성경을 묵상하는 모습은 오히려 40세의 모세와 비슷하기 때문에, 또 어떤 사람들은 80세의 모세처럼 우리가 직접 하나님을 만나는 체험을 해야 한다고 주장할 수 있을 겁니다. "그냥 매번 성경 묵상을 하는 것만 가지고 되는 것은 아니다. 그렇게 하면 40세의 모세처럼 실패할 수 있다. 오히려 우리는 80세의 모세처럼 하나님을 직접 만나는 체험을 해야 한다. 하나님의 음성을 직접 들어야 한다. 그래야 80세의 모세처럼 성공할 수는 있다." 이런 식의 생각은 우리 시대 성령 운동을 극단적으로 주장하는 분들이나 은사파 등에서 자주 볼 수 있을 것입니다. 성경 묵상을 강조하는 전통을 지닌 쪽에서는 80세의 모세 본문이 성경 묵상을 지지하는 쪽으로 생각할 수 있습니다. 하지만 은사와 성령 운동의 영향 하에 있는 그룹들은 똑같은 본문을 극적인 체험에 대한 증거 본문들로 볼 수 있는 것입니다. 하지만 이런 시각도 적절하지 않은 듯 합니다. 왜냐 하면 앞의 경우와 마찬가지로 성경 본문을 공평하게 취급했다고 보기 힘들기 때문입니다.

첫째 어려움은 하나님과 직접 만나는 체험이 당시 이스라엘 백성 중에 모세에게만 주로 나타났다는 데 있습니다. 물론 여호와의 신이 70장로들에게 잠시 임하여 그들이 예언한 때도 있었습니다(민 11:24-27). 그에 대해 모세가 모든 백성에게 하나님의 신이 임하기를 더욱 바란다고 말하기도 했습니다(민 11:29). 하지만 이런 표현은 오히려 하나님을 직접 만나는 경험과 체험이 모세에게 한정되어 있다는 점을 반영한 것입니다. 즉 그것은 모세라는 사람에게 독특하게 나타난 현상이었지 일반 백성 전체에게 나타난 것이 아니었습니다. 그러므로 만일 구약의 본문을 그렇게 직접적으로 적용하려면(즉 모세가 직접적으로 하나님을 만났으니 우리도 직접적으로 만나야 한다고 말하려면), 모세 자신을 우리 일반인에게 적용할 수 없는 것입니다. 우리는 오히려 일반 백성에 가깝고 모세는 아주 특별하게 세워진 사람에게 적용될 수 있다는 말입니다(이것에 대해서는 뒤에 다시 설명합니다).

또 기억해야 하는 것은, 여호와께서 여호수아에게 나타나셨을 때가 언제인가 하는 점입니다. 마치 모세에게 하나님이 분명하고도 직접적으로 나타나셨듯이 여호수아에게도 언제 그렇게 직접적으로 나타나셨느냐 하는 문제입니다. 여호수아서 1:1-9에 그 답이 있습니다. 그 중의 일부만 봅시다.

"여호와의 종 모세가 죽은 후에 여호와께서 모세의 시종 눈의 아들 여호수아에게 일러 가라사대 내 종 모세가 죽었으니 이제 너는 이 모든 백성으로 더불어 일어나 이 요단을 건너 내가 그들 곧 이스라엘 자손에게 주는 땅으로 가라 내가

모세에게 말한 바와 같이 무릇 너희 발바닥으로 밟는 곳을 내가 다 너희에게 주었노니"(수 1:1-3)

"내가 네게 명한 것이 아니냐 마음을 강하게 하고 담대히 하라 두려워 말며 놀라지 말라 네가 어디로 가든지 네 하나님 나 여호와가 너와 함께 하느니라 하시니라"(수 1:9)

여호수아에게 하나님이 분명히 나타나신 때는 모세가 죽은 후입니다. 여호수아에게 지도자의 권한이 인계되었을 때 하나님께서 여호수아에게 직접 나타나셔서 말씀하십니다.[18] 그러면 그전에는 여호수아가 하나님을 거부하거나 하나님과 관계가 없었습니까? 하나님의 뜻을 따라 행하지 않았느냐는 질문입니다. 그렇지 않습니다. 여호수아는 하나님의 뜻을 따라 그 이전에도 충성스럽게 순종하던 자였습니다. 모세의 시종이라고 불리는 사람이었을 뿐 아니라(수 1:1; 신 1:38; 출 24:13), 12명의 정탐꾼 중에서 갈렙과 함께 가나안 땅에 들어가야 한다고 말했던 사람이었습니다(민 14:6-9). 그렇다면 무엇입니까? 여호와께서 직접적으로 나타나지 않았다는 점이, 곧 여호수아가 하나님을 거역하고 있었다는 보증수표가 될 수 없다는 말입니다. 마찬가지로 40세의 모세가 하나님을 직접적으로 대면한 사실이 없다고 해서, 그때의 모세가 하나님의 뜻과 방법을 따르지 않고 자기 행동을 추구했다고 함부로 말할 수 없다는 것입니다.[19] 그렇다면 왜 하나님께서는 80세의 모세에게와, 모세가 죽은 후의 여호수아에게는 직접적으로 나타나셨을

---

18) 물론 그 이전에도 여호수아가 하나님의 신에 감동된 사람이란 표현은 있습니다(민 27:18; 신 34:9). 하지만 이것이 곧 여호와 하나님이 모세에게 나타나듯이 여호수아에게 나타나셨다는 뜻은 아닙니다.

19) 아예 갈렙에게는 하나님이 직접 나타났다는 표현이 없습니다. 그렇다고 해서 갈렙이 하나님의 뜻을 따라 행동한 것이 아니라고 말할 수 없는 것과 같은 이치입니다.

까요? 이 이유를 잘 살펴보는 것이 참 중요합니다. 사실은 이런 이유를 잘 깨닫지 못했기 때문에, 그냥 40세의 모세에게 엉터리 누명을 씌우기도 했고, 또 80세의 모세를 곧바로 우리에게(잘못된 방법으로) 적용하기도 했던 것입니다.

첫언약의 중보자 모세

왜 하나님께서는 모세의 계획이 실패할 때는 나타나지 않으셨다가, 40년후에는 모세에게 분명하게 등장하셔서 언제나 직접 말씀하시는 것 같이 보이는 것일까요? 이것이 우리에게 중요한 질문입니다.

보통은 이렇게 대답할지 모릅니다. "40세의 모세는 아직 자아가 깨지지 않았기 때문이다. 자기 자랑이 있기 때문이다. 그래서 왕족으로서의 자기 의를 버리게 하고, 천한 목동의 신분으로 있으면서 하나님의 의를 의뢰하게 하기 위함이다." 하지만 이런 견해에는 문제가 있다는 것을 이미 보았습니다. 사실 이런 견해는 신약의 바울 서신에 나타난 생각 중 일부를[20] 모세의 사건에 뒤집어 씌워서 독자의 마음대로 출애굽기를 읽은 것입니다. 또 어떤 사람은 하나님의 때를 가지고 설명할 것입니다. "모세가 40세일 때는 아직 하나님의 때가 되지 않았다. 40년이 더 지나야 하나님의 때가 오는 것이다. 우리 인생에는 때가 있다. 하나님이 만들어 놓은 시간표가 있고 때가 있기 때문에, 그것을 잘 따르지 않은 채 일을 하게 되면 모세처럼 실패하게 된다. 하나님은 때가 되어서 모세에게 등장하신 것이다." 이런 말에 일리가 있기는 하고 메시지 자체는 좋게 보입니다. 하지만 이런 생각의 어려움도 우리가 앞에서 어느 정도 보았습니다. 실제 하나님께서 약속하신 때는 40세의 모세가 출애굽을 계획했을 때가 더 가까웠던 것 같습니다. 실제 출애굽이 일어난 때는 하나님 약속의 때에 30년 더 지난 것이었습니다.

---

[20] 실제 이것은 바울의 생각 중 일부입니다.

40세의 모세는 하나님의 때에 맞게 움직인 것이라고 보는 것이 더 타당해 보인다는 것입니다.

답은 다른 쪽에 있는 듯 합니다. 실제 앞의 질문에 대한 바른 답을 찾으려면, 출애굽 사건이 이스라엘 역사 속에서 어떤 위치를 점유하며, 또 어떤 의미와 크기로 다가오는지를 먼저 깨달을 필요가 있습니다.

이스라엘 역사 속에서 출애굽 때처럼 하나님이 아주 분명하게 등장하시고, 또 모세에게 나타나신 것처럼 다른 인간에게 말씀하신 때가 없었습니다.[21] 이스라엘 백성이 가나안 땅에 정착한 후에도 하나님이 나타나시긴 했습니다. 선지자에게도 그렇고 제사장들에게도 그렇습니다. 왕들에게도 나타나셨습니다. 하지만 출애굽 때 백성들이 보던 만큼 그렇게 분명한 하나님의 현현(顯現)이 빈번했던 것은 아닙니다. 그래서 이스라엘 백성들이 어려운 일을 당하거나 종교적 개혁과 회복 운동이 일어날 때는 언제나 출애굽 사건을 들먹거리는 것입니다. 그때 하나님이 일으키셨던 기적이나 행하신 놀라운 일들, 구름 기둥과 불기둥으로 이스라엘을 인도하신 일들을 반복하면서 강조하는 것입니다. 그 중의 하나만 봅시다.

"강한 손으로 주의 백성을 애굽 땅에서 인도하여 내시고 오늘과 같이 명성을 얻으신 우리 주 하나님이여 우리가 범죄하였고 악을 행하였나이다 주여 내가 구하옵나니 주는 주의 공의를 좇으사 주의 분노를 주의 성 예루살렘 주의 거룩한 산에서 떠나게 하옵소서 이는 우리의 죄와 우리의 열조의 죄악을 인하여 예루살렘과 주의 백성이 사면에 있는 자에게 수욕을 받음이니이다"(단 9:15-16)

---

21) 여기에 예수님은 예외입니다. 그 이유는 이이서 설명합니다.

이것은 다니엘이 예레미야가 기록한 글을 읽고서 기도하는 내용 중에 나오는 말입니다. 이제 바벨론에서 다시 예루살렘으로 귀환하는 약속이 이루어지기를 기도하면서, 과거 출애굽 때 하나님의 모습을 언급하고 있는 것입니다. 이 다니엘의 기도처럼 바벨론 포로 생활에서의 귀환이 이루어지긴 했습니다. 그러나 이스라엘이 처음 애굽에서 나올 때 같은 그런 기적과 기사가 일어나지는 않았고, 하나님께서 모세에게 등장하신 것 같은 하나님의 현현도 나타나지 않았습니다. 이스라엘 역사에 있어 출애굽은 아주 독특하고 특별한 것이었습니다.

II부 1장에서 우리는 출애굽을 통해서 이스라엘 나라가 형성되었다고 했습니다. 이런 과정 속에 중요하게 자리잡는 것이 바로 첫언약입니다. 이스라엘 민족이 출애굽 한 후에 모세를 통해서 하나님과 대대적인 언약을 맺게 됩니다. 그런데 이때 모세가 그 첫언약을 하나님에게 받아서 백성에게 가져 오는 자로 묘사됩니다(출 34:1-35). 모세가 시내산에서 내려 올 때는 얼굴에 아예 광채가 났다고 했습니다(출 34:29-35 참조). 하나님을 대면하고 있었기 때문입니다. 이렇듯 모세는 첫언약에 있어서 중보자로 묘사됩니다. 이스라엘 백성을 대표해서 여호와께 나아가는 사람이기도 했지만, 이스라엘 백성에게는 하나님을 그들에게 보여 주는 사람이었습니다. 그렇듯 모세는 이스라엘 사람들에게는 특별한 모습으로 남아 있습니다. 예수님 당시 유대교에서는 모세에 대한 인식이 더욱 특별해집니다. 구약의 다섯 권의 책을 아예 '모세 오경'이라 부르기도 하고, '모세와 선지자'라는 말은 아예 구약 성경이란 뜻으로 사용되기도 하였습니다(눅 16:29, 31 참조). 모세가 율법을 주었다고 하기도 하고(눅 20:28; 요 1:17; 7:29, 23 등), 유대인들이 모세의 말을 듣고자 한다고 말하기도 했습니다(요 5:45, 46; 9:28, 29; 행 6:11 등).

이렇듯 모세는 대단한 인물로 등장하는 것입니다. 단순히 우리와 같은 한 사람의 모습으로 나오지 않습니다. 모세의 입을 통해 나와 같은 선지자 한 사람을 하나님께서 일으키신다는 말은 이런 배경에서 나온 것입니다(신 18:15-19; 행 7:37 참조). 결국 모세는 첫언약의 중보자로서 나중에 이루어질 새언약의 중보자인 그리스도를 가리키는 사람으로 새겨지는 것입니다(고후 3:12-18; 히 3:1-6; 9:15-22 등). 바로 80세 이후의 모세에게 하나님께서 직접 말씀하시는 것들의 배경에는, 결국 이러한 하나님의 거대한 계획이 있다고 볼 수 있습니다. 80세의 모세가 영성이 매우 뛰어나서 다른 사람들보다 여호와 하나님을 자주 만났다고 보기보다는, 출애굽의 성격과 의미 때문에 하나님의 직접적 나타나심이 빈번하게 등장하는 것일 것입니다.[22] 출애굽은 하나님께서 이스라엘 백성을 만드시는 사건입니다(이런 의미에서 하나님께서 창조주요 주권자라는 점이 강조될 수밖에 없습니다). 하나님께서 출애굽이란 사건으로 의도하시는 이런 계시의 내용 때문에, 그 출애굽을 일으키는 역사적인 인물인 모세에게 그런 특권이 주어진다고 보는 것이 더 낫습니다.

그러니까 결국 모세에게 하나님께서 직접 나타나셔서 분명하게 말씀하시는 모습은, 이 사건이 출애굽 사건이라는 구속사적 한 정점에 와 있고, 또 그것을 대표하는 자가 바로 모세이기 때문이었다는 말입니다. 실상 구약 성경의 분량을 보더라도, 많은 양의 계시가 출애굽과 관련된 것을 보면,[23] 출애굽 사건이 구속사에서 차지하고 있는 위치와 중요성을 가늠해 볼 수 있을 것입니다. 이런 구속사의 흐름을 간과한 채, 80세의 모세를 무리하게 모델화하거나 40세의 모세를 안좋게 판단해서는 안될 것입니다.

---

22) 필자가 모세의 영성을 깎아내리기 위해서 하는 말이 아닙니다. 모세 만큼 위대한 자기 없겠지요. 하지만 그 영성은 거꾸로 하나님이 자주 모세를 직접 만나셨기에 더 높이 올라간 것입니다. 하나님을 직접 만난 후 모세의 얼굴이 빛났다는 것이 이런 예일 것입니다.

23) 출애굽기, 레위기, 민수기, 신명기의 분량이 얼마나 되는지 생각해 보십시오.

(2) 출애굽 후 모세는 계획을 세우지 않았는가?

모세는 계획세우지 않았다?

그렇다면 마지막 남은 질문은, 80세 이후의 모세는 계획을 세우지 않았을까 하는 질문일 것입니다. 여호와께서 나타나셔서 모세에게 말씀하시고, 모세는 그것을 이스라엘 백성을 향해 실행했다는 식으로 주로 나타나 있기 때문에, 이런 질문은 더 커질지 모르겠습니다. 그러나 이것에 대해서도 마찬가지 생각을 해볼 수 있습니다. 이런 식의 표현이 모세 관련 본문에 주로 있는 것은 위에서 언급한 출애굽의 독특성 때문입니다. 모세가 인간으로서 아무런 계획을 하지 않았다고 주장하는 것은 무리한 판단일 것입니다.

실상 어떤 일을 할 때도 계획을 세우지 않을 수 없습니다. 다만 모세의 경우에는 하나님께서 출애굽의 독특성으로 인해 많은 것을 직접 말씀해 주셨기 때문에, 자신이 힘들여 계획 세우는 일이 좀 줄어들었거나 쉬워질 수는 있었을 것입니다. 그러나 계획 자체가 없었다고 보기는 힘듭니다. 그 많은 백성을 데리고 애굽에서 가나안으로 데려 가는 일이 그렇게 간단하고 단순한 일이 아님을 먼저 생각해야 합니다. 무수한 변수가 등장했을 것이고, 또 판단해야 할 것과 준비해야 할 것이 많았을 것입니다. 그에 대해 모세는 자신이 배웠던 학술과 재능을 그대로 사용했었다고 보는 것이 더 자연스럽습니다. 이스라엘 백성의 일에 대해 자신의 지혜를 가지고 일일이 재판하느라고 바빴던 모세를 상기해 보면, 이런 점이 좀 쉽게 이해될 것입니다(출 18:13-16). 실상 이 재판 하는 일에 대해 장인 이드로가 충고한 대로 십부장, 오십부장, 백부장과 천부장을 세워 진행하는 것도 일종의 계획입니다(출 18:17-27).

아말렉하고 싸울 때에 모세가 여호수아에게 제안한 일도 하나의 계획이라고 볼 수 있습니다(출 17:8-16). 여호수아에게는 나가서 싸우라는 역할을 주면서, 자신은 하나님의 지팡이를 잡고 산꼭대기에 서겠다는 계획을 말하는 것입니다. 하나님의 말씀을 분명히 들으면, 계획의 성격과 내용이 바뀌게 되는 것이지 계획 자체가 없어지는 것이 아닙니다. 하나님이 뜻을 분명히 더 보여 주시면, 계획하기가 더 쉬워지는 것입니다.

가나안 정탐은 어떻게 보아야 하는가?

광야에서 이스라엘 백성을 이끄는 모세와 관련하여 논란이 될 수 있는 부분이 바로 가나안 정탐 사건입니다. 능동적이고 적극적 계획파는 가나안 정탐꾼처럼 우리도 사전 조사하고 계획하는 일을 적극적으로 추진하자고 강조할 수 있습니다. 또는 그 반대로 계획 세우기를 부정적으로 보고자 하는 소극적 계획파는 이 가나안 정탐 사건을 부정적으로 볼 것입니다. 이 가나안 정탐이라는 계획 때문에 이스라엘 백성이 결국 실패한 것처럼 보이기 때문입니다. 그래서 어떤 일을 실행할 때 그렇게 일일이 계획을 세우고 또 조사할 필요가 없이, 하나님이 하루하루 인도하시는 대로 따라 나가는 것이 최선이라고 주장할지도 모릅니다.

물론 가나안 정탐 사건이 일반적으로 적극적 계획파보다는 부정적 계획파에게 유리하게 보이는 것이 사실입니다. 가나안 정탐의 사건으로 인해 이스라엘 백성이 하나님께 크게 범죄하기 때문입니다. 그러나 문제의 초점은 가나안 정탐 사건이 아니라, 가나안 정탐을 한 후 보이는 사람들의 반응입니다. 먼저 신명기에 있는 모세의 입에서 나오는 말을 들어 봅시다.

"너희 하나님 여호와께서 이 땅을 너희 앞에 두셨은즉 너희 열조의 하나님 여호와께서 너희에게 이르신 대로 올라가서 얻으라 두려워 말라 주저하지 말라 한즉 너희가 다 내 앞으로 나아와 말하기를 우리가 사람을 우리 앞서 보내어 우리를 위하여 그 땅을 정탐하고 어느 길로 올라가야 할 것과 어느 성읍으로 들어가야 할 것을 우리에게 회보케 하자 하기에 내가 그 말을 선히 여겨 너희 중에서 매지파에 한 사람씩 열둘을 택하매 그들이 앞으로 가서 산지에 올라 에스골 골짜기에 이르러 그 곳을 정탐하고 그 땅의 과실을 손에 가지고 우리에게로 돌아와서 우리에게 회보하여 이르되 우리의 하나님 여호와께서 우리에게 주시는 땅이 좋더라 하였느니라"(신 1:21-25)

가나안 정탐 계획을 사람들이 제안했을 때, 모세가 그것을 그냥 묵살하지 않았다고 말합니다. 오히려 그 말을 선히 여겼다고 했습니다. 이 말은 모세가 계획하고 준비하는 것을 무조건 부정적으로 보지 않았다는 뜻을 내포하고 있는 듯합니다. 그러나 여기서 선히 여겼다는 말에는 또 다른 뉘앙스가 들어 있는 것 같습니다. 그것을 선히 여겼다는 말은, 실제 나중에는 그것이 선한 것이 아니었다는 사실을 은연 중에 말하고 있는 투입니다. 모세 자신은 그렇게 잘 준비하고 계획하는 것을 부정적으로 보고 있지 않아서 선히 여겼다고 말하는 것입니다. 하지만 실제 이스라엘 백성들이 그런 생각을 낸 것에는 좋지 않은 면이 포함되어 있었다는 말입니다. 하나님께서 올라가서 얻으라고 하는 말을 아직 더디 믿었고 주저했기 때문에 오히려 그런 제안을 냈었을 것이라는 말꼬리가 숨어 있습니다. 실제 가나안 정탐 후에 이스라엘 사람들은 하나님의 뜻을 전면적으로 거부하게 됩니다.

"그러나 너희가 올라가기를 즐겨 아니하고 너희 하나님 여호와의 명을 거역하여 장막 중에서 원망하여 이르기를 여호와께서 우리를 미워하시는 고로 아모리 족속의 손에 붙여 멸하시려고 우리를 애굽 땅에서 인도하여 내셨도다 우리가 어디로 갈꼬 우리의 형제들이 우리로 낙심케 하여 말하기를 그 백성은 우리보다 장대하며 그 성읍은 크고 성곽은 하늘에 닿았으며 우리가 또 거기서 아낙 자손을 보

왔노라 하는도다 하기로"(신 1:26-28)

결국 하나님의 뜻과 계획을 거부하는 것입니다. 불순종입니다. 그러니까 문제가 되는 것은, 계획하는 태도가 아니라 하나님의 뜻을 무시하거나 하나님의 뜻과 반대로 계획하는 것입니다. 인간의 계획이 악하다는 말은 하나님의 뜻을 거부한 인간의 생각을 말하는 것이지 계획 자체를 거론한 것이 아니란 말입니다. 동일하게 정탐꾼에 포함되어 있던 갈렙과 여호수아는, 정탐을 하고 나서 오히려 하나님의 뜻에 합당하게 나갈 것을 이스라엘 백성에게 전하고 있습니다. 민수기서에서 이것을 이렇게 말합니다.

"그 땅을 탐지한 자 중 눈의 아들 여호수아와 여분네의 아들 갈렙이 그 옷을 찢고 이스라엘 자손의 온 회중에 일러 가로되 우리가 두루 다니며 탐지한 땅은 심히 아름다운 땅이라 여호와께서 우리를 기뻐하시면 우리를 그 땅으로 인도하여 들이시고 그 땅을 우리에게 주시리라 이는 과연 젖과 꿀이 흐르는 땅이니라 오직 여호와를 거역하지 말라 또 그 땅 백성을 두려워하지 말라 그들은 우리 밥이라 그들의 보호자는 그들에게서 떠났고 여호와는 우리와 함께 하시느니라 그들을 두려워 말라 하나"(민 14:6-9)

결국 가나안 정탐은 하나님의 뜻과 계획 아래 있어야 한다는 말입니다. 이것은 우리가 이미 여러 번 살펴 왔던 계획의 기초 원리와 동일합니다. 하나님의 뜻에 맞게 우리의 계획을 세워야 한다는 것이지요. 가나안 정탐도 그래야 합니다. 준비하고 계획하는 것 자체에 문제가 있는 것은 아닐 것입니다. 이런 시점에서 민수기 13:1-3의 말을 다시 볼 필요가 있을 듯 합니다.

"여호와께서 모세에게 일러 가라사대 사람을 보내어 내가 이스라엘 자손에게 주는 가나안 땅을 탐지하게 하되 그 종족의 각 지파 중에서 족장 된 자 한 사람씩 보내라 모세가 여호와의 명을 좇아 바란 광야에서 그들을 보내었으니 그들은 다 이스라엘 자손의 두령 된 사람이라"(민 13:1-3)

여기서는 신명기서 1:21-25에서 나타난 내용과 약간 다르게 표현되어 있습니다. 신명기서에서는 이스라엘 백성들이 가나안 정탐을 요구한 것으로 나와 있는데 반해, 여기 민수기서에서는 여호와께서 모세에게 정탐하라고 말씀하신 것으로 나와 있고, 모세는 그런 여호와의 명령을 따른 것처럼 되어 있습니다. 이 두 본문을 어떻게 조화시켜야 하는지에는 여러 의견이 있을 수 있을 것입니다.[24] 이스라엘 백성들이 제안한 것을 모세가 듣고 여호와께 물어 보고 난 뒤에 실행했을 가능성도 있고, 먼저 여호와께서 말씀하셨는데 그때 이스라엘 백성이 또 제안하니까 모세가 선히 여겨 실행했을 수도 있습니다. 그러나 그 어떤 경우라 하더라도 중요한 점은, 가나안 정탐이라는 사전 조사 계획 자체가 문제가 되는 것은 아니라는 말입니다.

결국 모세의 출애굽 예를 가지고 우리가 하나님 앞에서 합당하게 계획을 세우려는 태도를 반대해서는 안될 것입니다. 계획은 하나님께 순종하려는 우리의 신앙 고백이자 순종의 의지여야 할 것입니다.

---

24) 여러 견해에 대해서는 다음의 책을 참조하십시오. C. Wright, *Deuteronomy*, NIBC, Peabody: Hendrickson, 1996, p. 29; Moshe Weinfeld, *Deuteronomy 1-11*, The Anchor Bible, New York: Doubleday, 1991, p. 144

4. 질문

1. 모세와 요셉의 차이를 나열해 보십시오.

2. 40세의 모세를 부정적으로 보는 견해는 어떤 것이고, 그렇게 생각하는 이유와 근거는 무엇입니까?

3. 왜 40세의 모세를 부정적으로 볼 수 없다고 필자는 말하고 있습니까? 그 근거와 이유를 나의 표현으로 말해 봅시다.

4. 왜 모세의 왕족 신분을 그냥 쉽게 무시할 수 없는 것일까요?

5. 사도행전에 나타난 스데반 집사는 40세의 모세를 어떻게 묘사하고 있습니까? 아브라함에게 하신 하나님의 약속과 40세의 모세는 어떤 관계에 있다고 스데반은 설명하고 있습니까?

6. 창 15:13-14이 모세에게 갖는 의미는 어떠한 것이었습니까? 모세가 아들의 이름을 '게르솜'이라고 지은 것은 이 구절과 어떤 관련이 있는 듯 합니까?

7. 모세가 40세에 출애굽 계획을 세웠었다는 견해를 어떻게 생각하십니까? 동의할 수 있다면 그 이유는 무엇이고, 동의가 안된다면 그 근거는 무엇입니까?

8. 이스라엘 백성의 불순종은 결국 무엇을 낳았습니까? 모세의 첫 번째 계획에는 어떤 작용을 했고, 또 나중에 실제 출애굽이 일어난 후에는 어떤 결과를 빚었습니까?

9. 80세의 모세에게 여호와께서 직접 말씀하시는 것을 우리는 어떤 관점에서 이해해야 좋습니까?

10. 하나님 인도와 나의 계획은 어떤 관계라고 생각하십니까?

제 4 장

예수님:
구속과 새창조의 계획

♠ 핵심 요약

1. 예수님은 자신에게 향하신 하나님의 계획을 잘 인식하고 계셨습니다.
   (1) 예수님은 구약 성경을 완전케 하려고 오셨습니다. 이것은 하나님의 구속사에 최고 정점(頂点)에 해당하는 것이었습니다.
   (2) 구약 성경에서 나타난 제사 제도의 원형(原型)이 예수님을 통해서 성취됩니다. 이 점을 예수님은 잘 알고 계신 듯 합니다.
   (3) 예수님은 또한 새출애굽을 이루시는 분으로, 자기 백성을 새롭게 창조하시려 오셨습니다.
   (4) 이런 역할을 바르게 인식한 예수님은, 자신을 인자(人子)라고 부르셨습니다.
2. 예수님은 하나님의 뜻을 따라 자기 생애에 계획을 세워서 실행하셨습니다.
   (1) 예수님의 가장 중요한 계획은 구속의 죽음과 새창조의 부활이었습니다.
   (2) 그 계획을 이루시기 위해 때로는 피해가야 하는 것들이 있었습니다. 사람들이 하나님과 예수님의 계획을 반대하기 때문입니다.
   (3) 그렇다고 예수님은 사람들을 무서워하거나 다가오는 죽음을 회피하지 않으셨습니다. 오히려 예수님은 자신의 죽음과 부활을 향해 담대히 나아가셨습니다.
   (4) 이런 예수님의 행동이 요한복음에서는 때를 잘 조절하시고 판별하시는 모습으로 나타나고 있습니다.
3. 예수님은 하나님의 뜻을 따라 자신의 삶을 계획하시고 온전히 실행해 나가시는 분이셨습니다. 그분의 본을 잘 새겨 볼 필요가 있습니다.

♠ 내용 분해

1. 하나님의 계획에 대한 예수님의 인식
   (1) 하나님의 구속사의 최고 정점: 완전케 하러 오심
   (2) 대속물(代贖物)로 주려 하심
   (3) 새창조를 이루러 오심
   (4) 인자(人子)

2. 예수님의 계획과 그 실행
   (1) 예수님의 계획과 행동1: 십자가와 부활
   (2) 예수님의 계획과 행동2: 피하심
   (3) 예수님의 계획과 행동3: 적극적으로 나아가심
   (4) 예수님의 계획과 행동4: 때를 따라 나아가심

3. 질문

메모

※ 핵심 요약과 내용 분해를 읽고 본문이 어떻게 전개될지 생각해 보세요.

하나님의 첫언약에 모세가 중보자로 있었다면, 새언약을 주시고 실행하시는 분은 예수님입니다. 예수님께서 새출애굽을 일으키며 참 이스라엘 백성을 창조하시는 분으로 등장하는 것입니다. 하나님께서 나와 같은 선지자를 보내실 것이라고 모세가 말하였는데(신 18:15-19; 행 7:37), 바로 그 오실 분이 예수님이란 뜻입니다(요 5:46참조). 이 때문에 신약 성경에서는 종종 예수님이 모세와 대비되어 등장하기도 합니다(요 1:17, 45; 3:14; 5:45; 6:32; 행 6:14; 히 3:1-6 등). 이 장(章)에서는 예수님이 어떻게 하나님의 뜻을 따라 자신의 계획을 세우시고 이 땅에서 사셨는지를 간략하게 살펴보고자 합니다.

1. 하나님의 계획에 대한 예수님의 인식

(1) 하나님 구속사의 최고 정점: 완전케 하러 오심

하나님 계획의 최고 정점(頂点)
예수님에게 주신 하나님의 계획과 뜻은, 이스라엘 역사 속에 살았던 많은 믿음의 사람들과는 다른 면이 있었습니다. 이스라엘 역사 속에서 많은 사람들이 하나님의 커다란 계획에 관련되어 있기는 했습니다. 하지만 어디까지나 그들은 그 계획의 일부였고, 또 그 계획의 진행과 정점(頂点)을 향해 나아가는 과정 속에 있었습니다. 그러나 예수님에게 주어진 하나님의 뜻은, 그 거대한 계획의 중심과 정점에 있는 것이었습니다. 모세가 구속사의 한 꼭대기에 있었다고 해도, 그것은 어디까지나 하나의 산(山)에 불과했습니다. 하지만 예수님의 삶과 그가 실행하실 일은, 하나님께서 의도하신 계획의 중심과 최고조(climax)에 있는 것이었습니다. 그래서 그 정점이신 예수님께서 이땅에서 사신 모습과 그 말씀의 내용을 당시 유대인들은 받아들이기 어려웠는지 모릅니다. 예수님의 가르침이 사람들에게 깊이 새겨지기는 했지만, 따르던 사람들조차 예수님이 의도하신 내용을 잘 이해한 것 같지는 않습니다. 어쩌면 긴 이스라엘 역사를 보고 배워왔던 유대인들에게는, 그 언약과 약속의 실체가 사람의 몸으로 등장하셨다는 것이 상상할 수도 없는 일이었는지도 모릅니다. 하지만 그것은 실제였습니다.

완전케 하러 오심

하나님의 계획을 예수님이 어떻게 이해했는지 잘 반영해 주는 말 중의 하나는 마 5:17의 말씀입니다.

> "내가 율법이나 선지자나 폐하러 온 줄로 생각지 말라 폐하러 온 것이 아니요 완전케 하러 함이로다"(마 5:17)

'율법과 선지자'라고 말한 것은 당시 사람들이 구약 성경을 부르던 호칭 중 하나였습니다.[1] 예수님께서는 자신이 온 것이 구약 성경에 나타난 계시와 그 메시지를 폐하는 것이 아니라 오히려 완전케 하려는 것이라고 말합니다. 이 말은 자신과 구약 성경을 동일선상에 놓는 것입니다. 어쩌면 동일선상에 있으면서도 구약 성경을 완전케 하는 보다 초월적인 존재로 자신을 설명하는 듯 합니다. 예수님 당시 유대인들이 이런 말을 들었을 때는 적잖이 놀랐을 것입니다. 마치 예수님이 엄청난 권세를 갖고 계신 듯이 보였을 것입니다. 그래서 그런지 산상 수

---

1) 예수님 당시 구약성경이 완전히 정리되었다고 보기는 힘들지만, 그래도 구약 성경의 범위와 그 정경적 권위가 보편적으로 이해되었다고 보는 것이 좋을 것입니다. 성경의 형성 과정에 대한 참고도서로는 다음을 보십시오. F. F. Bruce, *The Canon of Scripture*, Glasgow: Chapter House, 1988; Jakob van Bruggen 저, 김 병국 역, **누가 성경을 만들었는가?**, 서울: 총신대학교 출판부, 1997; Norman L. Geisler & William E. Nix 저, 이 송오 역, **성경의 유래**, 서울: 생명의 말씀사, 1985.

훈 끝에 사람들은 이런 반응을 보이고 있습니다.

"예수께서 이 말씀을 마치시매 무리들이 그 가르치심에 놀래니 이는 그 가르치시는 것이 권세 있는 자와 같고 저희 서기관들과 같지 아니함일러라"(마 7:28-29)

(2) 대속물(代贖物)로 주러 오심

대속물(代贖物)로 주러 오심

"인자의 온 것은 섬김을 받으려 함이 아니라 도리어 섬기려 하고 자기 목숨을 많은 사람의 대속물로 주려 함이니라"(막 10:45)[2]

마태복음 5:17에서는 자신이 오신 것이 구약을 완전케 하는 것이라고 했는데, 여기서 예수님은 자기 목숨을 많은 사람의 대속물로 주기 위하여 왔다고 말합니다. 이런 생각은 구약 성경에 나타난 제사 제도를 배경으로 하고 있습니다. 구약 성경에 나타난 제사 제도의 원형(原型)이 바로 예수님 자신이라고 이해하신 듯한 말입니다. 즉 이스라엘 백성이 오랜 역사 동안 하나님께 드려온 제사의 실체가, 바로 자기 자신이라고 생각하시고 계신 것입니다. 이런 생각은 세례 요한이나[3] 히브리서 저자의 표현을[4] 통해서도 드러납니다. 하지만 여기서 우리가 말하려는 것은 예수님 스스로가 자신이 오신 이유에 대해 이런 인식을 하고 있

---

2) 병행 구절인 마 20:28도 참고하여 보십시오.
3) 예를 들어 세례 요한이 예수님에 대해 '보라 세상 죄를 지고 가는 하나님의 어린 양이로다'(요1:29)라고 말한 것을 상기해 보십시오.
4) 히브리서 8:1-10:18에는 이에 대한 아주 자세한 설명이 되어 있습니다.

었다는 점입니다.[5] 자신을 많은 사람을 위한 대속물로 드리는 것이 예수님에게 향하신 하나님의 뜻이었다는 것입니다. 바로 그것이 구약의 제사 제도가 진정으로 이루어지는 것이요 결국 구약 성경의 한 부분을 이루는 것이라고 예수님이 생각하신 것입니다.

막 10:45이 있는 문맥

그러나 예수님의 생각이 거기서 끝난 것이 아니라는 점을 우리는 잘 이해해야 합니다. 막 10:45에는 아주 분명하게 자기가 오신 뜻이 대속물로 드리는 것이라고 말하고 있습니다. 하지만 이 예수님의 말씀을 제대로 이해하려면, 예수님이 말씀하실 때의 상황과 그 내용이 쓰여진 글의 문맥을 제대로 보아야 합니다. 막 10:45은 일차적으로 열두 제자들이 권력의 자리 다툼을 하는 것을 예수님께서 교정시키시면서 하시는 말씀입니다.[6] 세상 집권자들은 높은 자리에 있기 때문에 권세를 부리지만 예수님 자신은 섬기는 자리에 있다고 말씀하셨습니다. 그 말씀을 하시면서 사람들을 위해 대속물로 주러 오셨다고 언급하는 것입니다. 그러니까 막 10:45 말씀은 예수님 자신이 오신 이유를 여러 각도로 설명하시는 배경 속에서 등장한 것이 아니란 말입니다. 제자들의 높아지려는 마음과 잘못된 지도자관을 수정시키시는 내용 속에 이 말씀이 있는 것입니다.

그러나 이런 상황이 더 큰 배경을 갖고 있는 것도 또한 보아야 합니다. 열 두

---

5) 물론 이런 생각은 막 10:45이 진짜 예수님의 말씀이라는 판단에 근거한 것입니다. 이 구절의 진정성에 대한 학자들의 전문적인 논쟁에(진짜 예수님의 말씀이냐, 아니냐에 대한 논쟁) 대해서는, 다음의 책을 참조하십시오. 김 세윤, **"그 사람의 아들" (人子)-하나님의 아들**, 서울: 엠마오, 1992, pp. 71-90.

6) 야고보와 요한이 예수님께 높은 자리를 요구하는 것에 대해 다른 열 제자가 분히 여겨 제자들 사이의 관계가 안 좋아졌기 때문입니다.

제자들은 예수님과 함께 지금 결전의 마음으로 예루살렘에 올라가는 중이었습니다(막 10:32 참조). 그랬기 때문에 제자들은 예루살렘에 올라가서 예수님이 권력을 잡게 되면, 과연 자신들에게 어떤 자리가 있게 될까 하고 각자 어느 정도 꿈꾸었는지 모릅니다. 그런데 실제 예수님께서 올라가시며 하시는 말씀은 정반대의 내용이었습니다. 고난을 말씀하시고 자신이 죽으실 것과 다시 살아나실 것을 말씀하십니다. 제자들은 이런 말을 들으면서도, 그 뜻이 무엇인지 제대로 깨닫지 못했던 것 같습니다.

> "예루살렘으로 올라가는 길에 예수께서 제자들 앞에 서서 가시는데 저희가 놀라고 좇는 자들은 두려워하더라 이에 다시 열두 제자를 데리시고 자기의 당할 일을 일러 가라사대 보라 우리가 예루살렘에 올라가노니 인자가 대제사장들과 서기관들에게 넘기우매 저희가 죽이기로 결안하고 이방인들에게 넘겨 주겠고 그들은 능욕하며 침 뱉으며 채찍질하고 죽일 것이니 저는 삼 일 만에 살아나리라 하시니라"(막 10:32-34)

이런 예수님의 말씀을 잘 이해하지 못하면서도, 자신들이 기대한 자리를 놓고 다퉜습니다. 이에 예수님께서는 그런 잘못을 교정시키시면서, 지금 예루살렘에 올라가는 의미를 다시 한 번 설명해 주시는 것입니다.

그렇기 때문에 이 구절을 읽고 이해할 때 두 가지를 조심해야 합니다. 첫째는 이 내용이 단순히 지도자론에 해당하는 구절만이 아니라는 점입니다. 실제 예수님께서 예루살렘에 올라가시는 일의 의미를 설명한 것입니다(다시 말하면 하나님께서 이루시려는 계획의 궁극적 목표와 관련된 말씀입니다). 둘째는, 그렇다고 해서 이 구절이 예루살렘에 올라가시는 의미 전체를 말한다고 생각해서도 안 됩니다. 왜냐 하면 예수님의 이 말씀은 지금 제자들이 자리 다툼을 하고 있는 것과 관련하여 등장한 것이기 때문입니다. 예수님이 예루살렘에 올라가는 전체 의미를 설명하는 것이 아니라, 그 의미 중에서 일부만을 설명한 것입니다.[7] 그래서 이 구절을 가지고 예수님이 예루살렘에 올라가시는 이유가(또는 그분이 오신 이유가) 대속(代贖)만을 위한 것이라고 주장할 수 없는 것입니다. 예수님이 오신 이유가 많은 사람을 대속하시려는 것은 사실입니다. 하지만 그것이 전부도 아니고 전체도 아닙니다. 예수님이 예루살렘에 올라가시려는 일에는 언제나 십자가 사건만 있는 것이 아니라, 부활 사건이 같이 있기 때문입니다(마 20:17-19; 막 10:32-34; 눅 18:31-34). 이것을 위해선 새창조와 부활 사건을 더 이해해야 할 것입니다.

(3) 새창조를 이루러 오심

눅 4:17-21: 새출애굽을 일으키시는 분

예수님이 참 이스라엘 백성을 창조하시는 분이시라는 것은, 이미 II부 1장에서 말씀드렸습니다. 그때 우리가 살펴본 본문 중 하나가 눅 4:17-21이었습니다.

> "선지자 이사야의 글을 드리거늘 책을 펴서 이렇게 기록한 데를 찾으시니 곧 주의 성령이 내게 임하셨으니 이는 가난한 자에게 복음을 전하게 하시려고 내게 기름을 부으시고 나를 보내사 포로된 자에게 자유를 눈먼 자에게 다시 보게 함을 전파하며 눌린 자를 자유케 하고 주의 은혜의 해를 전파하게 하려 하심이라 하였더라 책을 덮어 그 맡은 자에게 주시고 앉으시니 회당에 있는 자들이 다 주목하여

---

[7] 이것을 조금 전문적인 말로 표현한다면 이렇습니다. 막 10:45의 내용은 막 10:41-45이란 근접 문맥 안에서도 이해되어야 하고, 막 8:27-10:52이란 커다란 문맥 안에서도 판단되어야 합니다. 큰 문맥으로는 예수님의 죽음과 부활을 설명하고 있는 것과 근접문맥으로는 지도자론이 언급되는 것을 같이 공평하게 생각해야 한다는 것입니다.

보더라 이에 예수께서 저희에게 말씀하시되 이 글이 오늘날 너희 귀에 응하였느니라 하시니"(눅 4:17-21)

이 본문은 이사야서 61:1-2을 인용한 것이라고 했고, 또 이 배경에는 새출애굽(New Exodus) 사상이 있다고 했습니다. 영을 주는 것을 통해서 하나님께서 자기 백성을 새창조해 나가시는데, 그 새창조를 몰고 오는 자가 바로 예수님 자신임을 어느 정도 상기시켜 주는 본문이었습니다.

부활과 성령세례를 통해 인정되심
그런데 이렇게 예수님께서 성령을 주시며 새창조해 가시기 위한 전환점이 바로 예수님의 부활입니다. 이런 시각이 사도행전에 나타난 베드로의 설교를 통해서 잘 드러나고 있습니다.[8]

"이스라엘 사람들아 이 말을 들으라 너희도 아는 바에 하나님께서 나사렛 예수로 큰 권능과 기사와 표적을 너희 가운데서 베푸사 너희 앞에서 그를 증거하셨느니라 그가 하나님의 정하신 뜻과 미리 아신 대로 내어 준 바 되었거늘 너희가 법 없는 자들의 손을 빌어 못 박아 죽였으나 하나님께서 사망의 고통을 풀어 살리셨으니 이는 그가 사망에게 매여 있을 수 없었음이라"(행 2:22-24)

"그는 선지자라 하나님이 이미 맹세하사 그 자손 중에서 한 사람을 그 위에 앉게 하리라 하심을 알고 미리 보는 고로 그리스도의 부활하심을 말하되 저가 음부에 버림이 되지 않고 육신이 썩음을 당하지 아니하시리라 하더니 이 예수를 하나

---

[8] 만일 누가복음의 저자와 사도행전의 저자가 동일 인물이라면, 이런 연관은 더욱 의미가 깊어지는 것입니다.

님이 살리신지라 우리가 다 이 일에 증인이로다 하나님이 오른손으로 예수를 높이시매 그가 약속하신 성령을 아버지께 받아서 너희 보고 듣는 이것을 부어 주셨느니라"(행 2:30-33)

오순절날 예수님의 제자들에게 성령이 임한 것에 대해, 베드로가 변론을 하며 설교하는 장면입니다. 그 당시 유대인들이 이해하고 있는 배경 속에서 성령이 온다는 것은, 하나님께서 그의 백성을 새창조하시겠다는 것이었습니다. 그리고 그 새창조를 몰고 오는 사람이 성령을 부어 주신다는 것입니다. 그런데 바로 지금 그런 일이 예수님의 제자들에게 일어났다고 베드로가 말하고 있는 것입니다. 예루살렘 사람들은 하나님이 이미 성령을 주심으로 증거하신 나사렛 예수를 죽였습니다. 하지만 하나님은 그를 다시 부활시키셔서 살리시고 보좌에 앉게 하시면서, 그 부활한 그리스도를 통해 다시 예수님의 제자들에게 성령을 부어주셨다는 것입니다.

그렇다면 무엇입니까? 구약에 예언된 대로 새출애굽을 통해 새창조를 일으키는 장본인이 바로 나사렛 예수라는 이야기가 되는 것입니다. 그리고 그분의 부활 사건을 통해서 그점이 온전히 증거되었다는 것입니다. 처음에는 베드로도 이것을 제대로 이해하지 못했습니다. 그러나 예수님의 부활을 보고 또 부활하신 예수님의 가르침을 듣고서는, 베드로도 예수님이 이전에 말씀하시고 행동하셨던 것을 깨달았습니다. 그래서 이제 사람들에게 오히려 가르치고 있는 것입니다. 성령 세례는, 그렇게 부활하여 영광의 자리에 오르신 예수님이 그리스도라는 점을 확증해 주는 또 하나의 가시적인 역사적 사건이었습니다. 결국 부활과 성령 세례를 통해서 예수님이 새창조를 일으키는 장본인이라는 점이 분명해지고 있는 것입니다. 대속의 죽음과 부활을 통해 새창조를 일으키는 장본인으로 인정되신 것입니다. 예수님은 이것을 아셨기 때문에, 그의 죽음과 부활을 제자들에게 미리 가르치셨습니다. '주는 그리스도십니다' 라는 베드로의 고백 직후 예수님께서 말씀하신 내용에는, 이런 예수님의 인식이 잘 반영되어 있습니다.

> "또 물으시되 너희는 나를 누구라 하느냐 베드로가 대답하여 가로되 주는 그리스도시니이다 하매 이에 자기의 일을 아무에게도 말하지 말라 경계하시고 인자가 많은 고난을 받고 장로들과 대제사장들과 서기관들에게 버린 바 되어 죽임을 당하고 사흘 만에 살아나야 할 것을 비로소 저희에게 가르치시되"(막 8:29-31)

(4) 인자(人子)

자신을 대속물로 주시고 부활하심을 통해서 새 백성을 창조한다는 이러한 예수님의 생각을 잘 반영한 표현 중 가운데 하나가 '인자'(人子)라는 단어입니다. 다시 말하면 예수님께서 자신을 '인자'로 부르신 것이, 자신에게 향한 하나님의 계획과 뜻을 잘 이해하고 계셨다는 표지(標紙)란 뜻입니다. 물론 이 점을 분명히 증명하는 것은 쉽지 않은 작업입니다. '인자' 라는 말이 복음서에서 아주 자주 등장함에도 그 뜻이 평범한 우리에게는 여전히 모호합니다. 신학계에서도 어려운 것은 마찬가지입니다. 인자(人子)에 대한 논쟁은 오래되었지만 아직도 그 논의가 끝나지 않았습니다. 그래서 좀더 두고 연구해야 하는 부분이기도 합니다. 하지만 이 '인자' 란 말의 중요성을 감안하여 여기서 조금은 다루고 넘어가려고 합니다. 이와 관련된 논점을 모두 다룰 수는 없지만, 그중 예수님의 자기 인식과 관련된 두 가지 견해만 살펴볼 필요는 있을 것입니다.[9] 이 부분이 어렵게 느껴지시는 분들은 그냥 넘어가셔서 「2. 예수님의 계획과 실행 부분」을 읽으시기 바랍니다).

---

9) 이런 두 견해에 대한 요약은 필자의 은사인 Max Turner 교수의 강의 노트에서 도움을 입었습니다. 물론 잘못된 이해와 인용은 필자에게 있습니다.

非 직함적 인자(人子) 이론(non-titular son of man hypothesis)[10]

이 이론은 예수님이 인자란 말을 쓴 것이, 어떤 특별한 직함(職銜)을 의미한 것이 아니라는 견해입니다. 보통은 인자란 말을 예수님께서 쓰셨기 때문에, 그 단어가 어떤 특별한 직함일 것이라고 추측합니다. 하지만 여기 비 직함적 인자 이론은 그런 생각에 반대하는 것입니다. 특별히 인자란 단어가 메시야와 관련된 용어라고 주장하는 것에 대해 반대하는 것입니다. 다시 말해서 이 이론은 예수님 자신이 메시야 되심을 잘 인식했다는 것과 그분이 인자란 말 사용했다는 것과는 그다지 연관성이 없다는 견해입니다.

이렇게 주장할 수 있는 첫째 근거는 복음서에 있는 예수님 말씀 중에 있습니다. 제자들에게 물어 보신 예수님의 다음 질문을 비교해 보시기 바랍니다.

"예수께서 가이사랴 빌립보 지방에 이르러 제자들에게 물어 가라사대 사람들이 인자를 누구라 하느냐"(마 16:13)

"예수와 제자들이 가이사랴 빌립보 여러 마을로 나가실새 노중에서 제자들에게 물어 가라사대 사람들이 나를 누구라고 하느냐"(막 8:27)

아마 동일한 사건을 마태와 마가복음 저자가 기록한 것 같은데, 예수님의 질문이 약간 다르게 되어 있습니다. 마태복음에서는 '인자(人子)'라고 되어 있는데, 마가복음에서는 그냥 '나'라고 기록되어 있습니다. 이것을 어떻게 생각할 수 있겠습니까? 예수님이 두 번(아니면 여러 번) 다르게 말씀하신 것일 수 있습니다. 아니면 마태복음이나 마가복음 저자 중 하나가, 예수님의 말씀을 자기 나름

---

[10] 이런 견해를 주장하는 주요 학자들은 G. Vermes, P. M. Casey, B. Lindars입니다.

대로 '나'를 '인자'로 바꾸었든지, '인자'를 '나'로 바꾸었을 수도 있습니다. 하지만 그 어떤 경우라 하더라도 이런 비교를 통해서 추측해 볼 수 있는 것은, '인자'란 말이 '나'란 말과 동의어 처럼 사용되었을 것이라는 점입니다. 실제 예수님은 자기 자신을 언급하실 때, 자주 '인자'란 말을 쓰셨습니다. 그리고 그 뜻은 한편으로 '나'란 뜻을 지칭하는 것이었습니다. 그렇다면 우리가 가질 수 있는 질문은, 이런 인자란 말이 예수님 자신에게만 특별히 쓰여진(메시야) 칭호였는지, 아니면 다른 사람에게도 쓰여질 수 있는 것인가 하는 점입니다.

그래서 이에 대해 연구한 학자들이 의견을 내놓는 것입니다. 실제 유대 랍비 문헌에서는 '인자'라는 말이 '나'라는 말과 동의어로 사용된 흔적을 발견했다고 주장합니다.[11] '인자'라는 말은 '나'라는 말의 겸양적 표현이고 합니다. 그러니까 예수님이 인자란 말을 쓰신 것은 자신에게 어떤 특별한 의미를 부여하기 위한 것이 아니라, 그 당시 유대인들에게 친숙하던 어떤 용어를(랍비들이 사용하던 용어를) 쓰신 것이라는 말입니다. 그래서 예수님의 제자들도 아무런 어려움 없이 예수님이 '인자'라 쓰신 것을 그냥 '나'로 받아들였을 수 있다는 것입니다. 만일 '인자'란 말이 특별히 예수님에게만 독특하게 쓰이던 말이었다면, 그 뜻에 대해 제자들이나 유대인들이 이상하게 여겨 반응한 흔적이 있어야 할지 모릅니다. 하지만 그런 흔적이 잘 보이지 않는다는 것이지요.

묵시적 인자(默示的 人子) 이론(apocalyptic Son of Man hypothesis)[12]

그러나 이런 앞의 주장에 반론을 펼치는 사람들은, 예수님이 쓰신 '인자'란

---

[11] Vermes는 2세기 때의 Simeon ben Yohai 라는 랍비의 예를 들고 있습니다(Gen Rabba 79.6). 또한 2세기 말의 랍비 Judah의 이야기에서도 발견된다고 합니다(j.Ket 35a).

[12] '묵시적 人子 이론'은 주로 Morna Hooker, Seyoon Kim(김 세윤), G. R. Beasley-Murray 등의 학자들에 의해 주창되고 있습니다.

표현의 근거를 구약 성경에 두려고 합니다. 특별히 묵시 문학에서 나타나는 표현이란 것입니다. 대표적으로 다니엘서 7:13-14에 호소를 합니다.

"내가 또 밤 이상 중에 보았는데 인자 같은 이가 하늘 구름을 타고 와서 옛적부터 항상 계신 자에게 나아와 그 앞에 인도되매 그에게 권세와 영광과 나라를 주고 모든 백성과 나라들과 각 방언하는 자로 그를 섬기게 하였으니 그 권세는 영원한 권세라 옮기지 아니할 것이요 그 나라는 폐하지 아니할 것이니라"(단 7:13-14)

실제 예수님이 '인자'란 말을 쓰신 것은, 이렇게 묵시 문학에서 등장하는 '인자'란 인물을 겨냥했다는 것입니다. 예수님 스스로가 자신을 묵시 문학에서 묘사되고 있는 이 '인자 같은 이'라고 주장하고 있다는 말이지요. 좀더 자세히 말하자면 이런 뜻입니다. 묵시 문학에서 표현되고 있는 이 '인자 같은 이'는 바로 새 백성을 창조하는 대표격으로 묘사되는데, 예수님께서 이렇게 새 백성을 창조하는 대표라고 스스로 인식하고 계셨기 때문에 '인자'란 말을 사용하셨다는 것입니다. 이런 주장의 근거로 학자들은 특별히 세 가지 점에 초점을 두고 있습니다.

첫째는, 공관복음서에서 예수님이 '인자'란 말을 쓴 어록들에는 다니엘서 7:13-14에 나타난 이미지들을 연상시키는 내용이 많다는 것입니다.[13] 예를 들면, 아래 복음서의 구절들과 다니엘서 7:13-14을 비교해 보십시오(특별히 밑줄친 부분들을).

---

[13] 물론 학자들은, 이런 논의와 관련하여, 예수님의 '인자' 어록을 A, B, C 세 가지 종류로 분류하여 생각하고 있습니다. 하지만 이런 논의는 더 전문적이고 복잡한 것들이기에 이 책에서는 더 이상 언급하지 않습니다. 관심이 있으신 분들은 다음 책을 기본적으로 참고 하십시오. 김 세윤, **"그 '사람의 아들'(人子)-하나님의 아들**, pp. 21-32; I. H. Marshall, "Son of Man", in DJG, pp. 775-781.

"누구든지 이 음란하고 죄 많은 세대에서 나와 내 말을 부끄러워하면 인자도 아버지의 영광으로 거룩한 천사들과 함께 올 때에 그 사람을 부끄러워하리라"(막 8:38)

"그 때에 인자가 구름을 타고 큰 권능과 영광으로 오는 것을 사람들이 보리라"(막 13:26)

"예수께서 이르시되 내가 그니라 인자가 권능자의 우편에 앉은 것과 하늘 구름을 타고 오는 것을 너희가 보리라 하시니"(막 14:62)

"내가 또 밤 이상 중에 보았는데 인자 같은 이가 하늘 구름을 타고 와서 옛적부터 항상 계신 자에게 나아와 그 앞에 인도되매 그에게 권세와 영광과 나라를 주고 모든 백성과 나라들과 각 방언하는 자로 그를 섬기게 하였으니 그 권세는 영원한 권세라 옮기지 아니할 것이요 그 나라는 폐하지 아니할 것이니라"(단 7:13-14)

둘째 증거로 인자란 단어에 붙은 정관사를 지목합니다. 공관 복음서의 예수님이 말하는 인자라는 단어에는 다른 곳과는 다르게 헬라어로(영어의 the에 해당하는) 정관사가 늘상 붙어 있다는 것입니다.[14] 신약 성경 다른 두 곳에(히 2:6; 계 1:13) 인자라는 단어가 등장하기는 하지만, 그곳에는 정관사가 붙어 있지 않습니다. 이 사실은 예수님께서 정관사를 꼭 붙여서 사용하신 이유가 있을 수 있다는 뜻입니다. 즉 다니엘서 7:13-14에 나오는 '인자 같은 이'를 예수님께서 지칭하셨기 때문에, 꼭 '그 인자'라고 말하고 있다는 것입니다.[15] 셋째로, 다니엘

---

14) ὁ υἱὸς τοῦ ἀνθρώπου, 그 사람의 아들.
15) 물론 이런 주장은 신약 성경이 쓰여진 헬라어만 가지고는 할 수 없습니다. 신약성경은 헬라

서에 나타난 인자란 말이 하나님의 아들의 모습으로 예수님 당시 유대교에서 이해되고 있었다는 점을 주목하는 것입니다. 예수님이 다니엘서에 나타난 인자란 말을 사용하실 때에 어떤 배경을 염두에 두셨다는 것입니다. 예수님 당시의 유대교는 다니엘서에 나타난 사람의 '아들(인자, 人子)'이란 말을 이미 어느 정도 '하나님의 아들'이란 개념으로 이해하고 있었다는 것입니다. 그때의 하나님의 아들이란 말은, 종말에 하나님의 아들들을 대표하는 자로서 하나님의 아들을 뜻하는 것입니다. 그러니까 예수님이 '그 인자(그 사람의 아들)'라는 말을 하신 것에는, 예수님 자신이 '새 백성을 창조하는 하나님의 아들'이라는 뜻을 이미 내포하고 있다는 것이지요.[16]

인자(人子): 하나님의 뜻을 은밀하게 진행해 나가셔야 하는 예수님의 역설

묵시론적 인자론이 어떤 면에서 더 설득력이 있음을 부인할 수 없습니다. 그러나 한편으로는 어려운 점도 그냥 간과하기 힘듭니다. 예수님께서 그냥 '나'와 '인자'를 혼용하시면서 사용하신 것 같은 예가 있기 때문입니다. 그래서 '인자'란 말이 일차적으로 '나'란 뜻을 갖고 있다는 점을 부인하기 어렵습니다. 그리고 또 만일 인자란 단어가 묵시적 인자론에서 말하는 뜻만 가지고 있었다면, 이런 말을 듣는 유대인들과 제자들의 반응이 조금은 달랐어야 할지 모릅니다. 왜냐 하면 스스로 메시야라고 자칭하는 것이 그 당시 상황에서는 그렇게 쉬운 것이 아니었기 때문입니다. 예수님이 사용하신 인자란 말이 곧 직접적인 핍박을 가져왔을 것입니다. 그러나 또 이와 반대로 인자란 말이 전혀 메시아적 칭호가 아니라고 말하기도

어로 쓰였지만 예수님은 아람어를 사용하셨기 때문에, 예수님이 진짜 의도하신 것을 논의하려면 아람어와 관련된 용법까지를 논의해야 합니다. 또한 예수님의 말씀을 번역해서 복음서를 쓰는 제자들이 굳이 정관사를 모두 사용했다는 점도 같이 논의되어야 할 것입니다.

16) 이 논의는 주로 김 세윤 박사의 것입니다. 이에 대한 자세한 내용은 그분의 책을 참고하십시오. 김 세윤, **"그 '사람의 아들'"(人子)-하나님의 아들**, 서울: 엠마오, 1992.

어렵습니다. 묵시적 인자론의 증거들이 나름대로 설득력 있기 때문입니다.

그렇다면 무엇일까요? 예수님은 어떤 뜻으로 인자란 말씀을 하신 것일까요? 이것은 예수님이 늘상 같고 계시던 모호한 태도와도 관련이 있을 것입니다. 예수님은 자신이 메시야이심을 <u>스스로</u> 잘 인식하셨습니다. 그것을 사람들에게 드러내시면서도, 늘상 이 사실이 널리 알려지는 것을 경계시키시고 또 막으셨습니다. 드러내시면서도 가리시고, 감추시는 듯 하면서도 밝히 보여 주셨던 예수님의 태도를 이해해야 할 것입니다. 이것이 예수님께서 이 땅에서 가지셔야 했던 역설이었을 수 있습니다. 하나님이시면서 인간으로 오셨던 근본적인 역설과도 같은 것인지 모릅니다. 메시야의 비밀이 사람들에게 알려져야 하지만, 또 모든 사람에게 알려져서는 안되는 긴장이 있는 것입니다. 그래서 예수님은 자기 자신이 구속과 부활을 통해 새 이스라엘 백성을 창조하는 분이심을 사람들에게 밝히시면서도, 또한 사람들에게 그런 자신의 실체를 가려 두셔야 하는 입장이셨습니다. 그런 예수님의 입장에서 바로 인자(그 사람의 아들)란 용어는 아주 적절한 단어였던 것 같습니다. 그래서 예수님은 자신을 자주 '그 인자'라고 말씀하시면서, 들을 귀 있는 자에게는 듣게 하시고, 보지 못하는 자에게는 보지 못하게 하셨던 것 같습니다. 하나님 나라의 비밀이 갖는 모호함을 이 칭호를 통해 사용하셨는지 모른다는 것입니다.

"가라사대 하나님 나라의 비밀을 아는 것이 너희에게는 허락되었으나 다른 사람에게는 비유로 하나니 이는 저희로 보아도 보지 못하고 들어도 깨닫지 못하게 하려 함이니라"(눅 8:10)

그렇기 때문에 이 그 인자(人子)라는 예수님의 칭호에는, 예수님이 자신의 삶과 인생을 계획해 나가시는 커다란 지혜와 기본적 방향이 새겨져 있습니다. 하나님의 계획을 따라 자신의 인생을 계획하고 은밀하게 진행해 나가시는 예수님의 의지와 갈등 같은 것이, 이 '인자'란 칭호 속에 녹아 있다는 말입니다. 그래서 하나님의 뜻을 따른 예수님의 계획을 생각할 때, 우리는 예수님의 이 칭호를 간과할 수 없는 것입니다.

2. 예수님의 계획과 그 실행

(1) 예수님의 계획과 행동1: 십자가와 부활

예수님의 계획: 십자가와 부활

예수님은 자신을 구약 성경을 완전케 하는 분으로 생각하셨을 뿐 아니라, 자신을 대속물로 드리는 것을 통해 구약 성경을 성취하고, 또 자신의 부활 사건을 통해서 결국 새로운 이스라엘 백성을 창조하는 존재로 인식하고 계셨다고 했습니다. 그리고 이런 자신의 소명을 이해했었다는 대표적 증거 중의 하나가, 자신을 '인자'로 부르신 것이라고 했습니다. 그래서 인자란 단어를 들을 때에 우리는, 예수님이 하나님의 거대한 계획과 뜻을 따라 자신의 삶을 어떻게 잘 조절하려 했는지를 알 수 있다고 말했습니다. 그렇다면 예수님께서 이런 이해를 따라 자신의 삶속에서 세우셨던 가장 기본적인 목표와 계획은 무엇이었겠습니까? 그것은 다름 아닌 십자가와 부활을 향해 나아가시는 것이었습니다. 구속과 새창조를 이루는 십자가와 부활을 향해 그의 인생 전체를 운영해 가시는 것입니다. 하나님의 뜻을 따라 예수님께서 세우신 계획의 기본적 골격이 십자가와 부활이란 말입니다. 이런 점에서 '주는 그리스도시니이다'[17]라는 베드로의 고백 후에, 예

---

17) 마 16:16에는 "살아 계신 하나님의 아들이시니이다"란 말이 더 첨가되어 있습니다.

수님께서 자신의 죽음과 부활을 비로소 말씀하시는 점도 다시 눈여겨 볼 필요가 있습니다. 인자란 칭호가 여기서 사용되는 것도 중요합니다.

"또 물으시되 너희는 나를 누구라 하느냐 베드로가 대답하여 가로되 주는 그리스도시니이다 하매 이에 자기의 일을 아무에게도 말하지 말라 경계하시고 인자가 많은 고난을 받고 장로들과 대제사장들과 서기관들에게 버린 바 되어 죽임을 당하고 사흘 만에 살아나야 할 것을 비로소 저희에게 가르치시되"(막 8:29-31)

예수님은 실제 십자가와 부활을 향해 자신의 공생애를 진행시켜 나가셨습니다. 하나님의 뜻을 따라 자신의 십자가의 죽음과 새창조의 부활이란 계획을 세우셨고, 그것을 향해 끈질기게 나가셨던 것입니다. 하나님의 뜻을 따라 자신의 계획을 세워 진행하신 것이었습니다.

예수님의 계획이 실행되고 그 메시지가 전파됨

그러나 예수님의 이런 계획을 제자들은 처음에 이해하지 못했습니다. 그래서 예루살렘으로 예수님께서 자신의 계획을 실행하러 가실 때에도 자리 다툼을 했던 것입니다. 결국 십자가 사건으로 흩어진 제자들에 대해, 예수님은 하나님의 뜻을 따른 자신의 계획이 이루어졌음을 다시 보이셨습니다.

"가라사대 미련하고 선지자들의 말한 모든 것을 마음에 더디 믿는 자들이여 그리스도가 이런 고난을 받고 자기의 영광에 들어가야 할 것이 아니냐 하시고"(눅 24:25-26)

부활 후에 예수님의 가르침을 다시 듣고 깨닫게 된 제자들은, 교회를 이루어 예수님을 전했습니다. 그래서 그들의 메시지 속에는 예수님께서 공생애 기간에 갖고 계셨던 예수님 자신의 계획과 성취가 기본적으로 들어가 있게 되었습니다. 십자가와 부활입니다. 그래서 그들이 전했던 복음과[18] 기록했던 복음서에는[19] 언제나 그분의 죽으심과 부활이 중심적으로 자리잡고 있는 것입니다. 예수님께서 갖고 계셨던 계획이 실행된 것이고, 이제 그 제자들에게 이해되어 교회에 전파되고 있는 것입니다.

(2) 예수님의 계획과 행동2: 피하심

사람들의 반대와 예수님의 피하심

예수님이 세우신 대속의 죽음과 새창조의 부활 계획이 그분의 공생애 동안에 그렇게 쉽게 실행된 것은 아닙니다. 모세의 첫 번째 출애굽 시도 계획에 이스라엘 백성의 반대가 있었고 또 출애굽 후에도 이스라엘 백성이 불순종하였던 것처럼, 예수님의 공생애 기간에도 반대가 많았습니다. 때로는 그 계획에 반대하는 자가 아주 가까이에 있기도 했습니다.

> "인자가 많은 고난을 받고 장로들과 대제사장들과 서기관들에게 버린 바 되어 죽임을 당하고 사흘 만에 살아나야 할 것을 비로소 저희에게 가르치시되 드러내 놓고 이 말씀을 하시니 베드로가 예수를 붙들고 간하매 예수께서 돌이키사 제자들을 보시며 베드로를 꾸짖어 가라사대 사단아 내 뒤로 물러가라 네가 하나님의 일을 생각지 아니하고 도리어 사람의 일을 생각하는도다 하시고"(막 8:33)

---

[18] 고린도전서 15:3-4에 전승의 형식으로 나타난 복음의 내용이 예수님의 죽으심과 부활이었다는 사실은 이런 점에서 의미 심장합니다.

[19] 공관 복음서에서 예수님의 십자가 죽음과 부활이 언제나 대정점을 이루고 있다는 점을 눈여겨 보십시오.

하나님의 뜻을 따른 예수님의 계획을 제자들에게 설명했더니, 바로 가장 가까이에 있는 제자가 그것을 반대하고 나서는 것입니다. 그래서 예수님이 호되게 베드로를 꾸짖는 장면입니다.

예수님의 계획을 잘 이해하지 못했기 때문에 여러 형태의 반대가 있었습니다. 때로는 예수님을 만류하는 것이기도 했고, 때로는 예수님을 떠받드는 것이기도 했습니다. 어떨 때는 시험하는 말로도 나타났고, 어떨 때는 비난으로 등장하기도 했습니다. 예수님의 계획에 대한 반대가 다양했기 때문에, 예수님의 반응과 대응책도 다양해야만 했습니다. 그 중에 하나가 피하시는 것입니다. 사람들을 피하시거나, 어떤 일에 부딪히는 것을 꺼려하시는 것이지요. 어떻게 보면 이것은 매우 안좋게 보이기도 합니다. 때로는 겁쟁이로 여겨지기도 하고, 나약해 보이기도 합니다. 하지만 이런 피해가심이 예수님의 대응 계획 중에 커다란 부분을 차지하고 있다는 점을 잊지 말아야 할 것입니다.

왕이 될 요구를 피하심

대표적인 피하심의 예(例)중의 하나는, 요한복음 6장에 나타나 있습니다. 몰려든 5,000명 정도 되는 군중을 예수님께서 보리떡 다섯 개와 물고기 두 마리로 먹이시자, 이것을 본 사람들이 예수님을 억지로 잡아서 임금을 삼으려 했습니다(요 6:1-14). 그러나 이런 군중의 생각을 아시고, 예수님은 그냥 혼자서 다시 산으로 떠나버리셨습니다(요 6:15). 어떻게 보면 이해하기 힘든 행동인지도 모르겠습니다. 보통 우리 시대 많이 보는 현상과는 아주 달라 보입니다. 자기가 유명해지기를 원하는 것이 사람들의 생각입니다. 사람들이 자기를 좋아하거나 따라오면 그것을 마다하지 않습니다. 오히려 어떻게 하면 사람들을 모을지를 생각하는데 비해, 예수님은 자신을 왕으로 삼으려는 사람들을 남겨 두고 그냥 떠나버리시는 것입니다. 또 한편으로는 이런 예수님의 행동을 무책임한 것으로 볼지 모르겠습니다. 말씀을 가르치셔서 사람들을 모아 놓고, 또 필요한 음식까지 기적적으로 주셨습니다. 그래서 사람들이 이제 뜻을 모으려 했고, 그래서 뭔가 이루어질 상황 같았습니다. 그런데 그냥 혼자서 '쓱' 사라지신 것입니다(아마 특별한 말씀을 하고 가신 것 같지 않습니다).

> "그 사람들이 예수의 행하신 이 표적을 보고 말하되 이는 참으로 세상에 오실 그 선지자라 하더라 그러므로 예수께서 저희가 와서 자기를 억지로 잡아 임금 삼으려는 줄을 아시고 다시 혼자 산으로 떠나가시니라"(요 6:14-15)

예수님을 따르던 사람들의 판단 기준과 생각으로는 예수님의 이런 행동이 전혀 이해되지 않았을 것입니다. 하지만 예수님의 입장에서는 달랐습니다. 사람들이 이해한 방식과 예수님이 이해한 방식이 달랐고, 사람들이 추구하는 것과 예수님이 추구하는 것이 다른 것입니다. 예수님의 계획에 의하면, 자신은 십자가와 부활을 통해서 새 이스라엘 백성을 창조하시는 참 왕이 되셔야 했습니다. 하지만 지금 사람들은 그런 예수님의 계획과 의도를 이해한 것이 아니었습니다. 자기들이 이해한 방식대로 예수님을 세우려 한 것입니다. 그래서 뒤에 가버나움까지 끈질기게 따라 온 사람들도 있었습니다. 그러나 그들에게 오히려 예수님은 이렇게 말씀하셨습니다.

> "예수께서 대답하여 가라사대 내가 진실로 진실로 너희에게 이르노니 너희가 나를 찾는 것은 표적을 본 까닭이 아니요 떡을 먹고 배부른 까닭이로다"(요 6:26)

예수님의 이런 말씀도 혼자서 산으로 가신 행동과 그리 달라 보이지 않습니다. 사람들을 그냥 피하셨는데도 사람들이 끈질기게 따라 왔습니다. 따라 와서는 이렇게 묻습니다. "랍비여, 어느 때에 여기 오셨나이까?" 반가운 말투처럼 들립니다. 예수님을 좋게 생각하고 와서 친근한 말을 건넵니다. 그런데 그런 우호적인 인사말을 건넨 사람들에게 예수님은 갑자기 찬물을 끼얹는 듯한 말씀을 하십니다.

"너희가 나를 찾는 것은 표적을 본 까닭이 아니요 떡을 먹고 배부른 까닭이로다"(요 6:26)

이렇게 시작한 논쟁은 결국 길어지게 되었고, 그 논쟁의 끝에는 반감이 따라왔습니다. 그래서 따라 다니던 사람들이 많이 돌아가게 되었습니다. 처음에는 그냥 사라지셨다가, 나중에는 논쟁을 통해서 아예 사람들이 떠나게 만드신 것입니다.

"이러므로 제자 중에 많이 물러가고 다시 그와 함께 다니지 아니하더라"(요 6:66)

예수님의 이런 행동의 밑바닥에는 그분이 깨닫고 계셨던 십자가와 부활이란 목표가 있었기 때문입니다. 예수님의 계획과 목표를 막고 방해하는 사람들을 피하시려 한 것입니다.

핍박받아 위급한 상황/그냥 피하심

사람들에게 칭찬을 받고 높임을 받는 것을 거두시고 피하신 적도 있었지만, 그 반대의 상황에서 피하신 경우도 있었습니다. 예수님의 말씀과 행동에 반대해서 예수님을 핍박하거나 해하려 할 때, 예수님이 살며시 피하신 적도 있었던 것입니다. 요한복음 8장에 나타나는 예수님의 모습이 그렇습니다. 요한복음 8장 1절과 2절은 이렇게 시작합니다.

> "예수는 감람 산으로 가시다 아침에 다시 성전으로 들어오시니 백성이 다 나아오는지라 앉으사 저희를 가르치시더니"(요 8:1-2)

어떻게 보면 아주 좋은 시작인 듯 합니다. 아침에 성전에 들어 오셔서 사람들을 가르치시기 시작했습니다. 그런데 가르침이 진행되고 논쟁이 열기를 띠면서 분위기가 점점 더 험악해졌습니다. 그래서 결국에는 사람들이 예수님을 돌로 치려하였고, 예수님은 슬며시 피신하셨습니다.

> "저희가 돌을 들어 치려 하거늘 예수께서 숨어 성전에서 나가시니라"(요 8:59)

예수님이 그냥 숨어서 나가셨다고 했습니다. 말이 나가셨다는 표현이지, 실제는 피신하는 모습입니다. 아마 군중들 틈으로 들어가셔서 자신을 감추어 피신하신 듯 합니다. 현대인이 보는 남성상이나 지도자상으로는 별로 좋게 보이지 않을지 모릅니다. 겁쟁이처럼 보이기 때문입니다. 하지만 예수님에게는 그럴 만한 이유가 있었습니다. 죽음을 두려워해서가 아니라, 아직은 자신이 여기서 돌에 맞아 죽으면 안되기 때문입니다. 자신의 계획 때문입니다.

메시야 됨을 감추심

이렇게 자신이 곧바로 죽음을 맞거나 사람들에게 거친 반대를 당하지 않기 위해서, 예수님은 종종 자신의 참 신분을 숨기시고 절제하셨습니다. 왜냐 하면 자신이 계획하고 계신 대속의 죽음과 새창조의 부활을 성취하시기 위해서입니다. 그래서 사람들에게 깜짝 놀랄 기적을 베푸시고는 다른 사람들에게 알리지 말라고도 하셨고, 제자들이 깨달은 사실을 다른 사람들에게 알리지 말라고도 하셨습니다. 베드로가 예수님을 그리스도라고 고백했을 때, 예수님은 그것을 다른 사람에게 말하지 말라고 경계하셨습니다.

"또 물으시되 너희는 나를 누구라 하느냐 베드로가 대답하여 가로되 주는 그리스도시니이다 하매 이에 자기의 일을 아무에게도 말하지 말라 경계하시고"(막 8:29-30)

이렇듯 예수님이 스스로 메시야 되심을 감추신 것은 유대교의 배경 때문인 듯 싶습니다.[20] 예수님 당시 유대교에서 스스로 메시야라고 하는 것, 즉 오실 그분이라고 말하는 것은 한편에선 신성 모독으로 인식되기도 했던 것 같습니다. 예수님이 잡히셔서 공회에서 대제사장에게 신문(訊問) 받으실 때, 스스로 그리스도라고 인정하셨다는 것 때문에 사형 선고를 받는 장면을 기억하시면 좋을 것입니다.

"잠잠하고 아무 대답도 아니하시거늘 대제사장이 다시 물어 가로되 네가 찬송 받을 자의 아들 그리스도냐 예수께서 이르시되 내가 그니라 인자가 권능자의 우편에 앉은 것과 하늘 구름을 타고 오는 것을 너희가 보리라 하시니 대제사장이 자기 옷을 찢으며 가로되 우리가 어찌 더 증인을 요구하리요 그 참람한 말을 너희가 들었도다 너희는 어떻게 생각하느뇨 하니 저희가 다 예수를 사형에 해당한 자로 정죄하고"(막 14:61-64)

---

20) 이것에 대해서 Max Turner 교수는 세가지 점으로 나누어 좀더 자세히 말하고 있습니다(그의 강의 노트에서): ① 메시야로 인정되시기 위해 남은 과업이 아직 있다는 면 ② '메시야'라는 직함이 예수님 자신을 표현하기에 그 당시에 적절하지 않은 용어일 수 있다는 점(왜냐 하면 그 당시 메시야란 뜻이 다른 사람들에게 여러 의미로 사용되었기 때문임) ③ 예수님께서는 정치적 오해를 받지 않으려 하셨다는 점.

(3) 예수님의 계획과 행동3: 적극적으로 나아가심

죽음을 향해 당당히 나아가심

대제사장 앞에서 예수님은 자신이 그리스도이심을 당당히 밝히셨습니다. 나타날 결과가 무엇인지를 모르셔서 감히 이런 말을 하시는 것이 아닙니다. 오히려 너무 잘 알고 계셨습니다. 그래서 아직 자신의 계획대로 이루어지지 않았을 때는 피하시는 듯 했다가, 그 때가 되어서는 당당하게 말씀하시는 것입니다. 예수님의 마음이 이랬다 저랬다 해서가 아니라, 자신이 갖고 계신 구속의 죽음과 새창조의 부활이라는 틀 때문에 그러신 것입니다. 그냥 아무에게나 잡혀서 돌맞아 죽어서는 안되고, 대제사장의 손에 잡히셔야 하기 때문인 듯 합니다. 스스로를 대속물로 주러 오셨다고 말씀하신 점을 다시 상기해야 합니다. 예수님 자신이 대속물로 죽으신다면, 그 대속의 제사를 진행하는 사람은 자연히 대제사장이 되어야 할 것입니다. 이런 생각은 요한복음 저자의 글 속에도 스며들어 있는 듯 합니다.

"인자의 온 것은 섬김을 받으려 함이 아니라 도리어 섬기려 하고 자기 목숨을 많은 사람의 대속물로 주려 함이니라"(막 10:45)

"그 중에 한 사람 그 해 대제사장인 가야바가 저희에게 말하되 너희가 아무것도 알지 못하는도다 한 사람이 백성을 위하여 죽어서 온 민족이 망하지 않게 되는 것이 너희에게 유익한 줄을 생각지 아니하는도다 하였으니 이 말은 스스로 함이 아니요 그 해에 대제사장이므로 예수께서 그 민족을 위하시고 또 그 민족만 위할 뿐 아니라 흩어진 하나님의 자녀를 모아 하나가 되게 하기 위하여 죽으실 것을 미리 말함이러라"(요 11:49-52)

그러니까 자신이 갖고 있던(대속의 죽음과 새창조의 부활이라는) 목표와 계획으로 인해, 예수님께서는 죽을 때를 조절하셨다는 것입니다. 이제 대제사장 앞에 선 예수님은 당당하게 자신이 그리스도이심을 밝히십니다. 죽음을 향해 당당히 나아가신 것입니다.

겟세마네 동산의 기도.

죽음을 향해 나아가는 당당한 모습의 배경에는 겟세마네 동산의 기도가 있다는 점을 잊어서는 안됩니다. 예수님은 죽음을 향해 나아가고 계셨고, 이제 얼마 있지 않으면 그 고난이 시작될 상황이었습니다. 죽음과 부활이라는 목표를 따라 이곳까지 왔습니다. 그래서 그 고난을 바로 앞둔 겟세마네 동산에서 예수님은 기도하셨습니다. 바른 계획에 이어져야 하는 강청의 기도는 바로 이런 것입니다. 예수님은 하나님의 뜻을 따라 오셨고, 자신이 이렇게 끌고 온 길과 방향이 맞았다는 것을 아셨습니다. 그러나 곧 닥칠 일 앞에서 그분의 마음은 심히 놀라고 슬프셨습니다(막 14:33 참조). 그래서 기도하십니다.

> "베드로와 야고보와 요한을 데리고 가실새 심히 놀라시며 슬퍼하사 말씀하시되 내 마음이 심히 고민하여 죽게 되었으니 너희는 여기 머물러 깨어 있으라 하시고 조금 나아가사 땅에 엎드리어 될 수 있는 대로 이 때가 자기에게서 지나가기를 구하여 가라사대 아바 아버지여 아버지께는 모든 것이 가능하오니 이 잔을 내게서 옮기시옵소서 그러나 나의 원대로 마옵시고 아버지의 원대로 하옵소서 하시고"(막 14:33-36)

"아버지여, 나의 원대로 마시고 아버지의 원대로 하옵소서." 이것이 예수님 기도의 핵심입니다. 이것을 강청하셨습니다. 그렇다고 해서 예수님이 자신의 마음에 있는 약함을 감추지 않으셨습니다. '이 잔을 내게서 옮기시옵소서'라고 기도하신 것입니다. 이런 기도의 무게가 어떤 것인지는 우리가 다 알기는 힘들 것입니다. 왜냐 하면 십자가 위에서 하나님으로부터 버림 받으시는 고통의 무게가 어떤 것인지, 우리가 다 알기 힘들기 때문입니다. 그러나 분명한 것은 그분이 자신이 갖고 있는 고통와 어려움을 하나님께 잘 아뢰었다는 점입니다. 종종 바른 기도를 간구해야 한다고 하면서, 실제 자기 마음에 온전히 수긍되지 않는 이론을 나열하는 경우가 있습니다. 소위 정석(定石)의 기도를 하는 것입니다. 자기 내면은 전혀 그 기도 내용에 관심이 없는데, 입만 그렇게 움직이는 것입니다. 그것은 이론서를 읽는 것이지 기도하는 것이 아닙니다. 기도는 하나님 앞에서 자신을 보이며, 하나님과 대화하며, 하나님을 따라 자신을 설득하여 가는 것입니다. 감출 수도 없고, 감출 필요도 없습니다. 하나님의 뜻을 따라야 하는 것이 바른 기도이지만, 그것은 내 속마음을 감춘 상태에서 하나님의 뜻을 암송하는 것은 아닙니다. 예수님은 자신의 마음을 내어 놓으셨고, 하나님의 마음을 자신의 마음 속에 집어 넣으셨습니다. 예수님의 기도는 자신이 하나님의 마음으로 들어가는 것이었습니다. 그런 갈등과 싸움이 있기 때문에, 강청의 기도가 또한 필요한 것입니다.

예수님께서 세 번 나아가셔서 기도하신 것으로 복음서에 기록되어 있는데 이것을 그냥 예수님께서 똑 같은 말을 세 번 반복했다는 정도로 생각하면 곤란합니다. 이것은 강청의 기도를 말씀하시는 것 같습니다. 어느 정도 강청하는 기도였을까요? 기도하면서 땀을 흘리실 만큼 강청하셨다는 것입니다. 그 땀을 흘리시는 것이 마치 땅에 핏방울이 떨어지는 것 같았다고 누가복음 기자는 표현하고 있습니다(눅 22:44)

"예수께서 힘쓰고 애써 더욱 간절히 기도하시니 땀이 땅에 떨어지는 피 방울 같이 되더라"(눅 22:44)

필자는 이렇게 땀이 핏방울 같이 떨어지도록 기도를 해 본 적이 없습니다.

물론 아주 더운 여름에 기도하면서 땀을 흘린 적은 있었겠지요. 하지만 예수님께서 계셨던 상황은 좀 다릅니다. 그냥 날씨가 더워서 땀을 흘리시지는 않은 듯합니다. 유월절 즈음에 이스라엘의 밤 날씨는 그렇게 덥지 않다고 합니다. 예수님께서 잡혀 가신 대제사장의 집에 사람들이 뜰 가운데 불을 피워 놓고 앉아 있었던 장면을 기억하면 도움이 될 것입니다. 베드로도 거기서 불을 쬐고 있었습니다(막 14:67참조). 더운 때가 아니지요. 더구나 집안이 아닌 동산의 밤은 더 온도가 내려 갔을 것입니다. 그런 곳에서 예수님이 기도하시며 땀을 핏 방울 같이 흘리셨다는 것입니다. 예수님은 자신이 가르치셨던 강청의 기도를 하시는 것입니다. 하나님의 뜻을 몰라서가 아닙니다. 하나님의 뜻이 바로 자신의 분명한 뜻이 되기 위해서입니다. 하나님의 뜻을 따라 세운 계획이 바르게 실행되게 하기 위해서, 자신이 그 계획을 실행할 힘과 용기와 당당함을 얻기 위해서, 예수님은 고민의 땀을 흘리시면서 강청의 기도를 하고 계시는 것입니다. 이 겟세마네 동산의 기도 장면이 대제사장 앞에 선 예수님의 당당함 밑에 깔린 배경색입니다.

예루살렘을 향해 적극적으로 나아가심

대제사장 앞에 서신 일이나 겟세마네 동산에서 기도하셨던 것은, 바로 예루살렘을 향해 예수님께서 적극적으로 나아가신 계획 속에서 이루어진 것입니다. 대속의 죽음과 새창조의 부활이라는 커다란 인생의 계획을 따라 세부적으로 이루어진 아주 중요한 실행 계획이, 바로 예수님의 예루살렘행입니다. 사복음서는 모두 예수님의 이 예루살렘행 계획에 대해 많은 양을 할애하고 있습니다. 예수님의 마지막 예루살렘행은 구속의 죽음과 새창조의 부활이 성취될 길이기 때문입니다.

"이 때로부터 예수 그리스도께서 자기가 예루살렘에 올라가 장로들과 대제사장들과 서기관들에게 많은 고난을 받고 죽임을 당하고 제 삼 일에 살아나야 할 것을 제자들에게 비로소 가르치시니"(마 16:21)

"예수께서 예루살렘으로 올라가려 하실 때에 열두 제자를 따로 데리시고 길에서 이르시되 보라 우리가 예루살렘으로 올라가노니 인자가 대제사장들과 서기관들에게 넘기우매 저희가 죽이기로 결안하고 이방인들에게 넘겨 주어 그를 능욕하며 채찍질하며 십자가에 못 박게 하리니 제 삼 일에 살아나리라"(마 20:17-19)

죽으러 오신 것이 아니라 하나님의 아들로 오신 것

구속의 죽음과 새창조의 부활을 예수님께서 의도하셨고 또 그것에 따라 마지막 예루살렘행을 계획하셨다고 해서, 이것을 너무 운명적으로 이해하면 곤란합니다. 예수님이 처음부터 죽으러 오셔서, '나를 죽이시오. 그래야 일이 이루어집니다.' 라는 식으로 목을 내민 것이 아니란 말입니다. 이렇게 이해하게 되면 예수님의 죽음과 부활이란 계획이 이상하게 보이게 됩니다. 가만히 있는 예루살렘 백성들과 제사장 무리를 예수님께서 괜히 건드리시고 화나게 해서, 예수님의 계획 속에 끌어 넣는 것이 된다는 말입니다. 예수님께서 대속의 죽음을 향해 적극적으로 나아가기 위해서, 가만이 있는 제사장들에게 먼저 시비를 거는 것으로 이해해서는 안된다는 말입니다. 예수님을 죽이려고 시비를 거는 것은 예수님이 아니라 제사장들 무리입니다. 제사장들 무리가 가만히 있는데 예수님이 사형 선고를 받도록 다 계획해 놓은 것이 아니란 것입니다.

예수님은 실제 하나님의 아들로 이 땅에 오신 것으로 이해해야 합니다. 물론 예수님이 분명하게 직접적으로 '내가 하나님의 아들이다' 라는 말씀을 하시지는 않습니다. 그러나 간접적으로는 분명히 나타나 있다고 보는 것이 좋습니다. 예수님이 쓰신 '아바' 라는 표현은 이런 점을 잘 반영하고 있습니다.[21] 누가복음 20:9-18에 있는 포도원 주인과 아들의 비유에도 또한 이런 암시가 흐르고 있는 듯 합니다. 그런데 여기서 포도원 주인은 아들을 죽이러 보냈다고 말씀하고 있지 않습니다. 아들을 공경하라고 보냈는데 농부들이 죽여 버리는 것입니다. 물론 그렇다고 해서 제사장들이 예수님을 죽일 것을 하나님이 모르고 보내신다고 말하는 것도 아닙니다. 아들로 보내시지만 제사장들은 죽이려 할 것이고, 그것을 아시는 하나님께서는 그 아들의 고난과 부활을 통해 새 백성을 창조하시는 것입니다. 예수님이 죽으신 원인은 사람들이 그를 죽였기 때문이고(because), 하나님의 아들이신 예수님이 죽음을 맞이하신 이유는 사람들의 죄를 대속하여 구속하시기 위함이라고(for) 볼 수 있다는 말입니다.

(4) 예수님의 계획과 행동4: 때를 따라 나아가심

이렇듯 예수님은 자신의 계획을 위해서 때론 피하시고 때로는 적극적으로 나아가시는 모습을 보이셨습니다. 계획의 실행을 잘 조절하신 것입니다. 이런 모습을 잘 보여 주는 단어가 요한복음에 나타난 '때' 란 단어입니다. 하나님의 뜻을 따른 계획이 제대로 이루어지기 위해서 상황을 늘 살피셨고, 마땅한 때를 잘 살피셨습니다. 특별히 대속의 죽음과 새창조의 부활이 이루어질 때를 향해 나아가셨기 때문에, 그것을 '때' 라는 말로 자주 표현한 듯 합니다.[22]

---

21) J. Jeremias가 이점을 잘 주장하고 있습니다. Joachim Jeremias, *New Testament Theology: The Proclamation of Jesus*, 정충하 역, **신약 신학**, 서울: 새순출판사, 1990, pp. 70-71, 102-111.

22) 요한복음에서 '때' 란 말에 사용된 헬라어 단어는 주로 ὥρα입니다. 그러나 요 7:6, 8의 경우에는 καιρός가 사용되고 있습니다. 이런 차이점만으로 καιρός에 특별한 의미를 부여하는 것은 무리인 듯 합니다. 왜냐 하면 신약 성경에서 이 두 단어가 그다지 큰 차이가 없이 많이 등장하기 때문입니다. 혹 요한복음 저자만 καιρός를 특별히 다르게 쓰고 있다고 주장할 수 있을지도 모

때가 아직 차지 않으심

때가 차지 않으셨다는 말씀을 하십니다. 이 말씀은 예수님 계획의 정점인 죽음과 부활이 이루어질 시점이 아직 아니라는 말씀입니다. 마지막 예루살렘에 올라가셔서 그 계획이 실행되어야 하는데, 아직은 이런 때가 오지 않았다는 말입니다. 이런 예수님의 심정이 잘 표현된 예가 요한복음 7장에 나타난 사건입니다. 유대인의 명절인 초막절이 가까웠는데 예수님의 형제들이 예수님께 유대로 가기를 제안합니다. 이렇게 촌에서 일하지 말고 예루살렘에 올라가서 사람들에게 분명히 예수님 자신을 나타내라고 권하는 것입니다.

> "스스로 나타나기를 구하면서 묻혀서 일하는 사람이 없나니 이 일을 행하려 하거든 자신을 세상에 나타내소서 하니"(요 7:4)

이때 대답하신 내용이 재미있습니다. 그런 생각은 너희에게 맞는 것이고, 그것에 적합한 너희의 때는 늘 준비되어 있다고 하십니다. 그러나 내 때는 아직 오직 않았으니, 나는 아직 올라가지 않을 것이라고 말합니다. 그래서 예수님은 나는 이 명절에 예루살렘으로 올라가지 않을 것이니 너희는 올라가라고 말씀하십니다.

> "예수께서 가라사대 내 때는 아직 이르지 아니하였거니와 너희 때는 늘 준비

릅니다. 예를 들어 George R. Beasley-Murray의 주장처럼 ὥρα는 예수님 죽음에 대한 최고 결정적 순간이지만 καιρός는 아니라는 견해를 보일 수 있습니다(G. Beasley-Murray, John, WBC, Dallas: Word, 1987, p. 107). 하지만 ὥρα도 요한복음에서 예수님 죽음의 순간 이전에 그 죽음과 부활을 가리키는 것으로 사용되었습니다. 또한 요 7:6, 8에 등장하는 καιρός도 예수님의 죽음을 한편 가리키고 있다는 점을 잘 고려해야 할 것입니다. 이런 단어의 차이는 단순히 저자가 비슷한 다른 단어를 사용한 것인 듯 합니다.

되어 있느니라 세상이 너희를 미워하지 못하되 나를 미워하나니 이는 내가 세상의 행사를 악하다 증거함이라 너희는 명절에 올라가라 나는 내 때가 아직 차지 못하였으니 이 명절에 아직 올라가지 아니하노라 이 말씀을 하시고 갈릴리에 머물러 계시니라"(요 7:6-9)

그래서 이런 구절을 읽으면 예수님은 이때에 예루살렘에 올라가지 않으시고 형제들만 올라간 듯 보입니다. 그런데 문제는 이어진 구절입니다.

"그 형제들이 명절에 올라간 후 자기도 올라가시되 나타내지 않고 비밀히 하시니라"(요 7:10)

형제들에게는 안 올라간다고 말씀하셨는데, 그 형제들이 올라간 후에 자신도 비밀리에 올라가시는 것입니다. 예수님의 앞말과 뒷말이 다르기 때문에, 이에 대해 여러 가지 추측이 있을 수 있습니다: ① 예수님의 말을 신뢰할 수 없다. 앞뒷말이 다르기 때문이다. ② 예수님이 형제들에게는 자신의 계획을 다 말씀하신 것이 아니다. 그래 보았자 잘 이해하지 못할 것이기 때문이다. ③ 예수님의 생각이 바뀐 것이다. 처음에는 올라갈 생각이 없었는데, 형제들이 올라간 후에 마음이 바뀌어서 올라가셨다.[23]

하지만 이런 것들은 예수님이 말씀하신 때란 표현을 잘 염두에 두지 않은 추

---

23) 특별히 '아직 올라가지 아니하노라'(요 7:8b)는 표현이, ③의 견해를 지지하는 것 같이 보이기도 합니다. 물론 이것에 해당하는 헬라어 οὔπω가 '아직 … 아니다'라는 의미인 것도 사실입니다. 그러나 이것은 '올라가다'라는 뜻이 무엇이냐에 따라 전혀 다른 해석을 가져옵니다. 만일 '올라가다'라는 말이 예루살렘에 올라간다는 뜻이면, ③의 해석 쪽으로 기울어집니다. 하지만 하늘로 '올라가다'라는 뜻이라면 ③의 해석과는 전혀 다른 결과를 가져옵니다.

측과 해석입니다. 실제 예수님의 이런 말씀과 행동을 이해하려면(또는 요한 복음 저자의 설명을 이해하려면), 때란 말이 예수님의 생각 속에 어떤 의미를 지니고 있는지를 잘 따져봐야 될 듯 싶습니다. 예수님의 생각 속에서 사람들에게 자신을 온전히 알리는(그리스도이심을 분명케 하시는) 일은, 결국 대속과 대표의 죽음과 부활을 통해서 이루어질 것이었습니다. 그래서 그것을 향해 나아가고 계신 것이고, 나중에 예루살렘에 올라가셔서 그 일을 이루실 것이었습니다. 그런데 지금 형제들이 말하는 것은, 그런 예수님의 계획과 뜻을 잘 이해하지 못하고 세상 사람들의 관점으로 말하는 것입니다. 지금 예루살렘에 올라가서 예수님을 사람들 앞에 드러내라는 것입니다. 이 말은 예수님이 어떤 분인지, 또 그분의 계획이 무엇인지 아직 모르기 때문에 하는 말입니다.

그러니까 예수님의 말씀은 이렇게 예수님의 계획을 이해하지 못한 사람들에게, 자신의 계획과 그들의 계획을 대비하면서 대답하시는 것입니다. "내 때는 아직 이르지 아니하였으나(내 계획을 이룰 그 때는 지금이 아니나), 너희 때는 늘 준비되어 있느니라(너희가 생각하는 식의 계획을 이루는 것은 언제든지 가능하다). 그러므로 너희는 올라가라(예루살렘에 올라가서 그런 생각을 실현할 수 있을 것이다), 하지만 나는 아직 올라가지 아니하리라(나는 아직 나의 계획, 즉 죽음과 부활을 이루기 위해 예루살렘으로 가지 않을 것이다)." 이런 식으로 예수님은 그들의 말에 대응하고 계신 것입니다. 그러니까 예수님의 뜻과 계획을 이해하고 있는 사람이면, 예수님이 하신 말의 뜻을 이해할 수 있을 것입니다. 하지만 예수님의 계획을 모르면, 예수님이 말씀하신 그 본뜻을 잘 이해하기 힘든 것입니다.

이런 해석을 좀더 분명케 해 주는 것이 요 7:8에 있는 '올라간다'(ἀναβαίνω)는 단어입니다. 예수님이 쓰신 이 단어에는(또는 요한복음 저자가 사용한 이 단어에는) 말 장난(word play)이 있는 것 같습니다.[24] 언뜻 보면 이 말은 '예루살렘으로 올라간다' 는 뜻만 있는 것 같지만, 실제는 '하늘에 올라간다' 는 뜻을 내포하고 있습니다. 형제들에게 말할 때는 '예루살렘에 올라간다' 는 뜻으로 쓰시지만, 예수님 자신의 일을 말할 때는 '하늘에 올라간다' 는 뜻으로 쓰고 계신 것입니다(물론 이말도 형제들은 '예루살렘으로 올라간다' 는 뜻으로 들었겠지요). 실제 요한복음에는 '올라간다' (ἀναβαίνω)는 단어에 이런 두 가지 의미가 주로 번갈아가며 사용되고 있습니다.[25] 예수님이(또는 요한 복음 저자가) '하늘로 올라간다' 는 뜻으로 이런 단어를 사용하신 예를 보시기 바랍니다.

"하늘에서 내려온 자 곧 인자 외에는 하늘에 올라간 자가 없느니라"(요 3:13)

"그러면 너희가 인자의 이전 있던 곳으로 올라가는 것을 볼 것 같으면 어찌 하려느냐"(요 6:62)

"예수께서 이르시되 나를 만지지 말라 내가 아직 아버지께로 올라가지 못하였노라 너는 내 형제들에게 가서 이르되 내가 내 아버지 곧 너희 아버지 내 하나님 곧 너희 하나님께로 올라간다 하라 하신대"(요 20:17)

그래서 결국 예수님은 그때 예루살렘 성으로 올라가셨습니다. 그러나 아직 그

---

24) Cf. R. V. G. Tasker, *John*, TNTC, Leicester: IVP, 1992, p. 103.
25) 이 단어가 요한복음에는 13번 등장합니다. 그 중에 6번은 '예루살렘에 올라간다' 는 뜻으로 사용되었고(요 2:13; 5:1; 7:10, 14; 11:55; 12:20), 4번은 '하늘에 올라간다' 는 뜻으로 주로 사용되었습니다(요 1:51; 3:13; 6:62; 20:17). 지금 우리가 다루는 요 7:8에서는 한 번은 예루살렘에 올라간다는 뜻으로, 또 한 번은 하늘에 올라간다는 뜻으로 사용된 것으로 보는 것이 좋습니다. 그리고 나머지 두 구절에서는 하나는 양의 우리를 '넘어간다' 는 뜻으로(요 10:1), 또 한 번은 그물을 '끌어 올린다' 는 뜻으로(요 21:11) 사용되었습니다.

분의 때가 아니었기에 죽음과 부활이란 사건은 아직 일어나지 않았다고 요한복음 저자가 부언하고 있습니다.

"저희가 예수를 잡고자 하나 손을 대는 자가 없으니 이는 그의 때가 아직 이르지 아니하였음이러라"(요 7:30)

예수님은 자신의 계획에 맞추어서 때를 기다리셨고, 또 그것을 향해서 나아가셨습니다. 그분의 용어에는[26] 이런 생각이 잘 반영되어 있는 듯 합니다.

때가 이름

'때가 차지 않았다'는 말과 대비되는 말씀이 '때가 이르렀다'는 표현입니다. 예수님의 계획이 분명히 진행되고 성취될 시간이 온 것입니다. 죽음과 부활이 가까이 온 것입니다.

"유월절 전에 예수께서 자기가 세상을 떠나 아버지께로 돌아가실 때가 이른 줄 아시고 세상에 있는 자기 사람들을 사랑하시되 끝까지 사랑하시니라"(요 13:1)

예수님이 적극적으로 예루살렘으로 나아가셔서 사람들에게 잡히시기 바로 직전의 상황을 설명하는 말입니다. 예수님께서 스스로 때를 향해 나아오셨다고 합니다. 이런 예수님의 생각은 (요한복음에 묘사된) 그분의 입에서 나오는 다른 여러 말을 통해서도 더 알 수 있습니다.[27]

---

26) 또는 요한복음 저자가 묘사하고 있는 예수님의 용어에는

27) 요한복음에 나타난 예수님은 자신의 죽음을 향해 다가가는 모습을 '영광'이라는 표현으로 자주 쓰고 있습니다. 이 점도 이런 '때'라는 용어와 함께 잘 생각해 볼 필요가 있습니다.

"예수께서 대답하여 가라사대 인자의 영광을 얻을 때가 왔도다"(요 12:23)

"지금 내 마음이 민망하니 무슨 말을 하리요 아버지여 나를 구원하여 이 때를 면하게 하여 주옵소서 그러나 내가 이를 위하여 이 때에 왔나이다"(요 12:27)

"예수께서 이 말씀을 하시고 눈을 들어 하늘을 우러러 가라사대 아버지여 때가 이르렀사오니 아들을 영화롭게 하사 아들로 아버지를 영화롭게 하게 하옵소서"(요 17:1)

하나님의 뜻을 따라 계획하고 실행하셨던 예수님

이렇듯 예수님도 하나님의 계획과 뜻을 따라 자신의 계획을 세워서 성실하게 실행하여 성취시키셨던 분이셨습니다. 하나님이시면서도 아버지 하나님을 따라 계획을 세우시고, 그것을 실행시키기 위해 인생을 잘 조절하며 사시던 분이었습니다. 그분은 십자가의 죽음과 새창조의 부활을 이루시기 위해 철저히 계획 세우셨습니다. 때론 그 계획을 감추시기도 했다가 또 한편으로는 그것을 가르치시기도 했습니다. 단어 선택에도 신중을 기하셨고, 상황을 잘 보셨습니다. 행동도 그에 맞게 조절하셔야 했습니다. 그가 일으키는 사건들도 그랬고, 보이시는 기적도 또한 그분의 계획의 틀 안에서 진행된 것이었습니다. 예수님께서도 이렇게 하나님의 뜻을 따라 자신의 계획을 잘 세워 실행한 분이셨습니다.

4. 질문

1. 예수님은 자신에게 향하신 하나님의 계획이 어떤 것이라고 이해하셨습니까?

2. '율법과 선지자를 완전케 하러 왔다' 는 예수님의 말씀은(마 5:17) 무슨 뜻입니까?

3. "인자의 온 것은 섬김을 받으려 함이 아니라 도리어 섬기려 하고, 자기 목숨을 많은 사람의 대속물로 주려 함이니라"(막 10:45). 이 구절의 상황과 문맥은 어떤 것입니까? 그것을 이해하는 것이 이 구절을 해석하는 데 어떤 영향을 줍니까?

4. 사도행전 2장에서, 예수님의 제자들이 성령 세례를 받은 것을 베드로는 어떻게 이해했습니까? 이 사건을 사람들에게 설명할 때 베드로가 말한 초점은 무엇이었습니까? 이런 설명에 예수님의 부활이 어떤 역할을 하고 있습니까?

5. '인자(人子)' 라는 말은 무슨 뜻이며, 예수님께서 이런 단어를 쓰신 이유는 무엇이었습니까?

복습과 질문

6. 예수님의 공생애에서 가장 중요하고 중심적인 계획은 무엇이었습니까? 그리고 그것을 성취하시기 위해 예수님은 어떤 태도와 행동을 취하셨습니까?

7. 겟세마네 동산의 기도와 예수님의 계획은 어떤 관련이 있습니까?

8. 요한복음 17:1에 기록된 예수님의 기도는, 예수님께서 자신의 일생 동안 갖고 계셨던 계획과 어떤 관련이 있습니까?

"예수께서 이 말씀을 하시고 눈을 들어 하늘을 우러러 가라사대 아버지여 때가 이르렀사오니 아들을 영화롭게 하사 아들로 아버지를 영화롭게 하게 하옵소서"(요 17:1)

10. 예수님이 갖고 계셨던 계획과 그것을 이루어 가시는 모습을 통해서 깨닫게 된 교훈은 어떤 것들입니까? 특별히 나의 모습과 많이 다른 부분을 생각해서 적어 봅시다.

제 5 장

바울:
바른 계획 세우기의 본보기

♠ 핵심 요약

1. 바울은 다메섹 도상의 사건을 통해서 예수 그리스도의 복음을 깨달았을 뿐 아니라, 자신에게 향하신 하나님의 뜻을 알게 되었습니다.
2. 그래서 바울은 그 뜻을 따라 적절한 계획을 세워 실행하면서 하나님의 뜻을 성취하였습니다. 피조적 적극성을 보인 것입니다.
   (1) 다메섹 체험 이후 바울은 곧바로 복음을 전파하였습니다.
   (2) 바울은 복음 전파의 새 패러다임을 만들어 실행해 갔습니다. 이방인 선교라는 새로운 장을 연 것입니다.
   (3) 다소에서 안디옥으로 오면서 보다 전격적인 이방인 선교가 시작됩니다. 이런 선교의 전환점에 바울의 계획과 실천이 아주 중요한 위치를 차지하고 있습니다.
   (4) 바울이 로마로 가고자 한 계획은 바울의 선교에 있어 또 다른 전환점을 의미합니다. 이 계획이 여러 번 좌절되었지만, 바울은 끈질기게 계획하여 결국 실행시키고 맙니다.
   (5) 이방인 교회의 헌금을 예루살렘 교회로 직접 가지고 가려는 바울의 생각에는, 아주 중요한 의미들이 숨어 있습니다. 바울이 매우 치밀하고 실천적인 계획자였다는 점을 잘 보여 주는 예입니다. 하나님의 뜻이 자신의 삶과 사역 속에서 성취되기 위해, 바울은 철저하게 계획을 세워 실행한 것입니다.
3. 바울의 삶과 사역에 나타난 이런 계획의 특징을 7가지로 정리해 볼 수 있습니다.

♠ 내용 분해

1. 하나님의 계획을 깨달음
   (1) 예수 그리스도의 복음을 깨달음
   (2) 자신에게 향한 하나님의 계획을 깨달음

2. 바울의 계획과 실행
   (1) 계획1: 다메섹과 아라비아에서 즉시 복음 전파/유대인에게 복음 전파 시작
   (2) 계획2: 복음 전파의 새 패러다임. 이방인에게 복음 전파 시작
   (3) 계획3: 안디옥을 중심으로 한 선교/유대인과 이방인, 왕들에게
   (4) 계획4: 바울의 로마행과 서반구 선교 계획
   (5) 계획5: 바울의 예루살렘행과 구제 헌금 전달 계획

3. 질문

메모

※ 핵심 요약과 내용 분해를 읽고 본문이 어떻게 전개될지 생각해 보세요.

하나님께서 이 땅과 하늘들을 창조하셨을 때 의도하셨던 계획이, 예수님의 죽음과 부활을 통해서 성취되었습니다. 하나님 계획의 중심적이고 본질적인 면이 성취되었다는 말입니다. 하지만 이렇게 구속사의 중심과 정점이 이루어졌다고 해서 하나님의 계획이 끝났거나, 그 실행이 정지한 것은 아닙니다. 오히려 중심적이고 본질적인 토대가 성취되었기 때문에, 이 세상과 우주를 향한 하나님 계획은 보다 활기있게 나아가는 것입니다. 그래서 이런 하나님의 뜻과 계획을 따라 진행하는 우리의 계획과 실행도 멈출 수 없습니다. 피조적 적극성을 더 보여야 한다는 말입니다. 이런 전형적인 본보기를 우리는 바울에게서 찾아볼 필요가 있습니다. 왜냐 하면 바울은 예수님 이후 교회가 세워지는 시대에 살았던 사람일 뿐 아니라[1] 신약 성경은 그에 대한 정보를 많이 담고 있기 때문입니다.[2] 그래서 이 장에서는 그리스도인의 바른 계획 세우기에 대한 본보기로서 바울의 예를 살펴보고자 합니다.

---

1) 바울은 베드로와는 또 약간 다른 면이 있습니다. 베드로는 처음부터 예수님을 보았던 사람이지만, 바울은 우리처럼 예수님이 이땅에 계실 때 보지 못했던 사람입니다(물론 다메섹 도상에서 예수님을 보기는 했지만, 그것은 이미 부활해서 영광을 얻으신 모습입니다). 또한 베드로는 처음으로 교회를 세운 사도 그룹에 속해 있던 반면, 바울은 이미 교회가 있던 상황에서 교회를 더 세웠던 사람입니다(물론 이방인 교회를 세워나가는 데에는 바울이 선구자 역할을 한 것은 사실입니다. 하지만 이것은 우리 시대 선교사 역할에 비교할 수 있을 것입니다). 이런 점들 때문에 열 두 사도들 보다는 바울이 현재 우리의 처지와 더 비슷하다고 생각할 수 있습니다.

2) 실제 신약 성경에 가장 많은 양의 글을 남긴 사람은 '누가' 라고 볼 수 있어도(누가 복음 저자와 사도행전의 저자가 동일한 '누가' 라는 사람이라고 가정했을 때), '누가' 자신에 대한 정보가 많이 있지는 않습니다. 우리가 신약 성경에서 각 인물의 생애에 대해 가장 많은 정보를 알 수 있는 사람은, 예수님을 제외하면 바울일 것입니다.

1. 하나님의 계획을 깨달음

(1) 예수 그리스도의 복음을 깨달음

바울의 처음 생각: 예수는 저주받은 자다

유대교를 철저하게 신봉하던 바울은 처음엔 예수님에 대해 부정적인 생각을 하고 있었습니다. 예수를 믿는 사람들, 다시 말하면 예수님의 교회를 핍박했던 사람이었습니다(빌 3:4-6 참조). 바울이 교회를 그토록 핍박하였던 이유를 아는 것은 그렇게 간단한 일이 아닙니다. 하지만 추측해 볼 수는 있습니다. 첫째로 바울이 받은 율법의 엄한 교훈과 하나님께 대한 열심이 그를 그렇게 만들었을 수 있습니다(행 22:3-4 참조). 왜냐 하면 예수님과 예수님을 따르던 무리들은 하나님을 모독하고 또 율법을 거스려 말한다는 지적을 자주 받아 왔기 때문입니다(행 6:11-13; 행 8:1 참조). 또한 예수님이 십자가에 달려 죽으셨다는 사실도 바울에게는 걸림이 되었을지 모릅니다. 왜냐 하면 율법에 보면 나무에 달려 죽은 자는 하나님의 저주를 받은 자라고 되어 있었는데(신 21:22-23 참조), 예수님이 바로 나무에(십자가에) 달려 죽으셨기 때문입니다. 아마도 바울은 이런 예수님의 십자가 사건 자체를 처음에는 하나님의 저주를 받은 표시로 판단했을 가능성이 있습니다.

> "사람이 만일 죽을 죄를 범하므로 네가 그를 죽여 나무 위에 달거든 그 시체를 나무 위에 밤새도록 두지 말고 당일에 장사하여 네 하나님 여호와께서 네게 기업으로 주시는 땅을 더럽히지 말라 나무에 달린 자는 하나님께 저주를 받았음이니라"(신 21:22-23)

그래서 이런 자신의 신학적 판단과 또한 하나님에 대한 열심이 있었던 바울은, 다메섹에 있는 교회를 핍박하기 위하여 그곳에 가려 하였습니다. 예루살렘에 있는 대제사장으로부터 다메섹 회당에 보내는 공적인 문서를 발행 받아, 예수 믿는 자들을 좀더 확실하게 핍박하려고 한 것입니다.

바울 생각 변화: 예수는 그리스도다

그런데 이렇게 다메섹으로 가던 바울에게 사건이 생겼습니다. 그의 일생을 완전히 뒤바꾸어 놓는 일이 발생했습니다. 부활하시어 영광을 얻으신 나사렛 예수를 본 것입니다. 이 사건이 왜 바울에게 중요했으며, 또 바울 내면에 어떤 논리적이고 감정적인 변화가 생겼는지를 다 살펴보는 일은 쉽지 않습니다. 하지만 어느 정도 분명한 것은, 바울은 다메섹 도상에서 본 영광스런 예수님 모습을 통해서 예수가 그리스도라는 확신을 갖게 되었다는 점입니다.[3] 그래서 바울은 곧바로 '예수가 그리스도다'라고 증거하게 됩니다(행 9:22 참조).

그렇다면 우리는 여기서 한 가지를 다시 생각해 보아야 할 지 모릅니다. 바울이 예수님을 그리스도라고 확신하는 데에는, 예수님의 죽으심보다 예수님의 부활과 영광이 더 실제적으로 기여하였다는 점입니다. 바울이 예수님의 죽음을 보았을 때에는 오히려 예수님을 율법의 판단에 따라 하나님께 저주 받은 자라고 생각했습니다. 하지만 부활하시어 영광을 받으신 예수님을 보고서는 예수님이 그리스도라고 증언하게 되었다는 것입니다. 이점은 매우 중요합니다. 그리스도의 죽으심을 보고 그 당시 사람들이 감동 받고 또 예수님께 헌신했다고 쉽게 생각할지 모릅니다. 물론 이런 생각이 현재 우리들에게는 혹 일어날 수 있는 과정인지도 모릅니다. 하지만 예수님 당시에는 그렇지 않았습니다. 예수님의 죽음을 보고서 감동

---

[3] 바울의 다메섹 도상의 체험이 바울의 신학에 미친 영향을 다루는 것은 큰 주제입니다. 이에 대한 전문적인 연구를 위해서는 다음 책을 참조하십시오. 김 세윤, **바울 복음의 기원**, 1994. 좀더 간략한 요약을 보려면, 다음의 논문이 좋을 것입니다. 김 세윤, **예수와 바울**, 서울: 참말, 1993, "9장. **바울 복음의 기원**", pp. 305-318.

받아 그리스도인으로 헌신하지 않았습니다.4) 오히려 사람들은 예수님의 십자가 죽음 앞에서 손가락질을 했습니다(마 27:39-44; 눅 23:35-38).

"지나가는 자들은 자기 머리를 흔들며 예수를 모욕하여 가로되 성전을 헐고 사흘에 짓는 자여 네가 만일 하나님의 아들이어든 자기를 구원하고 십자가에서 내려오라 하며 그와 같이 대제사장들과 서기관들과 장로들도 함께 희롱하여 가로되 저가 남은 구원하였으되 자기는 구원할 수 없도다 저가 이스라엘의 왕이로다 지금 십자가에서 내려올지어다 그러면 우리가 믿겠노라 저가 하나님을 신뢰하니 하나님이 저를 기뻐하시면 이제 구원하실지라 제 말이 나는 하나님의 아들이라 하였도다 하며 함께 십자가에 못 박힌 강도들도 이와 같이 욕하더라"(마 27:39-44)

예수님을 따르던 제자들도 그리 다르지 않았습니다. 예수님의 죽으심을 보고 이것이 대속의 죽음이라고 확신한 사람은 없었습니다. 오히려 제자들은 기세가 수그러져 조용한 곳에 모여 있었고, 어떤 제자들은 흩어졌습니다(막 16:12; 눅 24:13-33; 요 20:19). 바울은 오히려 십자가의 죽음을 하나님께 저주 받은 표로 인식하였습니다(신 21:22-23 참조).

그렇다면 무엇이 제자들이나 바울의 생각을 바꾸어 놓았을까요? 예수님의 부활과 영광이었던 것입니다. 제자들은 예수님의 부활을 보고 그 후 예수님의 재교육을 통해서 드디어 바른 관점을 갖게 되었던 것이고, 바울은 부활 승천하여 영광을 얻으신 예수님을 뵙고서 생각이 바뀌었던 것입니다. 예수님의 십자가

---

4) 마가복음 15:39에서 로마 백부장이 예수님의 죽으심을 보고 '이 사람은 진실로 하나님의 아들이도다'라고 판단한 것은 아주 예외적인 일입니다. 그리고 이런 백부장의 언급이 곧 예수님을 주와 그리스도로 받아들이는 고백이라고 보기에는 어려운 점이 있습니다.

죽으심 때문이 아니라, 예수님의 부활과 영광 때문이었습니다. 예수님의 죽으심을 이해해서 부활을 믿은 것이 아니라, 예수님의 부활을 보고서 대속의 죽음을 알게 된 것입니다. 예수님을 이해할 때, 그분의 죽으심이 먼저가 아니라 그분의 부활이 먼저입니다.[5]

부활의 영광을 통해서 예수님이 그리스도라는 것이 분명해졌다면, 바울에게 궁금한 것이 남았을 것입니다. 예수님이 십자가에 달려 죽으신 것에 대한 의문입니다. 율법에 의하면 나무에 달려 죽은 자는 저주를 받았다고 했는데, 그렇다면 예수님은 저주 받은 것이 됩니다. 그런데 어떻게 저주받은 자가 영광의 자리에 있는가 하는 점입니다. 저주 받은 것이 아닌가? 그렇다면 율법이 잘못된 것인가? 그 반대로 율법이 맞는 것이고 예수께서 저주를 받은 것이라면, 왜 예수님은 저주를 받았는가? 그리고 어떻게 해서 그런 영광의 자리에 오르게 되었는가? 바로 이런 의문 속에 예수님의 죽음에 대한 바른 이해가 있는 것입니다. 예수님이 율법의 말씀대로 저주를 받은 것은 분명한데, 과연 왜 저주를 받았느냐는 것입니다. 이전까지는 예수님이 틀렸고 잘못했기 때문에 저주를 받았다고 생각해서 교회를 핍박했습니다. 하지만 예수님은 하늘의 보좌에 앉아 계셨습니다. 예수님이 스스로 잘못했거나, 하나님이 그를 거부하신 것이 아니었습니다. 나사렛 예수 자신의 죄 때문에 십자가에 달린 것이 아니었습니다. 그러면 왜 저주를 받았는가? 자신이 잘못한 것이 아닌데. 그래서 바울은 다른 사람들의 죄로 인하여 십자가의 저주를 나사렛 예수님이 대신 받았다고 이해한 듯 합니다. 예수님께서 죽으신 죽음은 자신의 죄 때문이 아니라 우리의 죄 때문이라는 것입니다. 그것이 바로 대속입니다. 이런 바울의 생각이 갈라디아서에 나타나 있는

---

[5] 우리도 마찬가지로 예수님을 이해할 때 부활의 뜻을 잘 깨달아야 그의 죽음의 의미를 바르게 이해할 수 있습니다.

것입니다.

> "그리스도께서 우리를 위하여 저주를 받은 바 되사 율법의 저주에서 우리를 속량하셨으니 기록된 바 나무에 달린 자마다 저주 아래 있는 자라 하였음이라"(갈 3:13)

부활의 중요성: 부활이 빠진 십자가는 의미가 없음

이렇기 때문에 부활이 빠진 십자가는 의미가 없는 것입니다. 종종 십자가를 지나치게 강조하면서 부활의 의미를 제대로 이해하지 못하는 경우가 있습니다. 부활이 무시되고 십자가만이 높이 강조됩니다. 그냥 죄가 사해진다고 말하는 것으로 끝나는 경우가 많습니다. 하지만 십자가가 십자가 되기 위해서는 부활이 있어야 합니다. 부활의 영광으로 나아가지 않는 십자가는 의미가 없습니다. 예수님 당시에도 십자가에 죽은 사람이 많이 있었습니다. 하지만 그들의 죽음이 우리를 대속했다고 말하지 않습니다. 오직 부활하여 하나님의 영광의 자리에 오르신 예수님의 죽으심만이 효력이 있다고 말하는 것입니다. 그래서 사도들과 바울 모두가 예수님의 죽으심과 부활을 전한 것입니다. 죽으심이 초점이 아니라 부활의 영광이 초점입니다. 부활에 이르게 되는 과정에 죽음이 포함된 것이지, 죽음에 이르는 과정에 부활이 포함된 것이 아닙니다. 그 부활의 모습은 바로 우리 모두가 이르게 될 자리입니다.

(2) 자신에게 향한 하나님의 계획을 깨달음

아나니아를 통해 전해진 하나님의 계획

다메섹 사건을 통해서 '예수가 그리스도다'는 사실만을 바울이 깨달은 것은 아니었습니다. 이런 진리와 함께 바울은, 자신에게 향하신 하나님의 계획을 깨닫게 되었습니다.[6] 사도행전 저자는 그것이 두 가지 통로로 이루어진 듯이 말하고 있습니다(행 9:15-16; 22:10-15).

"주께서 가라사대 가라 이 사람은 내 이름을 이방인과 임금들과 이스라엘 자손들 앞에 전하기 위하여 택한 나의 그릇이라 그가 내 이름을 위하여 해를 얼마나 받아야 할 것을 내가 그에게 보이리라 하시니"(행 9:15-16)

이 말은 주께서 '아나니아'라는 다메섹의 그리스도인에게 하신 말씀입니다. 그래서 이 아나니아를 통해서 바울은 자신에게 향한 하나님의 계획을 들었을 것입니다. 그리고 또 '내가 그에게 보이리라'는 표현을 보면, 주께서 직접 바울에게도 그런 점들을 나타내셨을 것을 추측해 볼 수 있습니다. 물론 주께서 보이시는 것이 여기서는 그리스도의 이름을 위해 받는 해(害)라고 언급되어 있습니다. 하지만 아그립바 왕 앞에서 바울이 말하는 변론을 들어 보면, 주님이 바울에게도 직접 말씀하신 것 같습니다.

"내가 대답하되 주여 뉘시니이까 주께서 가라사대 나는 네가 핍박하는 예수라 일어나 네 발로 서라 내가 네게 나타난 것은 곧 네가 나를 본 일과 장차 내가 네게 나타날 일에 너로 사환과 증인을 삼으려 함이니 이스라엘과 이방인들에게서 내가 너를 구원하여 저희에게 보내어 그 눈을 뜨게 하여 어두움에서 빛으로 사단의

---

6) 바로 이런 면으로 인해, 바울이 다메섹 도상에서 일어난 일이 '회개'라기보다 '하나님의 부르심'이라고 주장하는 학자들도 있습니다. 대표적인 예로서 Krister Stendahl의 책을 보십시오. Krister Stendahl, *Paul Among Jews and Gentiles*, London: SCM, 1976, "Call Rather Than Conversion", pp. 7-23. 이런 견해가 타당한 점도 있지만, '회개'와 '부르심'의 측면 모두가 있다고 보는 것이 좋을 듯 합니다. 이런 논의에 대해서는 다음을 참조하십시오. Ben Witherington III, *The Paul Quest: The Renewed Search for the Jew of Tarsus*, Leicester: IVP, 1998, pp. 73-78; J. M. Everts, "Conversion and Call of Paul" in DPL, pp. 156-163.

권세에서 하나님께로 돌아가게 하고 죄 사함과 나를 믿어 거룩케 된 무리 가운데서 기업을 얻게 하리라 하더이다"(행 26:15-18)

즉 아나니아라는 사람을 통해서도 바울에게 가지신 하나님의 계획을 알려 주셨고, 바울 자신에게도 직접 알려 주셨다는 말입니다.[7]

바울에게 향하신 하나님의 계획은, 예수가 그리스도라는 점을 바울이 널리 전하게 하는 일이었습니다. 특별히 아나니아에게 하신 말씀에는 복음을 전하는 대상이 세 그룹으로 구분되어 있습니다. ① 이방인과 ② 임금들과 ③ 이스라엘 자손들이라고 말합니다. 사도행전에 나타난 바울의 삶을 보면, 이 세 그룹들에게 바울이 복음을 편만히 전한 모습이 잘 기록되어 있습니다.

하나님의 계획을 알게 된 바울의 태도

그렇다면 자기에게 향한 하나님의 뜻과 계획을 안 바울의 삶은 어떠했을까요? 바울은 유대인의 회당에서 유대인들에게 복음을 전하는 일을 먼저 했고(행 9:20; 13:4, 14; 14:1; 17:1, 2, 10, 17; 18:4, 19; 19:8) 또 기회가 될 때마다 왕들에게 복음을 전했지만(행 24:1-23; 25:6-12; 26:1-29), 특별히 이방인들에게 복음이 전파되는 일에 큰 관심을 갖고 실행하였습니다. 하나님의 계획에 순종해서 자신의 삶을 이끌어 가는 것입니다. 이와 관련된 몇 구절을 먼저 봅시다.

---

[7] 바울의 예에서도 본 것처럼, 나에게 향한 하나님의 뜻을 잘 이해하려 할 때 두 가지 면을 잘 생각해 보는 것이 중요할 것입니다. 즉 내가 하나님과의 교제를 통해서 깨닫게 된 것도 중요하고, 또한 주위의 신실한 사람들을 통해서 내게 알려지는 것도 중요합니다. 물론 이런 점을 일반화하려면 더 자세한 논의와 주의 사항을 생각해 보아야 합니다.

"즉시로 각 회당에서 예수의 하나님의 아들이심을 전파하니"(행 9:20)

"살라미에 이르러 하나님의 말씀을 유대인의 여러 회당에서 전할새 요한을 수종자로 두었더라"(행 13:5)

"아그립바 왕이여 선지자를 믿으시나이까 믿으시는 줄 아나이다 아그립바가 바울더러 이르되 네가 적은 말로 나를 권하여 그리스도인이 되게 하려 하는도다" (행 26:27-28)

"그러나 내 어머니의 태로부터 나를 택정하시고 은혜로 나를 부르신 이가 그 아들을 이방에 전하기 위하여 그를 내 속에 나타내시기를 기뻐하실 때에 내가 곧 혈육과 의논하지 아니하고"(갈 1:15-16)

"베드로에게 역사하사 그를 할례자의 사도로 삼으신 이가 또한 내게 역사하사 나를 이방인에게 사도로 삼으셨느니라 또 내게 주신 은혜를 알므로 기둥같이 여기는 야고보와 게바와 요한도 나와 바나바에게 교제의 악수를 하였으니 이는 우리는 이방인에게로 저희는 할례자에게로 가게 하려 함이라"(갈 2:8-9)

"그로 말미암아 우리가 은혜와 사도의 직분을 받아 그 이름을 위하여 모든 이방인 중에서 믿어 순종케 하나니"(롬 1:5)

"나의 복음과 예수 그리스도를 전파함은 영세 전부터 감취었다가 이제는 나타내신 바 되었으며 영원하신 하나님의 명을 좇아 선지자들의 글로 말미암아 모든 민족으로 믿어 순종케 하시려고 알게 하신 바 그 비밀의 계시를 좇아 된 것이니 이 복음으로 너희를 능히 견고케 하실 지혜로우신 하나님께 예수 그리스도로 말

미암아 영광이 세세무궁토록 있을지어다 아멘"(롬 16:25-27)

이렇듯 하나님의 계획을 알고 난 바울은, 그 하나님의 뜻이 자신의 삶에 이루어지도록 열심을 내었습니다. 이런 바울의 모습과 태도를 잘 보여 주는 서신이 에베소서와 골로새서입니다. 에베소서에서는 바울에게 주어진 이런 직분을 이렇게 설명하고 있습니다.

"이러므로 그리스도 예수의 일로 너희 이방을 위하여 갇힌 자 된 나 바울은 너희를 위하여 내게 주신 하나님의 그 은혜의 경륜을 너희가 들었을 터이라"(엡 3:1-2)

"이 복음을 위하여 그의 능력이 역사하시는 대로 내게 주신 하나님의 은혜의 선물을 따라 내가 일꾼이 되었노라 모든 성도 중에 지극히 작은 자보다 더 작은 나에게 이 은혜를 주신 것은 측량할 수 없는 그리스도의 풍성을 이방인에게 전하게 하시고 영원부터 만물을 창조하신 하나님 속에 감추었던 비밀의 경륜이 어떠한 것을 드러내게 하려 하심이라"(엡 3:7-9)

특별히 이 고백에서 눈여겨 보아야 하는 부분은, 복음을 위하여 하나님의 능력이 역사하시는 대로 바울이 일을 하고 있다는 표현입니다(엡 3:7참조). 하나님의 뜻과 계획을 알고 그 방향으로 나아가면서도, 하나님이 어떻게 그것을 구체적으로 끌고 나가시는지를 잘 보면서 자신이 일을 한다는 것입니다. 이것이 골로새서에는 이렇게 나타나 있습니다.

"이를 위하여 나도 내 속에서 능력으로 역사하시는 이의 역사를 따라 힘을 다하여 수고하노라"(골 1:29)

바로 이런 바울의 고백[8] 속에 우리가 앞에서 살펴본 '피조적 적극성'이 분명히 담겨져 있습니다. 바울은 큰 능력으로 이 세계를 이끌어 나가시는 하나님을 먼저 보았습니다. 자신은 피조물로서 하나님 앞에 아무 것도 아니라는 고백입니다. 그래서 그 창조주 하나님께서 뜻을 갖고 운영해 나가시는 역사(役事)를 주목하는 것입니다. 이것이 '피조성'입니다. 그리고 그것이 나아가는 방향대로 자신의 힘과 능력을 다하고 있습니다. '힘을 다하여 수고한다'는 말은 자신이 할 수 있는 '적극성'을 언급한 것입니다. 그렇기 때문에 바울의 삶 속에 배어 있는 거대한 원리가 바로 '피조적 적극성'이라고 말할 수 있다는 것입니다. 이런 원리를 가지고 바울은 복음의 일꾼이 된 것입니다.

"이 복음은 천하 만민에게 전파된 바요 나 바울은 이 복음의 일꾼이 되었노라" (골 1:23b)

그렇다면 우리는 이제 어떻게 이런 원리가 바울의 삶과 계획 속에 구체적으로 이루어져 갔는지 살펴볼 차례입니다.

---

[8] 물론 에베소서와 골로새서를 바울의 서신으로 보지 않는 학자들이 많이 있습니다. 바울을 잘 아는 제자가 나중에 바울의 사상을 잘 정리해서 쓴 서신이라는 견해입니다. 이렇다고 해도 실제 바울의 사역 속에 흐르는 '피조적 적극성'의 원리를 파악하는 것에는 차이가 없습니다. 하지만 필자는 에베소서나 골로새서 모두 바울의 서신으로 보는 것이 더 타당하다고 판단하고 있습니다. 이 논의는 이 책의 범위를 넘어서는 것입니다.

2. 바울의 계획과 실행

(1) 계획1: 다메섹과 아라비아에서 즉시 복음 전파/ 유대인에게 복음 전파 시작

바울의 적극적 행동: 유대인에게 즉시 복음 전파

예수가 그리스도임을 깨달았을 뿐 아니라 자신에게 향한 하나님의 뜻을 알게 된 바울은, 즉시로 행동을 개시했습니다. 다메섹에서 예수가 하나님의 아들이심을 전하게 되었습니다. 박해를 위해서 갔던 다메섹이, 바울에게 있어 복음 전파의 첫 장소가 된 것입니다. 이것을 사도행전은 아주 분명히 기록하고 있습니다.

"즉시로 각 회당에서 예수의 하나님의 아들이심을 전파하니 듣는 사람이 다 놀라 말하되 이 사람이 예루살렘에서 이 이름 부르는 사람을 잔해하던 자가 아니냐 여기 온 것도 저희를 결박하여 대제사장들에게 끌어가고자 함이 아니냐 하더라 사울은 힘을 더 얻어 예수를 그리스도라 증명하여 다메섹에 사는 유대인들을 굴복시키니라"(9:20-22)

다메섹 회당에 있는 유대인들은 바울이 주장하는 말을 듣고 놀랐지만[9], 오히려 바울은 더 힘을 얻어서 그들을 굴복시켰다는 말입니다. 이처럼 바울은 진리를 깨닫고 자기 역할을 알았을 때, 거침 없이 자신이 해야 할 바를 실행해 나갔습니다. 유대인에게 예수님을 전했습니다. 하나님의 뜻을 따라 행동하는 피조적

---

9) 행 9:21과 9:22는 δέ라는 헬라어로 이어져 있습니다. 이것을 KJV처럼 '그러나(but)'로 번역하는 것이 문맥에 더 잘 맞을 것입니다. 개역 한글판은 이것을 번역하지 않고 그냥 넘어갔습니다.

적극성을 처음부터 보인 것입니다. 그런데 이런 바울의 모습에 대한 오해가 양쪽 방향에서 있는 것 같습니다.

아라비아 광야에서 침잠의 시간을 보냈다?

첫 번째 오해는, 바울이 그리스도를 만난 후 자신의 생각을 정리하고 앞으로의 미래를 위해 일정 기간 조용한 시간을 보냈다고 믿는 것입니다. 특별히 갈 1:17에 바울이 아라비아에 갔다는 말을 확대 해석하기도 합니다.

> "또 나보다 먼저 사도 된 자들을 만나려고 예루살렘으로 가지 아니하고 오직 아라비아로 갔다가 다시 다메섹으로 돌아갔노라"(갈 1:17)

그곳 광야에서 바울이 은거하면서 자기 사역을 준비하고, 또 하나님의 때를 기다리고 있었다는 것이지요. 이런 식으로 바울을 설명하면서 청중에게 은혜를 끼치려던 설교들이 종종 있었던 것 같습니다. 물론 때론 하나님의 일을 준비하기 위해 우리에게 조용히 기다리는 시간이 필요한 것도 사실입니다. 이런 메시지의 성격이 나쁜 것은 아니란 말입니다. 하지만 바울이 과연 그랬느냐는 다른 문제입니다. 왜냐 하면 바울은 다메섹에서부터 복음을 아주 분명하고 강하게 증거했던 사람처럼 등장하기 때문입니다.

이런 문제를 따지기 위해서는 갈라디아서 1:17-24과 사도행전 9:20-30에 나타난 사건들의 전후 관계를 잘 살펴보아야 합니다. 또한 고린도후서 11:32-33도 중요한 힌트가 되는 본문입니다. 먼저 사도행전 9:22-26을 봅시다.

> "사울은 힘을 더 얻어 예수를 그리스도라 증명하여 다메섹에 사는 유대인들을 굴복시키니라 여러 날이 지나매 유대인들이 사울 죽이기를 공모하더니 그 계교

가 사울에게 알려지니라 저희가 그를 죽이려고 밤낮으로 성문까지 지키거늘 그의 제자들이 밤에 광주리에 사울을 담아 성에서 달아 내리니라 사울이 예루살렘에 가서 제자들을 사귀고자 하나 다 두려워하여 그의 제자 됨을 믿지 아니하니"
(행 9:22-26)

행 9:22의 내용은 조금 앞에서 말했듯이, 바울이 곧바로 다메섹에서 예수를 증거했던 내용을 담은 구절입니다. 그런데 문제는 9:23-25입니다. 이 내용도 그때의 (다메섹에서 처음 증거할 때 생긴) 사건이라고 생각하는 것에서 오해가 시작된다는 말입니다. 만일 그렇게 보게 되면 몇 가지 어려움이 생깁니다. 가장 큰 어려움은 갈라디아서 1:17의 설명과 행 9:23-30이 서로 모순된 듯이 보이기 때문입니다.

"또 나보다 먼저 사도 된 자들을 만나려고 예루살렘으로 가지 아니하고 오직 아라비아로 갔다가 다시 다메섹으로 돌아갔노라"(갈 1:17)

다메섹 도상에서 부활하신 예수님을 만나고 곧바로 예루살렘에 가지 않았고, 오히려 아라비아로 갔다가 다시 다메섹으로 돌아왔다고 바울은 갈라디아서에서 말합니다. 그런데 사도행전 9:20-30에서는 바울이 다메섹에서 예수를 증거하다가 광주리를 타고 내려와서는 곧바로 예루살렘에 간 것처럼 기록되어 있습니다. 그래서 이 본문이 서로 다른 증거를 하는 것 같이 보이는 것입니다. 이것은 행 9:23에 있는 '여러 날'이라는 부분을 그냥 쉽게 몇 일 정도로 생각해 버렸기 때문에 오는 문제인 듯 합니다. 이 부분에 해당하는 헬라어를 직역하면 '많은 날이 찼을 때'라고 번역할 수 있습니다.[10] 그래서 단순히 이 기간을 바울이 그리스

---

10) 이에 대한 몇 가지 영역본을 보는 것이 도움이 될지 모르겠습니다. **after that many days were fulfilled(KJV)**; **After some time had passed(NRSV)**; **when many days had**

도인이 된 후 처음 다메섹에 머물렀을 즈음이라고 생각하지 않아도 된다는 말입니다. 즉 행 9:20-22과 9:23-25 사이에 시간적인 거리가 있다고 보는 것이 오히려 더 좋아 보인다는 것입니다. 그렇게 되면 사도행전 9:23의 여러 날은, 갈 1:17에서 이야기하는 것처럼 아라비아로 갔다가 다시 다메섹으로 돌아온 기간을 말하는 것이 됩니다.[11] 그때의 아라비아는 남쪽의 어떤 광야를 말하는 것이 아니라, 다메섹 북동편 아레다 왕이 관할하는 곳을 말하는지 모릅니다.[12] 그리고 그것이 고후 11:32-33에 기록되어 있다고 보는 것입니다.

"다메섹에서 아레다 왕의 방백이 나를 잡으려고 다메섹 성을 지킬새 내가 광주리를 타고 들창문으로 성벽을 내려가 그 손에서 벗어났노라"(고후 11:32-33)

그곳에 가서 바울이 조용히 말씀을 묵상하면서 근신하고 있던 것이 아니라, 오히려 다메섹 성에서 그랬던 것처럼 예수가 그리스도라는 점을 강하게 증거했는지 모릅니다.[13] 그래서 거기서도 유대인의 미움을 샀고, 그들의 충동으로 아레

---

elapsed(NASB).

11) 물론 행 9:23-25과 9:26-30 사이에 시간적 거리가 있다고 보는 견해도 있을 수 있습니다. 즉 바울이 처음에 다메섹에서 광주리를 타고 도망간 후에 아라비아로 갔다가 다시 다메섹으로 돌아왔고, 그후 다시 광주리를 타고 도망해서 예루살렘에 갔다는 식으로 보는 견해입니다. 이 생각은 바울이 두 번째 다메섹으로 간 사건을 사도행전 저자는 기록하지 않고 넘어간 것으로 보는 것입니다. 그러나 이 견해에는 큰 문제들이 있습니다: ① 광주리를 타고 도망한 것을 두번이라고 가정해야 합니다. ② 행 9:25에 있는 '그의 제자들' 이란 단어를 잘 해결할 수 없습니다. ③ 그뿐 아니라, 바울이 그 짧은 시간에 유대인들에게 적대감을 사서 죽임을 당해야 할 정도까지 되었다는 것이 그렇게 설득력이 있어 보이지 않습니다.

12) **IVP 성경사전**, pp. 95-96. 한글로 번역된 IVP 성경 사전의 95쪽에 '동편 레바논 산맥과 서편 수리아 아라비아 사막 사이에 있다' 라고 되어있는 부분은 오역인 듯합니다. '레바논 산맥 동쪽에, 수리아 아라비아 사막의 서쪽에 위치해 있다' 라고 번역해야 할 것입니다.

13) Cf. D.A. Carson, Douglas J. Moo, Leon Morris, *An Introduction to the New Testament*, Leicester: IVP, 1992, p. 226

다 왕의 방백이 바울을 잡으려 한 것 같습니다. 바울은 다시 다메섹으로 도망을 했는데 그곳까지 사람들의 손이 미쳤기 때문에 바울은 광주리를 타고 성벽을 내려간 것 같습니다. 물론 이것은 추측입니다. 그렇지만 성경 본문이 제공하는 정보를 가지고 오류를 최소화하려는 가정인 것입니다.

이런 가정을 더 확고하게 해 주는 증거 중의 하나가 행 9:25에 나오는 '그의 제자들' 이란 표현일 것입니다. 여기서 말하는 그가 누구냐는 것부터 생각해 보아야 합니다. 문맥상으로 가장 적합한 사람은 바울입니다.[14] 그런데 만일 행 9:23-25의 사건이 있었던 때가 바울이 처음 다메섹에 있었던 기간이라고 한다면, 바울이 이 짧은 기간에 제자들을 만들었다는 것이 좀 어색합니다.[15] 예수를 힘 있게 전했다고 하더라도, 이제 세례를 받았고 사람들이 꺼려하는 상황이었습니다. 그리고 유대인들의 반대가 심하다고 했는데, 어떻게 바울의 제자들이 생겼을까요? 더구나 그들이 핍박을 당하는 바울을 도와 탈출시켰다는 점이 말이 잘 되지 않습니다. 오히려 아라비아에 가서 시간을 보내며 예수를 증거했던 기간이 있었고, 그 동안 바울의 제자들이 생겼다고 보는 것이 더 타당해 보인다는 말입니다.

그런데 사실 이 구절에는 보다 복잡한 논의가 포함되어 있습니다. 왜냐 하면

---

14) 물론 이것을 '예수의 제자' 란 말로 생각해 볼 수도 있지만, 문맥상 별로 적합해 보이지 않습니다.
15) '그의 제자들' 을 바울과 다메섹에 같이 가던 사람들로 볼 수 있을지도 모릅니다(cf. 행 9:7; 22:9). 바울이 이미 유대교에 있을 때 자신의 추종자를 두고 있었다고 보는 것입니다. 하지만 이렇게 생각할 때도 문제가 있습니다. 그들이 유대교에 열심인 바울을 추종하던 사람들이었다면 그들도 그리스도인을 박해하려 했을 텐데, 언제 그들이 생각을 바꾸었을까 하는 점입니다. 그리고 그렇게 생각을 바꾸게 되었을 때, 그들을 '바울의 제자' 라고 말할 수 있을까 하는 점도 의문입니다. 또 왜 처음에는(행 9:7; 22:9) '바울의 제자' 라는 표현을 하지 않았을까요?

헬라어 신약 성경 사본의 증거가 다양하기 때문입니다. 사본들은 이 부분에 대해 네 가지 다른 표현을 갖고 있습니다.[16] ① 그의 제자들이(οἱ μαθηταὶ. αὐτοῦ)[17], ② 제자들이 그를(οἱ μαθηταὶ αὐτὸν)[18], ③ 그를 제자들이(αὐτὸν οἱ μαθηταὶ)[19], ④ 제자들이(οἱ μαθηταὶ)[20] 라는 표현이 그것입니다. 가장 신뢰할 만한 오래된 사본들은 대개 ①의 표현으로 나타납니다. 그래서(우리 개역 성경의 번역처럼) '그의 제자들이'로 보는 것이 가장 좋은 듯 합니다. 하지만 이에 대해 반대의 견해가 있습니다. 원래 원본에는[21] '제자들이 그를' 이었는데, 초기 성경 필사자(筆寫者)들이 실수로 '그의 제자들이' 라고 초기 사본에 기록했다는 것입니다(그래서 우리가 갖고 있는 신뢰할 만한 오래된 사본들은 — ①의 사본들은 — 원본과는 다른 기록을 하고 있다는 것이지요). 그런데 후기의 필사자들이 그것을 고쳐서 다시 '제자들이 그를' 이라고 썼다고 주장합니다[22] 그러니

---

16) 이에 대한 학자들의 견해를 보려면 다음의 책을 참조하십시오. Bruce M. Metzger, *A Textual Commentary on the Greek New Testament*, Second Edition, United Bible Societies, 1994, p. 321; C. K. Barrett, *The Acts of the Apostles*, ICC, Edinburgh: T&T Clark, 1994, pp. 466-467). 이렇듯이 사본상에 어느 것이 원본에 가까운 것인가를 다루는 분야를 '본문 비평' (Textual Criticism)이라고 합니다. 이런 연구에 대한 간략한 소개를 위해서는 다음 책을 참조하십시오. J. Harold Greenlee, *Introduction to New Testament Textual Criticism*, Peabody: Hendrickson, 1995; Arthur G. Patzia, *The Making of the New Testamen: Origin, Collection, Text & Canon*, Leicester: Apollos, 1995; Philip Wesley Comfort, *Early Manuscripts & Modern Translations of the New Testament*, Grand Rapids: Baker Books, 1990; Clayton Harrop, *History of the New Testament in Plain Language*(정광욱 옮김, **쉽게 풀어 쓴 신약성경 사본 이야기**, 서울: 여수룬, 1995)

17) 이렇게 기록된 신약성경 사본들은 P^{74} ℵ A B C 81* pc vgst입니다

18) 이런 기록을 보유한 사본들은 69 81c입니다

19) E H L P syr$^{p.h}$ cop$^{sa.bo}$ arm al이 이런 기록을 하고 있습니다.

20) 마찬가지로 S 36 429 al사본들이 이런 표현을 갖고 있습니다.

21) 성경의 원본을 우리는 갖고 있지 않습니다. 다만 그 사본들만을 보유하고 있을 따름입니다.

22) B. Metzger나 Haenchen이 이런 생각을 갖고 있습니다(cf.Metzger, *Textual Commentary*, p. 321; C.K Barrett, *The Acts of the Apostles*, p. 466).

까 ②, ③의 사본들의 표현이 맞다는 것입니다). 이렇게 생각하는 근거는 주로 '그의(바울의) 제자들이'로 읽을 경우 문맥 흐름에 문제가 있기 때문입니다. 바울이 그리스도인이 된 지 얼마 되지 않았는데, 어떻게 바울에게 그리스도인 제자가 있느냐는 것이지요. 그러나 이것은 행 9:23-25을 바울의 회심과 아주 가까운 시기로 단순히 보기 때문에 발생하는 문제인 듯 합니다. 그래서 문맥상의 어려움을 피하기 힘드니까, 오히려 신뢰할만한 사본들을 잘못 기록된 것이라고 보는 것입니다.

하지만 이런 생각에는 근거가 부족해 보입니다. 가장 신뢰할만한 사본들의 증거를 존중한다면, 당연히 그의 제자들이라고 보아야 할 것입니다.[23] 그리고 행 9:23-25의 사건을 바울 회심 후 3년 정도 뒤의 기간으로 본다면 모든 것이 말끔히 정리됩니다. 사본상에 복잡하고 다양한 표현이 등장하는 것은, 바로 이점을 후대의 사람들이 잘 몰랐기 때문일 것입니다. 초기 사본들을 기록하던 사람들은, 바울이 다메섹 회심 후에 아라비아로 가서 복음을 전했다는 사실들을 더 잘 알았을지 모릅니다. 그런데 시간이 지나면서 그런 바울의 삶의 모습은 잘 전달이 되지 않았을 것입니다. 왜냐 하면 성경에는 바울이 아라비아에서 사역했던 기간에 대한 정보가 부족하기 때문입니다. 그래서 나중에 바울과 시대적 거리가 멀어질수록 행 9:23-25의 내용이 이해되기 힘들었을 것입니다. 그래서 후대의 필사자들이 초기 사본에 있는 것을 오히려 자신들이 이해하는 문맥에 맞추려고 (즉 바울이 회심 후 다메섹에 얼마 있지 않다가 광주리를 타고 도망갔을 것이라

---

23) 초기 사본들의 분명한 증거를 무시하기 힘들기 때문에, 형태로는 '그의 제자들'이라는 표현을 받아들이면서도 그 의미는 '제자들이 그를'이라고 주장하는 사람(Alford)도 있습니다. 즉, 원어는 '그의 제자들'이라고 되어 있지만, 의미상으로 그것은 소유격으로 쓰이지 않고 오히려 목적격으로 사용된다는 주장입니다. 하지만 이것도 문법적으로 쉽게 받아들이기 어려운 견해입니다. 이런 견해도 행 9:23-25이 언제 있었던 일이었는가를 잘 판단하지 않아서 오는 문제인 듯 합니다.

는 사실에 맞추려고) 고쳐 썼을 가능성이 더 큰 것입니다 ('그의' 라는 부분을 '그를' 로 바꾸거나 [②, ③의 사본들], '그의' 라고 된 부분을 아예 없애 버리거나 [④의 사본들]).

결국 초기 사본의 증거처럼 '그의 제자들' 이라는 표현이 맞고 행 9:23-25이 아라비아로 갔다 온 후의 사건이라면, 바울이 아라비아에 있던 기간은 묵상의 기간이 아니라 예수를 증거하던 기간인 셈이 되는 것입니다. 바울은 그곳에서도 열심으로 하나님께서 자기에게 주신 뜻을 감당하려고 했기에 사람들에게 미움을 받았고, 결국은 자신을 죽이려는 사람들을 피해 다메섹으로 와 거기서 광주리를 타고 피신하셨던 것입니다. 바울은 처음부터 자신에게 주신 하나님의 계획을 성취하기 위해 열심이었던 사람이었습니다.

우리도 믿자 마자 복음을 전해야 한다?

또 다른 하나의 오해는 앞엣 것과 정반대의 경향을 지니고 있습니다. 바울이 예수님을 만나자 마자 곧바로 힘있게 증거했기 때문에, 우리도 복음을 듣고 예수를 믿자 마자 바울처럼 힘있게 복음을 전해야 한다고 주장하는 것입니다. 물론 누구에게나 복음을 증거해야 하는 열정이 필요할 것입니다. 하지만 바울의 예를 그냥 아무런 여과나 상황 이해 없이 그대로 우리 모두에게 갖다 붙이는 것은 또 다른 한쪽 극단을 만들게 됩니다. 바울과 우리를 그대로 똑같이 동일시할 수 없고, 또 바울의 상황과 나의 상황을 그냥 무시할 수 없다는 것입니다.

일차적으로 바울은 이방인의 사도로 부르심을 받은 사람이고, 우리 새로 믿는 신자들은 그런 사람들이 아닙니다. 또한 바울은 부활하신 예수님께서 엄청난 빛으로 나타난 것을 보았던 사람입니다. 그뿐 아니라 바울은 예수님께서 특별한 이유를 가지고 특별한 사명을 부과하여 그것을 직접 말씀해 주셨던 사람입니다.

그러나 우리는 예수를 믿고 그리스도인이 될 때, 우리에게 향하신 하나님의 구체적인 사명과 계획을 다 얻게 되는 것이 아닙니다. 그뿐이 아닙니다. 바울은 이미 다메섹 도상에서 부활하신 그리스도를 만나기 전에, 예수에 대해서와 교회의 주장에 대해서 알던 사람이었습니다. 그것을 몰랐다면 교회를 핍박할 수 없었겠지요. 이미 교회의 주장을 듣고 어느 정도 알고는 있었지만 그것에 동의할 수 없었던 사람이었습니다. 예수가 그리스도라는 점을 반대했던 것입니다. 그러나 다메섹 사건을 통해서 바로 그런 자신의 견해가 바뀌게 되었던 것입니다. 그래서 예수를 그리스도라고 처음부터 강하게 주장할 수 있었고, 또 유대인들과 변론할 수 있었던 것입니다. 거기다가 바울은 이미 그리스도인이 되기 전에 율법을(구약 성경을) 잘 알고 정통하고 있었던 사람이라는 점도 기억해야 합니다. 하지만 우리 시대 처음 믿는 신자들은 거의 그렇지 못합니다. 바울이 갖고 있던 배경과 상황과는 전혀 다른 것입니다.

우리 시대의 처음 믿는 신자나 교회에 처음 입교하는 사람들은 교회의 가르침을 오히려 잘 받아야 합니다. 예수님이 어떤 분이신지, 그리고 성경의 가르침이 무엇인지를 먼저 더 배워야 할 필요가 있습니다. 물론 자신이 알고 있는 다른 사람을 교회에 데리고 오거나, 성경책을 선물해 주거나 하는 등의 전도는 충분히 할 수 있습니다. 자신의 삶으로 본을 보일 수도 있을 것입니다. 하지만 바울이 전도했던 것은 좀 다릅니다. 이것은 일종의 큰 사역으로 보아야 한다는 말입니다. 만일 바울의 경우를 그대로 적용하자면, 그냥 처음 믿게 된 신자를 기독교에 대해 반대가 심한 지역에 선교사로 보내는 것과 유사할지 모릅니다.

바울의 계획: 다메섹과 아라비아에서의 복음 전파

결국 바울은 자기가 핍박했던 예수가 그리스도라는 사실을 알고 또 자기에게 향하신 하나님의 계획을 알게 되자, 즉각적으로 그 뜻에 합당하게 자신이 처한 상황에서 반응한 듯 합니다. 그 처음은 다메섹 회당의 유대인들에게 증거하는 것이었습니다(행 9:20). 아마 자신이 회당에 공문을 가지고 가던 중이었기에, 자신의 상황에서 할 수 있는 가장 가까운 길이라고 생각했는지 모릅니다(행 9:2). 그래서 회당에 있던 유대인들이 놀랐지만(행 9:21), 바울은 기가 꺾이지 않고 담대히 증거했습니다(행 9:22). 그것뿐 아니라 바울은 다메섹 근처인 아라비아에서도 그런 증거를 힘있게 했던 것 같습니다. 이미 자신의 생각이 바뀌었기 때문에 예루살렘에 내려가서 자기의 옛 동료들과 함께 할 수 없었기 때문인지도 모릅니다.

그런데 약 3년간의 이런 기간이(갈 1:17-18 참조) 결국 핍박자였던 바울을 오히려 핍박을 받는 자로 만들어 버렸습니다. 그래서 바울은 그곳 유대인들에게 쫓기는 신세가 되었고 다메섹으로 다시 돌아왔습니다. 당당하게 다메섹으로 처음에 들어가려던 기세와는 정반대로, 몰래 광주리를 타고 다메섹 성벽을 내려오게 됩니다. 바울에게 다메섹 성은 잊지 못할 장소였을 것입니다. 그리스도인이 되었고 또 하나님의 뜻대로 자신의 첫 계획을 세워 진행시키던 곳이었습니다. 하지만 하나님의 의도를 다 수행하기 위해서는 아직도 머나먼 길이 남아 있었습니다.

(2) 계획2: 복음 전파의 새 패러다임. 이방인에게 복음 전파 시작

바울의 계획: 길리기아의 다소로 감

다메섹에서 광주리를 타고 도망했던 바울은 예루살렘으로 간 것 같습니다. 그런데 거기서 많은 사람을 만난 것 같지는 않습니다. 바나바의 소개로 사도들을 만나기는 했지만 베드로와 주의 형제 야고보를 주로 만난 것 같고, 체류 기간도 약 15일 정도 밖에 되지 않은 듯 합니다(행 9:26-30; 갈 1:18-24 참조). 그리고 거기서도 담대히 예수의 이름을 말하고 증거하려 했는데, 유대인들이 이미 바울에 대한 정보를 들었기 때문인지 그를 죽이려 합니다. 그래서 바울은 예루살렘을 또 떠나야 했고, 가이사랴를 거쳐 다소로 가게 됩니다(행 9:28-30; 갈 1:21). 그런데 이렇게 다소로 가게 되는 상황 속에 주의 지시가 먼저 예루살렘에서 있었던 것 같습니다. 나중에 바울이 예루살렘의 유대인들 앞에서 변론할 때 밝히고 있는 부분입니다.

"후에 내가 예루살렘으로 돌아와서 성전에서 기도할 때에 비몽사몽간에 보매 주께서 내게 말씀하시되 속히 예루살렘에서 나가라 저희는 네가 내게 대하여 증거하는 말을 듣지 아니하리라 하시거늘 내가 말하기를 주여 내가 주 믿는 사람들을 가두고 또 각 회당에서 때리고 또 주의 증인 스데반의 피를 흘릴 적에 내가 곁에 서서 찬성하고 그 죽이는 사람들의 옷을 지킨 줄 저희도 아나이다 나더러 또 이르시되 떠나가라 내가 너를 멀리 이방인에게로 보내리라 하셨느니라"(행 22:17-21)

여기서 중요한 점은 바울이 예루살렘에 있을 때, 주께서 바울이 떠날 것과 멀리 이방인에게로 보낼 것을 의도하셨다는 점입니다. 바울이 가야할 곳을 구체적으로 말씀하시지는 않은 듯 합니다. ① 예루살렘을 떠날 것과 ② 멀리 이방인에게 나아갈 것을 말씀하셨습니다. 이렇게 주의 의도가 알려지자 바울은 행동을 개시합니다. ① 먼저 예루살렘을 떠납니다. ② 그리고 자신의 생각에 멀다고 생각하는 곳, 그리고 이방인이 있는 지역으로 가게 됩니다. 그곳은 다름아닌 자신이 태어난 길리기아의 다소였습니다. 자신이 생각할 수 있는 범위 내에서 지역을 결정한 듯 합니다. 물론 이것에 대해 사도행전에서는 형제들이 보냈다고 기록되어 있습니다(행 9:30). 이 말은 형제들이 다소라는 곳으로 갈 것을 계획해서 보내주었다는 뜻 같지는 않습니다. 오히려 헬라파 유대인들이 바울을 죽이려 할 때, 형제들이 도와 주었다는 뜻으로 보는 것이 더 나을 듯 합니다. 바울 자신이 주의 뜻을 따라서 가이사랴를 거쳐 자기가 태어난 곳인 다소로 가는 계획을 세운 듯 합니다. 그런데 바울이 이렇게 다소로 가는 것은 바울의 사역과 계획에 있어 아주 중요한 의미가 있습니다. 바울이 드디어 이방인에게 나아가는 것입니다. 이런 바울의 새 방향을 살펴보기 전에 수리아의 안디옥 교회가 설립되는 것을 먼저 살펴볼 필요가 있습니다.

안디옥 교회: 이방인 교회의 설립

스데반의 순교를 기점으로 예루살렘 교회에 일어난 핍박은 그곳의 성도들을 여러 곳으로 흩어지게 만들었습니다. 그런데 그런 핍박으로 인한 흩어짐이 결국 교회사의 큰 전환점을 만들게 됩니다. 이제 유대인에게 뿐 아니라 이방인에게도 복음이 전파되는 것이었습니다. 핍박과 고난이 교회가 자라가는 거름이고 씨앗이 되었던 것입니다.

> "때에 스데반의 일로 일어난 환난을 인하여 흩어진 자들이 베니게와 구브로와 안디옥까지 이르러 도를 유대인에게만 전하는데 그 중에 구브로와 구레네 몇 사람이 안디옥에 이르러 헬라인에게도 말하여 주 예수를 전파하니 주의 손이 그들과 함께 하시매 수다한 사람이 믿고 주께 돌아오더라"(행 11 : 19-21)

핍박으로 흩어진 사람들이 처음에는 유대인에게만 복음을 전하다가 안디옥에 이르러 몇 사람이 드디어 이방인들에게도 복음을 전했습니다. 그런데 많은 이방인들이 복음을 듣고 믿었습니다. 그 당시의 배경 속에서는 상상하기 힘든 일이었습니다. 베드로를 통해서 이방인인 고넬료 가족과 친구들에게 복음이 전파될 때도 주님의 특별한 배려가 필요했습니다(베드로가 꾼 꿈 같은 환상이나 성령 세례가 가시화되는 사건 등). 그런 주님의 특별한 표적으로 인해 나중에 예루살렘의 논쟁에서 베드로가 담대히 말할 수 있었습니다(행 11:1-18). 그런데 이제 많은 이방인들이 예수를 믿는 사건이 수리아의 안디옥이란 도시에서 진행되고 있는 것입니다. 물론 이것이 예루살렘 교회에 큰 충격을 주었을 일이었습니다. 그래서 예루살렘 교회는 안디옥으로 바나바를 파견했습니다.[24]

> "예루살렘 교회가 이 사람들의 소문을 듣고 바나바를 안디옥까지 보내니 저가 이르러 하나님의 은혜를 보고 기뻐하여 모든 사람에게 굳은 마음으로 주께 붙어 있으라 권하니 바나바는 착한 사람이요 성령과 믿음이 충만한 자라 이에 큰 무리가 주께 더하더라 바나바가 사울을 찾으러 다소에 가서 만나매 안디옥에 데리고 와서 둘이 교회에 일 년간 모여 있어 큰 무리를 가르쳤고 제자들이 안디옥에서 비로소 그리스도인이라 일컬음을 받게 되었더라"(행 11:22-26)

바나바가 내려가 보니 실제로 이방인들이 하나님께 돌아오고 있었습니다. 그래서 바나바는 기뻐하며 사람들을 격려했습니다. 그리고 이렇게 새롭게 변화하는 이방인 교회 사역의 적임자로 바울을 생각하고 다소로 찾아갑니다. 바울이 안디옥으로 오고, 바울과 바나바의 사역을 통해서 드디어 안디옥 교회가 세워진다고 볼 수 있습니다. 그래서 어쩌면 이렇게 세워진 안디옥 교회가 바로 이방인들로 구성된 최초의 교회라고 볼 수 있을지도 모릅니다. 그리고 그 교회가 이루어지는 데 책임을 맡았던 사람이 바나바와 바울입니다.

---

[24] 아마 바나바를 파견한 이유 중의 하나는, 안디옥에서 이방인에게 복음을 전하는 사람들 중에 구브로 사람들이 많았고, 또 바나바가 구브로 출신이라는 점이었을 것입니다(행 11:20; 4:36 참조).

바울의 새 패러다임: 이방인에게 복음 전파

그러나 여기서 한 가지 빠뜨리지 말고 보아야 하는 점이 있습니다. 안디옥에 이방인들이 주께 돌아오는 것을 보고 바나바가 바울을 찾으러 다소로 갔다는 점입니다. 이 사실이 무엇을 의미하는지 좀더 생각해 볼 필요가 있습니다. 예루살렘 교회에 바울을 소개했던 장본인인 바나바는 바울의 은사와 또 열심을 알고 있었을 것입니다(행 9:27 참조). 그뿐 아니라 하나님께서 바울에게 주신 비전도 알고 있었을지 모릅니다. 아마 아나니아에게 들었을 것입니다(바울을 예루살렘 교회에 소개하려면 이 정도는 알았을 수 있습니다). 그래서 하나님이 바울에게 이방인 사역을 원하신다는 점을 알았을 것입니다. 하지만 그것보다 더 중요한 사건이 있습니다. 그것은 바로 바울이 다소로 가 있었다는 사실이었습니다. 그리스도인이 된 후 끊임없이 복음을 증거했던 바울이 다소로 가서 약 10년 정도[25] 있으면서 한 일이 무엇이었을지 생각해 보자는 것입니다.

앞에서는 주님의 뜻을 따라 바울이 예루살렘을 떠나 이방인 지역인 다소로 가는 계획을 세웠다고 했습니다. 그렇다면 그런 바울이 다소에서 한 것이 무엇이었을까요? 아마도 이방인에게 복음 증거를 시작했다고 보는 것이 자연스러울 것입니다. 물론 이것에 대해서는 분명한 기록이 성경에 나와 있지는 않습니다. 하지만 몇 가지 생각해 볼 수 있는 근거는 있습니다.

첫째는, 안디옥에 이방인이 모이는 것을 보고 바나바가 다소로 사울을 찾아 갔다는 점입니다. 이런 바나바의 행동이 어쩌면 바울이 이미 이방인 사역을 시

---

[25] 이 기간이 언제였는가에 대해서는 다양한 견해가 있습니다. A.D. 37-45(D.A. Carson, D.J. Moo, Leon Morris, *An Introduction to the New Testament*, p.231); A.D. 35-46(F. F. Bruce, *Paul: Apostle of the Free Spirit*, Carlisle: Paternoster, 1977, p. 475.)

작한 것을 시사한다고도 볼 수 있습니다. 바나바가 단순히 바울의 비전을 알았기 때문일 수도 있지만, 길리기아의 다소 지역에서 바울이 이방인 사역을 시작한 것을 알았기 때문인지 모른다는 말입니다.

두 번째 증거는 사도행전 15:41에 있습니다.

"서로 심히 다투어 피차 갈라 서니 바나바는 마가를 데리고 배 타고 구브로로 가고 바울은 실라를 택한 후에 형제들에게 주의 은혜에 부탁함을 받고 떠나 수리아와 길리기아로 다녀가며 교회들을 굳게 하니라"(행 15:39-41)

이 상황은 소위 바울의 첫 번째 선교 여행(행 13:1-14:28)이 끝난 뒤, 다시 두 번째 선교 여행을 시작하려는 시점입니다(행 15:36-18:22). 그런데 바울과 바나바가 다투고 나서, 각기 헤어져 선교 여행을 떠나게 됩니다. 바나바는 구브로로 가고 바울은 수리아와 길리기아로 방향을 잡습니다. 그런데 약간 이상한 말이 등장합니다.

"바울은 실라를 택한 후에 형제들에게 주의 은혜에 부탁함을 받고 떠나 수리아와 길리기아로 다녀가며 교회들을 굳게 하니라"(행 15:40-41)

바울이 수리아와 길리기아로 다니면서 교회들을 굳게 했다고 했습니다. 이것이 문제입니다. 왜냐 하면 소위 바나바와 바울의 1차 선교 여행에는 이 지역을 다니지 않았기 때문입니다. 그런데 2차 선교 여행에서 이 지역에 교회가 있다는 말이 갑자기 등장하는 것입니다. 수리아 지역에 교회가 있는 것은 어느 정도 이해 할 수 있을지 모릅니다. 안디옥 교회로부터 영향을 받은 사람들이 있었는지 모릅니다. 또 다메섹의 교회를 생각해 볼 수 있을 것입니다. 그러나 그것 외에 어쩌면 바울이 다메섹에서 복음을 강하게 전한 일과 또 아라비아 지역에 복음을 전한 결과로 교회가 더 세워졌는지 모르는 일입니다(행 9:25에 '그의 제자들'이란 표현도 참고하면 좋을 것입니다). 그러나 더 어려운 것은 길리기아 지역의 교회입니다. 언제 이곳에 교회가 세워진 것일까요? 분명한 증거가 없기 때문에 누구도 속단하기는 힘들 것입니다. 그러나 우리가 아는 정보의 범위에서 추측해 볼 수 있는 실마리는, 바울이 다소에 머물렀었다는 점입니다. 그곳에서 바울은 드디어 이방인들에게 복음을 이미 전하기 시작했는지 모릅니다. 바울이 있었던 기간이 10년 정도라는 것도 감안해야 합니다. 그래서 바울의 사역을 통해서 교회가 어느 정도 세워졌을 수 있다는 것입니다.

처음에 바나바와 바울이 같이 선교 일을 할 때에는 아직까지 바나바가 지도권을 더 갖고 있었던 듯 합니다(행 11:25-13:12까지는 바나바의 이름이 사울(바울)의 이름보다 먼저 나와 있는 점이, 어쩌면 이런 분위기를 반영하는 듯 합니다). 그래서 첫 선교 여행의 첫 번째 지역으로 바나바의 고향인 구브로를 선택한 것 같습니다[26](행 4:36; 13:4 참조). 그리고 그 선교 여행에서는 길리기아 지방을 들르지 않고, 곧바로 시리아의 안디옥에 오게 되었습니다(바나바의 지도력과 판단이 더 반영됐던 것 같습니다). 그런데 이제 바울과 바나바가 갈리게 되었습니다. 바나바는 다시 구브로로 방향을 잡았고, 바울은 수리아와 길리기아로 향합니다. 각기 자신들의 사역이 있었던 곳으로 먼저 가는지도 모릅니다. 바나바는 1차 전도 여행 중에 자신의 생각이 반영되어 갔었던 구브로 지역으로 가고,[27] 바울은 자신이 제일 먼저 사역했던 수리아 지역과 또 다소가 있는 길리

---

[26] 물론 안디옥 교회를 설립하였던 사람들 중에 구브로 출신이 많았던 이유도 있었을 것입니다(행 11:20 참조).
[27] 그 이후의 선교 여행에서는 바울이 더 이상 구브로 지역으로 가는 것을 볼 수 없습니다. 이런 점에서도 구브로의 선교는 특별히 바나바의 영향력이 컸었던 것이라고 볼 수 있을 것입니다.

기아 지방을 다녀 가는 것입니다. 바울이 그곳의 교회를 굳게 한다는 말은, 이미 바울이 그 지역의 교회와 관련이 있다는 사실을 간접적으로 시사하는지 모릅니다.

셋째로, 바울 자신의 언급을 통해서도 이 점을 추측해 볼 수 있습니다. 1:21-24을 봅시다.[28]

"그 후에 내가 수리아와 길리기아 지방에 이르렀으나 유대에 그리스도 안에 있는 교회들이 나를 얼굴로 알지 못하고 다만 우리를 핍박하던 자가 전에 잔해하던 그 믿음을 지금 전한다 함을 듣고 나로 말미암아 영광을 하나님께 돌리니라" (갈 1:21-24)

이 본문에서 수리아와 길리기아에 이르렀다는 말은, 바로 예루살렘에서 가이사랴를 거쳐 다소에 갔을 때를 말하는 것이라 볼 수 있습니다. 그런데 유대의 교회들이 바울을 얼굴로 알지 못하고, 지금 믿음을 전하는 것을 들었다고 합니다. 그러니까 바울 자신의 말에 의하면, 수리아와 길리기아 지방에서 바울이 복음을 전하고 있었다고 말하는 것입니다.[29] 바울은 수리아와 길리기아 지방, 즉 이방 지역에서 이방인들에게 복음을 전하고 있었을 것입니다.

그렇다면 무엇입니까? 실제 안디옥에서 이방인의 교회가 세워졌고 그 안디옥을 중심으로 향후 바울의 선교 여행이 이루어진다고 할 수 있지만, 실제 바울

---

28) 유대의 교회들이 바울을 몰랐다고 말한 것은, 바울이 예루살렘에 올라갔을 때 베드로와 주의 형제 야고보만 주로 보았다고 앞에서(갈 1:18-19) 기록하고 있기 때문입니다.

29) F.F. Bruce도 이와 유사한 견해를 보이고 있습니다. F. F. Bruce, *Paul: Apostle of the Free Spirit*, p. 127.

은 그 이전에 이미 이방인 사역을 시작했다고 볼 수 있는 것입니다. 이방인에게 복음을 전해 이방인 교회를 세우는 패러다임의 변화는, 바로 바울에게서 시작되었다고 볼 수 있습니다. 하나님께서 원래부터 이것을 의도하셨으며, 바울은 그 하나님의 뜻을 따라 다소로 향하기로 계획하고 나아간 것입니다.

(3) 계획3: 안디옥을 중심으로 한 선교/유대인, 이방인, 왕들에게

안디옥 교회에 대한 설명이 많은 이유

바울의 이방인 사역은 실제 바울이 안디옥에 오기 전에 시작된 것 같다고 했습니다. 그런데 사도행전 저자는 바울이 안디옥에 오면서부터 이방인 선교가 본격적으로 진행된 듯이 설명하고 있습니다. 왜 그랬을까요? 이에 대해서도 몇 가지 가능성을 생각해 볼 수 있습니다.

첫째는 정보 부족입니다. 바울이 아라비아와 다소에 가서 사역한 것에 대해서는, 사도행전 저자가 정보를 그다지 많이 확보할 수 없었는지도 모릅니다. 사도행전 저자가 글을 쓰기 위해 자료를 확보한 곳으로 추정될 수 있는 곳은 가이사랴, 안디옥, 예루살렘, 로마 등일 것입니다. 그런데 이런 지역에서는 수리아와 길리기아 지방의 교회에 대한 정보를 더 자세히 얻기 힘들었을 수 있습니다.

둘째 가능성은 사도행전 저자가 다메섹과 다소 근처의 교회들과는 그다지 관련이 많지 않았을 수 있다는 점입니다. 누구든지 자신과 가까이 있는 사람과 교회에 대한 정보는 많습니다. 또한 자신의 견해도 가까이 있는 사람이나 교회의 영향을 받기 마련입니다. 마찬가지로 사도행전 저자가 안디옥 교회와 더 많이 가까웠다면, 상대적으로 다소의 교회보다는 안디옥 교회를 중심으로 더 많은 생각을 했을 수 있습니다.

물론 앞의 두 가지 견해가 어느 정도 타당성은 있어 보입니다. 하지만 그런 점만으로는 사도행전 12장 이후 안디옥 교회를 중심으로 전개되어 가는 이방인 선교의 모습을 다 설명하기는 힘들 것입니다. 그래서 세 번째 가능성을 생각해 보아야 합니다. 물론 바울이 실제 이방인 사역을 다른 곳에서 시작했다고 하지만, 그 이방인 선교가 보다 체계적이고 효율적으로 이루어진 것은 안디옥 교회를 중심으로 한 선교 여행이라고 보는 견해입니다. 사도행전 13장 이후부터 끝까지는 이렇게 안디옥을 중심으로 바울의 선교가 진행되는 것을 잘 보여 주고 있습니다. 그래서 실제로 안디옥 교회를 중심으로 당분간 이방인 선교가 진행되었던 것입니다. 이렇게 안디옥 교회를 중심으로 더 활성화된 이방인 선교의 성격 때문에, 오히려 앞의 두 가지 이유가 생겼다고 볼 수 있을지 모르겠습니다. 사도행전 저자가 안디옥 교회에 갖게 된 친밀감이나 다른 교회에 대한 정보의 상대적 부족이, 바로 안디옥 교회를 중심으로 일어난 이방인 선교 사역때문이었을 것이라는 뜻입니다. 그래서 이 안디옥 교회를 중심으로 일어난 선교 사역을 설명하려는 관점 때문에, 바울의 다소 사역이나 아라비아 사역을 굳이 자세히 기록하지 않았을 수 있습니다.

안디옥 교회가 중심이 되는 이유

그렇다면 이어지는 질문은, 도대체 왜 안디옥 교회가 그렇게 바울의 이방인 선교 사역의 중심 거점이 되었을까 하는 것입니다.[30] 이 질문에 답하는 것이 그

---

30) 이에 대한 답으로 '하나님이 그렇게 의도하셨으니까' 라고 말하면 싱거워집니다. 물론 이런 답이 완전히 틀렸다고 말하는 것이 아닙니다. 하지만 이렇게 답하는 것은, '왜 비행기 사고가 났지' 라는 질문에, '땅에 떨어졌으니까' 라고 대답하는 것과 비슷한지 모릅니다. 맞는 답입니다. 하지만 우리가 찾아야 하는 답을 찾지 못한 것입니다. 하나님께서 안디옥 교회를 중심으로 당분간 바울의 선교가 진행되도록 허락하신 것은 타당할 것입니다. 그렇지만 우리가 따져 보아야 하는 점은, 왜 굳이 안디옥 교회에게 이런 일을 허락하셨는가 하는 면입니다. 그런 의도를 잘 헤아려 보아

렇게 간단한 것은 아닙니다. 보다 전문적인 논의와 연구가 필요한 부분입니다. 하지만 여기서는 바울의 계획과 관련하여 전체 논리에 필요한 몇 가지만을 간단히 제안해 보도록 하겠습니다.

첫 번째로 우리가 고려할 수 있는 것은 교회의 설립 시기입니다. 이방인이 주축이 된 첫 번째 교회가 안디옥 교회이기 때문에 이방 선교 사역의 중심이 되었다고 보는 견해입니다. 사도행전에는 마치 안디옥에서 처음 이방인 교회가 설립된 듯이 보이기 때문에(행 11:19-26), 이런 생각이 가능한 것처럼 보입니다. 하지만 사도행전에서도 안디옥 교회가 첫 이방인 교회라는 점이 분명히 언급되지는 않습니다. 또한 앞에서도 살펴보았듯이, 이미 바울이 다른 곳에서 이방인 사역을 했던 것처럼 보이기로 하기 때문에, 이 견해를 그대로 취하기에는 어려움이 있습니다.

둘째는 바울의 개인적인 환경과 관련된 것입니다. 예루살렘 유대인들의 핍박을 피해야 하는 바울의 입장에서는 다소가 바울에게 좋은 곳이었을 것입니다. 자신에게 피난처를 제공해 줄 수 있는 곳이기도 할 것이고, 또 그곳에서 이방인 사역을 할 수도 있었을 것입니다. 그러나 시간이 지나면서 오히려 몇 가지 제약이 있었는지도 모릅니다. 바울 자신이 태어난 곳이기 때문입니다. 마치 선지자

야 이 땅을 운영하시는 하나님의 마음과 생각을 이해하고, 그분의 뜻대로 우리 삶을 계획하여 순종해 갈 수 있게 되는 것입니다. 이런 면을 고려치 않고 그냥 '하나님이 안디옥 교회를 지정해 주셨으니까' 라는 식으로 답하게 되면, 그 다음에도 또 '하나님, 다음 교회는 어딥니까, 지정해 주십시오' 라는 식의 태도를 갖게 될 수 있다는 말입니다. 물론 이 말은 우리가 하나님의 판단권을 대치하자는 뜻은 아닙니다. 오히려 하나님의 마음을 닮으려 해야 한다는 것입니다. 하나님은 우리가 하나님과 인격적 관계를 맺으며 같이 동행하며 사는 것을 원하시지, 그냥 기계나 꼭두각시가 되기를 원치 않으신다는 뜻입니다. 주인이 의도하는 뜻도 모르고 말만 따라서 일하는 하인이 되는 것보다, 그분의 마음을 닮아 행동하며 순종하는 참 아들이 되길 원하신다는 것입니다.

가 자기 고향에서는 잘 인정받지 못하는 것처럼, 그런 면에서 다소에서는 한계가 드러났을 수도 있습니다. 10년 정도 있으면서 일할 만한 곳은 되었는지 모르지만 바울의 이방인 사역을 더 확장하는 데는 좀 부적합했는지 모릅니다. 하지만 이점이 그렇게 부각되었다고 보기는 힘듭니다. 왜냐 하면 바울은 다소에서 태어나기는 했지만, 예루살렘에서 자랐다고 바울 스스로 말하기 때문입니다(행 22:3 참조). 또한 이런 생각에 대한 마땅한 근거가 성경에 나타나지 않는다는 점도 무시할 수 없습니다.

셋째, 보다 의미심장한 것으로 우리가 고려할 수 있는 점은 바울 자신의 전략적 생각입니다. 바나바가 바울을 찾아 다소에 와서 안디옥으로 가자고 권면했을 때, 바울이 어떤 생각과 판단으로 안디옥에 왔는지를 좀더 알 필요가 있을 것입니다. 이와 관련해서 두 가지를 생각해 볼 수 있습니다. 하나는 사회 지리적 여건입니다. 사회 지리적 여건으로 보자면, 다소보다는 안디옥이 바울에게 주신 하나님의 뜻을 실현하는 데 더 나아 보였을지 모릅니다. 길리기아의 다소가 로마시대 50만의 인구를 수용할 수 있었다고는 해도[31] 로마 제국에서 세 번째로 큰 도시인 안디옥보다는[32] 그 지리적 위치나 정치 사회적 영향력 면에서 열등하였을 것입니다. 바울은 자신에게 분명히 말씀하신 하나님의 일을 진행하기 위해 기회가 열리는 것을 잘 이용하여 나아가려 했습니다. 이 때문에 바울은 안디옥에 이방인이 주도하는 교회가 구성되었고, 그곳에서 바울같은 사람이 필요하다는 점을 잘 고려해 보았을 것입니다. 물론 이 말은 바울이 중소도시는 싫어하고 대도시의 큰 교회에 가서 목회하려는 인간적인 욕심을 가졌다는 말은 아닙니다

---

31) **IVP 성경사전**, 서울: IVP, p. 96.
32) **IVP 성경사전**, pp. 342-343; R. Longenecker, *Galatians*, WBC, Dallas: Word, 1990, p. 65.

(그 당시 다소가 작은 도시가 아닌 듯 합니다). 바울은 나중에 선교 여행을 하며 중소 도시들을 가리지 않고 다 돌아다녔습니다. 더구나 안디옥 교회가 안정이 되었을 때, 바울은 그 교회에 머물러 있지 않고 자신이 오히려 선교사로 나왔습니다(행 13:1-3 참조).

바울은 아마도 하나님께서 자신에게 주신 이방인 사역이 어떻게 보다 효과적이고 온전하게 진행되는지에 관심을 가졌을 것입니다. 그와 관련하여 다소보다는 안디옥이 전략적으로 유리할 것이라고 판단했을 가능성이 크다는 뜻입니다. 바울의 이런 전략적 생각은 나중에 그가 로마에 가려는 생각에도 잘 드러나 있습니다. 바울은 자신의 서반구 사역의 거점으로 로마를 생각해서, 그곳에 가기를 여러 번 계획했었습니다(롬 15:19-24 참조). 그렇다면 마치 로마가 서반구 사역의 거점이 된 것처럼, 안디옥이 동반구 사역의 거점이 되도록 생각했는지 모릅니다.[33]

네 번째로 바울의 전략적 사고가 또 반영되었다고 여겨지는 면은, 바울이 안디옥 교회와 예루살렘 교회와의 관계를 염두에 두었을 수 있다는 점입니다. 바울은 종종 독단적이고 잘 타협할 줄 모르는 인물로 비치기도 합니다. 특별히 예루살렘 교회와 관계 없이 독자적으로 자기 선교 사역을 펼쳐가는 사람으로 종종 이해하기도 합니다. 아마 이것은 갈라디아서에 등장하는 바울의 목청 때문이 아닌가 싶습니다. 하지만 이것은 좀 지나친 견해입니다. 갈라디아서에서 나타나는

---

[33] 물론 실제 생각은 그 반대였을 것입니다. 안디옥을 거점으로 해서 진행되었던 동반구 사역이 성공되는 것을 보면서, 바울은 서반구 사역의 거점으로 로마를 생각했을 것입니다. 그러나 필자가 말하려는 것은, 이렇게 전략적으로 생각하려고 하는 바울의 사고와 계획 방식입니다. 이런 소양을 갖추었던 바울이라면, 다소에서 안디옥으로 오는데 그냥 아무런 생각없이 오지 않았을 것입니다.

높은 언성은 예루살렘 교회 자체에 대한 것이 아니라, 진리를 거스리는 잘못된 유대주의자들에게 대한 것으로 먼저 보아야 할 것입니다. 바울이 이름난 사도들에게 특별히 잘 보이려고 애를 쓰지 않은 것이지, 자기보다 먼저된 사도들을 깎아 내리거나 예루살렘 교회를 무시하려 한 것이 아니라는 것입니다.[34] 나중에 다시 보겠지만 바울은 자신이 사역한 이방인 지역의 교회와 예루살렘 교회와의 관계를 아주 중요하게 생각했습니다(바울의 예루살렘 헌금행을 살필 때 다시 보겠습니다). 바울은 아마 예루살렘 교회에서 안디옥 교회가 형성되는 과정에 바나바를 파견한 사실을 아주 중요하게 생각했을지 모릅니다. 그것은 예루살렘 교회가 이방인 교회를 한편으로 인정하기 시작하는 표시였습니다. 그리고 그 이방인 교회들을 세우는 사도로 부름 받은 사람이 바로 자신이라는 점을 바울은 놓치지 않고 연관시킨 듯 합니다. 그래서 바나바의 제안에 10년 동안 사역했던 다소를 떠나 안디옥으로 올 수 있었던 것입니다.

이런 추측과 관련하여 아주 중요한 사건이 있습니다. 바로 안디옥 교회가 예루살렘 교회로 부조(扶助, 헌금)를 보내는 일입니다(행 11:27-30 참조). 예루살렘 교회는 처음 안디옥 교회가 설립되는 과정에서 바나바를 보냄으로 이방인 교회를 인정하기 시작했습니다. 그런데 이제는 거꾸로 안디옥 교회가 예루살렘 교회에 구제 헌금을 보냅니다. 이것을 통해서 두 교회의 관계는 더욱 좋아집니다. 그뿐 아니라 이 과정 속에서 예루살렘 교회의 지도자였던 베드로와 주의 형제 야고보가 전격적으로 바울이 사역했던 이방인 교회를 인정해 주게 됩니다(단순히 안디옥 교회만이 아니라, 그 전에 바울이 사역했던 이방인 지역의 교회에 대해서도 인정한 듯 합니다). 갈 2:1-10이 이런 모습을 잘 설명해 주고 있습니다

---

[34] 고린도 전서 15:4-10에서 자신을 낮추고 다른 사도들을 높이는 바울의 모습이, 그 한 예일 것입니다.

(물론 이 말은 행 11:30과 갈 2:1-10이 같은 사건이라는 점을 가정한 것입니다.)[35] 그중 중요한 점만을 읽어 봅시다.

"십사 년 후에 내가 바나바와 함께 디도를 데리고 다시 예루살렘에 올라갔노니 계시를 인하여 올라가 내가 이방 가운데서 전파하는 복음을 저희에게 제출하되 유명한 자들에게 사사로이 한 것은 내가 달음질하는 것이나 달음질한 것이 헛되지 않게 하려 함이라"(갈 2:1-2)

"도리어 내가 무할례자에게 복음 전함을 맡기를 베드로가 할례자에게 맡음과 같이 한 것을 보고 베드로에게 역사하사 그를 할례자의 사도로 삼으신 이가 또한 내게 역사하사 나를 이방인에게 사도로 삼으셨느니라 또 내게 주신 은혜를 알므로 기둥같이 여기는 야고보와 게바와 요한도 나와 바나바에게 교제의 악수를 하였으니 이는 우리는 이방인에게로 저희는 할례자에게로 가게 하려 함이라 다만 우리에게 가난한 자들 생각하는 것을 부탁하였으니 이것을 나도 본래 힘써 행하노라"(갈 2:7-10)

안디옥 교회가 제대로 안정되자 예루살렘에 헌금하는 일이 생겼고, 그것을 통해서 안디옥 교회와 예루살렘 교회가 서로 친해지게 되었습니다. 하지만 더 중요한 것은, 예루살렘 교회가 바울이 해 온 이방인 사역의 정당성을 인정하였다

---

35) 갈라디아서 2:1-10이 행 11:27-30과 동일한 사건인지 아니면 행 15장의 사도회의와 동일한 사건인지와 관련해서는 여러 가지의 견해가 제시되고 있습니다. R. Longenecker는 이에 대해 5가지 주요한 견해를 나열하고 있습니다(*Galatians*, WBC, pp. Lxxiv-lxxv). 필자는 행 11:27-30=갈2:1-10 이라고 보는 것이 더 타당하다고 보고 있습니다. 이에 대한 자세한 논의를 밝히는 것은 이 책의 수준을 넘어서는 것입니다. 이런 논쟁의 기본적 이해를 원하시면 다음을 참조하십시오. G.W. Hansen, *Letter to the Galatians*, in DPL, pp. 327-328; John Drane저, 이 중수 역, **바울**, 서울: 두란노, pp. 40-41.).

는 점입니다. 어쩌면 바울은 자신이 이방인 지역에서 사역을 하면서도, 늘 예루살렘 교회와의 관계를 염두에 둔 것 같습니다. 그런 생각이 안디옥 교회행을 결정하는 데 영향을 주었다고 볼 수 있고, 또 그 안디옥 교회에서 일하면서 결국 이방인 사역이 정식으로 인정되기에 이른 것입니다.

물론 이렇게 안디옥 교회가 예루살렘 교회로 헌금을 하게 된 배경은, 바울이 단독으로 만들어 낸 것이 아닙니다. 오히려 하나님께서 의도적으로 안디옥 교회와 예루살렘 교회를 연결하시기 위해 만드신 배경인 듯 합니다. 왜냐 하면 예루살렘의 선지자들을 통해서 흉년이 들 것을 안디옥 교회에 미리 알려 주셨기 때문입니다(행 11:27-28).

> "그 때에 선지자들이 예루살렘에서 안디옥에 이르니 그 중에 아가보라 하는 한 사람이 일어나 성령으로 말하되 천하가 크게 흉년 들리라 하더니 글라우디오 때에 그렇게 되니라"(행 11:27-28)

우리가 주목해야 할 점은, 바울은 자기 혼자 따로 나가서 이방인 사역을 하면 끝이라고 생각하지 않았다는 점입니다. 바울은 자신의 이방인 사역과 예루살렘 교회와의 관계를 염두에 두고 있었던 듯 합니다. 다메섹에서 예루살렘 교회로 간 일도 그렇고, 기회가 있을 때마다 예루살렘 교회와 함께 하려는 점들도 그렇습니다(이것은 헌금을 위한 바울의 예루살렘행을 설명할 때 좀더 다루겠습니다). 바울이 어느 정도 이런 생각을 하고 있었기에 바나바의 제안을 좋은 것으로 받아들였을 것입니다. 그러므로 바울이 다소에서 안디옥 교회로 옮기려 했던 커다란 이유는, 안디옥 교회가 이방인의 첫 번째 교회이기 때문이라기 보다는, 예루살렘 교회로부터 첫 번째로 인정받고 있던 이방인 교회였기 때문일 것입니다. 결국 다소행을 계획했던 바울이 안디옥행으로 바꾼 데는 바나바의 제안도 중요했겠지만, 바울 자신의 판단과 생각의 결과라는 점도 무시되어서는 안된다는 것입니다. 그리고 이런 판단과 예측대로 안디옥 교회는 이방인 사역의 거점이 되어갔던 것입니다.

본격적인 이방인 선교 계획과 실행

바울이 시리아의 안디옥 교회로 온 이후 보다 본격적인 이방인 선교가 시작됩니다. 먼저 일년 정도 가르침을 받은 후 안디옥 교회가 안정됩니다(행 11:26). 그후 예루살렘 교회에 헌금하는 일로 인해 안디옥 교회와 예루살렘 교회가 보다 좋은 관계에 들어가고(행 11:27-30; 갈 2:10 참조), 바울의 이방인 사역과 이방인 사도권이 정당하게 받아들여집니다(갈 2:1-9). 이처럼 모든 것이 제대로 갖추어지자, 성령님께서 안디옥 교회에 특별한 지시를 하십니다. 바나바와 사울을 따로 세워 이방인 선교 사역에 보내라는 것입니다. 물론 성령님이 어떤 방법으로 이런 말씀을 하셨는지 우리는 알기 힘듭니다. 하지만 중요한 것은 처음에 하나님께서 바울에게 주신 사명(행 9:15 참조)에 대해 여러 가지 중요한 조치들이 다 취해졌을 때, 하나님께서 적절한 방향을 또 가르쳐 주신다는 점입니다. 바울 인생 전체의 방향을 이미 보여주셨지만, 필요한 때마다 하나님의 뜻을 적절하게 알려 주시는 것입니다.

그런데 이렇게 하나님의 뜻이 알려질 때, 바울이 그냥 가만히 있지 않았다는 점이 중요합니다. 성령님께서 갈 곳 모두를 점찍어 주시면서, 계획표를 다 짜 주시지 않았다는 뜻입니다. 성령님의 인도를 따라 바나바와 바울이 세운 계획은, 일차적으로 그들이 생각할 수 있고 판단할 수 있는 범위 내에서 이루어졌습니다. 제일 먼저 그들은 구브로로 갔습니다.

"두 사람이 성령의 보내심을 받아 실루기아에 내려가 거기서 배 타고 구브로에 가서 살라미에 이르러 하나님의 말씀을 유대인의 여러 회당에서 전할새 요한을 수종자로 두었더라"(행 13:4-5)

구브로에 가기로 계획한 이유는 두 가지인 듯 합니다. 첫째는 안디옥 교회가 설립될 당시 구성원들 중에 구브로 출신이 많았기 때문입니다(행 11:20 참조). 그래서 자연히 선교에 있어서도 구브로가 그 첫 번째 방향이 되었을 수 있습니다. 둘째 이유는 이곳이 바나바의 고향이었기 때문일 것입니다(행 4:36 참조). 안디옥 교회가 예루살렘 교회로부터 정식으로 인정 받기 시작할 때 파견되었던 지도자가 바나바였습니다(행 11:22 참조). 그리고 아직 이 선교팀의 지도력은 바나바에게 있었고, 그 지도자의 판단과 계획이 중요했을 것입니다. 마치 주님께서 바울에게 '예루살렘을 떠나라. 내가 너를 멀리 이방으로 보내리라' 라고 말씀하셨을 때, 바울이 자기 고향인 다소 지역으로 가서 복음을 전한 것과 유사합니다. 즉 바나바와 바울이 성령의 보내심을 받았는데, 자신들의 판단과 계획을 따라 진행했다는 말입니다. 하나님의 인도와 인간의 계획이 함께 잘 연결되어 있는 예입니다.

또한 바울의 제 2차 전도 여행이 시작될 때는 성령님께서 특별하게 지시한 적이 없었습니다. 오히려 바울이 먼저 바나바에게 제안하였습니다.

"수일 후에 바울이 바나바더러 말하되 우리가 주의 말씀을 전한 각 성으로 다시 가서 형제들이 어떠한가 방문하자 하니"(행 15:36)

바울이 선교 계획을 세웠습니다. 자신들이 복음을 전했던 곳에 다시 가 보자는 것입니다. 하나님께서 자신의 인생에 주신 뜻을 따르는 것이었을 뿐 아니라, 지금까지 진행되어 온 길과도 맞는 것이었기 때문입니다. 바울은 하나님의 뜻을 따라 계획을 세운 것입니다. 그런데 문제가 생겼습니다. 바나바의 조카(마가)인 요한을 데리고 가는 문제로 인해, 바울과 바나바가 심히 다투게 된 것입니다. 이 사건을 계기로 두 사람은 따로 선교 여행을 떠나게 됩니다. 바나바는 1차 전도 여행의 첫 지역이었던 자기 고향 구브로로 다시 떠나게 되고(행 15:40), 바울은 자신이 이전에 사역했던 수리아와 길리기아 지역으로 향하게 됩니다(행 15:41). 이것도 자신들의 상황에 맞게 계획을 세운 것입니다.

이런 바울의 계획에 대해, 하나님이 자신의 뜻을 다시 보여 주시는 사건이 일어납니다. 바울은 형제들의 전송을 받으며 전도 여행을 시작합니다(행 15:40 참조). 자신이 처음에 사역했던 수리아와 길리기아 지방을 거쳐, 1차 전도여행 때에 방문했던 더베, 루스드라, 이고니온 지역을 지나며 교회를 더 굳게 합니다. 그런데 다음 장면에서 주의 영이 더 이상 아시아에서 말씀을 전하지 못하게 막으십니다. 그래서 바울 일행이 또 비두니아로 가려고 했는데, 이것도 일이 잘 이루어지지 않습니다. 그러다가 바울이 밤에 마게도냐인 환상을 보게 되고, 바울 일행은 이것이 하나님이 주신 꿈이라고 판단하고 드디어 바다를 건너 마게도냐로 가게 됩니다.

"성령이 아시아에서 말씀을 전하지 못하게 하시거늘 브루기아와 갈라디아 땅으로 다녀가 무시아 앞에 이르러 비두니아로 가고자 애쓰되 예수의 영이 허락지 아니하시는지라 무시아를 지나 드로아로 내려갔는데 밤에 환상이 바울에게 보이니 마게도냐 사람 하나가 서서 그에게 청하여 가로되 마게도냐로 건너와서 우리를 도우라 하거늘 바울이 이 환상을 본 후에 우리가 곧 마게도냐로 떠나기를 힘쓰니 이는 하나님이 저 사람들에게 복음을 전하라고 우리를 부르신 줄로 인정함이러라"(행 16:6-10)

여기서 몇 가지 중요한 점을 우리가 생각해 볼 수 있습니다. 아시아에서 말씀을 전하지 못하게 하시는 분이 성령님인 것으로 되어 있습니다. 그런데 성령님께서 어떤 방법으로 이것을 알려 주셨는지는 따로 설명이 되어 있지 않습니다. 아마 환경적인 막힘일 수도 있고, 또 환상으로 직접 나타나신 것일 수도 있습니다. 또 성령님이 직접 음성을 들려주신 것인지도 모르고, 구약 성경 말씀을 묵상하면서 깨달은 것일지도 모릅니다. 그런데 막상 마게도냐로 가는 것에 대해서는 꿈 혹은 환상을 통해서 봅니다. 1차 전도 여행이 시작될 때는 금식을 할 때 성령님께서 말씀해 주셨다고 했습니다. 이런 것을 보면 하나님께서 바울에게(또는 바울 일행에게) 자신의 뜻을 다양한 방법으로 가르쳐 주시는 것을 볼 수 있습니다.

제2차 전도 여행에서 또 하나 중요한 점이 있습니다. 바울의 2차 전도 여행에서 실제 하나님이 더 관심을 가지셨던 점은, 어쩌면 이렇게 바울 일행이 마게도냐로 건너가는 것인지 모릅니다. 그런데 재미있는 점은, 바울이 1차 전도 여행 후 안디옥에 있을 때 하나님이 나타나셔서 "너 마게도냐로 가라"라고 말씀하지 않으셨다는 것입니다. 바울이 자신의 지혜와 하나님의 심중을 헤아린 대로 2차 진도 여행 계획을 하게 놔두셨다가, 마게도냐 지방에 가까이 왔을 때가 되어서야 하나님의 뜻을 밝히신다는 것입니다. 하나님의 구체적 지시에 따라 계획을 세우기도 하고, 인간이 세운 계획의 토대 위에서 하나님이 또 당신의 방향을 첨부해 주시기도 합니다. 바울의 계획을 통해서 기존 교회가 굳어지고, 또 새로운 방향이 필요할 때 하나님께서 알려 주시는 모습입니다. 이렇듯 하나님의 지시와 바울의 계획이 잘 어울려서, 하나님이 원하시는 그 방향과 목표대로 잘 나아가게 되는 것입니다.

이런 식의 내용이 사도행전에는 빈번하게 나와 있습니다. 이것을 여기서 다 살펴볼 수는 없을 것입니다. 바울은 자신이 이해한 하나님의 기본적 방향을 따라 계획을 잘 세워 진행하였고, 또 하나님은 필요한 때마다 여러 가지 방법으로 당신의 지시와 격려 등을 보여 주셨습니다. 하나님을 무시한 채로 바울이 계획을 세워 진행한 것도 아니고, 바울의 계획은 필요없다고 하나님께서 말씀하시고 모든 계획표를 다 짜주신 것도 아닙니다. 바울의 계획을 하나님께서 인정하시고 보충해 주셨으며, 또한 바울은 하나님의 뜻을 따라 열심히 계획을 세워 진행한 것입니다. 이런 바울의 사역과 삶의 모습이, 바로 우리가 1부에서 말한 피조적 적극성의 대표적 예입니다. 골로새서에서 보았던 바울 사역의 원리를 다시 한 번 기억해 봅시다.

"내가 교회 일꾼 된 것은 하나님이 너희를 위하여 내게 주신 경륜을 따라 하나님의 말씀을 이루려 함이니라"(골 1:25)

"이를 위하여 나도 내 속에서 능력으로 역사하시는 이의 역사를 따라 힘을 다하여 수고하노라"(골 1:29)

(4) 계획4: 바울의 로마행과 서반구 선교 계획

바울의 로마행 계획

바울의 사역에서 이런 원리가 잘 반영되어 있는 또다른 대표적 예는, 바울이 로마로 가려고 계획했던 일일 것입니다. 바울의 다른 계획들은 우리에게 직접적인 형태로 많이 나타나지 않습니다. 하지만 바울의 로마행에 대해서는 신약 성경이 좀더 자세한 정보를 우리에게 줍니다. 그러기에 좀 자세히 다루는 것이 필요합니다.

먼저 로마서 1장을 보면 바울이 로마에 가기를 그렇게 열망하고 애썼다는 것이 역력히 드러나 있습니다.

> "내가 그의 아들의 복음 안에서 내 심령으로 섬기는 하나님이 나의 증인이 되시거니와 항상 내 기도에 쉬지 않고 너희를 말하며 어떠하든지 이제 하나님의 뜻 안에서 너희에게로 나아갈 좋은 길 얻기를 구하노라 내가 너희 보기를 심히 원하는 것은 무슨 신령한 은사를 너희에게 나눠 주어 너희를 견고케 하려 함이니 이는 곧 내가 너희 가운데서 너희와 나의 믿음을 인하여 피차 안위함을 얻으려 함이라 형제들아 내가 여러 번 너희에게 가고자 한 것을 너희가 모르기를 원치 아니하노니 이는 너희 중에서도 다른 이방인 중에서와 같이 열매를 맺게 하려 함이로되 지금까지 길이 막혔도다 헬라인이나 야만이나 지혜 있는 자나 어리석은 자에게 다 내가 빚진 자라 그러므로 나는 할 수 있는 대로 로마에 있는 너희에게도 복음 전하기를 원하노라"(롬 1:9-15)

바울이 로마에 갈 계획이 있었다고 분명히 밝히고 있습니다. 그냥 한 번 궁금해서 가보겠다는 것이 아닙니다. 자신이 그곳에 갈 의도가 있음을 아주 강하게 보이고 있는 것입니다. 바울이 로마로 가려는 계획을 말할 때 쓰고 있는 강하고 분명한 표현들을 주목했으면 좋겠습니다.

> "하나님이 나의 증인이 되시거니와"(롬 1:9)

> "하나님의 뜻 안에서 너희에게로 나아갈 좋은 길 얻기를 구하노라"(롬 1:10)

> "내가 너희 보기를 심히 원하는 것은"(롬 1:11)

> "내가 여러 번 너희에게 가고자 한 것을 너희가 모르기를 원치 아니하노니"(롬

1:13)

(두번 부정을 하는 것을 통해 강한 긍정적 의도를 표현하고 있습니다)

"그러므로 나는 할 수 있는 대로 로마에 있는 너희에게도 복음 전하기를 원하노라"(롬 1:15)

이런 표현을 보자면 로마로 가려는 바울의 계획이 얼마나 분명했었는지를 잘 알 수 있을 것입니다.

그 계획이 여러 번 좌절됨: 그로 인한 우리의 오해

그런데 문제가 있었습니다. 바울이 그토록 가려고 했는데도, 일은 잘 이루어지지 않았습니다. 이것을 바울은 로마서에서 또 기록하고 있습니다.

"형제들아 내가 여러 번 너희에게 가고자 한 것을 너희가 모르기를 원치 아니하노니 이는 너희 중에서도 다른 이방인 중에서와 같이 열매를 맺게 하려 함이로되 지금까지 길이 막혔도다"(롬 1:13)

"그러므로 또한 내가 너희에게 가려 하던 것이 여러 번 막혔더니"(롬 15:22)

로마로 가려고 그렇게 애를 썼는데, 그때마다 길이 막히고 반대가 있었다는 것입니다. 그리고 그런 반대와 실패가 있음에도 불구하고, 바울은 포기하지 않고 계속 하나님의 뜻 안에서 로마로 가려고 했습니다. 이런 바울의 태도에서 몇 가지 점을 생각해 볼 수 있습니다.

첫째는 우리가 종종 현실적 결과만 가지고 하나님의 뜻이나 인도를 오해하기도 한다는 사실입니다. 결과가 좋으면 하나님 뜻이나 인도대로 간 것이고, 결과가 나쁘면 그게 아니라고 생각하는 경향이 있습니다. 계획했었는데 그것이 잘 이루어지면 하나님 인도를 잘 받은 것이고, 잘 이루어지지 않으면 하나님 인도를 못받은 것이라고 판단합니다. 만일 이렇게 본다면, 바울은 하나님의 인도를 크게 잘못 받은 사람으로 보아야 합니다. 로마로 가려는 것은 바울에게 있어 아주 커다란 방향 전환이었고, 또 앞으로의 교회사의 흐름에도 절대적인 영향을 미칠 사건이었습니다. 그런데 그런 아주 중요한 일인데도 바울의 계획은 여러 번 실패하고 반대를 받게 됩니다. 그렇다면 바울이 이렇게 큰 일에 하나님 인도를 잘못 받은 것입니까? 아니면 로마로 가는 것은 하나님의 뜻이지만, 그 진행되는 과정에 하나님 인도를 잘못 받아서 시간을 낭비하고 있는 것입니까?

정반대의 오해도 있습니다. 길이 막혔음에도 불구하고 바울이 줄기차게 로마로 가려고 한 점을 보고서, 바울처럼 우리도 이렇게 적극적 사고 방식을 지녀야 한다고 가르치는 것입니다. 두드리면 열린다는 말처럼 우리가 이렇게 끈질기게 붙들면, 결국은 길이 열리고 성공하게 된다고 가르치는 것입니다. 하나님 인도는 저 뒤에 묶어 놓고, 자신이 계획을 세워 실행하는 일에 열중하는 것입니다. 우리가 적극적으로 나서는 것을 아주 강조하는 것이지요. 어떻게 보면 로마로 가려는 바울의 계획과 행동이 이와 비슷해 보이기 때문인지도 모릅니다.

우리는 이 책의 I부에서 이런 두 가지 상반된 태도 모두가 잘못 되었다고 이미 논의했었습니다. 바울의 경우를 보아도 마찬가지입니다. 바울은 무조건 자기 마음대로 로마로 가려고 하지 않았습니다. 로마의 성도들에게 자신이 하나님의 뜻 안에서 너희에게 나아 갈 좋은 길 얻기를 구한다고 말하고 있습니다(롬 1:10). 또한 바울의 로마행과 관련한 예수님의 말씀도 잊지 않아야 합니다. 바울이 예루살렘에서 죄인의 몸으로 잡혀 있을 때, 주께서 나타나셔서 바울이 로마로 갈 것을 말씀하셨다고 사도행전은 기록하고 있습니다.

> "그 날 밤에 주께서 바울 곁에 서서 이르시되 담대하라 네가 예루살렘에서 나의 일을 증거한 것같이 로마에서도 증거하여야 하리라 하시니라"(행 23:11)

로마에 가려는 계획에 대해 바울 혼자서 북치고 장구치고 한 것이 아닙니다. 그렇기 때문에 바울의 로마행 계획이 하나님을 무시한 것이라고 설명할 수 없습니다. 그리고 그 반대도 마찬가지입니다. 주님께서 바울에게 나타나셔서 바울의 로마행이 틀렸다고 말씀하시는 것이 아닙니다. 하나님 인도를 안 받고 혼자서 이것 저것 실행했기 때문에 네가 실패했다고 나무라지 않으십니다. 바울은 그냥 앉아서 하나님 인도를 기다린다는 식으로 행동하지 않았습니다. 무조건 수동적이고 소극적이 아니었습니다. 자신이 이해한 하나님의 뜻을 이루기 위해(이방인에게 복음 전하는) 바울은 로마행을 여러 번 계획하고 준비했습니다. 그런데 그 일이 잘 이루어지지 않은 것입니다. 바울이 사역했던 교회 성도들 때문일 수도 있습니다.[36] 하지만 바울의 그 계획이 어떤 것이었으며 어떤 반대를 받았기 때문인지 우리는 정보 부족 때문에 잘 알 수 없습니다. 하지만 우리가 분명히 알 수 있는 바울의 로마행 계획 하나가 있습니다. 바울이 죄수의 몸으로도 로마로 가려고 한 것입니다.

죄수의 신분이라고 해도 로마로 가려는 계획은 변하지 않음

3차 전도 여행이 끝날 즈음, 바울은 이방인 교회들이 모은 헌금을 가지고 예루살렘으로 갔습니다. 그런데 거기서 유대인들로 인해 로마의 백부장에게 잡혀 감

---

[36] 특별히 바울이 고린도 교회 문제를 다루느라고 로마행이 많이 지연됐을 수 있습니다. 또 환경적인 어려움이 있었을 수도 있습니다.

옥에 갇히는 신세가 되었습니다. 40명의 유대인들은 바울을 죽이기 전에는 먹지 않겠다는 맹세를 했고, 결사대를 조직하여 행동하려 했습니다(행 23:12-13). 결국 이런 결사대의 움직임 때문에, 바울은 예루살렘에서 가이사랴 감옥으로 호송됩니다(행 23:17-35). 거기서 바울은 총독들과 왕에게 자신의 처지를 변호하며 복음을 증거하게 됩니다(이런 과정을 통해서 왕들에게 복음을 선포하시려는 하나님의 의도가 또 이루어지는 것입니다). 그런데 가이사랴에서 또 한 번의 재판이 있을 때, 바울은 드디어 자신이 죄수의 몸으로 로마로 가고자 합니다.

"바울이 가로되 내가 가이사의 재판 자리 앞에 섰으니 마땅히 거기서 심문을 받을 것이라 당신도 잘 아시는 바에 내가 유대인들에게 불의를 행한 일이 없나이다 만일 내가 불의를 행하여 무슨 사죄를 범하였으면 죽기를 사양치 아니할 것이나 만일 이 사람들의 나를 송사하는 것이 다 사실이 아니면 누구든지 나를 그들에게 내어 줄 수 없삽나이다 내가 가이사께 호소하노라 한대 베스도가 배석자들과 상의하고 가로되 네가 가이사에게 호소하였으니 가이사에게 갈 것이라 하니라"
(행 25:10-12)

헌금을 가지고 예루살렘으로 올라가는 길에도 바울의 마음은 로마에 있었습니다. 그런데 예루살렘에 가서 유대인들에게 잡히게 되었습니다. 바울이 로마 백부장에 잡혀 예루살렘에 있었을 때, 주께서 나타나셔서 말씀하셨습니다. "네가 예루살렘에서 나의 일을 증거한 것 같이 로마에서도 증거하여야 하리라." 그런데도 바울의 재판은 호전되지 않았습니다. 오히려 40명의 결사대가 조직되어 바울을 죽이려 했기 때문에, 바울은 가이사랴로 호송되었고, 거기서 2-3년간을 보내게 되었습니다[37] (행 24:27 참조). 주님의 말씀을 듣고도 바울이 2-3년 동안

---

37) 보통 이 기간을 A.D. 57-59년 경으로 보고 있습니다(Bruce, *Paul*, p. 475; D.A. Carson,

로마로 가지 못하고 그냥 감옥에 있었던 것입니다. 어떻게 로마로 갈 수 있을까 하고 바울은 무수히 생각했을 것입니다. 처음에는 감옥에서 풀려 나오리라고 생각했을지 모릅니다. 예수님이 로마로 가게 될 것이라고 말씀하셨으니, 어쩌면 그것이 자연스런 생각일 것입니다. 하지만 2-3년이 지나도 그 일은 일어나지 않았습니다. 그렇다면 바울이 이제 로마로 갈 수 있는 길이 무엇이었겠습니까? 바로 감옥에 갇힌 죄수의 몸으로 로마로 가는 것이 생각난 것입니다.

"내가 가이사께 호소하겠습니다. 나를 로마로 호송해 주십시오."

그러면 이런 바울의 생각이 어디에서 나왔을까요? 소극적 계획파의 성향이 있는 분들은, 아마 바울이 이 말을 하기 전에 주께서 바울에게 나타나 어떤 말씀을 하셨거나 표적을 보여주셨을 거라고 상상할지 모릅니다. 말씀을 묵상하면서 하나님의 음성을 들었다고 말할지도 모릅니다. 하지만 사도행전에는 이런 언급이 나타나 있지 않습니다. 그리고 그런 것을 설득할 만한 증거도 잘 보이지 않습니다. 오히려 바울이 이 말을 하게 된 것은 베스도 총독이 유대인의 환심을 사기 위해 바울에게 예루살렘으로 가서 재판을 받겠느냐고 말하였기 때문인 듯 합니다. 베스도 총독이 예루살렘을 언급하자 그 반대로 아예 로마로 가겠다고 말한 것입니다. 하나님의 특별한 말씀을 들었다기보다는 재판을 받는 상황 속에서 바울이 답변한 것으로 보입니다.

그런데 이렇게 변론을 하다가 나온 생각이기 때문에, 즉흥적인 생각이지 계획은 아니라고 말할지 모릅니다. 물론 즉흥적인 것처럼 보이는 것은 사실입니다. 하지만 그렇더라도 바울이 재판을 받던 중에 이런 아이디어를 낼 수 있었던 이

An Introduction to the New Testament, p.231.)

유가 무엇인지 생각해 봐야 합니다. 로마로 가려는 바울의 그 끊임없는 열망이 이런 생각이 나게 한 것입니다. 바울은 "예수님이 말씀하셨으니 이루어지겠지"라는 식으로 가만히 기다리고만 있었던 것 같지 않습니다. 예수님이 말씀하셨기 때문에, 로마로 갈 수 있는 길을 이리 저리 생각하고 따져 보는데, 마땅한 방법이 잘 생각나지 않았을 것입니다. 그런데 재판에서 변론을 하다 보니, 좋은 아이디어가 떠오른 것입니다. 그러니까 이것이 바울의 계획과 전혀 무관하다고 말하기 힘듭니다. 로마로 갈 계획을 하고 그 방법을 고민하며 구하고 있었는데, 바로 변론하던 자리에서 그 해답의 출구를 찾게 된 것입니다(이렇게 오래 생각하고 있는 중에 아이디어가 문득 떠오르는 경우가 종종 있습니다. 계획을 하면서 고민해 본 사람은 이것을 잘 알 것입니다).

로마로 가고자 한 이유: 바울의 전략적 사고

그렇다면 우리에게 아직 남은 의문이 있을 것입니다. 바울이 도대체 왜 그렇게 로마로 가고 싶어 했느냐는 것입니다. 여러 번 좌절되었고 방해가 있었다면 그냥 포기할 법도 합니다. 하나님 인도가 아니라고 딴 길을 갈지도 모릅니다. 길이 열리지 않아, 자신이 세운 계획을 변경했던 경험도 바울에게는 있었습니다(행 16:6-10). 그런데 로마행에 대해서는 바울이 왜 이토록 끈질기게 붙들고 있었을까요? 심지어는 죄수의 몸으로 묶여서라도 로마에 가고자 했던 이유가 도대체 무엇이었을까요?

마찬가지로 이 부분에 대해서도 (수동적이고) 소극적인 계획파와 (능동적이고) 적극적인 계획파의 생각이 다를 것입니다. 소극적 계획파는 바울에게 하나님께서 주신 특별한 표적이나 지시가 있었을 것이라고 가정할 것이고, 적극적 계획파는 바울의 꿈과 야망이 아주 컸기 때문이라고 말할 것입니다. 하지만 이 두 답변 모두 적절해 보이지 않습니다. 주께서 바울의 로마행에 대해 직접 말씀하신 것은, (신약 성경이 보여 주는 한에서) 바울의 로마행 계획이 여러 번 좌절된 후였습니다. 바울이 나중에 예루살렘 감옥에 있을 때(행 23:11)와 로마로 가던 배가 폭풍을 만나 파선했을 때였습니다(행 27:23-24). 물론 바울에게 주님께서 직접 말씀해 주신 것을 성경이 기록하지 않았을 수도 있습니다. 하지만 우리가 가진 증거로 볼 때 그렇게 생각하는 것은 좀 지나친 듯이 보입니다. 그 반대로 바울이 자기 야망을 불태웠기 때문도 아닙니다. 오히려 바울은 하나님께서 보여 주신 뜻을 힘이 닿는 한 이루려고 하였기 때문에, 이처럼 로마행을 계획한 것입니다.

바울은 사역을 해 나가면서 점점 자신이 이방인의 사도권을 받았다는 사실을 아주 강하게 확인하였습니다. 그리고 그런 이방인 사도권에 대한 자각이 그의 삶과 계획에 아주 중요한 동인으로 작용했습니다.[38] 그래서 할 수 있는 한 이방인에게 복음을 전하기 위해 자신이 희생 제사를 드리는 심정으로 나아갑니다(롬 15:16; 빌 2:17 참조). 이것이 로마서 15:16에 아주 잘 나타나 있습니다.

"이 은혜는 곧 나로 이방인을 위하여 그리스도 예수의 일꾼이 되어 하나님의 복음의 제사장 직무를 하게 하사 이방인을 제물로 드리는 그것이 성령 안에서 거룩하게 되어 받으심직하게 하려 하심이라"(롬 15:16)

바울의 3차 전도 여행이 끝날 즈음에는, 소아시아와 동유럽 지역에 거의 복음이 전해졌습니다. 동반구 지역의 사역이 마무리되고, 바울에게 주신 뜻이 성취

---

[38] 특별히 바울의 이방인 사도 의식이 로마서를 쓰는 바울의 목적에 끼치는 영향력에 대해서는, 아래의 짧은 에세이가 도움이 될 것입니다. Daniel J-S Chae, "Pauls Apostolic Self-Awareness and the Occasion and Purpose of Romans", in Max Turner eds., *Mission and Meaning: Essays Presented to Peter Cotterell*, Carlisle: Paternoster, 1995, pp.116-137.

된 것입니다. 그러나 아직 서반구 지역이 남아 있었습니다. 그래서 바울은 예루살렘에 보내는 헌금을 통해 동반구 지역의 사역을 마무리하고 나서, 서반구로 향하려는 계획을 세웠습니다. 그런데 그 서반구 사역의 기지가 되어야 하는 곳이 바로 로마입니다. 마치 안디옥 교회가 동반구 사역의 선교 기지가 되었던 것처럼, 로마제국 제일의 도시 로마가 서반구 사역의 기초 전진 기지가 되기를 바랐습니다. 바울의 말을 들어 봅시다.

"그리스도께서 이방인들을 순종케 하기 위하여 나로 말미암아 말과 일이며 표적과 기사의 능력이며 성령의 능력으로 역사하신 것 외에는 내가 감히 말하지 아니하노라 이 일로 인하여 내가 예루살렘으로부터 두루 행하여 일루리곤까지 그리스도의 복음을 편만하게 전하였노라"(롬 15:18-19)

"또 내가 그리스도의 이름을 부르는 곳에는 복음을 전하지 않기로 힘썼노니 이는 남의 터 위에 건축하지 아니하려 함이라 기록된 바 주의 소식을 받지 못한 자들이 볼 것이요 듣지 못한 자들이 깨달으리라 함과 같으니라"(롬 15:20-21)

"그러므로 또한 내가 너희에게 가려 하던 것이 여러 번 막혔더니 이제는 이 지방에 일할 곳이 없고 여러 해 전부터 언제든지 서바나로 갈 때에 너희에게 가려는 원이 있었으니 이는 지나가는 길에 너희를 보고 먼저 너희와 교제하여 약간 만족을 받은 후에 너희의 그리로 보내 줌을 바람이라"(롬 15:22-24)

'예루살렘에서 일루리곤까지'라는 말은 바울이 사역했던 동반구 지역을 지칭하는 듯 합니다. 이곳에 복음을 널리 전해서, 이제 이 지방에는 일할 곳이 없다는 것입니다. 동반구 사역이 거의 완료되었다는 것입니다. 그래서 여러 해 전부터 로마로 가려고 한 것입니다. 그 이유는 서바나(지금의 스페인) 지역으로 가려

하였기 때문입니다. 서바나 지역으로 가서 복음 전파를 하려는데, 로마 교회가 선교 기지가 되어 주었으면 하는 맘이 있는 것입니다.

그러니까 바울은 동반구 지역의 사역이 완료되어 감을 이미 몇 해 전부터 예상한 것입니다. 그래서 서반구 지역으로 사역을 넓히려고 하는데, 동반구 사역의 전초 기지였던 안디옥 교회는 다소 멀다고 느꼈을 것입니다.[39] 그러면 마땅한 곳은 어디인가 생각했을 것입니다. 여러 면에서 로마가 적격이었을 것입니다. 정치·사회적 면에서 파급 효과가 가장 큰 곳이기도 했을 것입니다. 또 교통 문제를 생각했을 때도 육로(陸路)와 해로(海路)를 자유로 쓸 수 있는 로마가 좋았을 것입니다. 이미 로마 교회에서 고린도 지역으로 잠시 와 있었던 브리스길라와 아굴라를 만나 동업을 하면서, 바울은 로마 교회 상황에 대해서도 들었을 것입니다. 로마서 16장에서 바울이 문안인사를 하는 사람이 많은 것을 보면, 로마 교회에 대해 바울이 어느 정도 알고 있었던 것 같습니다.[40] 그래서 로마를 서반구 사역의 기지로 삼으려 했기에, 특별히 로마에 갈 계획을 세워 힘썼던 것입니다.

---

39) 이것을 우리가 가진 사고 방식으로 이해하면 안됩니다. 우리는 비행기가 있었지만, 그 당시는 그렇지 않았습니다. 자동차가 있었던 때도 아닙니다. 육로보다는 해로로 가는 것이 장거리 여행에 더 좋았던 때입니다. 선교를 하면서 여러 곳을 지나야 되고, 또 돌아와서 휴식하고 재 정비해야 합니다. 이런 것들을 생각하면, 안디옥은 마땅치 않습니다. 이런 면에서 로마 제국의 수도인 로마가, 서반구 사역에 적격이었을 수 있습니다. 바울이 다소에서 안디옥 교회로 오면서, 안디옥 교회가 동반구의 선교 기지가 된 것과 유사한 듯 합니다.

40) 물론 로마서 16장이 로마에 보내는 편지가 아니라는 주장이 있습니다(R. Bultmann; Bornkamm; T. W. Manson). 이 생각에 대해서는 다음의 논문을 참조하십시오. T. W. Manson, *St. Pauls Letter to the Romans and Others* in Karl P. Donfried, ed., *The Romans Debate*, Revised and Expanded Edition, Peabody: Hendrickson, 1991, pp. 3-15. 이런 주장이 맞다고 하더라도, 필자의 논점이 크게 약화되는 것은 아닙니다. 로마서 전체를 통해서 보면, 바울이 로마 교회의 상황과 문제를 어느 정도 알고 있는 듯이 보이기 때문입니다.

바울의 이런 생각은 아주 전략적입니다. 바울이 이렇게 생각할 수 있었던 것은 바울 자신이 매우 전략적인 사람이었기 때문이며(다메섹에 있는 그리스도인을 핍박하러 공문서를 가지고 갔었던 사람이었음을 생각해 보십시오), 동시에 안디옥 교회를 통해서 동반구 사역을 잘 하였던 경험이 있었기 때문일 것입니다. 그리고 이런 계획의 기저(基底)에는 하나님께서 바울의 일생을 향해 갖고 계신 그분의 뜻이 자리잡고 있었습니다. 자기에게 향한 하나님의 뜻을 이루기 위해서, 자신의 일생을 열심히 달음박질하고 있는 것입니다. 이방인 사도로서 동반구 지역을 다니며 힘있게 수고하고서, 또 다시 서반구 지역을 향해서 출발선을 디디고 있는 모습입니다. 그리스도인의 계획에 대해서 우리가 배웠던 피조적 적극성을 보여 주는 대표적인 모습입니다.

서바나 계획은 실패인가?

혹 어떤 분들은 이런 바울의 계획이 실패로 끝났을 것이라고 주장할지 모릅니다. 바울이 너무 자기 생각대로 계획을 세웠기 때문에, 로마행 계획에 여러 번 실패했다는 겁니다. 바울이 너무 로마, 로마 하니까 주님께서 로마로 가도록 허락해 주시기는 했지만, 당당하게 가게 된 것이 아니라 죄수의 몸으로 가게 하셨다고 말할지도 모릅니다. 결국 로마에 가는 것까지만 허락한 것이지, 서바나까지는 못갔을 것이라고 판단하는 것입니다. 성경에 로마까지만 나와 있고 바울이 서바나로 간 기록과 증거는 없기 때문이라는 것입니다.

하지만, 성경에 그 후의 기록이 나와 있지 않다는 점을 가지고, 바울의 서바나 계획이 실패로 끝났을 것이라든지 또 그 계획 자체가 신실하지 않았던 것이라고 말하기는 힘듭니다. 그리고 죄수의 몸으로 로마에 간 바울에 대해 사도행전 저자는 그렇게 부정적으로 쓰고 있지 않습니다. 오히려 로마의 성도들이 죄수의 몸으로 로마에 도착하는 바울을 마중 나오는 모습은 아주 감동적입니다.

"거기 형제들이 우리 소식을 듣고 압비오 저자와 삼관까지 맞으러 오니 바울이 저희를 보고 하나님께 사례하고 담대한 마음을 얻으니라"(행 28:15)

바울이 그동안 로마로 가기 위해 애썼던 수고와 고생을 일순간에 녹아내리게 하는 듯한 모습입니다. 그뿐 아니라 로마에 간 바울은, 죄수의 입장으로서는 자유로운 상태로 오히려 자기에게 나아오는 사람들에게 복음을 전하게 됩니다. 이런 모습을 아주 밝게 묘사하며 사도행전이 끝나는 것을 보면, 사도행전 저자도 로마로 가려는 바울의 계획을 부정적으로 평가하고 있는 것 같지 않습니다.

"우리가 로마에 들어가니 바울은 자기를 지키는 한 군사와 함께 따로 있게 허락하더라"(행 28:16)

"저희가 일자를 정하고 그의 우거하는 집에 많이 오니 바울이 아침부터 저녁까지 강론하여 하나님 나라를 증거하고 모세의 율법과 선지자의 말을 가지고 예수의 일로 권하더라"(행 28:23)

오히려 초대 교회의 문헌에 나타난 증거를 보면, 바울이 서바나 지역까지 가서 선교했을 것으로 추측되는 내용이 있습니다. 클레멘트 1서 5:4-7에는 이렇게 나와 있습니다.[41]

"바울은 경계심과 싸움을 통해 인내의 상(賞)에 이르는 길을 보여주고 있습니다: 그분은 일곱 번이나 족쇄를 찼고, 쫓겨났으며, 돌에 맞기도 하셨습니다.

---

41) 이점에 대한 해석과 논의에 대해서는 F. F. Bruce의 책을 참조하십시오. F. F. Bruce, *Paul*, pp. 447-448.

그분은 동쪽과 서쪽에 모두 기쁜 소식을 가져다 주는 분이었으며, 결국 신앙의 고상한 이름을 얻으셨습니다. 또한 그분은 서반구의 끝까지 가셔서 온 땅에 의(義)를 가르치셨습니다. 왕들 앞에서 증거했습니다. 그래서 세상으로부터 떠나 이제 거룩한 곳으로 올리어 가셨습니다. 그분은 인내의 커다란 본(本)이셨습니다."
(이것은 F. F. Bruce가 번역한 영어본을 가지고 필자가 다시 우리 말로 번역한 것입니다. 밑줄은 필자가 그은 것입니다)

(5) 계획5: 바울의 예루살렘행과 구제 헌금 전달 계획

헌금을 가지고 예루살렘으로 가려는 바울의 계획

가. 예루살렘 교회를 위한 헌금 계획

로마로 가려는 바울의 계획과 관련하여 꼭 다루어야 하는 것은, 이방인 교회의 헌금을 가지고 예루살렘으로 가는 바울의 계획입니다. 바울은 로마로 가고자 했었는데 그 길이 막혔었다고 로마서에서 말하고 있습니다. 그리고 자신은 지금도 하나님의 뜻 안에서 로마에 가기를 원한다고 말하고 있습니다. 할 수 있는 대로 로마에 가서 복음을 전하고 싶다고 자신의 심정을 말하는 것입니다(롬 1:8-15). 그런데 막상 로마서를 쓰면서 자신은 로마로 가기보다는 예루살렘으로 가고 있다고 말합니다. 이방인 교회의 헌금을 가지고 예루살렘 교회로 가는 것입니다. 그러니까 말로는 로마로 가고 싶다고 하는데, 실제 몸은 예루살렘으로 먼저 가는 것입니다.

"그러므로 또한 내가 너희에게 가려 하던 것이 여러 번 막혔더니 이제는 이 지방에 일할 곳이 없고 여러 해 전부터 언제든지 서바나로 갈 때에 너희에게 가려는 원이 있었으니 이는 지나가는 길에 너희를 보고 먼저 너희와 교제하여 약간 만족

을 받은 후에 너희의 그리로 보내 줌을 바람이라

　그러나 이제는 내가 성도를 섬기는 일로 예루살렘에 가노니 이는 마게도냐와 아가야 사람들이 예루살렘 성도 중 가난한 자들을 위하여 기쁘게 얼마를 동정하였음이라 저희가 기뻐서 하였거니와 또한 저희는 그들에게 빚진 자니 만일 이방인들이 그들의 신령한 것을 나눠 가졌으면 육신의 것으로 그들을 섬기는 것이 마땅하니라 그러므로 내가 이 일을 마치고 이 열매를 저희에게 확증한 후에 너희에게를 지나 서바나로 가리라 내가 너희에게 나갈 때에 그리스도의 충만한 축복을 가지고 갈 줄을 아노라"(롬 22-29)

　언뜻 보면 "예루살렘에 먼저 간 다음에 로마로 가려 하는구나"라는 정도로 쉽게 이해할 수 있을지도 모릅니다. 하지만 바울이 처한 상황을 좀더 자세히 보면 그렇게 간단한 문제가 아님을 알 수 있습니다.

나. 맘은 로마에, 몸은 예루살렘으로

　먼저 바울이 로마에 가기를 진정으로 갈망했다는 점을 잘 생각해야 합니다. 실제 지금 몸은 예루살렘으로 가고 있지만, 시선은 로마 쪽을 보고 있는 것입니다. 바울이 로마서를 아주 길게 쓰고 있는 이유만 조금 생각해 보아도 이 점을 어느 정도 알 수 있습니다. 로마 교회는 바울이 가 보지 않은 곳이고, 또 자신의 사역의 결과로 생긴 교회가 아닙니다. 이렇게 자신의 사역과 관련이 없는 교회에 바울이 편지를 길게 써서 보내는 것은 아주 이례적인 일입니다.[42] 다시 말하면,

---

　42) 물론 골로새서를 받는 교회도 바울이 직접 설립한 교회는 아닙니다. 하지만 이 교회는 바울이 사역했던 소아시아 지역의 교회였기 때문에 바울의 영향이 전혀 없었다고 말할 수 없습니다. 특별히 바울의 영향을 받았던 에바브라를 통해서 교회가 세워졌던 것 같습니다(골1:3-8).

바울은 마음으로는 진짜 로마로 가고 싶었는데, 상황은 그렇지 않았다는 것입니다. 더 급한 일이 아직 남아 있다는 것입니다. 그래서 어쩔 수 없이 예루살렘으로 가지만, 그 대신 로마에 긴 편지를 쓰는 것입니다. 그것을 통해서 일단 자신이 의도했던 계획의 일부를 이루려는 듯 합니다.[43]

다. 헌금에 대한 오해: 돈을 챙기는 바울?

그뿐만이 아닙니다. 바울이 이방인 교회의 헌금을 가지고 예루살렘에 가는 것도 그렇게 순조롭지 않았습니다. 바울이 여러 교회에서 구제 헌금을 모으는 것에 대해 말이 많았기 때문이었습니다. 특별히 고린도 교회가 이의(異意)를 많이 제기한 듯 합니다. 고린도 교회는 바울과 마찰이 많이 있었고, 어려운 관계에 있던 교회였습니다. 여러 가지 복잡한 문제들이 걸려 있었습니다. 그 중에 하나가 이 헌금 문제였던 것 같습니다. 아마 바울을 비방하는 사람들 중 일부는,[44] 바울이 자신의 사역을 운영하면서 돈을 거두어 자기 실속을 채운다고 말한 것 같습니다. 바울이 예루살렘 교회의 이름을 걸고, 자기 사람들을(디도 같은 사람) 보내서 돈을 걷어 간다는 말이 돌았는지 모릅니다. 그래서 바울은 고린도 후서 8-9장에서 이에 대해 변호하는 듯 합니다. 디도에 대해 명확하게 설명합니다. 이 헌금을 내는 일도 바울 자신이 요구해서 시작한 것이 아니라, 고린도 교회 성도들이 먼저 자원했다는 점을 상기시킵니다.

---

43) 아마 이 덕분에 우리는 바울의 사상을 좀더 자세히 설명해 주는 로마서를 갖게 된 것입니다. 그뿐 아니라 바울이 어떤 식으로 계획을 세워서 사역해 나갔는지를 알 수 있게 되었습니다. 아마 로마서가 없었으면 바울의 치밀하고 전략적인 면들을 우리가 그냥 놓쳤을지도 모릅니다.

44) 바울의 대적자들에 관한 전문적인 논의를 위해서는, 다음을 참조하십시오. Jerry L. Sumney, *Identifying Pauls Opponents: The Question of Method in 2 Corinthians*, JSNTS 40, Sheffield: SAP, 1990

"이 일에 내가 뜻만 보이노니 이것은 너희에게 유익함이라 너희가 일 년 전에 행하기를 먼저 시작할 뿐 아니라 원하기도 하였은즉 이제는 행하기를 성취할지니 마음에 원하던 것과 같이 성취하되 있는 대로 하라"(고후 8:10-11)

"너희를 위하여 같은 간절함을 디도의 마음에도 주시는 하나님께 감사하노니 저가 권함을 받고 더욱 간절함으로 자원하여 너희에게 나아갔고 또 저와 함께 한 형제를 보내었으니 이 사람은 복음으로서 모든 교회에서 칭찬을 받는 자요 이뿐 아니라 저는 동일한 주의 영광과 우리의 원을 나타내기 위하여 여러 교회의 택함을 입어 우리의 맡은 은혜의 일로 우리와 동행하는 자라 이것을 조심함은 우리가 맡은 이 거액의 연보로 인하여 아무도 우리를 훼방하지 못하게 하려 함이니 이는 우리가 주 앞에서만 아니라 사람 앞에서도 선한 일에 조심하려 함이라"(고후 8:16-21)

바울은 자신과 관련된 사람들이 깨끗하다는 사실을 잘 설명하는 한편, 이 돈 문제를 처음부터 조심했다고 말합니다. 바울은 실제로 교회들로부터 걷은 헌금을 전달할 때, 그 각 교회에서 인정받는 사람들을 동참시키도록 했었습니다. 오해 받지 않아야 하기 때문입니다. 돈 문제는 조심스러웠던 것이지요. 그래서 고린도 교회에 먼저 보내는 편지에도 그런 바울의 생각이 담겨 있었습니다.

"내가 이를 때에 너희의 인정한 사람에게 편지를 주어 너희의 은혜를 예루살렘으로 가지고 가게 하리니 만일 나도 가는 것이 합당하면 저희가 나와 함께 가리라"(고전 16:3-4)

여기서는 바울이 헌금을 가지고 예루살렘으로 가는 것에 대해 분명히 결정한 것 같지 않습니다. 자신이 함께 가는 것이 합당하면 가겠다고 말하는 것입니다.

이 말을 한 바울의 의도를 잘 이해하는 것이 중요합니다. 자신이 예루살렘으로 함께 가지 않겠다는 말이 아닙니다. 실제 어느 정도는 예루살렘에 자신이 가는 것을 생각하고 있는데, 돈 문제가 걸려 있기 때문에 내가 빠지는 것이 좋을 것 같다는 뉘앙스입니다. 너희가 인정한 사람이 그 돈을 가지고 가게 하지, 내가 감으로 인해서 오해 받을 일을 만들지 않았으면 좋겠다는 뜻입니다. 그러니까 실제 자신은 갈 마음이 있는 것입니다. 돈 문제를 깨끗이 처리하기 위해서는 안 가는 것이 좋은데, 뭔가 다른 것을 생각하면 가야 될 것 같다는 투입니다.

결국 바울은 자신이 이방인 교회의 헌금을 가지고 예루살렘으로 가기로 결정합니다. 그런데 바울의 그런 결정과 관련하여 고린도 교회의 오해는 더 커졌습니다. "바울은 속으로는 딴 마음을 품은 엉터리다. 도덕적으로 문제가 있다"고 말한 듯 합니다. 그런데도 불구하고 바울은 자신이 헌금을 갖고 예루살렘으로 가려고 하는 마음을 바꾸지 않습니다. 그렇기 때문에 바울의 예루살렘행이 아주 중요합니다. 실제 마음은 로마로 가 있고, 또 자신이 헌금을 가지고 가는 것은 오해를 낳는 일이었습니다. 그런데도 왜 굳이 바울은 헌금을 가지고 예루살렘으로 가고 있느냐는 것입니다. 그래서 이상한 것입니다.

라. 가까운 사람들도 반대

이뿐만이 아닙니다. 사도 행전을 읽어 보면, 더 납득할 수 없는 부분들이 등장합니다. 바울이 헌금을 가지고 사람들과 함께 예루살렘으로 올라가는데, 그 올라가는 도중에 바울과 친한 사람들이 바울을 자꾸 만류하는 것입니다. 때로는 성령의 감동을 받아 바울의 예루살렘행을 반대하기도 하고, 또 때로는 예루살렘에서 바울이 잡힐 것을 염려하며 권하기도 합니다. 바울을 사랑하는 사람들은 바울의 예루살렘행을 그렇게 만류합니다. 그런데도 바울은 오히려 단호합니다. 어찌하여 내 마음을 이렇게 상하게 하느냐고 잘라 말하는 것입니다.

"제자들을 찾아 거기서 이레를 머물더니 그 제자들이 성령의 감동으로 바울더러 예루살렘에 들어가지 말라 하더라"(행 21:4)

"여러 날 있더니 한 선지자 아가보라 하는 이가 유대로부터 내려와 우리에게 와서 바울의 띠를 가져다가 자기 수족을 잡아매고 말하기를 성령이 말씀하시되 예루살렘에서 유대인들이 이같이 이 띠 임자를 결박하여 이방인의 손에 넘겨 주리라 하거늘 우리가 그 말을 듣고 그 곳 사람들로 더불어 바울에게 예루살렘으로 올라가지 말라 권하니 바울이 대답하되 너희가 어찌하여 울어 내 마음을 상하게 하느냐 나는 주 예수의 이름을 위하여 결박받을 뿐 아니라 예루살렘에서 죽을 것도 각오하였노라 하니 저가 권함을 받지 아니하므로 우리가 주의 뜻대로 이루어지이다 하고 그쳤노라"(행 21:10-14)

이것까지 생각하면 더욱 이상해집니다. 마음은 로마에 있고, 헌금으로 인해 반대자들에게 오해도 받았습니다. 같이 있는 친했던 사람들마저도 바울의 예루살렘행을 반대합니다. 주어진 모든 환경이 마치 바울을 반대하는 듯 합니다. 바울의 예루살렘행 계획이 틀렸다고 말하는 듯 합니다. 마치 바울이 공연한 고집이라도 부리는 사람처럼 몰리고 있는 것입니다. 고집스런 바울. 그런데 바울 자신은 이런 마음을 갖고 있다고 말합니다.

"보라 이제 나는 심령에 매임을 받아 예루살렘으로 가는데 저기서 무슨 일을 만날는지 알지 못하노라 오직 성령이 각 성에서 내게 증거하여 결박과 환난이 나를 기다린다 하시나 나의 달려갈 길과 주 예수께 받은 사명 곧 하나님의 은혜의 복음 증거하는 일을 마치려 함에는 나의 생명을 조금도 귀한 것으로 여기지 아니하노라"(행 20:22-24)

아주 비장한 결심인 듯 보입니다. 예루살렘으로 구제 헌금을 갖고 올라가는 사람 모습 같지가 않습니다. 헌금을 가져다 주는 좋은 일을 하면서, 왜 이렇게 비장한 말을 하는 것일까요? 예루살렘으로 올라가는 것을, ① 왜 자신이 달려갈 길과 연관시키고 ② 왜 주 예수께 받은 사명이라고 하며 ③ 또 왜 하나님의 은혜의 복음 증거하는 일이라고 말하는 것일까요? 이런 바울의 생각을 이해해야 바울의 예루살렘행 계획을 알 수 있는 것입니다.

예루살렘행의 전략적 이유: 바울의 헌금 계획의 목적[45]

가. 사랑의 실천

이렇게 어렵고 복잡한 상황이었음에도 불구하고 바울이 헌금을 가지고 예루살렘으로 올라가는 이유는 무엇일까요? 보통 우리에게 먼저 떠오는 생각은 사랑의 실천일지 모르겠습니다. 어려운 사람을 보면 도와 주고, 또 자신의 것을 나누는 것이 그리스도인의 기본적 태도입니다. 옆의 교회가 어려운 지경에 있으면 돕는 것이 마땅한 것입니다. 바울은 예루살렘 교회가 가진 경제적 어려움을 자신이 사역한 이방인 교회에 소개했고, 그래서 이방인 교회 성도들은 사랑의 실천이라는 마음을 가지고 헌금을 한 것입니다. 그 헌금을 가지고 올라가는 대표자들도, 이런 그들의 사랑을 대신 실행하는 사람들이었을 것입니다. 그래서 기본적으로 예루살렘으로 헌금을 가지고 올라가는 것이, 이런 사랑의 실천이란 의미를 가지고 있을 것입니다.[46] 타당한 생각입니다.

---

45) 이에 대한 학계의 입장에 대해서는, 다음의 간단한 글이 도움이 될 것입니다. S. McKnight, "Collection for the Saints", in DPL, pp. 143-147.

46) Cf. K. F. Nickle, *The Collection: A Study in Pauls Strategy*, Studies in Biblical Theology 48, Naperville: Alec R. Allenson, 1966, pp. 100-111.

그러나 문제는, 왜 굳이 바울이 가고자 했느냐는 데 있습니다. 대표자들만 보내도 그 사랑의 실천이란 의미가 전달되는데, 왜 바울이 여러 가지 어려운 상황임에도 불구하고 같이 가냐는 것입니다. 이런 곤란함 때문에 다른 이유를 더 찾아야 됩니다. 이 이유 하나 만으로는 바울의 계획을 다 설명할 수 없기 때문입니다.

나. 이방인 교회와 예루살렘 교회가 하나됨

둘째 이유는 이것입니다. 바울이 이방인 교회와 예루살렘 교회의 연합을 생각했다는 것입니다. 이런 생각은 바울이 처음에 다소에서 안디옥 교회로 옮기던 행동과도 연관이 있습니다. 안디옥 교회가 예루살렘 교회의 인정을 받는 이방인 교회이기 때문에, 바울이 다소에서 이동했을 수 있다고 이미 말했습니다. 바울이 다소에서 안디옥 교회로 온 후에 곧 예루살렘 교회가 경제적으로 어려워졌고, 안디옥 교회는 구제의 헌금을 보냈습니다. 이것을 통해서 이 두 교회가 좀더 친해지게 되었습니다. 바로 구제 헌금을 통해서 이방인 교회와(안디옥 교회와) 유대인 교회(예루살렘 교회) 사이에 연합의 분위기가 어느 정도 이루어졌다고 말했습니다. 그리고 그 사건 이후로 바울과 바나바가 드디어 제1차 선교 여행을 떠나게 되었다고 했습니다.

그런데 바로 지금의 이 시점은 그 안디옥 교회를 중심으로 한 동반구의 선교 사역을 마감할 때가 된 것입니다. 그리고 동일하게도 예루살렘 교회는 경제적으로 아직도 어려웠고, 바울이 사역한 이방인 교회들은 구제 헌금을 모은 것입니다. 그래서 바울은 또 다시 옛날의 일을 회상하며, 자기 사역의 커다란 단원을 마감하는 이 시점에서 이방인 교회와 유대인 교회 사이에 연합 분위기를 다시 만들어 가는 것인지 모릅니다. 그렇다면 옛날에 안디옥 교회의 헌금을 가지고 가서 그 연합 분위기를 만들었던 바울 자신이, 지금 이 시점에서 다시 가는 것이 좋을 것이라고 판단했을지 모릅니다(그리고 이런 연합에 대한 실행의 결과가 나중에 에베소서 2:11-22에 반영되었다고 볼 수 있습니다[47]).

다. 이방인 교회의 정당성 확보

그러나 좀더 생각해 보아야 합니다. 그냥 교회의 연합에 바울이 자신의 생명을 걸었다고 말하는 것이 조금 이상합니다. 이 말은 교회 연합이 중요하지 않다는 말이 아닙니다. 오히려 바울은 지금 로마로 가서 서바나까지 복음 증거를 할 새로운 계획을 갖고 있었다는 점을 새겨 봐야 합니다. 그런 중차대한 계획을 갖고 있었는데, 이미 동반구에서 세워진 이방인 교회들과 예루살렘 교회가 친하게 되는 것을 위해, 바울이 자신의 목숨을 걸고 예루살렘에 간다는 것이 그리 자연스러워 보이지 않습니다. 또 다른 각도에서 보면, 바울이 헌금을 갖고 올라가는 것이 고린도 교회의 오해를 크게 할지 모르는 것이었습니다. 이것이 잘못되면 고린도 교회 내에서 오히려 분열이 생길 수도 있었습니다. 바울이 교회의 연합이라는 이유로만 이런 행동을 했다면, 이방인 교회 자체 내의 분열 위험성을 한쪽 손에 쥐고서 예루살렘 교회와의 연합을 이루려 했다는 것이 조금 이상합니다. 물론 타당성이 있습니다. 하지만 아직도 석연치 않은 면이 남습니다.

여기서 우리는 또 다른 면을 생각해야 합니다. 바울이 처음에 안디옥 교회의 헌금을 가지고 예루살렘 교회로 올라갔을 때, 안디옥 교회와 예루살렘 교회 사이에 친분만 생긴 것이 아니라고 했습니다. 더 중요하게는 그 구제 사건을 계기로 예루살렘 교회의 사도들이 바울을 이방인의 사도로 인정하게 되었습니다. 바울을 이방인의 사도로 인정했다는 말은, 이방인 교회들의 정당성을 보장하기 시작했다는 말도 되는 것입니다. 그래서 그 이방인을 대상으로 하는 바울의 사역

---

47) Cf. K. F. Nickle, *The Collection*, 1966, pp. 154-155.

이 안디옥 교회의 기반 위에서 드디어 꽃을 피워 가게 되었던 것입니다.

그런데 그 이방인 사역이 그렇게 쉬운 일이 아니었습니다. 바울이 가서 복음을 전해 교회를 세워 놓으면, 꼭 따라오는 문제가 있었습니다. 신학적인 논쟁이었습니다. 특별히 율법의 문제를 가지고 유대주의자들이 들어와서 흔들어 놓았습니다. 바울은 곳곳에서 이런 유대주의자와 싸워야 했고, 바울의 동반구 사역이 끝날 즈음에도 이런 싸움은 완전히 해결되지 않았습니다. 이런 상황 속에서 또 바울의 구제헌금 계획을 생각해 볼 필요가 있습니다.

어쩌면 바울이 자신의 과거 경험을 다시 한 번 재현해 볼 생각이 있었는지도 모릅니다. 안디옥 교회의 구제 헌금을 전하는 과정을 통해 자신의 이방인 사도권이 인정된 적이 있었습니다. 마찬가지로 이제 자신이 세운 이방인 교회들의 헌금이 전달되는 과정을 통해서, 자신을 반대하는 유대주의자들에게 어떤 메시지를 주려고 했는지 모릅니다. 만일 예루살렘 교회가 자신이 사역한 이방인 교회의 헌금을 잘 받는다면, 그 사건 자체가 커다란 신학적 의미로 사용될 수 있을지 모르는 것입니다. 모교회 격인 예루살렘 교회가 바울이 사역한 이방인 교회의 헌금을 받았다면, 그 교회들을 인정한 셈이 되는 것입니다. 그러면 바울의 가르침을 비방하고 또 바울을 반대하던 사람들은, 한편 할 말이 없게 되는 셈입니다. 그래서 어쩌면 바울은 이렇게 헌금을 예루살렘으로 가져가면서, 실제는 자신이 사역했던 이방 교회들 속에서 문제를 일으키고 있는 유대주의자들에게 할말이 없게 하려고 했는지 모릅니다. 예루살렘으로 헌금을 가지고 가지만, 그것을 통해 거꾸로 문제가 있는 이방인 교회에 속속히 들어가서 자신이 하고 싶은 말을 전하는 것인지도 모릅니다. 그래서 그런 바울의 신학적 견해가 행동으로는 예루살렘행으로 나타나고, 글로는 로마서에 나타나 있는지도 모릅니다.[48]

---

48) Jacob Jervell은 거꾸로 로마서가 예루살렘에 가서 바울이 논쟁할 내용을 먼저 정리해 본

이런 신학적 논쟁이 걸려 있어서 그런지, 예루살렘으로 보내는 이방인 교회의 헌금이 받아들여지지 않을 수도 있었던 것 같습니다.[49] 그런 불확실함이 바울이 로마에 보내는 편지에 슬며시 비치는 듯 합니다.

> "형제들아 내가 우리 주 예수 그리스도로 말미암고 성령의 사랑으로 말미암아 너희를 권하노니 너희 기도에 나와 힘을 같이하여 나를 위하여 하나님께 빌어 나로 유대에 순종치 아니하는 자들에게서 구원을 받게 하고 또 예루살렘에 대한 나의 섬기는 일을 성도들이 받음직하게 하고"(롬 15:30-31)

라. 하나님의 말씀을 이루는 것: 종말론적 실현

이런 점까지 생각한다면 바울 자신이 꼭 예루살렘에 같이 올라가려 했던 이유가 어느 정도는 이해가 되는 듯도 합니다. 하지만 아직 한 가지 더 중요한 의미가 남아 있습니다. 그것은 바울이 예루살렘을 향해 올라가면서 쓴 로마서에 새겨져 있습니다. 로마서 15:16입니다.

> "이 은혜는 곧 나로 이방인을 위하여 그리스도 예수의 일꾼이 되어 하나님의 복음의 제사장 직무를 하게 하사 이방인을 제물로 드리는 그것이 성령 안에서 거룩하게 되어 받으심직하게 하려 하심이라"(롬 15:16)

이 구절은 바울의 이방인 사도권에 대한 인식을 잘 보여 준다고 이미 이야기 했습니다. 그런데 좀더 자세히 볼 부분이 있습니다. 바울이 사역한 이방인 교회

것이라는 견해를 보이고 있습니다. Jacob Jervell, The Letter to Jerusalem in Karl P. Donfried, ed., *The Romans Debate*, 1991, pp. 53-64

[49] Cf. F. Watson, *Paul, Judaism and the Gentiles: A Sociological Approach*, Cambridge: CUP, 1986, p. 175

를 제물로 비유하고, 바울 자신은 제사장이 되어 그것을 하나님께 드리려 한다는 비유를 하고 있습니다. 이 부분이 예루살렘으로 가지고 가는 이방인 교회의 헌금과 관련이 있는 듯 합니다. 바울은 이 구절을 말하고 나서, 자신이 동반구 사역을 완료했다고 언급합니다(롬 15:17-19). 그래서 이제 서반구로 나아가려는데(롬 15:20-24), 지금은 아니라고 합니다. 왜냐 하면 이방인 교회 성도들의 헌금을 가지고 예루살렘으로 가기 때문입니다. 그것도 자신이 직접 그것을 가지고 가는 것입니다(롬 15:25-26). 바로 이런 설명이 롬 15:16에서 바울이 말한 것과 연관이 있어 보이는 것입니다. 바울 자신은 이방인 지역에서 이방인의 사도로 교회를 세웠습니다. 그리고 그 교회의 예물을 가지고 예루살렘으로 갑니다. 그들의 마음을 담은 것입니다. 이것이 롬 15:16의 배경인 듯 합니다. 바울이 이방인이라는 제물을(그들의 마음을 담은 헌금을) 가지고 예루살렘 성전을 향해 나아가는 것입니다. 그러니까 이방인 교회의 헌금을 가지고 예루살렘으로 올라가는 것은, 바울이 이방인의 사도로서 복음의 제사장 직무를 수행하고 있는 것이었습니다.

그런데 이것은 바울 자신의 독창적인 아이디어가 아닙니다. 이미 구약 성경에 언급되어 있는 내용입니다. 종말에 하나님의 백성을 새롭게 창조할 때, 열국에 흩어져 있던 이스라엘 백성 뿐 아니라 이방인들까지 예물을 가지고 예루살렘 성전으로 올라와 예물을 드린다는 내용이 이미 있는 것입니다.

"나 여호와가 말하노라 이스라엘 자손이 예물을 깨끗한 그릇에 담아 여호와의 집에 드림같이 그들이 너희 모든 형제를 열방에서 나의 성산 예루살렘으로 말과 수레와 교자와 노새와 약대에 태워다가 여호와께 예물로 드릴 것이요"(사 66:20)
"그 때에 내가 열방의 입술을 깨끗케 하여 그들로 다 나 여호와의 이름을 부르며 일심으로 섬기게 하리니 내게 구하는 백성들 곧 내가 흩은 자의 딸이 구스 하

수 건너편에서부터 예물을 가지고 와서 내게 드릴지라"(습 3:9-10)

구약 성경에 언급되어 있는 이 말씀이, 지금 바울 자신의 사역과 예루살렘으로 보내는 헌금을 통해서 이루어지고 있는 것입니다. 이것이 바로 바울이 롬 15:16에서 말하려는 숨은 뜻일 것입니다. 바울은 자신이 깨닫게 된 그리스도의 복음을 유대인과 이방에 전하였습니다. 이제 동반구 사역이 마무리 될 즈음에 이방인 교회에서 보내는 이 헌물이 예루살렘 교회에 전달된다면, 이것은 단순한 구제 사건을 넘어서는 것입니다. 구약 성경의 약속이 성취되는 것이고, 바로 나사렛 예수가 그리스도라는 사실을 명백하게 증거하는 것입니다. 즉 자신이 전한 예수 그리스도의 복음이 분명히 증거되는 것이고, 신학적인 표대로 남는 것입니다. 그리고 자신을 이방인의 사도로 부르셔서 여태까지 힘주시고 위로하시며 결국 이방인 교회를 설립시키셨던 주님의 사역이 성취되는 것입니다. 바로 이런 이해와 배경이 있기 때문에 바울은 예루살렘행을 감행했던 것입니다. 마음은 로마로 가고 싶었고, 반대자들의 비난이 있었으며, 가까이 있는 사람들이 이해하지 못했습니다. 그러나 바울은 결단코 진행했습니다. 자신의 동반구 사역의 마무리는 하나님의 뜻이 이루어지고 성취되는 것으로 끝나야 했기 때문입니다. 그래서 이방인 교회의 헌금을 가지고 올라가는 바울의 예루살렘행은, 그의 동반구 사역에 화룡점정(畵龍點睛)과 같은 것이었는지 모릅니다. 이제 바울이 예루살렘으로 올라가며 말한 내용이 조금 가깝게 느껴질지 모르겠습니다.

"보라 이제 나는 심령에 매임을 받아 예루살렘으로 가는데 저기서 무슨 일을 만날는지 알지 못하노라 오직 성령이 각 성에서 내게 증거하여 결박과 환난이 나를 기다린다 하시나 나의 달려갈 길과 주 예수께 받은 사명 곧 하나님의 은혜의 복음 증거하는 일을 마치려 함에는 나의 생명을 조금도 귀한 것으로 여기지 아니하노라"(행 20:22-24)

바울의 예루살렘행 계획은, 하나님 말씀에 대한 바울의 이해와 자신에게 주신 하나님의 비전을 통해서 세워진 것입니다. 그뿐 아니라 바울 자신이 조망하고 있는 교회의 상황과 자신의 사명에 대한 적극적 헌신이 만들어 낸 걸작이었습니다. 우리가 말한 피조적 적극성이 한껏 꽃피운 하나의 아름다운 계획이었습니다. 그리고 또 실행되었습니다.

(6) 바울의 계획에 대한 정리

바울이 계획하며 실행했던 모습을 이 짧은 장에서 다 다룰 수는 없을 것입니다. 그래서 중요한 것만 간략하게 다루었습니다. 그렇다면 이제 우리는 바울이 세웠던 계획의 특징을 간단하게 정리해 볼 필요가 있습니다.

첫째, 바울은 하나님의 뜻과 생각을 따라 자신의 계획을 세워 실행하였습니다. 자신이 다메섹에서 깨닫게 된 복음의 진리와 자신에게 향하신 하나님의 의도를 따라, 적극적으로 자기 계획을 진행해 간 것입니다.

둘째, 바울은 하나님의 뜻을 따른 그 계획을 점진적으로, 그러나 끝까지 진행해 나갔습니다. 이런 점진적 계획은 반복을 통해 다져졌습니다. 반복하는 선교 계획을 세운 것입니다. 2차 전도 여행은 1차 전도 여행에 갔던 곳을 반복하여 갔고, 3차 전도 여행에서는 2차 전도 여행에 갔던 지역을 반복해 가면서 조금씩 새로운 곳으로 나갔습니다. 이런 과정을 통해서 바울은 자신의 이방인 사역을 점점 확대해 갔습니다. 다메섹에서 아라비아로, 다소에서 수리아의 안디옥으로, 안디옥에서 소아시아로, 소아시아에서 유럽으로 점점 그 영역을 확대해 가는 계획을 세워 진행했습니다. 이것은 기본적으로 하나님께서 유대인과 이방인, 그리고 왕들에게까지 복음을 전파하기 위해 바울을 부르셨다는 말씀을 이루려는 것이였습니다. 하나님께서 보이신 뜻을 따라 적극적으로 계획을 세우되, 때에 맞게 마땅한 방법으로 열심을 내었습니다.

셋째, 자신에게 주어진 조건과 상황을 무시하지 않았습니다. 가는 곳마다 유대인의 회당을 먼저 들렀습니다. 큰 무리 없이 이미 갖추어져 있는 조건과 상황을 잘 활용하려는 지혜였습니다. 여러 곳에 흩어진 유대인 회당은, 실로 복음을 증거하기에 사전에 준비된 좋은 조건이었던 것입니다. 바울은 이런 조건을 놓치지 않고 자신의 계획을 실행하는 데 사용하였습니다.

넷째, 하나님의 거대한 뜻과 계획을 알았다고 해서 그때 그때 하나님께서 자신에게 말씀하시고 또 인도하시는 것을 무시하지 않았습니다. 오히려 그런 것에 민감했습니다. 그래서 바울은 온전히 계획을 세울 수 있었고, 수정 계획도 잘 꾸려갈 수 있었습니다.

다섯째, 바울은 이미 세웠던 계획을 수정해야 할 때, 계획 자체에 집착하여 일을 그르치지 않았습니다. 예루살렘으로 갔다가 다소로 갔습니다. 다소에서 10년간 터를 잡아놓은 것에 집착하지 않고, 안디옥의 새 자리로 나갔습니다. 안디옥 교회의 안정세에 매료되어 진정으로 자신이 해야 하는 선교 계획을 잊어버리지 않았습니다. 소아시아에서 마게도냐로 가라는 표적을 받았을 때, 자기 계획 성취만 고집하지 않았습니다. 늘 모든 것을 하나님께서 자신에게 보이신 커다란 뜻 안에서 잘 비추어 보면서, 그때 그때 하나님이 원하시는 마음을 헤아려 나아갔습니다. 계획에 철저한 바울이었지만, 계획의 종이 되지 않았습니다.

여섯째, 바울은 전략적 판단과 총체적(總體的) 계획에 명수였습니다. 다소로 내려가는 것에도 뜻이 있었고, 안디옥도 아무 생각 없이 간 것 같지 않습니다. 바울은 로마행의 중요성을 인식하여, 끈질긴 시도 끝에 성공하였습니다. 서반구 계획의 전초 기지로 로마를 생각한 것입니다. 또한 예루살렘으로 보내는 이방인 교회의 헌금을, 그냥 재정적 지원 정도로만 생각하지 않았습니다. 그것에 다각적인 의미와 신학적 이유를 담아서, 보다 총체적인 역사(役事)가 이루어지도록 노력하였습니다. 동반구 사역의 꽃으로 예루살렘행을 계획했고, 서반구 사역의 시작으로 로마행을 기획하였습니다. 바울이 가진 예리한 통찰력과 기획력은, 하나님께서 복음이 전파되는 역사 속에서 쓰시기에 아주 좋은 도구였던 것입니다.

일곱째, 이런 기획력 위에서 바울은 끊임없이 도전하는 추진력을 동시에 갖고 있었습니다. 하나님의 뜻을 따른 계획을 실현해 나가는데 바울은 나약하지 않았고 담대했습니다. 추춤하지 않았고 오히려 도전했습니다. 그래서 그가 세운 계획에는 언제나 새로운 변화와 아름다운 결실이 뒤따랐습니다. 하나님의 뜻을 따른 계획이 반대를 받을 때, 흔들리지 않았지만 고집쟁이가 되지도 않았습니다. 근심되는 일이 있어 고민했지만 포기하지 않았습니다. 이런 바울의 강직함과 신실함이, 특별히 로마행 계획과 예루살렘행 계획에 잘 녹아 있습니다. 바울의 계획 속에는 자신의 마음과 머리와 의지가 모두 하나가 되었던 것입니다.

3. 질문

　　이런 것들이 바울의 계획과 삶 속에서 나타나는 모습입니다. 필자의 좁은 이해와 어리숙한 판단 때문에, 바울을 좀더 밝히 소개하지 못했을 수 있습니다. 우리가 더 바울을 이해하면 할수록, 그가 가진 하나님에 대한 사랑과 순종, 헌신과 열심을 더 배울 수 있을 것입니다. 그리스도인과 계획이란 주제에 대해서만 그렇다는 말이 아닙니다. 그 어떤 면에 대해서도 바울은 21세기를 살아가는 우리 그리스도인들에게 훌륭한 본보기가 될 것입니다. 계획에 대해서만 생각해 보더라도, 바울은 충분히 우리의 스승이 될 수 있습니다. 그가 하나님의 마음과 뜻을 따라 헤쳐간 삶의 자취와 계획을 살펴보면서, 우리도 동일하게 하나님의 뜻을 따라 계획 세우고 또 실행하는 삶을 배운다면 좋을 것입니다. 필자가 바라는 것은, 독자분들이 조금이나마 하나님을 더 사랑하고 그분의 마음을 닮아갈 뿐 아니라, 각자의 생활에서 하나님의 뜻에 맞는 계획을 세워 실행하는 삶을 사시는 것입니다. 그리스도인으로서 계획을 잘 세워 실행하셨으면 좋겠습니다.

　　다음 권에서는 어떻게 하면 우리가 이런 계획을 잘 세워 실행할 수 있는지를, 방법적이고도 실제적인 면에서 주로 다루도록 하겠습니다. 아래의 질문에 답해 보면서 이 장의 내용을 복습해 봅시다.

1. 바울은 처음에 예수님에 대해 어떻게 생각했었습니까? 그가 교회를 핍박한 이유는 무엇이었습니까?

복습과 질문

2. 왜 부활로 나아가지 않는 십자가 사상은 문제가 있습니까?

3. 다메섹 사건을 통해서 바울이 알게 된 커다란 두 가지 내용은 무엇이었습니까?

4. 바울에게 향하신 하나님의 계획은 어떤 것이었고, 그것을 바울은 어떻게 알 수 있었습니까?

5. 자신에게 향한 하나님의 뜻을 알고, 바울은 즉각적으로 어떤 행동을 취했습니까?

6. 바울이 아라비아로 간 것을 우리는 어떻게 이해하는 것이 좋습니까? 이에 대한 여러 견해를 말해 보고, 어떤 것이 보다 적절한지 그 이유를 적어 봅시다.

7. 바울이 다소로 간 이유는 무엇이고, 거기서 무엇을 했다고 보는 것이 좋습니까?

8. 왜 바울은 안디옥 교회로 이동했을까요? 이에 대한 여러 가지 이유를 생각해 봅시다.

9. 바울이 로마로 가려는 계획을 세웠으나 여러 번 실패한 사실을 어떻게 이해하는 것이 좋습니까? 바울의 로마행 계획은 잘한 계획입니까? 잘못한 계획입니까? 바울은 왜 그렇게 로마로 가고자 했습니까?

10. 로마로 가고 싶다는 바울이 실제로는 예루살렘으로 향하고 있었습니다. 이 행동이 왜 이상해 보입니까? 이방인 교회의 헌금을 예루살렘 교회로 가지고 가는 바울의 행동에는 어떤 의미가 들어 있습니까?

11. 바울의 계획에서 볼 수 있는 특징들을 나열해 봅시다. 여기서 나는 무엇을 배울 수 있습니까? 내가 계획을 세워 실행할 때와 다른 점이 있다면 적어 봅시다. 그리고 다른 이유가 무엇인지 찬찬히 생각해 봅시다.

참고 도서 목록

김 세윤,	"그 '사람의 아들'"(人子)-하나님의 아들, 서울: 엠마오, 1992.
김 세윤,	**예수와 바울**, 서울: 참말, 1993.
IVP 성경사전,	"구약 연대기", p. 51.
IVP 성경사전,	"다메섹", pp. 95-96.
IVP 성경사전,	"다소", pp. 96-97.
IVP 성경사전,	"안디옥", pp. 342-343.
Arnold, C.E.,	"The Letter to the Ephesians" in DPL, pp. 240-242.
Barrett, C. K.,	*The Acts of the Apostles*, ICC, Edinburgh: T&T Clark, 1994.
Barth, Karl,	*Chrstian Doctrine I/1*, 4.
Best, Ernest,	*Ephesians*, ICC, Edinburgh: T&T Clark, 1998.
Bruce, F. F.,	*Paul: Apostle of the Free Spirit*, Carlisle: Paternoster, 1977.
Bruce, F. F.,	*The Canon of Scripture*, Glasgow: Chapter House, 1988.
Bruggen, Jakob van,	김 병국 역, **누가 성경을 만들었는가?**, 서울: 총신대학교 출판부, 1997.
Carson, D.A., D. J. Moo, Leon Morris,	*An Introduction to the New Testament*, Leicester: IVP, 1992.D
Carson, D.A.,	*Exegetical Fallacies*, Grand Rapids: Baker Book House, 1984.

Chae, Daniel J-S,	"Paul's Apostolic Self-Awareness and the Occasion and Purpose of Romans", in Max Turner eds., *Mission and Meaning: Essays Presented to Peter Cotterell*, Carlisle: Paternoster, 1995, pp.116-137.
CIED CD 1,	"Mathematics/ History/ Egypt and Mesopotamia".
CIED CD 1,	"Numeration Systems and Numbers/ 3500 BC Formation of number systems".
CIED CD 1,	"Gnosticism".
Clements, Ronald E.,	*Exodus*, The Cambridge Bible Commentary, Cambridge University Press, 1972.
Comfort, Philip Wesley,	*Early Manuscripts & Modern Translations of the New Testament*, Grand Rapids: Baker Books, 1990.
Dillard, R. B. & Longman III, T.,	*An Introduction to the Old Testament*, Leicester: APOLLOS, 1995.
Drane, John,	이 중수 역, **바울**, 서울: 두란노. 1989.
Durham, John I.,	*Exodus*, WBC, Dallas: Word, 1987.
Ellison, H. L.,	*Exodus*, The Daily Study Bible, Edinburgh: The Saint Andrew Press, 1982.
Erickson, M. J.	*Christian Theology*, Grand Rapids: Baker Book House, 1996. Unabridged, one-volume edition, 신경수 역, **복음주의 조직신학 上, 中, 下**, 서울: 크리스챤 다이제스트
Everts, J. M.,	*Conversion and Call of Paul* in DPL, pp. 156-163.
Friesen, Garry, with J. Robin Maxson,	*Decision Making & the Will of God: A Biblical Alternative to the Traditional View*, Portland: Multnomah, 1980.
Geisler, Norman L., & Nix, William E.,	이 송오 역, **성경의 유래**, 서울: 생명의 말씀사, 1985.
Gibson, John C. L.,	*Genesis*, The Daily Study Bible, Vol. II, Edinburgh: The Saint Andrew Press, 1982.
Greenlee, J. Harold,	*Introduction to New Testament Textual Criticism*, Peabody: Hendrickson, 1995.

Hagner, D. A., *Matthew 1-13*: *Word Biblical Commentary*, Dallas: Word, 1993.

Hamilton, Victor P., *The Book of Genesis, Chapter 18-50, The New International Commentary on the Old Testament*, Grand Rapid: Eerdmans, 1995.

Hansen, G.W., "Letter to the Galatians", in DPL, pp. 327-328;

Harrop, Clayton, *History of the New Testament in Plain Language*, 정광욱 역, **쉽게 풀어 쓴 신약성경 사본 이야기**, 서울: 여수룬, 1995.

Hooker, Morna D., *From Adam to Christ*, Cambridge: Cambridge University Press, 1990.

Jervell, Jacob, "The Letter to Jerusalem" in Karl P. Donfried ed., The Romans Debate, 1991, pp. 53-64.

Joachim Jeremias, *New Testament Theology: The Proclamation of Jesus*, 정충하 역, **신약 신학**, 서울: 새순출판사, 1990.

Kaiser Jr., Walter C., *Toward an Old Testament Theology*, Grand Rapids: Zondervan, 1978.

Kidner, Derek, *Genesis*, TOTC, London: The Tyndale Press, 1967.

Kidner, Derek, *Psalms 1-72*, TOTC, Leicester: IVP, 1973.

Kim, Seyoon, *The Origin of Pauls Gospel*, Grand Rapids: Eerdmans, 1982. American Edition, 홍 성희 역, **바울 복음의 기원**, 서울: 엠마오, 1994.

Lincoln, Andrew T., *Ephesians*, WBC, Dallas: Word, 1990.

Longenecker, R., *Galatians*, WBC, Dallas: Word, 1990.

Manson, T. W., "St. Pauls Letter to the Romans and Others" in Karl P. Donfried ed., *The Romans Debate*, Revised and Expanded Edition, Peabody: Hendrickson, 1991, pp. 3-15.

Marshall, I. H., "Son of Man", in DJG, pp. 775-781.

Martens, E. A., 김 지찬 역, **구약에 나타난 하나님의 계획과 목적**, 서울: 생명의 말씀사, 1990.

Metzger, Bruce M., *A Textual Commentary on the Greek New Testament*,

	Second Edition, United Bible Societies, 1994.
McConville, J. Gordon,	"The Old Testament Historical Books in Modern Scholarship" in Themelios, Vol. 22, No. 3, Leicester: Themelios, pp. 3-13.
McGrath, Alister E.,	*Reformation Thought*: *An Introduction*, Oxford: Basil Blackwell, 1988, 박 종숙 역, **종교개혁 사상 입문**, 서울: 성광문화사, 1992.
McKnight, S.,	"Collection for the Saints", in DPL, pp. 143-147.
Milne, Bruce,	*Know the Truth*: *A Handbook of Christian Belief*, Leicester: IVP, 1982.
Morris, Leon,	*Luke*: TNTC, Leicester: IVP, 1990.
Nickle, K. F.,	*The Collection*: *A Study in Pauls Strategy*, Studies in Biblical Theology 48, Naperville: Alec R. Allenson, 1966.
Noth, Martin,	*The Deuteronomistic History*, Sheffield: JSOT, 1981.
Patzia, Arthur G.,	*The Making of the New Testament*: *Origin, Collection, Text & Canon*, Leicester: Apollos, 1995.
Petrement, Simone,	translated by Carol Harrison, *A Separate God*: *The Christian Origins of Gnosticism*, New York: HarperSanFranscisco, 1990.
Polzin, Robert,	*Moses and the Deuteronomist*: *A Literary Study of the Deuteronomic History*, New York: Seabury, 1980.
Stendahl, Krister,	*Paul Among Jews and Gentiles*, London: SCM, 1976.
Sumney, Jerry L.,	*Identifying Pauls Opponents*: *The Question of Method in 2 Corinthians*, JSNTS 40, Sheffield: SAP, 1990.
Tasker, R. V. G.,	*John*, TNTC, Leicester: IVP, 1992.
VanGemeren, Willem A. eds.,	*New International Dictionary of Old Testament Theology & Exegesis*, Vol 2, Carlisle: Paternoster, 1996.
Watson, F.,	Paul, Judaism and the Gentiles: A Sociological Approach, Cambridge: CUP, 1986.
Weinfeld, Moshe,	*Deuteronomy 1-11*, The Anchor Bible, New York: Doubleday, 1991.

Wenham, Gordon,	*Genesis 16-50*, Word Biblical Commentary, Dallas: Word, 1994.
Westermann, Claus,	*Genesis: A Practical Commentary*, Grand Rapids: Eerdmans, 1987.
Westermann, Claus,	*Genesis 37-50*, London: SPCK, 1986.
Witherington III, Ben,	*The Paul Quest: The Renewed Search for the Jew of Tarsus*, Leicester: IVP, 1998.
Wright, C.,	*Deuteronomy*, NIBC, Peabody: Hendrickson, 1996.
Wright, David F.,	힙포의 어거스틴, in 라이온사 편집, 송광택 역, **교회사 핸드북**, 서울: 생명의 말씀사, 1989, pp. 198-199.
Wright, N.T.,	*The Challenge of Jesus*, London: SPCK, 2000.
Yamauchi, Edwin,	"노스틱파(영지주의)", in 라이온사 편집, 송광택 역, **교회사 핸드북**, 서울: 생명의 말씀사, 1989, pp. 99-100.
Yamauchi, Edwin,	"마니교도", in 라이온사 편집, 송광택 역, **교회사 핸드북**, 서울: 생명의 말씀사, 1989, pp.48-49